Alleinerziehende in der gesetzlichen Rentenversicherung

Europäische Hochschulschriften Recht
European University Studies in Law
Publications Universitaires Européennes de Droit

BAND/VOLUME 6849

Mathieu Wagner

Alleinerziehende in der gesetzlichen Rentenversicherung

Eine rechtsvergleichende Untersuchung zwischen Deutschland und Frankreich

PETER LANG
Berlin · Bruxelles · Chennai · Lausanne · New York · Oxford

Bibliografische Information der Deutschen Nationalbibliothek
Die Deutsche Nationalbibliothek verzeichnet diese Publikation in der Deutschen Nationalbibliografie; detaillierte bibliografische Daten sind im Internet über http://dnb.d-nb.de abrufbar.

Zugl.: Dissertation, Deutsche Universität für Verwaltungswissenschaften Speyer, 2025

DE-Sp3
ISSN (Print) 3052-8291
ISSN (eVersion) 3052-8305
ISBN 978-3-631-94611-4 (Print)
ISBN 978-3-631-94660-2 (ePDF)
ISBN 978-3-631-94661-9 (ePUB)
DOI 10.3726/b23569

info@peterlang.com

www.peterlang.com

Kontaktadresse nach EU-Produktsicherheitsverordnung:gpsr@peterlang.com

Den Menschen, die mich gefördert und gefordert haben.

Inhaltsverzeichnis

Vorwort

Die vorliegende Arbeit wurde im Jahr 2025 von der Deutschen Universität für Verwaltungswissenschaften Speyer als Dissertation angenommen. Die Disputation erfolgte am 27. Oktober 2025. Berücksichtigt wurden die deutsche und die französische Gesetzgebung, Rechtsprechung und Literatur bis einschließlich April 2025.

Anlässlich der Veröffentlichung gilt mein aufrichtiger Dank zuvörderst meiner Doktormutter, Frau Professorin Dr. Constanze Janda, die mich nicht nur während der Entstehung dieser Dissertation, sondern nahezu während meiner gesamten wissenschaftlichen Laufbahn begleitet hat. Ihrem fachlichen Rat sowie ihrer stets fördernden Haltung verdanke ich es, dass ich mein Promotionsvorhaben konsequent verfolgen und erfolgreich abschließen konnte.

Herrn Professor Dr. Stephan Grohs danke ich ausdrücklich für die Erstellung des Zweitgutachtens. Frau Professorin Dr. Cristina Fraenkel-Haeberle danke ich zudem für ihre Mitwirkung in der Disputation.

Außerdem möchte ich dem Team des Lehrstuhls für Sozialrecht und Verwaltungswissenschaft an der Deutschen Universität für Verwaltungswissenschaften Speyer herzlich danken, insbesondere Frau Martina Dieterle, für die stets verlässliche Unterstützung bei der Beschaffung einschlägiger Literatur.

Ein besonderer Dank gilt meinem Freund Dr. Johannes Carl Höhner. Die Diskussionen und das mehrmalige, sorgfältige Korrekturlesen waren für mich eine große Unterstützung, nicht zuletzt auch durch pointierte Hinweise wie etwa „Das ergibt doch überhaupt keinen Sinn“, die sowohl zur inhaltlichen Überarbeitung als auch zum Schmunzeln anregten.

Abschließend möchte ich meiner Frau Christina Wagner meinen tief empfundenen Dank aussprechen. Es gibt kaum Worte, die die Bedeutung ihrer Unterstützung und Liebe in dieser anspruchsvollen Zeit zum Ausdruck bringen könnten. Ihre ständige Präsenz, ihr Rückhalt und ihr Zuspruch haben mir Kraft gegeben.

Schwäbisch Gmünd, im Oktober 2025 *Mathieu Wagner*

Abbildungsverzeichnis

Tabellenverzeichnis

Abkürzungsverzeichnis

a. A.	andere Ansicht
a. F.	alte Fassung
ABl.	Amtsblatt der Europäischen Union
Abs.	Absatz
AEEH	allocation d'éducation de l'enfant handicapé
AEUV	Vertrag über die Arbeitsweise der Europäischen Union
AG	Aktiengesellschaft
AGEPI	aide à la garde d'enfant pour les parents isolés
al.	alinéa (Absatz)
API	allocation de parent isolé
ArbRAktuell	Arbeitsrecht aktuell (Zeitschrift)
ArbR	Arbeitsrecht
ArchsozArb	Archiv für Wissenschaft und Praxis der sozialen Arbeit (Zeitschrift)
Art.	Artikel/Article
ArVNG	Arbeiterrentenversicherungs-Neuregelungsgesetz
ASF	allocation de soutien familial
ASPA	Allocation de solidarité aux personnes âgées
AuR	Arbeit und Recht (Zeitschrift)
APuZ	Aus Politik und Zeitgeschichte (Zeitschrift)
AVG	Angestelltenversicherungsgesetz
AVMF	assurance vieillesse des mères de famille
AVPF	assurance vieillesse des parents au foyer
BAG	Bundesarbeitsgericht
BBG	Beitragsbemessungsgrenze

BeckOGK	Beck'scher Online-Großkommentar
BeckOK	Beck'sche Online-Kommentar
BEEG	Gesetz zum Elterngeld und zur Elternzeit
Begr.	Begründer
ber.	berichtigt
Beschl.	Beschluss
BGB	Bürgerliches Gesetzbuch
BGBl.	Bundesgesetzblatt
BMAS	Bundesministerium für Arbeit und Soziales
BMFSFJ	Bundesministerium für Familie, Senioren, Frauen und Jugend
bpb	Bundeszentrale für politische Bildung
BR-Drs.	Bundesratsdrucksache
BSG	Bundessozialgericht
bspw.	beispielsweise
BT-Drs.	Bundestagsdrucksache
BVerfG	Bundesverfassungsgericht
BVerfGE	Entscheidungen des Bundesverfassungsgerichts
BVerwG	Bundesverwaltungsgericht
BVV	Beitragsverfahrensverordnung
bzw.	beziehungsweise
C. C.	Conseil Constitutionnel
C. cass.	Cour de cassation
C. civ.	Code civil
C. éduc.	Code de l'éducation
C. F.	Constitution de la République française
C. trav.	Code du travail
CAF	caisses d'allocations familiales
CASF	Code de l'action sociale et des familles
CDC	Caisse des Dépôts et Consignations
CDD	contrat à durée déterminée
CDDU	contrat à durée déterminée d'usage
CDI	contrat à durée indéterminée
CDU	Christlich Demokratische Union Deutschlands
CE	Conseil d'Etat (Staatsrat)
CESE	Conseil économique, social et environnemental
Cons.	considérant (Absatz eines Urteils des C. C.)

COR	Conseil d'orientation des retraites
CRPA	Code des relations entre le public et l'administration
CRPM	Code rural et de la pêche maritime
CSS	Code de la sécurité sociale
CSU	Christlich-Soziale Union in Bayern
D.	Décrets simple
DAngVers	Zeitschrift der Bundesversicherungsanstalt für Angestellte
DARES	Direction de l'animation de la recherche, des études et des statistiques
DC	Contrôle de constitutionnalité des lois ordinaires, lois organiques, des traités, des règlements des Assemblées
DDHC	la Déclaration des droits de l'homme et du citoyen de 1789
DIW	Deutsches Institut für Wirtschaftsforschung e. V.
djbZ	Zeitschrift des Deutschen Juristinnenbundes
DM	Deutsche Mark
DÖV	Die öffentliche Verwaltung (Zeitschrift)
DRV	Deutsche Rentenversicherung
DVP	Deutsche Verwaltungspraxis (Zeitschrift)
e. V.	eingetragener Verein
EG	Europäische Gemeinschaft
eingf.	eingefügt
EMRK	Europäische Menschenrechtskonvention
Énim	régime des marins
ErfK	Erfurter Kommentar zum Arbeitsrecht
ESC	Europäische Sozialcharta
ESSR	Europäische Säule sozialer Rechte
EStG	Einkommensteuergesetz
EstG	Einkommenssteuergesetz
et al.	et altera (und andere)
et. s.	et suivantes (fortfolgende)
EU	Europäische Union
EuR	Europarecht (Zeitschrift)
f./ff.	(fort) folgende
FSV	Fonds de solidarité vieillesse
FuR	Familie und Recht (Zeitschrift)
G	Gesetz

gem.	gemäß
GG	Grundgesetz
GK	Gemeinschaftskommentar
GK-SGB VI	Gemeinschaftskommentar zum Sozialgesetzbuch Gesetzliche Rentenversicherung
GKV	Gesetzliche Krankenversicherung
GmbH	Gesellschaft mit beschränkter Haftung
GRA	Gemeinsame Rechtliche Anweisungen
GRC	Charta der Grundrechte der Europäischen Union
HCFEA	Haut Conseil de la famille, de l'enfance et de l'âge
Hrsg.	Herausgeber
Hs.	Halbsatz
HSRB	Handbuch Sozialrechtsberatung
i. d. F.	in der Fassung
i. H. v.	in Höhe von
i. S. d.	im Sinne des
i. S. e.	im Sinne eines/einer
i. S. v.	im Sinne von
i. V. m.	in Verbindung mit
IGAS	Inspection générale des affaires sociales
IRCANTEC	Institution de retraite complémentaire des agents non titulaires de l'État et des Collectivités Publiques
jM	juris – Die Monatszeitschrift
JORF	Journal officiel de la République française
jurisPK	jurisPraxisKommentar
JZ	JuristenZeitung (Zeitschrift)
L.	partie législative
Lfg.	Lieferung
lit.	Littera (Buchstabe)
LSG	Landessozialgericht
LVA	Landesversicherungsanstalt
m. m. N.	mit weiteren Nachweisen
MiLoG	Mindestlohngesetz
NJ	Neue Justiz (Zeitschrift)
NJW	Neue Juristische Wochenschrift (Zeitschrift)
n°	numéro

Nr.	Nummer
NZA	Neue Zeitschrift für Arbeitsrecht
NzFam	Neue Zeitschrift für Familienrecht
NZS	Neue Zeitschrift für Sozialrecht
NZZ	Neue Zürcher Zeitung
OMK	Offene Methode der Koordinierung
o. V.	ohne Verfasser
p.	page (Seite)
P. D. G.	Président - directeur général
P. D. G.	Président - directeur général
PACS	Pacte civil de solidarité
PAJE	prestation d'accueil du jeune enfant
PreParE	Prestation partagée d'éducation de l'enfant
QPC	Question prioritaire de constitutionnalité
R.	Règlement
RCI	régime complémentaire des indépendants
RCO	retraite complémentaire obligatoire pour les exploitants agricoles
RDSS	Revue de droit sanitaire et social (Zeitschrift)
RFAS	La Revue française des affaires sociales (Zeitschrift)
RKG	Reichsknappschaftsgesetz
RL	Richtlinie
RM	Reichsmark
RMI	revenu minimum d'insertion
Rn.	Randnummer
RRG	Rentenreformgesetz
RSA	Revenu de solidarité active
rv	Die Rentenversicherung, Organ für den Bundesverband der Rentenberater e. V. (Zeitschrift)
RVaktuell	Fachzeitschrift und amtliche Mitteilungen der Deutschen Rentenversicherung
RVO	Reichsversicherungsordnung
S.	Seite/Seiten
SAM	Salaire annuel moyen
SGB	Sozialgesetzbuch
SGb	Die Sozialgerichtsbarkeit (Zeitschrift)
SGG	Sozialgerichtsgesetz

SMIC	Salaire minimum interprofessionnel de croissance
SMIG	salaire minimal national interprofessionnel garanti
SozR	Sozialrecht
SPD	Sozialdemokratische Partei Deutschlands
SRH	Sozialrechtshandbuch
TzBfG	Teilzeit- und Befristungsgesetz
UhVorschG	Unterhaltsvorschussgesetz
Urt.	Urteil
v.	von/vom
VAMV	Verband alleinerziehender Mütter und Väter e. V.
vgl.	vergleiche
VO	Verordnung
VR	Verwaltungsrundschau (Zeitschrift)
VSSR	Vierteljahresschrift für Sozialrecht
WD	Wissenschaftlicher Dienst
WSI Mitteilungen	Zeitschrift des Wirtschafts- und Sozialwissenschaftlichen Instituts der Hans-Böckler-Stiftung
z. B.	zum Beispiel
ZAAR	Zentrum für Arbeitsbeziehungen und Arbeitsrecht
ZAP	Zeitschrift für die anwaltliche Praxis
ZeS	Zentrum für Sozialpolitik
ZIAS	Zeitschrift für ausländisches und internationales Arbeits- und Sozialrecht
ZP-EMRK	Zusatzprotokoll zur Europäischen Menschenrechtskonvention

Einführung

A. Problematik und Untersuchungsgegenstand

Die traditionelle Familienform, in der die Rolle des Vaters als Ernährer und Hauptverdiener sowie die der Mutter als primäre Betreuerin der Kinder definiert werden, ist in Deutschland gesellschaftlich etabliert.[1] Seit Mitte der 1960er Jahre ist die traditionelle Familienform jedoch im Wandel und weicht zunehmend neuen (partnerschaftlichen) Lebensmodellen wie nicht-ehelichen Lebensgemeinschaften, sogenannten Patchwork-Familien und Ein-Eltern-Familien.[2] Eine mittlerweile weit verbreitete Familienform stellt die Ein-Eltern-Familie dar. Es gibt zahlreiche Gründe, weshalb Eltern ihre Kinder alleine erziehen. So können neben Ehescheidungen und Trennungen, Geburten alleinstehender Frauen beziehungsweise die Aufnahme eines Kindes durch Pflegeelternschaft/Adoption sowie der Tod eines Elternteils der Hintergrund sein.[3]

Die Anzahl der in Deutschland lebenden Familienhaushalte mit minderjährigen Kindern[4] war bis zum Jahr 2010 rückläufig, wuchs jedoch bis zum Jahr 2023

---

1 BT-Drs. 20/14510, S. 68 f., 148, 264 und 369.

2 *Schuster*, Alleinerziehende Frauen in Deutschland, S. 7–9; *Bünning*, NZFam 2018, 304 (304); *Achatz*, NZFam 2016, 213 (213 f.); *Konietzka/Kreyenfeld*, NZFam 2015, 1100 (1100).

3 *Menne/Funcke*, Alleinerziehende in Deutschland, S. 9; *BMFSFJ*, Allein- oder getrennterziehen – Lebenssituation, Übergänge und Herausforderungen, S. 10; *Gundelach*, in: Fasselt et al., HSRB, § 19, Rn. 70.

4 Es wird insbesondere die Situation von Alleinerziehenden mit minderjährigen Kindern betrachtet, da die Minderjährigkeit des Kindes häufig Voraussetzung für verschiedene Leistungen der Rentenversicherung ist.

auf 8,5 Millionen.[5] Eine andere Entwicklung ist hingegen bei den alleinerziehenden Haushalten zu beobachten: Alleinerziehende waren über Jahre hinweg die einzige Familienform, deren Anzahl stetig gestiegen ist.[6] Im Jahre 1996 gab es 1,3 Millionen Alleinerziehende mit minderjährigen Kindern, im Jahr 2023 waren es 1,7 Millionen.[7] Die Anzahl alleinerziehender Mütter beläuft sich dabei auf 1,4 Millionen, während (lediglich) 301.000 alleinerziehende Väter die Betreuung der Kinder übernehmen.[8] Zwar sind es demnach überwiegend alleinerziehende Frauen, die ihre minderjährigen Kinder erziehen, jedoch steigt der Anteil der alleinerziehenden Väter.[9] Bei der Ein-Eltern-Familie handelt es sich also nicht um eine Lebenslage, die ausschließlich Frauen betrifft.[10] Im Jahr 2018 lebten in Frankreich rund 1,9 Millionen Ein-Eltern-Familien mit minderjährigen Kindern – Tendenz steigend.[11] Es ist festzustellen, dass Alleinerziehende einen immer größer werdenden Teil der Eltern in Deutschland und Frankreich ausmachen, diese Familienform gewinnt daher zunehmend an Bedeutung.

Alleinerziehende sind überdurchschnittlich häufig am Ende eines arbeitsreichen Lebens von Altersarmut betroffen.[12] Die gesetzliche Rentenversicherung ist in ihrer Konzeption maßgeblich an das Erwerbseinkommen gekoppelt, welches in Verbindung mit den spezifischen Lebensumständen von Alleinerziehenden zu einer erhöhten Gefahr der Altersarmut führt. Familienbedingte

---

5 *Menne/Funcke*, Alleinerziehende in Deutschland, S. 4; *Lenze*, Alleinerziehende weiter unter Druck, S. 20; vgl. *Destatis*, Haushalte und Familien, Erstergebnisse 2023, o. S.

6 *Lenze*, Alleinerziehende weiter unter Druck, S. 20; *Menne/Funcke*, Alleinerziehende in Deutschland, S. 7.

7 BT-Drs. 20/14510, S. 6; *Destatis*, Haushalte und Familien, Erstergebnisse 2023, o. S.; *Lenze*, Alleinerziehende weiter unter Druck, S. 20.

8 *Menne/Funcke*, Alleinerziehende in Deutschland, S. 4 und 8.

9 BT-Drs. 20/14510, S. 83.

10 *Destatis*, Pressemitteilung, Zahl der Woche Nr. 20 v. 16. 05.2023, o. S.; a. A. *Hübgen*, Armutsrisiko alleinerziehend, S. 22, sie spricht von einer „weiblichen Lebenslage".

11 *Algava/Buisson/Toulemon*, Les « familles monoparentales »: une catégorie statistique bien établie, assortie de nombreuses limites, S. 29 und 47; vgl. dazu auch Anlage 1: Anzahl der Einelternfamilien nach Alter der Kinder. Ausführlich zu den Zahlen von Alleinerziehenden siehe *Acs/Lhommeau/Raynaud*, Les familles monoparentales depuis 1990, S. 1, 8 und 9.

12 *Wissenschaftliche Dienste*, WD 6 – 3000 – 018/16, Einführende Informationen zum Thema Altersarmut, S. 6; *BMFSFJ*, Familienbilder in Deutschland und Frankreich, S. 27; vgl. BT-Drs. 20/14510, S. 169; ebenfalls *Ruland*, in: Ruland/Becker/Axer, SRH, § 18, Rn. 15.

Erwerbsunterbrechungen, ungenügende Vereinbarkeit von Kinderbetreuung und Erwerbstätigkeit, Teilzeit, Niedriglöhne, geringfügige Beschäftigungen und entsprechend niedrige Einkommen führen dazu, dass die Rentenanwartschaften in der gesetzlichen Rentenversicherung von Alleinerziehenden gering sind und Alleinerziehende – neben Arbeitslosen – die größte Gruppe sind, die von Armut betroffen[13] und somit (auch) von Altersarmut bedroht sind. Wie in Deutschland gibt es auch in Frankreich eine Zunahme Alleinerziehender und ein erhöhtes Armutsrisiko für diesen Personenkreis.[14] Alleinerziehende befinden sich in Frankreich als Familienkategorie in einer ungünstigeren wirtschaftlichen Situation als die klassische Familie.[15]

Angesichts der Tatsache, dass die Renten in beiden Rechtssystemen wesentlich aus den jeweiligen Sozialsystemen abgeleitet werden, liegt es nahe, die Ursachen für das erhöhte Risiko der Altersarmut von Alleinerziehenden in der Rentenversicherung zu verorten. Die vorliegende Arbeit greift diese sozialpolitische Entwicklung daher auf und untersucht rechtsvergleichend, wie die besondere Lebenssituation von Alleinerziehenden im gesetzlichen Rentenversicherungssystem Deutschlands und Frankreichs abgebildet wird.

B. Interdisziplinarität und Methodik

I. Interdisziplinarität

Die Rentenversicherungssysteme sind Forschungsgegenstand unterschiedlicher Wissenschaftsdisziplinen. Schwerpunktmäßig befassen sich hiermit

---

13 Die Armutsquote der Alleinerziehenden beträgt 42,9 % und bei Arbeitslosen 49,2 %. *Bäcker/Kistler*, in: bpb, Altersarmut, o. S.; mit ähnlichen Zahlen Deutscher Paritätischer Wohlfahrtsverband Gesamtverband e. V., Wer die Armen sind, S. 4; vgl. auch *Menne/Funcke*, Alleinerziehende in Deutschland, S. 4; ähnlich *VAMV*, Positionspapier: Für ein gutes Auskommen im Alter!, S. 1; so auch *Janda*, DRV 2018, 386 (392); ebenfalls *Christl*, NJ 2018, 237 (238).

14 Vgl. *Barbier/Zemmour/Théret*, Le système français de protection sociale, S. 47. *Algava/Buisson/Toulemon*, Les « familles monoparentales »: une catégorie statistique bien établie, assortie de nombreuses limites, S. 33; *BMFSFJ*, Familienbilder in Deutschland und Frankreich, S. 27.

15 *Algava/Buisson/Toulemon*, Les « familles monoparentales »: une catégorie statistique bien établie, assortie de nombreuses limites, S. 37 f.; vgl. dazu Anlage 2: Lebensstandard und Kinderarmut nach Elternaktivität im Jahr 2018.

allerdings die Rechts- und Sozialwissenschaften.[16] Letztere trägt insbesondere zum Verständnis des demografischen Wandels[17], seiner Gründe und Auswirkungen auf die Alterssicherung bei. Des Weiteren ermöglichen empirische Befunde Aussagen über die Erwerbsbeteiligung von Alleinerziehenden sowie Art und Ausgestaltung ihrer Beschäftigungsverhältnisse und geben Aufschluss über spezifische Armutsrisiken. Das Sozialrecht wiederum, als Teildisziplin der Rechtswissenschaften, lässt sich insbesondere durch die Intensität seines sozialen Zwecks charakterisieren.[18] In diesem Sinne fungiert das Sozialrecht als „Medium der Sozialpolitik".[19] Des Weiteren ist das Rentenversicherungssystem seit jeher Gegenstand von Reformbemühungen und politischer Auseinandersetzungen etwa um das Verhältnis zwischen staatlicher und privat organisierter Vorsorge, sodass die Arbeit auch eine rechtspolitische Dimension entfaltet.[20]

II. Methodik

Die rechtsvergleichende Untersuchung der gesetzlichen Rentenversicherung zwischen Deutschland und Frankreich wird nach der klassischen Methode der funktionalen Rechtsvergleichung durchgeführt.[21] Die funktionale Rechtsvergleichung trägt zur fundierten und präzisen Erkennung von Problemen und Lösungen bei.[22] Um eine übergeordnete, neutrale Haltung einzunehmen, ist es anfänglich nötig, sich von konkreten rechtlichen Problemstellungen und nationalen Rechtsbegriffen zu lösen.[23] In diesem Zusammenhang ist es

---

16 Vgl. *Zacher*, in: ders., Vorfragen zu den Methoden der Sozialrechtsvergleichung, S. 43.

17 Ausführlich zu den Reformen der gesetzlichen Rentenversicherung zur Bewältigung des demografischen Wandels *Brosius-Gersdorf*, DRV 2020, 45 (passim).

18 So *Borchert*, Die Berücksichtigung familiärer Kindererziehung im Recht der gesetzlichen Rentenversicherung, S. 30; ebenso *Zacher*, VSSR 1974, 15 (28).

19 *Borchert*, Die Berücksichtigung familiärer Kindererziehung im Recht der gesetzlichen Rentenversicherung, S. 30; *Zacher*, VSSR 1974, 15 (28).

20 Vgl. *Zacher*, in: ders., Vorfragen zu den Methoden der Sozialrechtsvergleichung, S. 43.

21 Vgl. dazu *Zweigert/Kötz*, Einführung in die Rechtsvergleichung, S. 33; *Becker*, Staat und autonome Träger im Sozialleistungsrecht, S. 33.

22 *Eichenhofer*, NZS 1997, 97 (98).

23 *Zacher*, in: ders., Vorfragen zu den Methoden der Sozialrechtsvergleichung, S. 36 ff.; *Becker*, Staat und autonome Träger im Sozialleistungsrecht, S. 33; *Becker*, in: ders., Rechtsdogmatik und Rechtsvergleich im Sozialrecht, S. 26.

vorteilhaft, auf neutrale Begriffe zurückzugreifen.[24] So wird beispielsweise statt der Begriffe Grundsicherung im Alter nach dem SGB XII und *allocation de solidarité aux personnes âgées* (ASPA) nach dem *Code de la sécurité sociale* (CSS) von Leistungen bei nicht vorhandenen oder zu niedrigen Ansprüchen im Alter gesprochen.

Ziel ist es, den Prozess des „Hin- und Herschauens"[25] bei der Entwicklung von Systembegriffen und Vergleichskriterien nachvollziehbar zu gestalten, indem die Auswahl neutraler Begriffe erläutert und ihre Abgrenzung zu den in den jeweiligen Ländern üblichen Termini aufgezeigt wird.[26] Im Anschluss sind innerhalb der zu vergleichenden Rechtsordnungen – Deutschland und Frankreich – sämtliche einschlägigen Rechtsquellen zu identifizieren und einer Analyse zu unterziehen, wobei diese Analyse auf die Funktion der jeweiligen Normen zur Lösung des zuvor herausgearbeiteten vorrechtlichen Problems ausgerichtet ist (sogenanntes Funktionalitätsprinzip).[27] Das vorrechtliche Problem soll verdeutlichen, dass Gesellschaft, Wirtschaft und Kultur Fragen aufwerfen, die eine rechtliche Lösung benötigen.[28] Mithilfe der Analyse ausländischer Rechtsordnungen werden Besonderheiten sowie Vor- und Nachteile des eigenen Rechtssystems zur Vergleichsrechtsordnung deutlich.[29] Durch den Vergleich nationaler Rechtsordnungen kann die nationale Gesetzgebung zudem von bisher unbekannten Lösungsansätzen sowie fremden Erfahrungswerten profitieren und hieraus die jeweils besten Lösungen für das eigene Problem ermitteln.[30]

Der Rechtsvergleich zwischen Frankreich und Deutschland folgt der Methode des Mikrovergleichs. Ein Mikrovergleich hat für ein und dasselbe Sachproblem einzelne Problemlösungen verschiedener nationaler Rechte

---

[24] *Eichenhofer*, NZS 1997, 97 (99); *Zweigert/Kötz*, Einführung in die Rechtsvergleichung, S. 33; *Starck*, JZ 1997, 1021 (1027).

[25] *Zacher*, in: ders., Vorfragen zu den Methoden der Sozialrechtsvergleichung, S. 40.

[26] *Zweigert/Kötz*, Einführung in die Rechtsvergleichung, S. 11 und 33.

[27] *Zweigert/Kötz*, Einführung in die Rechtsvergleichung, S. 33; *Kischel*, Rechtsvergleichung, S. 93 ff.; *Becker*, Staat und autonome Träger im Sozialleistungsrecht, S. 33.

[28] *Eichenhofer*, NZS 1997, 97 (99).

[29] *Sommermann*, DÖV 1999, 1017 (1021); *Jaenecke*, Gesetzliche Grundlagen der Hinterbliebenensicherung im europäischen Rechtsvergleich, S. 22.

[30] *Zacher*, in: ders., Horizontaler und vertikaler Sozialrechtsvergleich, S. 52; *Eichenhofer*, NZS 1997, 97 (98).

zum Gegenstand.[31] Der Mikrovergleich, der darauf abzielt, verschiedene Lösungen für dasselbe soziale Problem aufzuzeigen, wird daher auch als horizontaler Rechtsvergleich bezeichnet, da die unterschiedlichen Antworten auf demselben Hierarchie-Niveau der Rechtsquellen – also als Lösungen gleichen Rangs – angesiedelt sind.[32] Der hier durchzuführende Rechtsvergleich setzt die empirische Analyse der gesellschaftlichen Situation von Alleinerziehenden in beiden Ländern und der rechtlichen Rahmenbedingungen des Alterssicherungssystems insgesamt voraus. Hierzu existiert eine umfangreiche (empirische) Forschungslage.[33] Eine eigenständige Datenerhebung ist daher nicht erforderlich. Der Schwerpunkt der Bearbeitung bleibt jedoch rechtswissenschaftlich. Ausgangspunkt der Untersuchungen ist somit die Analyse einschlägiger Normen und deren Systematik sowie relevanter Literatur und Rechtsprechung. Die Arbeit folgt hierbei der klassischen rechtswissenschaftlichen Methodik der Auslegung von Gesetzestexten.

C. Zur Auswahl der Vergleichsländer Deutschland und Frankreich

Die Länderauswahl wird zuvörderst vom Ziel des Vergleichs bestimmt.[34] Die Maßnahmen zum Schutz von Alleinerziehenden vor Altersarmut sind ein politisch aktuelles und praxisrelevantes Thema.[35] Diese Maßnahmen sind die Grundlage bei der Themenwahl für die folgende Untersuchung und der Suche nach einer geeigneten Vergleichsordnung, die durch die Bewertung verbindender[36] sowie trennender Systemelemente[37] erschlossen wird und zur

---

[31] *Eichenhofer*, NZS 1997, 97 (98).

[32] *Eichenhofer*, NZS 1997, 97 (98 m. w. N.).

[33] Siehe hierzu *Algava/Buisson/Toulemon*, Les « familles monoparentales »: une catégorie statistique bien établie, assortie de nombreuses limites, S. 27 ff.; siehe ebenfalls *Menne/Funcke*, Alleinerziehende in Deutschland, S. 4 ff.

[34] *Becker*, in: ders., Rechtsdogmatik und Rechtsvergleich im Sozialrecht, S. 23; *Becker*, Staat und autonome Träger im Sozialleistungsrecht, S. 35.

[35] So zuletzt im Rahmen des Zehnten Familienberichts, vgl. BT-Drs. 20/14510, S. 156 ff.

[36] Zu den verbindlichen Systemelementen gehört u. a. die Zugehörigkeit in das Bismarck'sche System.

[37] Zu den trennenden Systemelement gehört u. a. die unterschiedliche Rentenberechnung.

Auswahl der französischen gesetzlichen Rentenversicherung als Vergleichsrechtsordnung führt.

I. Struktur- und Leistungsmerkmale der gesetzlichen Rentenversicherung

1. Wohlfahrtsstaatliche Regime

Aufgrund der qualitativ unterschiedlichen Arrangements zwischen Staat, Markt und Familie wird nach *Esping-Andersen* nach verschiedenen Regimetypen geclustert.[38] Nach der Typologie wird zwischen konservativen, liberalen und sozialdemokratischen wohlfahrtsstaatlichen Regimen unterschieden.[39] Im Zentrum der Typisierung steht die Verantwortung für die Vorsorge bzw. die Absicherung im Falle des Eintritts eines sozialen Risikos.[40] In liberalen Wohlfahrtstaaten herrschen eine bedürftigkeitsgeprüfte Unterstützung und marginale Sozialleistungen.[41] Die Leistungen richten sich hauptsächlich an einkommensschwache, in der Regel aus der Arbeiterklasse stammende, vom Staat abhängige Personen.[42] Die Anspruchsvoraussetzungen für die Leistungen sind streng und mit einem Stigma verbunden.[43] Im Gegenzug ermutigt der Staat den Markt, entweder passiv (indem nur ein Minimum garantiert wird) oder aktiv (durch Subventionierung privater Wohlfahrtssysteme).[44] Die dekommodifizierende Wirkung ist in liberalen Wohlfahrtstaaten schwach.[45]

Auch in konservativen Wohlfahrtsstaaten, deren Sicherungssysteme der Bewahrung des sozialen Status dienen, ist diese Wirkung nur gering ausgeprägt.[46] Häufig findet das Subsidiaritätsprinzip Anwendung, sodass die

---

38 *Esping-Andersen*, The three worlds of welfare capitalism, S. 26.

39 *Esping-Andersen*, The three worlds of welfare capitalism, S. 26.

40 *Esping-Andersen*, The three worlds of welfare capitalism, S. 26 f.; *Bieback*, ArchSozArb 2011, 56 (57).

41 *Esping-Andersen*, The three worlds of welfare capitalism, S. 27; *Bieback*, ArchSozArb 2011, 56 (57); *Ruckdeschel*, Zeitschrift für Bevölkerungswissenschaft 2009, 105 (107).

42 *Esping-Andersen*, The three worlds of welfare capitalism, S. 26.

43 *Esping-Andersen*, The three worlds of welfare capitalism, S. 26.

44 *Esping-Andersen*, The three worlds of welfare capitalism, S. 26 f.

45 *Esping-Andersen*, The three worlds of welfare capitalism, S. 21 f.; *Bieback*, ArchSozArb 2011, 56 (57).

46 *Esping-Andersen*, The three worlds of welfare capitalism, S. 22; *Bieback*, ArchSozArb 2011, 56 (57).

Absicherung zunächst innerhalb der Familie erfolgt und staatliche Unterstützung erst nachrangig zur Verfügung gestellt wird.[47] Das Familienbild bei konservativen Wohlfahrtsstaaten ist traditionell geprägt – das heißt, es wird das Modell des männlichen Familienernährers unterstützt.[48] Das Modell schließt in der Regel nicht erwerbstätige Ehefrauen aus, an Familien gerichtete Leistungen fördern primär die Mutterschaft.[49]

Der sozialdemokratische Typus ist wiederum stark auf soziale Gleichheit gerichtet, der jedoch teilweise auch vorheriges Einkommen garantiert.[50] Bezüglich der Grundstruktur der Organisation sozialer Sicherheit ähnelt die französische Sozialrechtsordnung der deutschen, welche bei der Einteilung der Sozialstaaten zu einer Einstufung beider Sozialsysteme in die Gruppe der konservativen Wohlfahrtsstaaten nach *Esping-Andersen* führt.[51] Aufgrund der starken Förderung der Müttererwerbstätigkeit ist die Einordnung Frankreichs jedoch umstritten, da diese dem Typus des klassischen konservativen Wohlfahrtstaates entgegensteht.[52]

Da Alleinerziehende überwiegend Frauen sind, werden gerade diese aufgrund des männlichen Ernährermodells besonders benachteiligt. Denn Frauen, die unbezahlte Familienarbeit leisten, haben grundsätzlich weniger Kapazitäten für eine sozialversicherungspflichtige Erwerbstätigkeit.[53] In Deutschland werden Frauen aus wohlfahrtsstaatlicher Perspektive als Mütter betrachtet, während in Frankreich die Rolle der Frau als Mutter und

---

47 *Esping-Andersen*, The three worlds of welfare capitalism, S. 27; *Bieback*, ArchSozArb 2011, 56 (57); *Ruckdeschel*, Zeitschrift für Bevölkerungswissenschaft 2009, 105 (107).

48 *Esping-Andersen*, The three worlds of welfare capitalism, S. 27; *Veil*, Alterssicherung von Frauen in Deutschland und Frankreich, S. 31; *Ruckdeschel*, Zeitschrift für Bevölkerungswissenschaft 2009, 105 (107).

49 *Esping-Andersen*, The three worlds of welfare capitalism, S. 27.

50 *Esping-Andersen*, The three worlds of welfare capitalism, S. 27; *Bieback*, ArchSozArb 2011, 56 (57); *Ruckdeschel*, Zeitschrift für Bevölkerungswissenschaft 2009, 105 (107).

51 *Esping-Andersen*, The three worlds of welfare capitalism, S. 27; *Igl/Kaufmann*, in: Zacher, Die Landesberichte – Frankreich, S. 231; *Schmid*, Wohlfahrtsstaaten im Vergleich, S. 101.

52 *Ruckdeschel*, Zeitschrift für Bevölkerungswissenschaft 2009, 105 (108).

53 *Veil*, Alterssicherung von Frauen in Deutschland und Frankreich, S. 15.

als erwerbstätiges Familienmitglied gleichermaßen berücksichtigt wird.[54] Letztendlich bleibt auch nach einer Erweiterung des Modells um den Grad der Defamilialisierung, der die Abhängigkeit der Individuen von der Familie erklärt, bei *Esping-Andersen* die große Nähe zwischen Deutschland und Frankreich bestehen.[55]

2. Bismarck-Modell der Sozialversicherung

Das Bismarck'sche Modell ist ein beitragsfinanziertes Sozialversicherungssystem, das auf *Otto von Bismarck* zurückgeht.[56] Deutschland wird als „Mutterland des Sozialstaates"[57] bzw. als „Pionierstaat der Sozialgesetzgebung"[58] beschrieben und gilt als Vorreiter in der Sozial- und der Rentenversicherung.[59] Die deutsche Sozialgesetzgebung wurde Ende des 19. Jahrhunderts (1883–1889) eingeführt.[60] Der geschützte Personenkreis umfasst hauptsächlich Beschäftigte, die in die Sozialversicherung einzahlen.[61]

Das prominenteste Gegenmodell zum Bismarck-System ist das am Fürsorgegedanken gerichtete, rein steuerfinanzierte und somit einkommensunabhängig für jedermann zugängige – jedoch auch lediglich Pauschalleistungen gewährende – „Beveridge-System".[62] Auch wenn sich viele Länder Instrumente

---

54 *Ruckdeschel*, Zeitschrift für Bevölkerungswissenschaft 2009, 105 (108); *Will*, Familienförderung im Sozialrecht, S. 129.

55 *Ruckdeschel*, Zeitschrift für Bevölkerungswissenschaft 2009, 105 (108); *Vie publique*, Systèmes bismarckien et beveridgien d'État providence: quelles charactéristiques?, o. S.

56 *Bertelsmeier*, Entwicklung und Entwicklungstendenzen der Rentenversicherung, S. 22; *Steinmüller*, Arbeitsmarkt- und Rentenpolitik in Deutschland und Frankreich im Kontext der Akteurskonstellationen zwischen Exekutive, Parteien und Gewerkschaften, S. 195.

57 *Butterwegge*, Krise und Zukunft des Sozialstaates, S. 37; *Bertelsmeier*, Entwicklung und Entwicklungstendenzen der Rentenversicherung, S. 21; *Nezosi*, La protection sociale, S. 37.

58 So *Schmidt*, der deutsche Sozialstaat, S. 62.

59 *Lessenich*, „Aktivierender" Sozialstaat: eine politisch-soziologische Zwischenbilanz, S. 42; *Bertelsmeier*, Entwicklung und Entwicklungstendenzen der Rentenversicherung, S. 22; *Barbier/Zemmour/Théret*, Le système français de protection sociale, S. 16 f.; *Nezosi*, La protection sociale, S. 37 f.

60 *Schmidt*, der deutsche Sozialstaat, S. 62; *Dallinger*, Sozialpolitik im internationalen Vergleich, S. 16.

61 *Bertelsmeier*, Entwicklung und Entwicklungstendenzen der Rentenversicherung, S. 22.

62 Benannt nach seinem britischen Erfinder William Henry Beveridge, siehe *Bertelsmeier*, Entwicklung und Entwicklungstendenzen der Rentenversicherung, S. 22 m. w. N.;

beider Modelle bedienen und eine trennscharfe Abgrenzung in der heutigen Zeit daher schwierig ist, werden bestehende Systeme sozialer Sicherheit international grundsätzlich in die Systeme Bismarck und Beveridge eingeordnet.[63] Deutschland und Frankreich folgen weiterhin dem von Bismarck etablierten Modell.[64] Trotz der unterschiedlichen Umsetzung in Deutschland und Frankreich haben die Systeme der beiden Länder die Grundidee einer gesetzlichen Sozialversicherung sowie die Ausrichtung am Äquivalenzprinzip gemein. Im Allgemeinen werden unter dem Äquivalenzprinzip der Grundsatz der Gleichwertigkeit von Leistung und Gegenleistung verstanden. In bestimmten Ausnahmefällen kann das Äquivalenzprinzip zugunsten des Solidaritätsgedankens aufgehoben werden.[65] Trotz der weit verbreiteten Abschwächung des Äquivalenzprinzips in der Sozialpolitik ist die Kopplung von Leistungen an Beiträge kennzeichnend für Deutschland und Frankreich.[66] Die gesetzlichen Rentenleistungen sind sowohl in Deutschland als auch in Frankreich beitragsfinanziert.[67]

Die Rente soll traditionell zur Lebensstandardsicherung beitragen.[68] Der Erhalt des Lebensstandards erfolgt durch die Erhebung von Beiträgen auf das Erwerbseinkommen. Da die Leistungen grundsätzlich beitragsabhängig sind, werden die Unterschiede während des Erwerbslebens auch im Leistungsbezug perpetuiert. Die Rente wird damit als Ausdruck konservativer

---

siehe auch *Morvan*, Droit de la protection sociale, S. 5; *Nezosi*, La protection sociale, S. 38.

63 *Eichenhofer*, NZS 1997, 97 (98); *Bertelsmeier*, Entwicklung und Entwicklungstendenzen der Rentenversicherung, S. 22.

64 *Zacher*, in: ders., Vorfragen zu den Methoden der Sozialrechtsvergleichung, S. 33; ebenso *Schmid*, Wohlfahrtsstaaten im Vergleich, S. 108 f.; *Steinmeyer*, NZS 2012, 721 (721); *Bertelsmeier*, Entwicklung und Entwicklungstendenzen der Rentenversicherung, S. 22; *Steinmüller*, Arbeitsmarkt- und Rentenpolitik in Deutschland und Frankreich im Kontext der Akteurskonstellationen zwischen Exekutive, Parteien und Gewerkschaften, S. 195.

65 *Bertelsmeier*, Entwicklung und Entwicklungstendenzen der Rentenversicherung, S. 21.

66 Vgl. *Siegel*, Welten des Wohlfahrtskapitalismus und Typen wohlfahrtsstaatlicher Politik, S. 263; *Veil*, Retraite et société 2004, 99 (102).

67 *Igl/Kaufmann*, in: Zacher, Die Landesberichte – Frankreich, S. 231; *Wissenschaftliche Dienste*, WD 6 – 3000 – 140/18, Grundlagen der Alterssicherung in Frankreich und Deutschland, S. 5.

68 *Roßbach*, DRV 2024, 1 (3); *Janda/Fachinger/Künemund*, Reformen in der gesetzlichen Rentenversicherung und in der Beamtenversorgung in Deutschland seit 1990, S. 4.

Wohlfahrtsstaatlichkeit angesehen, welche Unterschiede im Lebensstandard während des Erwerbslebens im Leistungsbezug konserviert.[69]

Diese Anordnungen sind für die rechtsvergleichende Analyse hilfreich, da die Sozialsysteme Gemeinsamkeiten aufweisen, die das Verständnis der beiden Sozialrechtsordnungen erleichtern. Für die Frage nach Maßnahmen zum Schutz von Alleinerziehenden vor Altersarmut sind diese Kriterien jedoch nicht ausschlaggebend, da sie sich auf die allgemeinen Leistungsstrukturen beziehen und über den Aufbau des Leistungsrechts in der gesetzlichen Rentenversicherung keine Aussage treffen.

Andere systematische Analogien sind dagegen für das Leistungserbringungsverhältnis relevant. So basiert die Alterssicherung sowohl in Deutschland als auch in Frankreich auf drei Säulen: Der Regelversorgung in öffentlich-rechtlichen Pflichtsystemen, der zusätzlichen betrieblichen Altersversorgung und der ergänzenden privaten Vorsorge.[70] In beiden Vergleichsländern ist die gesetzliche Rentenversicherung öffentlich-rechtlich ausgestaltet und unterliegt der staatlichen Verantwortung.[71] Die Sozialversicherungsträger beider Länder sind eigene Rechtspersönlichkeiten,[72] die jedoch in Frankreich aufgrund der Vielzahl der Rentensysteme eine geringere Übersichtlichkeit aufweisen.[73] Innerhalb der öffentlich-rechtlichen Pflichtsysteme ist die Deutsche Rentenversicherung in Bund, Regionaldirektionen und Knappschaft-Bahn-See gegliedert, während Frankreich von drei großen

---

[69] *Janda/Fachinger/Künemund*, Reformen in der gesetzlichen Rentenversicherung und in der Beamtenversorgung in Deutschland seit 1990, S. 4.

[70] *Wissenschaftliche Dienste*, WD 6 – 3000 – 140/18, Grundlagen der Alterssicherung in Frankreich und Deutschland, S. 5; Siehe für Deutschland Gliederungspunkt Kapitel 3 C. I. und für Frankreich Kapitel 4 A. und C. I.

[71] Siehe für Deutschland Gliederungspunkt Kapitel 3 C. I. und für Frankreich Kapitel 4 A. und C. I.

[72] Siehe zum deutschen Recht § 29 SGB IV i. V. m. § 143 Abs. 1 SGB VI, die französischen Versicherungsträger sind auf nationaler Ebene öffentlich-rechtliche autonome Träger, vgl. *Becker*, Staat und autonome Träger im Sozialleistungsrecht, S. 262 ff.

[73] Siehe für Frankreich Gliederungspunkt Kapitel 4 C. I.

Systemen (*régime général, régimes spéciaux* und régimes autonomes), welche unterschiedliche Berufsgruppen abdecken, bestimmt wird.[74]

Aufgrund dieser strukturellen Überschneidungen sind es insbesondere die systematischen Unterschiede, die im Rahmen des Rechtsvergleichs zu neuen Erkenntnissen führen.[75] Bereits die unterschiedliche Rentenberechnung wirft die Frage auf, ob sich diese verstärkt auf die Altersarmut auswirkt oder es sich um einen irrelevanten Faktor handelt. So richtet sich zum Beispiel die Rentenhöhe in Frankreich nach der Einkommenshöhe der 25 wirtschaftlich besten Verdienstjahre.[76] In Deutschland hingegen bemisst sich die Rentenhöhe auf Grundlage des über das gesamte Erwerbsleben hinweg erzielten Arbeitsentgelts, sodass Phasen mit geringerem Einkommen die Rentenansprüche entsprechend nachteilig beeinflussen können.[77] Des Weiteren ist die divergierende Berücksichtigung von Kindererziehungszeiten im Rahmen der gesetzlichen Rentenversicherung in den beiden Vergleichsländern zu berücksichtigen, was zu konträren Resultaten führt.[78]

Frankreich ist eines der Länder Europas, das die zahlreichsten und ältesten familienfördernden Elemente seit der Einführung des Rentensystems im Jahr 1945 bietet.[79] Sie dienen unterschiedlichen Sicherungszielen – natalistischen und sozialpolitischen.[80] Die natalistische Orientierung aus 1945 verfolgt durch die Gewährung von familienfördernden Elementen in der gesetzlichen Rentenversicherung eine Erhöhung der Geburtenraten und fördert so insbesondere kinderreiche Familien.[81] Ein empirischer Beweis, ob die natalistische Ausrichtung tatsächlich Einfluss auf die Geburtenrate hat, konnte bislang allerdings nicht erbracht werden.[82] Die rückläufigen Geburtenzahlen verursachen einen signifikanten demografischen Wandel: Während im

---

[74] *Bertelsmeier*, Entwicklung und Entwicklungstendenzen der Rentenversicherung, S. 143; *Eichenhofer*, Sozialrecht, Rn. 315; *Kaufmann*, RVaktuell 2011, 47 (48); siehe für Deutschland Gliederungspunkt Kapitel 3 C. I. und für Frankreich Kapitel 4 C. I.

[75] Vgl. *Becker*, Staat und autonome Träger im Sozialleistungsrecht, S. 34.

[76] Siehe ausführlich für Frankreich Gliederungspunkt Kapitel 4 C. III. 1.

[77] Siehe ausführlich Deutschland Kapitel 3 C. II. 1. und III. 1.

[78] Siehe für Deutschland Gliederungspunkt Kapitel 3 C. VII. und für Frankreich Kapitel 4 C. VI.

[79] *Bonnet/Chagny/Monperrus-Veroni*, Revue de l'OFCE 2004, 343 (360).

[80] *Bichot*, Droit Sociale 1999, 33 (passim); *Veil*, DRV 2002, 282 (288).

[81] *CNAV*, Circulaire n° 2022-26 du 14.10.2022, Majoration pour enfants, S. 3.

[82] So *Veil*, Alterssicherung von Frauen in Deutschland und Frankreich, S. 78.

Geburtsjahrgang 1930 noch 50 % der Frauen in Frankreich drei oder mehr Kinder zur Welt brachten, sank dieser Anteil im Geburtsjahrgang 1952 auf lediglich 29 %.[83] Im Jahr 2023 sank die Quote auf 1,68 Kinder pro Frau.[84] Trotz dieses stetigen Rückgangs gehört Frankreich zu den Ländern mit der höchsten Geburtenrate.[85]

II. Kulturelle Unterschiede und strukturelle Rahmenbedingungen

1. Kulturelle Unterschiede zur Erwerbstätigkeit von Müttern

Zwischen Deutschland und Frankreich lassen sich kulturelle Unterschiede feststellen, die auf verschiedene familienpolitische Rahmenbedingungen sowie divergierende normative Annahmen bezüglich der Rolle von Frauen und Müttern zurückzuführen sind. In Frankreich ist es weit verbreitet, dass Mütter ebenfalls einer Vollzeitbeschäftigung nachgehen.[86] Für Frankreich ist die Vereinbarkeit von Familie und Beruf selbstverständlich und wird von der Gesellschaft nicht hinterfragt.[87] Eine Mutter, die ihre Zeit nicht vollständig der Kindererziehung widmet, sondern andere Instanzen bei der Kinderbetreuung partizipieren lässt, schadet demnach nicht dem Wohl des Kindes und gilt als gute Mutter (*bonne mère*).[88] In Frankreich werden Mütter, die sich neben der Kindererziehung nicht zugleich einer Erwerbstätigkeit widmen, auch als *„mère poule*" („Mutterglucke, die ihre Kinder nicht loslassen will") bezeichnet.[89] In diesem Kontext ist zu konstatieren, dass der Staat eine wesentliche Rolle bei der Kindererziehung und Betreuung einnimmt.[90] In Frankreich bestehen nicht nur günstige

83 *Bonnet/Chambaz*, Dossiers solidarité et santé 2000, 47 (49); *Veil*, Alterssicherung von Frauen in Deutschland und Frankreich, S. 78.

84 *Kuchenbecker*, in: Handelsblatt, Niedrigste Geburtenrate seit dem Krieg, o. S.

85 So *Nezosi*, La protection sociale, S. 243.

86 *Luci*, Frauen auf dem Arbeitsmarkt in Deutschland und Frankreich, S. 11; *Ruckdeschel*, Zeitschrift für Bevölkerungswissenschaft 2009, 105 (106); *BMFSFJ*, Familienbilder in Deutschland und Frankreich, S. 30.

87 *Luci*, Frauen auf dem Arbeitsmarkt in Deutschland und Frankreich, S. 11; *BMFSFJ*, Familienbilder in Deutschland und Frankreich, S. 27 f.

88 *Ruckdeschel*, Zeitschrift für Bevölkerungswissenschaft 2009, 105 (106); alle Übersetzungen sind meine eigenen, sofern nicht anders angegeben.

89 *Ruckdeschel*, Zeitschrift für Bevölkerungswissenschaft 2009, 105 (106).

90 *Laroque*, RFAS 1981, 123 (126 f.); *Becker*, Staat und autonome Träger im Sozialleistungsrecht, S. 252; *Luci*, Frauen auf dem Arbeitsmarkt in Deutschland und Frankreich, S. 12;

strukturelle Rahmenbedingungen für die Erwerbstätigkeit von Müttern, sondern auch eine gesellschaftliche Akzeptanz der Müttererwerbstätigkeit, sodass sich die Frage eines Zielkonflikts zwischen „Arbeit oder Familie" nicht stellt.[91]

In Deutschland zeigt sich eine stärkere Bindung an ein traditionelles Familienbild als in Frankreich, obwohl auch dort die klassische Familienform zunehmend an Bedeutung verliert.[92] Mütter, die sich nicht mindestens die Hälfte ihrer Zeit mit der Kinderbetreuung beschäftigen, werden in Deutschland weiterhin häufig als sogenannte „Rabenmütter" bezeichnet.[93]

2. Strukturelle Rahmenbedingungen

Beide Länder unterscheiden sich ebenfalls in der gesellschaftlichen Einbettung der Kinderbetreuung. In Frankreich liegt die Kinderbetreuung in der Zuständigkeit des Staates.[94] Frankreichs Familienpolitik enthält ein umfassendes Betreuungsangebot für Kinder aller Altersstufen, einschließlich eines umfassenden Angebots an Ganztagsschulen:[95] Von der kostengünstigen kollektiven Betreuung in Kinderkrippen (*crèches*) bis hin zu den flexibleren Betreuungsoptionen durch Tagesmütter und Kinderfrauen.[96] Die Sozialabgaben sowie ein Teil der übrigen Kosten, die bei der Anstellung einer staatlich anerkannten Tagesmutter (*assistante maternelle agréée*) oder einer im Haushalt

---

Ruckdeschel, Zeitschrift für Bevölkerungswissenschaft 2009, 105 (108).

91 *Ruckdeschel*, Zeitschrift für Bevölkerungswissenschaft 2009, 105 (106).

92 BT-Drs. 20/14510, S. 68; *Luci*, Frauen auf dem Arbeitsmarkt in Deutschland und Frankreich, S. 13; *BMFSFJ*, Familienbilder in Deutschland und Frankreich, S. 28.

93 Der Ausdruck „Rabenmutter" wird nach wie vor häufig verwendet, so *Meding*, djbZ 2021, 178 (179); ebenfalls *Remy*, NZA-Beilage 2014, 64 (64); ebenfalls *Luci*, Frauen auf dem Arbeitsmarkt in Deutschland und Frankreich, S. 13; so auch *Ruckdeschel*, Zeitschrift für Bevölkerungswissenschaft 2009, 105 (106); ebenso *Jung*, SGb 2007, 449 (451).

94 *Kaufmann*, Unterhalts- und Betreuungsleistungen für Kinder in Frankreich, S. 304; *Letablier*, WSI Mitteilungen 2002, 169 (169); *Jaenecke*, Gesetzliche Grundlagen der Hinterbliebenensicherung im europäischen Rechtsvergleich, S. 136–138.

95 *Ruckdeschel*, Zeitschrift für Bevölkerungswissenschaft 2009, 105 (108); *Letablier*, WSI Mitteilungen 2002, 169 (169); siehe *Jaenecke*, Gesetzliche Grundlagen der Hinterbliebenensicherung im europäischen Rechtsvergleich, S. 136 f.

96 *Nezosi*, La protection sociale, S. 246; *Will*, Familienförderung im Sozialrecht, S. 126; *Veil*, Alterssicherung von Frauen in Deutschland und Frankreich, S. 42.

beschäftigten Kinderfrau entstehen, werden durch Zuschüsse übernommen, vgl. Art. L. 531-5 CSS und Art. L. 531-1 CSS.[97]

Im Mittelpunkt der französischen Kinderbetreuungskultur stehen jedoch die ganztägigen kostenlosen staatlichen Vorschulen (écoles maternelles).[98] Nach Art. L. 113-1 C. éduc. besteht ein Rechtsanspruch auf einen Platz in einer école maternelle ab dem dritten Lebensjahr des Kindes bis unter sechs Jahren. Hierdurch wird eine volle Erwerbstätigkeit beider Elternteile ermöglicht.[99] Kinder ab zwei Jahren können zwar in eine école maternelle aufgenommen werden, haben jedoch in diesem Alter keinen gesetzlichen Anspruch auf einen Platz in der Vorschule, vgl. Art. L. 113-1 al. 1 CSS. In Frankreich besteht für jedes Kind die Schulpflicht von drei bis sechzehn Jahren (vgl. Art. L. 131-1 C. éduc.) und das französische Schulsystem gewährleistet eine achtstündige Betreuung.[100]

Außerhalb der Unterrichtszeiten können die Kinder in schulnahen Einrichtungen (*service périscolaire*) kostenpflichtig betreut werden.[101] Zur Betreuung der Schulkinder außerhalb der Unterrichtszeiten stehen zudem die kostenpflichtigen *services extrascolaires* zur Verfügung, die allerdings nicht kostendeckend sind.[102] Hierbei unterscheidet man zwischen den Tagesfreizeitzentren (*Centres de Loisirs sans Hébergements*) und den Ferienzentren mit

---

97 *Will*, Familienförderung im Sozialrecht, S. 126; *Collombet/Math*, La politique familiale en direction des parents isolés en France dans une perspective de comparaison européenne, S. 176; vgl. *Veil*, Alterssicherung von Frauen in Deutschland und Frankreich, S. 42 und 44; *Kaufmann*, Unterhalts- und Betreuungsleistungen für Kinder in Frankreich, S. 307.

98 *Kaufmann*, Unterhalts- und Betreuungsleistungen für Kinder in Frankreich, S. 310 f.; *Will*, Familienförderung im Sozialrecht, S. 127; *Ehmann*, Familienpolitik in Frankreich und Deutschland, S. 63; *Veil*, Alterssicherung von Frauen in Deutschland und Frankreich, S. 45.

99 *Ehmann*, Familienpolitik in Frankreich und Deutschland, S. 64; *Kaufmann*, Unterhalts- und Betreuungsleistungen für Kinder in Frankreich, S. 312.

100 *Ehmann*, Familienpolitik in Frankreich und Deutschland, S. 64; *Jaenecke*, Gesetzliche Grundlagen der Hinterbliebenensicherung im europäischen Rechtsvergleich, S. 136.

101 *Ehmann*, Familienpolitik in Frankreich und Deutschland, S. 64; vgl. *Jaenecke*, Gesetzliche Grundlagen der Hinterbliebenensicherung im europäischen Rechtsvergleich, S. 136 f.

102 *Ehmann*, Familienpolitik in Frankreich und Deutschland, S. 64; vgl. *Jaenecke*, Gesetzliche Grundlagen der Hinterbliebenensicherung im europäischen Rechtsvergleich, S. 137 f.

Übernachtung (*Centres de Vacances et de Loisirs*), die von den Kindern in den Schulferien besucht werden können.[103]

Im Gegensatz zum zentralistischen Frankreich liegen die Zuständigkeiten der Kinderbetreuung im föderalistischen Deutschland bei den Bundesländern.[104] Man unterscheidet als Betreuungsformen für Kinder unter drei Jahren Kinderkrippen und altersgemischte Einrichtungen.[105] Kinder von drei bis unter sechs Jahren können in Kindergärten untergebracht werden.[106] Horte und altersgemischte Einrichtungen betreuen Kinder im schulpflichtigen Alter außerhalb der Unterrichtszeiten, wobei sich insgesamt zeigt, dass die Kinderbetreuungseinrichtungen und Schulen grundsätzlich nicht auf die Ganztagsbetreuung ausgerichtet sind.[107] Jedoch soll mit dem Gesetz zur ganztätigen Förderung von Kindern im Grundschulalter (Ganztagsförderungsgesetz – GaFöG) vom 2. Oktober 2021 die Betreuungslücke im Grundschulalter geschlossen werden. Das Gesetz sieht die schrittweise Einführung eines Rechtsanspruchs auf ganztägige Betreuung für Kinder in Horten oder Ganztagsgrundschulen ab 2026 vor.[108] § 24 Abs. 4 SGB VIII n. F. legt einen bedarfsunabhängigen Anspruch auf Betreuung in einer Tageseinrichtung für Kinder ab der ersten bis zur vierten Klassenstufe fest.[109] Dieser umfasst an Werktagen mindestens acht Stunden, vgl. § 24 Abs. 4 Satz 2 SGB VIII n. F. Zunächst gilt der Anspruch ab dem Schuljahr 2026/2027 nur für Kinder der ersten Klassenstufe.[110] In den darauffolgenden Jahren wird er schrittweise um jeweils eine weitere Klassenstufe erweitert, sodass ab August 2029 alle Grundschulkinder

---

103 *Ehmann*, Familienpolitik in Frankreich und Deutschland, S. 64; *Jaenecke*, Gesetzliche Grundlagen der Hinterbliebenensicherung im europäischen Rechtsvergleich, S. 137 f.

104 Vgl. dazu *Hohnerlein*, Unterhalts- und Betreuungsleistungen für Kinder in Deutschland, S. 90–92; vgl. *Christl*, NJ 2018, 237 (238); ebenso *Ehmann*, Familienpolitik in Frankreich und Deutschland, S. 65.

105 *Hohnerlein*, Unterhalts- und Betreuungsleistungen für Kinder in Deutschland, S. 191; *Ehmann*, Familienpolitik in Frankreich und Deutschland, S. 65.

106 *Hohnerlein*, Unterhalts- und Betreuungsleistungen für Kinder in Deutschland, S. 191; *Ehmann*, Familienpolitik in Frankreich und Deutschland, S. 66.

107 *Ehmann*, Familienpolitik in Frankreich und Deutschland, S. 67.

108 BGBl. 2021 I Nr. 71 v. 11.10.2021, S. 4602.

109 BGBl. 2021 I Nr. 71 v. 11.10.2021, S. 4602.

110 BT-Drs. 19/29764, S. 28; Antrag der Fraktion der CDU/CSU Planungssicherheit für Familien und Kommunen – Frist für den beschleunigten Infrastrukturausbau in der Ganztagsbetreuung verlängern, 10.11.2021, BT-Drs. 20/29, S. 1 f.; *Wissenschaftliche Dienste*, WD 9 – 3000 – 113/21, Ganztagsförderung für Kinder im Grundschulalter, S. 5.

der Klassenstufen eins bis vier einen Anspruch auf ganztägige Betreuung haben.[111] Ein weiterer Aspekt, der in diesem Kontext zu berücksichtigen ist, ist die Tatsache, dass es in Deutschland keine bedarfsdeckenden und staatlich organisierten Ferienbetreuungseinrichtungen gibt, die mit den Strukturen in Frankreich vergleichbar wären.[112] Die Finanzierung der Kinderbetreuung erfolgt darüber hinaus nicht vollständig über die Länder, sondern die Eltern müssen sich an den Kosten beteiligen, vgl. § 90 SGB VIII.[113]

Der Elternbeitrag zur Kinderbetreuung in Deutschland variiert je nach Bundesland, Art der Einrichtung und dem Einkommen der Eltern.[114] Zwar besteht für jedes Kind grundsätzlich ein Rechtsanspruch auf Förderung in Kindertageseinrichtungen und der Kindertagespflege, vgl. § 24 SGB VIII. Der kontinuierliche Ausbau ganztägiger Schulangebote anstelle der traditionellen Halbtagsschule sowie die parallele Ausweitung von Fördermaßnahmen in den unterrichtsfreien Zeiten verdeutlichen zudem eine Zunahme öffentlicher Mitverantwortung im Bildungsbereich in Deutschland.[115] Allerdings verbleibt aufgrund des Mangels an Plätzen in Kindertageseinrichtungen die Verantwortung für die Betreuung überwiegend bei den Eltern.[116]

In Deutschland und Frankreich werden Alleinerziehende in vorschulischen, schulischen sowie außerschulischen Einrichtungen grundsätzlich nicht anders behandelt als Paare, da der Familienstand keine Berücksichtigung findet.[117] Wie alle anderen Familien auch, zahlen sie für kollektive Kinderbetreuungsdienste nach Maßgabe ihrer Mittel und der Anzahl ihrer Kinder.[118] Eine französische

---

111 BT-Drs. 19/29764, S. 28; Antrag der Fraktion der CDU/CSU Planungssicherheit für Familien und Kommunen – Frist für den beschleunigten Infrastrukturausbau in der Ganztagsbetreuung verlängern, 10.11.2021, BT-Drs. 20/29, S. 1 f.; *Wissenschaftliche Dienste*, WD 9 – 3000 – 113/21, Ganztagsförderung für Kinder im Grundschulalter, S. 5.

112 *Ehmann*, Familienpolitik in Frankreich und Deutschland, S. 67; *Jaenecke*, Gesetzliche Grundlagen der Hinterbliebenensicherung im europäischen Rechtsvergleich, S. 137 f.

113 *Christl*, NJ 2018, 237 (238); *Jaenecke*, Gesetzliche Grundlagen der Hinterbliebenensicherung im europäischen Rechtsvergleich, S. 137 f.

114 *Lohkamp-Himmighofen*, in: Neubauer, Deutschland, S. 199 f.

115 *Hohnerlein*, Unterhalts- und Betreuungsleistungen für Kinder in Deutschland, S. 209.

116 *Christl*, NJ 2018, 237 (238).

117 *Collombet/Math*, La politique familiale en direction des parents isolés en France dans une perspective de comparaison européenne, S. 176.

118 *Eydoux*, Support to lone parents in France, S. 6; *Nieuwenhaus*, The situation of single parents in the EU, S. 44.

Besonderheit stellt die arbeitsmarktpolitische Maßnahme *aide à la garde d'enfant pour les parents isolés* (AGEPI) dar. Sie richtet sich an Alleinerziehende mit einem oder mehreren Kindern unter zehn Jahren, die als Arbeitssuchende gemeldet sind.[119] AGEPI wird von der nationalen Arbeitsagentur *Pôle emploi* finanziert, um Alleinerziehende bei der Wiederaufnahme ihrer beruflichen Tätigkeit oder bei der Aufnahme einer Ausbildung zu unterstützen.[120] Es handelt sich um einen Pauschalbetrag, dessen Höhe zwischen 170 Euro und 520 Euro liegt und je nach Arbeitszeit sowie Anzahl und Alter der Kinder abhängig ist.[121] Die Kinderbetreuungseinrichtungen sind im Rahmen des nationalen Familienbeihilfefonds verpflichtet, mindestens 10 % der Kinder aus einkommensschwachen Familien aufzunehmen.[122] Insgesamt haben diese Rahmenbedingungen erheblichen Einfluss auf den Arbeitsmarkt und die Beitragszahlungen in die gesetzliche Rentenversicherung.[123] Es ist festzustellen, dass die beruflichen Interessen der Erziehenden in Frankreich durch ein umfassendes Betreuungsnetz sowie finanzielle Unterstützung für die Kinderbetreuung unterstützt werden.[124] Deshalb trägt die französische Familienpolitik stärker zur Vereinbarkeit von Familie und Beruf bei als die deutsche.[125]

D. Stand der Forschung

Die Situation von Alleinerziehenden in der gesetzlichen Rentenversicherung wurde bislang selten und nicht umfassend untersucht. Auch in der Rechtsprechung sind keine Fälle von spezifischen Armutsrisiken von Alleinerziehenden

---

119 *Eydoux*, Support to lone parents in France, S. 6; *Nieuwenhaus*, The situation of single parents in the EU, S. 44.

120 *Eydoux*, Support to lone parents in France, S. 6; *Nieuwenhaus*, The situation of single parents in the EU, S. 44.

121 *Eydoux*, Support to lone parents in France, S. 6.

122 *Nieuwenhaus*, The situation of single parents in the EU, S. 44.

123 So auch *Jaenecke*, Gesetzliche Grundlagen der Hinterbliebenensicherung im europäischen Rechtsvergleich, S. 137; ebenfalls *Veil*, Alterssicherung von Frauen in Deutschland und Frankreich, S. 46.

124 *Nezosi*, La protection sociale, S. 243; *Ehmann*, Familienpolitik in Frankreich und Deutschland, S. 70; *Jaenecke*, Gesetzliche Grundlagen der Hinterbliebenensicherung im europäischen Rechtsvergleich, S. 137 f.

125 *Nezosi*, La protection sociale, S. 243 f.; ebenfalls *Ehmann*, Familienpolitik in Frankreich und Deutschland, S. 70.

im Alter dokumentiert. So finden sich auch im Online-Archiv *Légifrance*, in dem ausschließlich die Entscheidungen höherer Gerichte vollständig veröffentlicht werden, keine nennenswerten Entscheidungen im Zusammenhang mit Alleinerziehenden und der gesetzlichen Rentenversicherung. Lediglich wenige Urteile aus den unteren Instanzen (Berufungsgerichte) befassen sich bislang mit dieser Thematik. Das Recht der gesetzlichen Rentenversicherung befindet sich in ständigem Wandel. Das führt dazu, dass die vorhandene Literatur aufgrund der ständigen Reformen der gesetzlichen Rentenversicherung in Deutschland und Frankreich schnell als überholt gilt.

Zwar gibt es bereits verschiedene Studien zum Thema Alleinerziehende und Altersarmut. Diese beziehen sich jedoch auf das verfassungsrechtlich vorgegebene Existenzminimum von Erwachsenen und Kindern[126] oder auf – zeitlich überholte – sozioökonomische Untersuchungen von geschiedenen oder verwitweten Personen in der gesetzlichen Rentenversicherung.[127] Andere Abhandlungen beschäftigen sich zwar mit der sozioökonomischen Situation von Alleinerziehenden[128], haben aber insbesondere existenzsichernde Leistungen nach dem SGB II[129] oder das Unterhaltsrecht[130] zum Gegenstand. Es mangelt an spezifischen und systematischen Untersuchungen zur Bewältigung des Risikos der Altersarmut von Alleinerziehenden gerade in der gesetzlichen Rentenversicherung. Auch die für die Rentenberechnung maßgeblichen Größen wie Lohnniveau, einschließlich des Mindestlohns, geringfügige Beschäftigungen, die Versicherungsdauer und die Berücksichtigung von Kindererziehungszeiten sowie die sogenannte Grundrente werden bislang

---

126 Siehe hierzu *Niesten-Dietrich*, Das finanzielle Sicherungssystem für Alleinerziehende und ihre Kinder, S. 135 ff.

127 Aus dem Jahre 1984: *Hermann*, Gleichstellung der Frau und Rentenrecht, S. 46 ff.; aus dem Jahr 1999: *Bickel*, Familienbezogene Elemente im System der gesetzlichen Rentenversicherung, S. 197 ff.; siehe auch aus dem Jahr 1981: *Borchert*, Die Berücksichtigung familiärer Kindererziehung im Recht der gesetzlichen Rentenversicherung, S. 49 ff.

128 Siehe *Lenze/Funcke*, Alleinerziehende unter Druck, S. 14 ff.; *Lenze*, Alleinerziehende weiter unter Druck, (passim); *Lenze*, Alleinerziehende im Vereinigten Königreich und Deutschland im Vergleich, (passim).

129 Siehe *Lenze*, Alleinerziehende weiter unter Druck, S. 45 ff.; siehe ebenfalls *Bieback*, ArchSozArb 2011, 56 (61 ff.).

130 Siehe *Lenze/Funcke*, Alleinerziehende unter Druck, S. 20 ff.

nicht spezifisch vor dem Hintergrund der Alterssicherung von Alleinerziehenden diskutiert.

E. Gang der Untersuchung

Die Arbeit gliedert sich in sechs Kapitel und folgt dem klassischen Aufbau rechtsvergleichender Untersuchungen nach nationalen Regelungen.[131] Der Aufbau einer rechtsvergleichenden Untersuchung umfasst sowohl die Analyse der jeweiligen Rechtsordnungen als auch die Berücksichtigung externer, nicht rechtlicher Faktoren wie gesellschaftliche, politische und wirtschaftliche Gegebenheiten.[132]

Zu Beginn wird in Kapitel zwei der Alleinerziehendenbegriff aus sozialwissenschaftlicher und rechtswissenschaftlicher Sicht vergleichend beleuchtet. Damit eine inhaltliche Auseinandersetzung mit dem Status von Alleinerziehenden in der gesetzlichen Rentenversicherung möglich ist, bedarf es einer operationalisierbaren Bestimmung des Alleinerziehendenbegriffs. Dies ist einerseits erforderlich, um den forschungsgegenständlichen Personenkreis näher zu bestimmen. Andererseits hilft diese Konkretisierung, die gesetzlichen Regelungen, die Alleinerziehende betreffen, zu identifizieren. Denn weder in Deutschland noch in Frankreich ist der Begriff „alleinerziehend“ legal definiert, da es Regelungen für Eltern, aber nicht ausschließlich für Alleinerziehende gibt.

Darauffolgend werden neben dem Verfassungsrecht die Grundlegung und das Leistungsspektrum der gesetzlichen Rentenversicherung in Deutschland und Frankreich in den Kapiteln drei und vier aufgezeigt. Die Analyse der beiden Rechtsordnungen verfolgt zum einen das Ziel, die jeweilige nationale Rechtsordnung systematisch zu strukturieren, und trägt zum anderen dazu bei, deren innere Zusammenhänge in ihrer Gesamtheit nachvollziehbar zu machen.[133] Hierdurch können wissenschaftliche Erkenntnisse über die

---

131 Vgl. *Zweigert/Kötz*, Einführung in die Rechtsvergleichung, S. 42 f.; *Zacher*, in: ders., Vorfragen zu den Methoden der Sozialrechtsvergleichung, S. 73.

132 *Jaenecke*, Gesetzliche Grundlagen der Hinterbliebenensicherung im europäischen Rechtsvergleich, S. 36.

133 So *Becker*, in: ders., Rechtsdogmatik und Rechtsvergleich im Sozialrecht, S. 14.

deutsche als auch die französische Rechtsordnung gewonnen und zudem der Rechtsstoff für die vergleichende Untersuchung aufbereitet werden.[134]

Der allgemeine Referenzpunkt der gesetzlichen Rentenversicherung erweist sich angesichts der thematischen Breite des Untersuchungsgegenstands als zu weit gefasst, sodass eine sachliche Eingrenzung des Untersuchungsgegenstands geboten ist. So werden unter anderem die Grundsicherung für Arbeitslose nach dem SGB II oder das Aktive Solidareinkommen (*Revenu de solidarité active* – RSA)[135] nicht berücksichtigt, da es sich um Leistungen vor Erreichen der Regelaltersgrenze handelt und die genannten Leistungen eng mit der Reintegration in den Arbeitsmarkt verbunden sind.[136] Des Weiteren beschränken sich die Ausführungen zum französischen Rentenversicherungsrecht auf das *régime général*, welches die soziale Sicherung aller Arbeitnehmer gewährleistet. Der Schwerpunkt der Forschung liegt auf denjenigen Vergleichspunkten, die für den gesetzlichen Rentenanspruch und dessen Höhe von Relevanz sind. Hierbei werden insbesondere die folgenden Aspekte beachtet: die Berücksichtigung familienfördernder Elemente in der Alterssicherung, die Ausgestaltung von Mindestsicherungssystemen in beiden Ländern, die Bedeutung des Lohnniveaus im Kontext eines Mindestlohns sowie die Versicherungspflicht in der Sozialversicherung und deren konkrete Ausgestaltung (Kapitel drei und Kapitel vier).

Die vergleichende Untersuchung setzt sich mit den Gemeinsamkeiten und Unterschieden der beiden Rechtsordnungen auseinander. Die verschiedenen

---

134 *Becker*, in: ders., Rechtsdogmatik und Rechtsvergleich im Sozialrecht, S. 14.

135 Vgl. Art. L. 262-1 CASF: Der Zweck des Aktiven Solidareinkommens liegt in der Sicherung einer angemessenen Existenzgrundlage der Leistungsempfänger, der Bekämpfung von Armut und der Förderung der sozialen und beruflichen Integration. Zum Leistungsspektrum RSA ausführlich *Collombet/Math*, La politique familiale en direction des parents isolés en France dans une perspective de comparaison européenne, S. 165; ausführlich *Chareyron/Le Gall/L'Horty*, Revue économique 2022, 735 (737 ff.).

136 Zu den Ansprüchen vor Erreichen des Regelalters ausführlich *Schimmang*, Der Ausbau der gesetzlichen Rentenversicherung zu einer Erwerbstätigenversicherung und ihre Stellung in Europa, S. 64–72; zum rechtsvergleichenden Leistungsspektrum SGB II und RSA siehe *Bieback*, ArchSozArb 2011, 56 (60 ff.); außerdem zu den wichtigsten Sozial- und steuerlichen Leistungen, die Alleinerziehende in Frankreich erhalten ausführlich *Collombet/Math*, La politique familiale en direction des parents isolés en France dans une perspective de comparaison européenne, S. 164–167.

rentenrechtlichen und entgeltrelevanten Leistungen und Besonderheiten im Sozialversicherungsrecht werden dabei im Hinblick auf Alleinerziehende geprüft. Zudem wird der unionsrechtliche Rahmen aufgezeigt, um zu prüfen, welche Vorgaben sich daraus für die Ausgestaltung des nationalen Rechts herleiten lassen (Kapitel fünf). Der funktional ausgerichtete Rechtsvergleich schließt in Kapitel sechs mit konkreten sozial- und rechtspolitischen Lösungsvorschlägen *de lege ferenda* ab.

Begriffsbestimmung Alleinerziehende in Deutschland und Frankreich

A. Deutschland

Eine allgemeine Legaldefinition des Begriffs „alleinerziehend" existiert nicht.[137]

I. Definition in der Sozialforschung

Bis in die 1990er Jahre wurden Alleinerziehende pauschal als „Ein-Eltern-Familien" als Folge von Ehescheidungen oder Geburten damals noch sogenannter unehelicher Kinder beschrieben.[138] Beispielsweise wurden auch Eltern gemeinsamer Kinder, die ohne Heirat zusammenlebten und ihre Kinder in einer nichtehelichen Lebensgemeinschaft erzogen, oder geschiedene Väter und Mütter, die ihre Kinder in einer neuen Partnerschaft betreuten, als „Ein-Eltern-Familien" betrachtet.[139]

Alleinerziehend zu sein stellt zunächst einen sozialen Zustand dar, bei dem ein oder mehrere Kinder ausschließlich mit einem biologischen Elternteil leben, der für ihre Betreuung und Erziehung verantwortlich ist.[140] Dieses

---

137 So auch *Hübgen*, Armutsrisiko alleinerziehend, S. 30; ebenfalls *Gundelach*, in: Fasselt et al., HSRB, § 19, Rn. 70; ebenfalls *Niesten-Dietrich*, Das finanzielle Sicherungssystem für Alleinerziehende und ihre Kinder, S. 9 f.

138 *Niesten-Dietrich*, Das finanzielle Sicherungssystem für Alleinerziehende und ihre Kinder, S. 9; *Lenz/Bergmann*, Soziale und wirtschaftliche Situation allein Erziehender, S. 10.

139 *Niesten-Dietrich*, Das finanzielle Sicherungssystem für Alleinerziehende und ihre Kinder, S. 9.

140 *Gundelach*, in: Fasselt et al., HSRB, § 19, Rn. 70.

Familienmodell lässt sich oft nicht trennscharf definieren, da beispielsweise Väter, die nicht mehr mit der Mutter zusammenleben, dennoch einen Teil der Erziehungsaufgaben übernehmen können oder ein neuer Lebenspartner der Mutter die Vaterrolle für die Kinder aus einer früheren Beziehung der Mutter übernehmen kann.[141] Außerdem ist die Situation von Alleinerziehenden und ihren Kindern stark unterschiedlich, je nachdem, ob die Väter oder Mütter durch Unterhaltszahlungen zur finanziellen Unterstützung beitragen.[142] In Abgrenzung zur Sozialforschung, die sich auf eine gemeinschaftliche Erziehung durch die biologischen Eltern fokussiert, umfasst die amtliche Statistik alleinerziehende Mütter und Väter, die ohne Ehe- oder Lebenspartner mit minder- oder volljährigen Kindern in einem Haushalt zusammenleben.[143]

Im Mikrozensus steht der aktuelle Lebens- und Haushaltszusammenhang im Vordergrund.[144] Hierbei schließt die Definition nicht aus, dass sich ein weiterer Elternteil außerhalb des Haushalts aktiv an der Erziehung beteiligen kann, weil für die Definition von Kindern nicht das Alter der Kinder entscheidend ist, sondern dass es sich um ledige Kinder im Haushalt handelt.[145] Der dem Mikrozensus zugrundeliegende Alleinerziehendenbegriff umfasst somit eine Vielzahl von Fällen und Familienrealitäten.

II. Rechtliche Definition

Einige Regelungen knüpfen an die aktuelle Lebenssituation an. Zur Auslegung des Begriffs wird hier maßgeblich auf die Bedeutung und Teleologie der Begriffe „allein“ und „erziehend“ abgestellt.[146] Der Begriff „allein“ ist grundsätzlich als „ohne die Gegenwart oder Unterstützung einer anderen Person“ zu verstehen.[147] Der Begriffsbestandteil „allein“ bedeutet in dem Zusammenhang, dass eine Person ohne die Hilfe eines anderen für die Erziehung von

---

141 *Gundelach*, in: Fasselt et al., HSRB, § 19, Rn. 70.

142 *Gundelach*, in: Fasselt et al., HSRB, § 19, Rn. 70.

143 *Statistisches Bundesamt*, Alleinerziehende in Deutschland, S. 8.

144 *Statistisches Bundesamt*, Alleinerziehende in Deutschland, S. 8; *Achatz*, NZFam 2016, 213 (213).

145 *Hancioglu*, Alleinerziehende und Gesundheit, S. 5.

146 So auch *Lenz/Bergmann*, Soziale und wirtschaftliche Situation allein Erziehender, S. 10; ebenso *Niesten-Dietrich*, Das finanzielle Sicherungssystem für Alleinerziehende und ihre Kinder, S. 9.

147 *Niesten-Dietrich*, Das finanzielle Sicherungssystem für Alleinerziehende und ihre Kinder, S. 9.

einem oder mehreren Kindern pflichtig ist.[148] Die wenigen in Regelungen vorhandenen Annäherungen an den Begriff der Alleinerziehenden sind den Regelungen im Familienrecht und Sozialrecht entsprechend angepasst und entfalten keine allgemeinrechtliche Gültigkeit.

1. Alleinerziehendenbegriff im Familienrecht

Die rechtliche Situation im Familienrecht für Alleinerziehende ist primär von der faktischen Regelung des Sorgerechts abhängig, da dieses grundsätzlich auch die gesetzliche Vertretung des Kindes umfasst.[149] Der Unterhalt ist wiederum davon abhängig, wer die Verantwortung für die Betreuung und Erziehung des Kindes trägt.[150] In Deutschland gilt als alleinerziehend, wer die alleinige Personensorge i. S. v. § 1631 BGB innehat, welche sich wiederum nach den allgemeinen familienrechtlichen Bestimmungen der §§ 1626 ff. BGB bemisst.[151] So können Alleinerziehende als alleinig zur Sorge von Kindern berechtigte und verpflichtende Personen verstanden werden, die sie entweder geboren, adoptiert oder angenommen haben.[152] Die Mutter erhält mit der Geburt des Kindes die alleinige elterliche Sorge, sofern keine Ehe geschlossen wurde, keine gemeinsame Sorgeerklärung abgegeben wurde und keine andere familienrechtliche Entscheidung getroffen wird.[153] Des Weiteren ist die rechtliche Handhabung des Sorgerechts von der räumlichen Bedingung des gemeinsamen Wohnsitzes losgelöst.[154] Somit besteht die Alleinsorge auch unabhängig davon, ob noch eine weitere erwachsene Person im Haushalt lebt.[155] Diese auf dem Sorgerecht beruhende Definition beinhaltet somit auch Haushalte, in denen eine weitere erwachsene Person lebt.[156] Hierbei kann es sich um

---

148 *Lenz/Bergmann*, Soziale und wirtschaftliche Situation allein Erziehender, S. 10; *Niesten-Dietrich*, Das finanzielle Sicherungssystem für Alleinerziehende und ihre Kinder, S. 9.

149 *Gundelach*, in: Fasselt et al., HSRB, § 19, Rn. 72.

150 *Gundelach*, in: Fasselt et al., HSRB, § 19, Rn. 72.

151 *Hancioglu*, Alleinerziehende und Gesundheit, S. 5; *Pepping* in: Rancke/Pepping, SGB V, § 45, Rn. 14 m. w. N.; *Konietzka/Kreyenfeld*, NZFam 2015, 1100 (1100).

152 *Zagel*, Alleinerziehen im Lebensverlauf, S. 18.

153 *Zagel*, Alleinerziehen im Lebensverlauf, S. 18; *Gundelach*, in: Fasselt et al., HSRB, § 19, Rn. 72.

154 *Zagel*, Alleinerziehen im Lebensverlauf, S. 18.

155 *Hancioglu*, Alleinerziehende und Gesundheit, S. 5; *Zagel*, Alleinerziehen im Lebensverlauf, S. 18.

156 *Hancioglu*, Alleinerziehende und Gesundheit, S. 5.

Verwandte, aber ebenso um den Lebenspartner oder den anderen Elternteil handeln, welcher das Sorgerecht für das Kind beziehungsweise die Kinder nicht mit der erziehungsberechtigten Person teilt.[157] Einerseits hat das zur Folge, dass Mütter, die mit ihren Partnern und Kind(ern) in einem Haushalt leben als alleinerziehend gelten können, wenn der Partner kein Sorgerecht hat – so beispielsweise üblich bei gleichgeschlechtlichen Elternpaaren.[158]

Auf der anderen Seite ist festzustellen, dass alleinstehende Mütter, die das gemeinsame Sorgerecht mit dem Vater des Kindes innehaben, rechtlich gesehen nicht als alleinerziehend zu definieren sind.[159] Außerdem ist zu berücksichtigen, dass der Vater nach § 1671 Abs. 2 Satz 1 BGB einen Antrag auf gemeinsame Sorge oder alleinige Sorge stellen kann, wenn er das Sorgerecht haben möchte. Das Gericht richtet seine Entscheidung am Wohl des Kindes aus und entscheidet unter Beachtung der jeweiligen Lebenssituation.[160]

Es lässt sich festhalten, dass die haushaltsbezogene und die wirtschaftliche Situation des Haushalts für eine Definition des Alleinerziehendenbegriffs im Familienrecht nicht relevant sind.[161] Die familienrechtliche Sorge orientiert sich am Wohl des Kindes und weniger an den räumlichen Gegebenheiten und den Kosten. Die elterliche Sorge ist ein Schutzinstitut, die dem Wohl des Kindes dient.[162] Darüber hinaus normiert das Familienrecht die elterlichen Sorgerechtsbefugnisse, die für die gewöhnliche und alltägliche Betreuung und Erziehung des Kindes erforderlich sind.[163] Dies umfasst unter anderem die Vornahme alltäglicher Rechtsgeschäfte, die Geltendmachung von Unterhaltsansprüchen zugunsten des Kindes sowie – im Falle dringender Gefahrenlagen – sämtliche zur Sicherung des Kindeswohls erforderlichen Rechtshandlungen.[164]

Im Zusammenhang mit unterhaltsrechtlichen Ansprüchen sowie der rechtlichen Einordnung der Alleinerziehendeneigenschaft ist § 1 Abs. 1 Nr. 2 UhVorschG zu berücksichtigen. Hiernach besteht der Unterhaltsvorschuss,

---

157 *Zagel*, Alleinerziehen im Lebensverlauf, S. 18; *Hancioglu*, Alleinerziehende und Gesundheit, S. 5.

158 *Zagel*, Alleinerziehen im Lebensverlauf, S. 18.

159 *Zagel*, Alleinerziehen im Lebensverlauf, S. 18.

160 *Zagel*, Alleinerziehen im Lebensverlauf, S. 19.

161 *Hancioglu*, Alleinerziehende und Gesundheit, S. 5; vgl. *Jaehrling* et al., Arbeitsmarktintegration und sozioökonomische Situation von Alleinerziehenden, S. 9 ff.

162 *Veit*, in: BeckOK BGB, § 1626, Rn. 2.

163 BT-Drs. 13/4899, S. 58.

164 BT-Drs. 13/4899, S. 58.

wenn Unterhaltszahlungen ganz oder teilweise ausbleiben und das Kind bei einem Elternteil lebt. Dieses Merkmal ist erfüllt, wenn das Kind ausschließlich von einem Elternteil betreut wird, sodass vollständige Alleinerziehung vorliegt.[165] Eine vollständige Alleinerziehung ist nach Rechtsprechung des BVerwG jedoch auch dann anzunehmen, wenn sich der barunterhaltspflichtige Elternteil in einer Weise an der Betreuung beteiligt, dass der Schwerpunkt der Betreuung weiterhin ganz überwiegend bei dem anderen Elternteil liegt.[166]

Es ist zudem höchstrichterlich entschieden, welche Kriterien für die Festlegung des Betreuungsschwerpunkts relevant sind und ab wann ein bestimmter zeitlicher Mitbetreuungsanteil des barunterhaltspflichtigen Elternteils eine alleinerziehende Betreuung ausschließt.[167] Wenn getrennt lebende Eltern die Betreuung ihres gemeinsamen Kindes aufteilen und ein Elternteil einen Unterhaltsvorschuss beantragt, gilt dieser als alleinerziehend, wenn er mehr als 60 % der Betreuung übernimmt.[168] Ein Mitbetreuungsanteil von 40 % oder mehr des barunterhaltspflichtigen Elternteils schließt dagegen eine Alleinerziehung aus und damit auch den Anspruch auf Unterhaltsvorschuss.[169] Somit stellt das BVerwG einen rein quantitativ-zeitlichen Maßstab auf.[170] Die Betreuungsanteile und der Entlastungseffekt durch die Mitbetreuung sind ausschließlich nach den tatsächlichen Betreuungszeiten zu bewerten, also danach, wie viel Zeit das Kind bei dem einen oder anderen Elternteil verbringt.[171] Bei ganztägig wechselweiser Betreuung ist darauf abzustellen, bei welchem Elternteil sich das Kind zu Beginn des Tages aufhält.[172]

Zudem seien auch Ferienzeiten und Betreuungszeiten durch Dritte[173] dem Elternteil zuzuordnen, dem in dieser Zeit nach dem Betreuungskonzept die

---

165 *Körner*, jM 2024, 197 (197); vgl. *Schmidt*, NJW 2024, 1387 (1387).

166 BVerwG, Urt. v. 11.10.2012 – 5 C 20/11 –, in: juris, Rn. 20 f.; BVerwG, Urt. v. 12.12.2023 – 5 C 9/22 –, in: juris, Rn. 11 f.; vgl. *Körner*, jM 2024, 197 (197 f.).

167 Vgl. BVerwG, Urt. v. 12.12.2023 – 5 C 9/22 –, in: juris, Rn. 5 ff.

168 BVerwG, Urt. v. 12.12.2023 – 5 C 9/22 –, in: juris, Rn. 12.

169 BVerwG, Urt. v. 12.12.2023 – 5 C 9/22 –, in: juris, Rn. 12.

170 So auch *Schmidt*, NJW 2024, 1387 (1387); ebenfalls *Körner*, jM 2024, 197 (198).

171 BVerwG, Urt. v. 12.12.2023 – 5 C 9/22 –, in: juris, Rn. 12; vgl. BVerwG, Urt. v. 11.10.2012 – 5 C 20/11 –, in: juris, Rn. 20; vgl. ebenfalls BT-Drs. 8/1952 S. 6.

172 BVerwG, Urt. v. 12.12.2023 – 5 C 9/22 –, in: juris, Rn. 17; vgl. *Körner*, jM 2024, 197 (198).

173 Beispielsweise durch Großeltern, Kita oder Schule.

Betreuung obliege und folglich in die Berechnung einzubeziehen.[174] Ausgenommen seien lediglich außerplanmäßige, einmalige Betreuungsübernahmen, wie etwa bei vorübergehenden Ausfall des hauptbetreuenden Elternteils aufgrund einer Erkrankung.[175] Diese kurzfristige Entlastung ändert nichts daran, dass die Hauptlast der Betreuung über einen längeren Zeitraum durch einen Elternteil getragen wird.[176]

Weshalb die Zeiten einer Betreuung durch Dritte nicht außerhalb dieser Bewertung stehen, adressiert das BVerwG nicht. Denn durch diese „Fremdbetreuung" wird der Alleinerziehende ebenso wie bei einer Betreuung durch den anderen Elternteil entlastet.[177]

2. Alleinerziehendenbegriff im Sozialrecht

Im Sozialrecht werden Alleinerziehende grundsätzlich als Kategorie leistungsberechtigter Personengruppen verstanden, die auf Grundlage der räumlichen Bedingung, des Alters des Kindes und der damit verbundenen Sorgepflicht zu definieren sind.[178] Im SGB II wird unter den Voraussetzungen des § 21 Abs. 3 Nr. 1 und 2 SGB II ein Mehrbedarf für Alleinerziehende[179] i. H. v. 12, 24, 36, 48 oder – höchstens – 60 % des Regelbedarfs für Alleinerziehende (§ 20 Abs. 2 Satz 1 i. V. m. Abs. 1a SGB II) als spezielle Unterstützung gewährt.[180] Der Mehrbedarfszuschlag für Alleinerziehende ist gerechtfertigt, da sie aufgrund der Betreuung ihrer Kinder weniger Zeit für preisbewusstes Einkaufen haben und zudem höhere Kosten für die Pflege von Kontakten sowie für die Auseinandersetzung mit Erziehungsfragen aufbringen müssen.[181]

So spricht beispielsweise § 21 Abs. 3 SGB II von „Personen, die mit einem oder mehreren minderjährigen Kindern zusammenleben". Der Zusatz im

---

174 BVerwG, Urt. v. 12.12.2023 – 5 C 9/22 –, in: juris, Rn. 17; vgl. *Körner*, jM 2024, 197 (198); kritisch dazu *Schmidt*, NJW 2024, 1387 (1390).

175 BVerwG, Urt. v. 12.12.2023 – 5 C 9/22 –, in: juris, Rn. 17; vgl. *Körner*, jM 2024, 197 (198).

176 BVerwG, Urt. v. 12.12.2023 – 5 C 9/22 –, in: juris, Rn. 17.

177 So auch *Schmidt*, NJW 2024, 1387 (1390).

178 *Zagel*, Alleinerziehen im Lebensverlauf, S. 19.

179 Seit 01.01.2024 liegt dieser monatliche Höchstbetrag bei 337,80 €.

180 *Bundesagentur für Arbeit*, Fachliche Weisungen § 21 SGB II, Rn. 21.8; *Wissenschaftliche Dienste*, WD 6 – 3000 – 010/18, Vorschriften für Alleinerziehende im Rechtskreis des SGB II, S. 4.

181 BT-Drs. 10/3079, S. 5; *Düring*, in: BeckOGK, SGB II, § 21, Rn. 18.

§ 21 Abs. 3 SGB II „[…] und allein für deren Pflege und Erziehung sorgen" verdeutlicht, dass Alleinerziehende über die (alleinige) Fürsorgeverantwortung gegenüber ihrem minderjährigen Kind definiert werden.[182] Die Pflege umfasst die Verantwortung für das körperliche Wohl des Kindes, während die Erziehung die Sorge für seine seelische und geistige Entwicklung betrifft.[183] Die Beschreibung der „alleinigen Sorge für die Erziehung eines Kindes" meint, dass keine andere Person dauerhaft in die Erziehung des Kindes eingebunden ist.[184] Eine „alleinige Sorge für deren Erziehung" wird grundsätzlich nur dann angenommen, wenn der hilfsbedürftige Elternteil während der Betreuungszeit von dem anderen Elternteil, Partner oder einer anderen Person nicht in einem Umfang unterstützt wird, der eine nachhaltige Entlastung begründet.[185] Ausschlaggebend ist demnach, in welchem Ausmaß eine andere Person bei der Pflege und Erziehung mitwirkt.[186]

Zudem gehören zur Bedarfsgemeinschaft die dem Haushalt angehörenden unverheirateten Kinder der in den Nummern 1 bis 3 des § 7 Abs. 3 SGB II genannten Personen, wenn sie das 25. Lebensjahr noch nicht vollendet haben und sie die Leistungen zur Sicherung ihres Lebensunterhalts nicht aus eigenem Einkommen oder Vermögen leisten können, vgl. § 7 Abs. 3 Nr. 4 SGB II. Diese Bestimmung ist aber von der sorgerechtlichen Bestimmung zu trennen. Der sozialrechtliche Aspekt richtet sich weniger am Wohl des Kindes, sondern an der Frage, bei wem die Kosten der Fürsorge und Erziehung anfallen, aus.[187]

Der Gesetzgeber erkennt die im Vergleich zu kinderlosen Personen bestehende zusätzliche Belastung von (alleinerziehenden) Eltern an, insbesondere wenn das jüngste Kind unter drei Jahre alt ist.[188] So wird nach § 10 Abs. 1 Nr. 3 SGB II grundsätzlich Erwerbsfähigen mit Kindern die Erwerbsfähigkeit nicht zugemutet, wenn die Betreuung des minderjährigen Kindes nicht gesichert ist oder das jüngste Kind das dritte Lebensjahr noch nicht vollendet hat. Die grundsätzliche Unzumutbarkeit von Erwerbstätigkeit von Eltern mit Kindern

---

182 *Zagel*, Alleinerziehen im Lebensverlauf, S. 19.

183 *Düring*, in: BeckOGK, SGB II, § 21, Rn. 20.

184 *Düring*, in: BeckOGK, SGB II, § 21, Rn. 21.

185 BSG, Urt. v. 11.07.2019 - B 14 AS 23/18 R, in: juris, Rn. 15 m. w. N.

186 BSG, Urt. v. 11.07.2019 - B 14 AS 23/18 R, in: juris, Rn. 15.

187 So auch *Zagel*, Alleinerziehen im Lebensverlauf, S. 19.

188 *Becker*, in: Knickrehm/Roßbach/Waltermann, Kommentar zum Sozialrecht, SGB II, § 10, Rn. 6 f.; *Zagel*, Alleinerziehen im Lebensverlauf, S. 19.

unter drei Jahren ist vermutlich auf die besonders betreuungsintensive Zeit der Kindererziehung in den ersten Lebensjahren zurückzuführen. Ist das Kind jedoch älter als drei Jahre, wird die Erziehung durch die Aufnahme einer Tätigkeit grundsätzlich nicht als gefährdet betrachtet – vorausgesetzt, eine Betreuung ist sichergestellt.[189] Woraus sich die Differenzierung nach dem Lebensalter des Kindes richtet, ist nicht aus den Gesetzesmaterialen ersichtlich. So handelt es sich bei dieser Differenzierung um eine gesetzliche Regelvermutung.[190] Bei Alleinerziehenden mit Kindern im Grundschulalter ist die Erwerbsverpflichtung auf die Tageszeit begrenzt, in der die Kinder in der Schule sind.[191] Folglich ist einerseits die Definition von Alleinerziehenden als eine klar abgrenzbare Personengruppe am Ziel der Bestimmung von Leistungsberechtigten geregelt.[192] Andererseits impliziert die Abstufung von Altersgrenzen eine Definition der „Zumutbarkeit" einer elterlichen Erwerbstätigkeit innerhalb der Grenzen der Minderjährigkeit der Kinder.[193]

Aus rentenversicherungsrechtlicher Sicht lässt sich keine Definition für Alleinerziehenden herleiten. § 56 Abs. 2 SGB VI dient lediglich der Zuordnung von Erziehungszeiten zu einem Elternteil.[194] Die im Rahmen der Zuordnung von Kindererziehungszeiten relevante Alleinerziehung i. S. d. § 56 SGB VI liegt vor, wenn jemand als einziger von mehreren Elternteilen die Erziehung des Kindes übernimmt.[195] Die Kindererziehungszeit wird dem alleinerziehenden Elternteil angerechnet, vgl. § 56 Abs. 2 Satz 1 SGB VI. Entscheidend ist neben der familienrechtlichen Stellung allein die tatsächliche Erziehungsleistung des Kindes, die auch von einem nicht sorgeberechtigten Elternteil erbracht werden kann.[196]

Aus einer Gesamtschau der Regelungen des deutschen Sozialrechts lässt sich folgende Definition von Alleinerziehenden bestimmen[197]:

---

189 *Mushoff*, in: BeckOK SozR, SGB II, § 10, Rn. 20.

190 *Mushoff*, in: BeckOK SozR, SGB II, § 10, Rn. 20.

191 *Bender*, in: BeckOGK, SGB II, § 10, Rn. 26; *Mushoff*, in: BeckOK SozR, SGB II, § 10, Rn. 20.

192 Im Ergebnis ähnlich *Zagel*, Alleinerziehen im Lebensverlauf, S. 19.

193 *Zagel*, Alleinerziehen im Lebensverlauf, S. 19.

194 *Jassat*, in: BeckOK SozR, SGB VI, § 56, Rn. 10.

195 *Fichte*, in: Hauck/Noftz, SGB VI, § 56, Rn. 34; *Meickmann*, NZS 2016, 88 (89).

196 BT-Drs. 10/3519 S. 14 zu Nr. 12; *Gürtner*, in: BeckOGK, SGB VI, § 56, Rn. 10.

197 Folgende Definition ähnlich *Niesten-Dietrich*, Das finanzielle Sicherungssystem für Alleinerziehende und ihre Kinder, S. 13; auch ähnlich *Zagel*, Alleinerziehen im Lebensverlauf, S. 20.

Alleinerziehend ist eine erziehungsberechtigte Person, welche den alleinigen betreuerischen Alltag (60 % der Betreuung) mit mindestens einem haushaltsangehörigen minderjährigen Kind (ehelich, nicht ehelich, adoptiert und Pflegekind) ohne eine weitere sorgeberechtigte Person erfüllen muss.

B. Frankreich

Seit den 1970er Jahren wird in Frankreich der Begriff Alleinerziehende mit *famille monoparentale*[198] oder *parents isolés*[199] übersetzt und angewendet.[200] In der Sozialwissenschaft spricht man vom Begriff *famille monoparentale*, wohingegen in der Rechtswissenschaft der Begriff *parents isolés* üblich ist.

I. Definition in der Sozialforschung

In der Sozialwissenschaft, insbesondere nach der Definition des *Institut national de la statistique et des études économiques*, besteht eine Ein-Eltern-Familie aus einem alleinerziehenden Elternteil und einem oder mehreren minderjährigen Kindern (die selbst keine Kinder haben).[201] Wenn die Unterkunft mit einem anderen Partner geteilt wird, so handelt es sich um ein Paar mit einem Kind.[202] Dieser Definitionsansatz stellt das Wohnen und das Zusammenleben der Menschen in den Mittelpunkt der Betrachtung.[203] Dabei ist es irrelevant, ob der andere Partner, der zum Zeitpunkt nicht in der Unterkunft des Kindes wohnhaft ist, am Leben des Kindes teilnimmt, es regelmäßig empfängt oder persönliche Beziehungen zu ihm pflegt.[204] Daher gilt

---

198 famille monoparentale = Ein-Eltern-Familie.

199 parents isolés = Alleinerziehende.

200 *Algava/Buisson/Toulemon*, Les « familles monoparentales »: une catégorie statistique bien établie, assortie de nombreuses limites, S. 27 f.

201 Définition Famille monoparentale: Une famille monoparentale comprend un parent isolé et un ou plusieurs enfants célibataires (n›ayant pas d›enfant), vgl. *Institut national de la statistique et des études économiques*, Définition: Famille monoparentales.

202 *Sayn*, De l'indifférence du droit civil à l'égard des familles monoparentales au caractère incontournable des parents isolés pour le droit non civil, S. 206.

203 *Algava/Buisson/Toulemon*, Les « familles monoparentales »: une catégorie statistique bien établie, assortie de nombreuses limites, S. 28 f.

204 *Sayn*, De l'indifférence du droit civil à l'égard des familles monoparentales au caractère incontournable des parents isolés pour le droit non civil, S. 206.

beispielsweise eine Person auch dann als alleinerziehend, wenn ihr Partner zwar einen anderen Lebensmittelpunkt hat, in die Erziehung der Kinder trotzdem stark eingebunden ist. Umgekehrt schließt die Anwesenheit eines anderen Erwachsenen als zweiten Elternteil die Annahme aus, dass es sich um eine Situation alleinerziehender Eltern handelt, unabhängig davon, wie sehr sie in die Bildung und Erziehung der anwesenden Kinder investieren.[205] Die tatsächliche erbrachte Erziehungsleistung des jeweils anderen Partners bleibt bei diesem Ansatz gänzlich unberücksichtigt.

II. Rechtliche Definition

Die Definition von *parent isolé* findet in verschiedenen Rechtsbereichen Anwendung.

1. Alleinerziehendenbegriff im Sozialrecht

Im CSS existierte bis 2009 für die Hilfeleistung *allocation de parent isolé* (API) nach Art. L. 525-1 CSS[206] im Art. L. 524-2 CSS eine Definition des Begriffs der Alleinerziehenden. Als Alleinerziehende i. S. v. Art. L. 524-1 CSS galten verwitwete, geschiedene, getrennt lebende, verlassene oder alleinstehende Personen, die die alleinige tatsächliche und dauerhafte Verantwortung für ein oder mehrere in Frankreich lebende Kinder übernahmen sowie alleinstehende schwangere Frauen, die die gesetzlich vorgesehenen vorgeburtlichen Untersuchungen abgeschlossen hatten. Diese abgeschaffte Leistung für Alleinerziehende wurde in die arbeitsmarktpolitisch orientierte Leistung *revenu de solidarité active* (RSA) nach Art. L. 262-2 CASF integriert.[207] Im Art. L. 262-9 CASF gilt eine verwitwete, geschiedene, getrennt lebende oder alleinstehende Person als alleinerziehend, die nicht in bekannter und dauerhafter Weise als Paar zusammenlebt und insbesondere ihre Mittel und Ausgaben nicht mit ihrem Ehegatten, Lebenspartner oder Partner in einem *Pacte civil de solidarité* (PACS) teilt. Bei PACS (zivilrechtlicher Solidaritätspakt) handelt sich hierbei um einen Vertrag, der zwischen zwei volljährigen Personen verschiedenen oder gleichen Geschlechts geschlossen wird, die ihr Leben

---

205 *Sayn*, De l'indifférence du droit civil à l'égard des familles monoparentales au caractère incontournable des parents isolés pour le droit non civil, S. 207.

206 Abrogé par Loi n°2008-1249 du 01.12.2008 – Art. 11.

207 *Kaufmann*, Unterhalts- und Betreuungsleistungen für Kinder in Frankreich, S. 283.

gemeinschaftlich rechtlich organisieren möchten, vgl. Art. 515-1 C. civ.[208] Wohnt einer der Partner im Ausland, gilt der in Frankreich lebende Partner nicht als alleinerziehend.[209]

Des Weiteren gibt es für die *allocation de soutien familial* (ASF) nach Art. L. 523-1 CSS eine eher weniger präzise Definition eines Alleinerziehenden. So steht die ASF dem Elternteil zu, die tatsächlich und dauerhaft die Verantwortung für das Kind i. S. d. Art. L. 523-1 CSS übernimmt. Neben *l'allocation de soutien familial*, dem damaligen *revenu minimum d'insertion* (RMI)[210] oder dem im *Code du travail* (C. trav.) geregelten API nach Art. R. 5133-6 C. trav.[211], sieht Art. L. 1233-5 C. trav. Kriterien für die Festlegung der Entlassungsreihenfolge im Falle einer Massenentlassung aus wirtschaftlichen Gründen vor. Diese Kriterien berücksichtigen i. S. d. Art. L. 1233-5 C. trav. Familienpflichten, insbesondere die von Alleinerziehenden[212] Das CSS und das CASF sehen Erhöhungen der Erziehungsbeihilfe für Kinder mit

208 Ausführlich dazu *Wissenschaftliche Dienste*, WD 7 – 3000 – 055/199, Der Zivile Solidaritätspakt (PACS) im französischen Recht, S. 4.

209 Art. L. 262-9 CASF: Als alleinerziehend gilt eine Person, die verwitwet, geschieden, getrennt oder ledig ist, nicht in einer öffentlich bekannten und dauerhaften Paarbeziehung lebt und insbesondere ihre Ressourcen und Verpflichtungen nicht mit einem Ehepartner, Lebensgefährten oder zivilrechtlichen Partner teilt. Befindet sich einer der Partner im Ausland, gilt die in Frankreich lebende Person nicht als alleinerziehend.

210 Der RMI wurde 2009 vollständig durch den RSA ersetzt, vgl. *Kaufmann*, Unterhalts- und Betreuungsleistungen für Kinder in Frankreich, S. 232.

211 Vgl. Art. R. 5133-6 C. trav.: Bezieht eine Person gleichzeitig die spezielle Solidaritätsbeihilfe und das Mindesteinkommen oder die Unterstützung für Alleinerziehende, wird ihr die Prämie als Empfänger der speziellen Solidaritätsbeihilfe ausgezahlt. Bezieht eine Person gleichzeitig das Mindesteinkommen und die Unterstützung für Alleinerziehende, wird ihr die Prämie als Empfänger der Unterstützung für Alleinerziehende ausgezahlt.

212 Vgl. Art. L. 1233-5 C. trav.: Bei einer kollektiven Entlassung aus wirtschaftlichen Gründen und in Ermangelung einer anwendbaren Tarifvereinbarung legt der Arbeitgeber die Kriterien für die Reihenfolge der Entlassungen fest, nachdem er den Betriebsrat oder, falls nicht vorhanden, die Arbeitnehmervertreter konsultiert hat. Diese Kriterien berücksichtigen insbesondere die familiären Verpflichtungen, insbesondere die von Alleinerziehenden.

Behinderungen (*allocation d'*éducation de *l'enfant handicapé* – AEEH)[213] (Art. L. 541-4 CSS[214] sowie Art. D. 541-3 CSS[215] und Art. R. 842-5 CSS[216]) vor.

2. Alleinerziehendenbegriff im Familienrecht

Das Familienrecht definiert einerseits zwar den Begriff des Alleinerziehenden unmittelbar nicht. Andererseits ist das Gegenstück des Begriffs Alleinerziehenden, nämlich des Zusammenlebens im *Code civil* zu finden. So definiert Art. 518-8 C. civ. das Zusammenleben als eine faktische Verbindung, die durch ein gemeinsames Leben gekennzeichnet ist, das den Charakter von Stabilität und Kontinuität aufweist und zwischen zwei Menschen unterschiedlichen oder gleichen Geschlechts besteht.[217]

213 Ausführlich zu allocation d'éducation de l'enfant handicapé siehe *Nezosi*, La protection sociale, S. 324.

214 Siehe Art. L. 541-4 CSS: Jede alleinstehende Person, die die in Art. L. 541-1 CSS genannte Leistung und deren Zusatz oder diese Leistung und die in Art. L. 245-1 CASF erwähnte Leistung erhält und allein die Verantwortung für ein behindertes Kind trägt, dessen Zustand die Hilfe einer dritten Person erfordert, hat Anspruch auf einen speziellen Zuschlag für alleinerziehende Eltern behinderter Kinder. Dieser Zuschlag wird unter den durch Verordnung festgelegten Bedingungen gewährt.

215 Vgl. Art. D. 541-3 CSS: Der spezielle Zuschlag für alleinerziehende Eltern behinderter Kinder gemäß Art. L. 541-4 CSS wird jeder alleinstehenden Person gewährt, die die in Art. L. 541-1 CSS genannte Leistung oder diese Leistung und die im Art. L. 245-1 CASF genannte Ausgleichsleistung erhält, sobald die Kommission für Rechte und Autonomie einen Zusatz gewährt hat, weil der Zustand des Kindes die Person dazu zwingt, auf eine berufliche Tätigkeit zu verzichten, diese aufzugeben, nur in Teilzeit auszuüben oder eine bezahlte dritte Person in Anspruch zu nehmen. Der spezielle Zuschlag für alleinerziehende Eltern behinderter Kinder wird für jedes behinderte Kind gezahlt, das diese Voraussetzungen erfüllt.

216 Vgl. Art. R. 842-5 CSS: Die Höchstdauer, für die der Pauschalbetrag gemäß Art. L. 842-7 CSS erhöht wird, beträgt zwölf Monate. Um die Erhöhung zu erhalten, muss die betreffende Person den Antrag innerhalb von sechs Monaten ab dem Zeitpunkt stellen, an dem die Anspruchsvoraussetzungen erfüllt sind. Nach Ablauf dieser Frist wird die Bezugsdauer der erhöhten Leistung anteilig gekürzt. Diese zwölfmonatige Dauer wird jedoch verlängert, bis das jüngste unterhaltsberechtigte Kind das Alter von drei Jahren erreicht hat. Diese Regelung gilt auch, wenn der alleinerziehende Elternteil die Verantwortung für das Kind erst nach dem Zeitpunkt übernommen hat, zu dem die Anspruchsvoraussetzungen für die Leistung erfüllt waren.

217 Art. 515-8 C. civ.: Das Zusammenleben ist eine faktische Lebensgemeinschaft, die sich durch ein stabiles und dauerhaftes Zusammenleben zweier Personen, gleichen oder unterschiedlichen Geschlechts, in einer Paarbeziehung auszeichnet.

In Art. 371-1 C. civ. wird die elterliche Sorge als Gesamtheit der Rechte und Pflichten definiert, die darauf abzielen, das Wohl des Kindes zu gewährleisten.[218] Die elterliche Sorge beinhaltet sowohl die Vermögens- als auch die Personensorge.[219] Nach Art. 372 C. civ. obliegt die elterliche Sorge den Eltern gemeinsam, wenn sie diese gemeinsam ausüben, ansonsten demjenigen, der sie alleine innehat, vgl. Art. 382 phrase 3 C. civ. Bei nicht miteinander verheirateten Eltern gilt gemäß Art. 372 C. civ., dass sie die elterliche Sorge nur dann gemeinsam ausüben können, wenn beide das Kind vor dem ersten Geburtstag anerkannt haben.[220] Die Trennung der Eltern hat grundsätzlich keinen rechtlichen Einfluss auf die Ausübung der elterlichen Sorge durch beide Elternteile, vgl. Art. 373-2 phrase 1 C. civ. Wenn es das Kindeswohl erfordert, kann nach Art. 373-2-1 phrase 1 C. civ. die gemeinsame elterliche Sorge aufgehoben werden und einem Elternteil gerichtlich das alleinige Sorgerecht zugesprochen werden. Im Ergebnis zeigt sich, dass es sich bei der Eigenschaft der *parents isolé* um eine Anspruchsvoraussetzung für den Zugang zu bestimmten individuellen Rechten handelt.

Aus einer Gesamtschau der französischen Sozial- und Familiengesetzgebung lässt sich aus Art. L. 262-9 CASF folgende Definition von Alleinerziehenden bestimmen:

Als alleinerziehend gilt eine verwitwete, geschiedene, getrennt lebende oder alleinstehende Person, die nicht in bekannter und dauerhafter Weise als Paar zusammenlebt und insbesondere ihre Mittel und Ausgaben nicht mit ihrem Ehegatten, Lebenspartner oder Partner in einem zivilrechtlichen Solidaritätspakt teilt. Wohnt einer der Partner im Ausland, gilt der in Frankreich lebende Partner nicht als alleinerziehend.

C. Alleinerziehendenbegriff in Deutschland und Frankreich

Ausgehend von der Definition von Alleinerziehenden lassen sich zunächst nur geringfügige Unterschiede feststellen. Beide Vergleichsrechtsordnungen sehen keine einheitliche Definition für den Begriff vor. In beiden

---

218 *Katzenmaier*, in: Rieck/Lettmaier, Ausländisches Familienrecht, Frankreich, Rn. 11.
219 *Katzenmaier*, in: Rieck/Lettmaier, Ausländisches Familienrecht, Frankreich, Rn. 11.
220 *Katzenmaier*, in: Rieck/Lettmaier, Ausländisches Familienrecht, Frankreich, Rn. 11.

Rechtssystemen existieren für die Sozial- und Rechtswissenschaft unterschiedliche Definitionen. Grundsätzlich verfolgen die Vergleichsrechtsordnungen in Deutschland und Frankreich jedoch denselben Ansatz zur Definition von Alleinerziehenden. Die Unterschiede liegen – je nach Fachrichtung – hauptsächlich im Umgang mit sorgeberechtigten Kindern.

In Deutschland wird eine Person als alleinerziehend definiert, wenn sie den alleinigen betreuerischen Alltag mit mindestens einem unter 18-jährigen Kind bewältigt, ohne dass eine weitere sorgeberechtigte Person beteiligt ist. In Frankreich hingegen wird auch auf die Hintergründe des Alleinerziehendseins abgestellt: Eine Person gilt dort als alleinerziehend, wenn sie verwitwet, geschieden oder getrennt lebend ist und nicht mit einem anderen Partner im Haushalt lebt, sodass sie ihre finanziellen Mittel und Ausgaben nicht teilt. Problematisch bleibt, dass die zahlreichen verschiedenen Definitionsansätze zu keinem einheitlichen Verständnis des Begriffs Alleinerziehende führen. Dies ist jedoch auf den jeweiligen leistungsrechtlichen Kontext zurückzuführen.

Alleinerziehende in der gesetzlichen Rentenversicherung und Lohninstrumente in Deutschland

A. Rechtsquellen und soziale Sicherheit

Die Bundesrepublik Deutschland ist ein demokratischer und sozialer Bundesstaat, vgl. Art. 20 Abs. 1 GG. § 1 SGB I präzisiert das Sozialstaatsprinzip.[221] Hiernach soll das Sozialrecht zur Sicherung eines menschenwürdigen Daseins beitragen, den Erwerb des Lebensunterhalts durch eine frei gewählte Tätigkeit ermöglichen, die Familie schützen, fördern und besondere Belastungen des Lebens abwenden oder ausgleichen. Die Vermeidung nachteiliger Lebensverhältnisse von Alleinerziehenden ist ebenfalls Regelungsziel des Sozialrechts.[222]

Für den Erfolg des Wirtschaftsstandorts Deutschland ist die Bedeutung der gesetzlichen Rentenversicherung unbestritten.[223] Mit etwa 19 Millionen Leistungsbeziehern ist die gesetzliche Rentenversicherung das größte soziale Sicherungssystem in Deutschland.[224] Die Rentenausgaben (Versichertenrenten und Renten wegen Todes) beliefen sich im Jahr 2023 auf etwa

---

221 Der Staatsaufbau, das politische System, die Elemente der Rechtsstaatlichkeit im Grundgesetz sowie Gesetzgebung werden in Bezug auf Deutschland als bekannt angenommen. Von einer ausführlichen Darstellung wird daher – anders als für Frankreich – abgesehen, ausführlich zum Sozialstaatsprinzip *Mrozynski*, SGB I, § 1, Rn. 11; vgl. *Ruland*, in: Karger-Kroll/Schäfers, Grundprinzipien der gesetzlichen Rentenversicherung, S. 59.

222 So auch *Christl*, NJ 2018, 237 (237).

223 Ebenfalls *Dabag*, Beitragsäquivalenz in der gesetzlichen Rentenversicherung?, S. 14; so auch *Ruland*, in: Ruland/Becker/Axer, SRH, § 18, Rn. 3.

224 *BMAS*, Alterssicherungsbericht 2024, S. 10 und 25.

340 Milliarden Euro.[225] Das Ausgabenvolumen nimmt dabei jährlich zu.[226] Der durchschnittliche monatliche Zahlbetrag der Altersrente belief sich im Jahr 2023 in Deutschland auf 1.099 Euro brutto.[227] Im Vergleich dazu lag der entsprechende Rentenzahlbetrag im Jahr 2022 bei 1.048 Euro brutto.[228]

Eines der ältesten staatlichen Rentenversicherungssysteme ist das deutsche – eingeführt durch das im Jahr 1891 in Kraft getretene „Gesetz betreffend die Invaliditäts- und Alterssicherung".[229] Der Grundgedanke des Gesetzgebers war die Einführung eines Anspruchs der Arbeiter auf eine Rente als Gegenleistung für lebenslange Arbeit.[230] So dominierte in der Gründungsphase der gesetzlichen Rentenversicherung das Ziel, Armut im Alter und bei Invalidität zu lindern.[231] Die Finanzierung der gesetzlichen Rentenversicherung erfolgte seit Anbeginn aus dem Sozialversicherungsbeitrag, der unabhängig von Alter und Geschlecht berechnet wurde und sich ausschließlich an der Höhe des Lohns orientierte.[232] Der Beitrag wurde und wird vom Arbeitnehmer und Arbeitgeber jeweils zur Hälfte gezahlt.[233] Zum anderen finanzierte der Staat die Sozialversicherung durch einen Reichszuschuss aus Steuermitteln.[234] Begründet wurde die finanzielle Einbeziehung des Reiches zum einen mit der monetären Entlastung bei der Armenpflege, zum anderen

225 *BMAS*, Alterssicherungsbericht 2024, S. 25.

226 Vgl. dazu *BMAS*, Alterssicherungsbericht 2020, S. 31 f.

227 BT-Drs. 20/14085, S. 15.

228 BT-Drs. 20/14085, S. 15.

229 Gesetz v. 22.06.1889, RGBl. 1889, S. 97; *Bertelsmeier*, Entwicklung und Entwicklungstendenzen der Rentenversicherung, S. 21; siehe ausführlich zur Invaliditäts- und Alterssicherungsgesetz *Schmähl*, Alterssicherungspolitik in Deutschland, S. 39 m. w. N.

230 *Köhler-Rama*, SGb 2019, 80 (80); *Karger-Kroll*, Lebensrealität und Rente, S. 25.

231 *Döring*, Grundlinien der langfristigen Systementwicklung der gesetzlichen Rentenversicherung, S. 170; *Schmähl*, Alterssicherungspolitik in Deutschland, S. 46; *Debelius*, Einheitliche Altersversorgung von Angestellten, Beamten und Freiberuflern, S. 19; *Igl*, in: Becker et. al., Grundsatzfragen der Alterssicherung – Sinn und Ausprägung der Rentenversicherung, S. 43.

232 *Schmähl*, Alterssicherungspolitik in Deutschland, S. 50; *Döring*, Grundlinien der langfristigen Systementwicklung der gesetzlichen Rentenversicherung, S. 186 f.

233 *Döring*, Grundlinien der langfristigen Systementwicklung der gesetzlichen Rentenversicherung, S. 169; *Debelius*, Einheitliche Altersversorgung von Angestellten, Beamten und Freiberuflern, S. 23; *Schmähl*, Alterssicherungspolitik in Deutschland, S. 50.

234 *Schmähl*, Alterssicherungspolitik in Deutschland, S. 51; *Debelius*, Einheitliche Altersversorgung von Angestellten, Beamten und Freiberuflern, S. 29; *Döring*, Grundlinien der langfristigen Systementwicklung der gesetzlichen Rentenversicherung, S. 169.

mit der gesamtgesellschaftlichen Bedeutung dieser Sicherungsinstitution.[235] Die Leistungen für Versicherte waren zunächst wesentlich auf den Fall der Invalidität (Erwerbsunfähigkeit) zugeschnitten.[236] Altersrenten wurden ab dem vollendeten 70. Lebensjahr gewährt, ohne dass die Erwerbsunfähigkeit nachgewiesen werden musste, die Erwerbsunfähigkeit wurde folglich mit Erreichen der Altersgrenze unterstellt.[237] Unter Berücksichtigung der damals niedrigen Lebenserwartung wird deutlich, dass der Tatbestand „Alter" im Vergleich zur „Invalidität" von geringer Bedeutung war.[238] Folglich war die Absicherung für den Fall der Invalidität der wesentliche Grund für die Einführung des Gesetzes.[239] Der familiäre Kontext war hingegen nicht von Bedeutung. So wurde beispielsweise die Hinterbliebenenrente aus fiskalischen Gründen nicht berücksichtigt.[240] Der Grundgedanke der damaligen Gesetzgebung wurde durch die Rentenreform 1957 um das Ziel der Statussicherung erweitert: Die Höhe der Rentenanwartschaft als Spiegelbild der im Erwerbsverlauf erarbeiteten Einkommensposition.[241]

Seit dem 1. Januar 1992 ist die gesetzliche Rentenversicherung im SGB VI vom 18. Dezember 1989 verankert.[242] Die gesetzliche Rentenversicherung

---

235 *Döring*, Grundlinien der langfristigen Systementwicklung der gesetzlichen Rentenversicherung, S. 170; *Debelius*, Einheitliche Altersversorgung von Angestellten, Beamten und Freiberuflern, S. 23; *Schmähl*, Alterssicherungspolitik in Deutschland, S. 51.

236 *Haerendel*, Regierungen, Reichstag und Rentenversicherung, S. 68; *Schmähl*, Alterssicherungspolitik in Deutschland, S. 44.

237 *Döring*, Grundlinien der langfristigen Systementwicklung der gesetzlichen Rentenversicherung, S. 169; *Haerendel*, Regierungen, Reichstag und Rentenversicherung, S. 68; *Schmähl*, Alterssicherungspolitik in Deutschland, S. 45.

238 *Schmähl*, Alterssicherungspolitik in Deutschland, S. 45; *Döring*, Grundlinien der langfristigen Systementwicklung der gesetzlichen Rentenversicherung, S. 169; *Haerendel*, Regierungen, Reichstag und Rentenversicherung, S. 68.

239 *Schmähl*, Alterssicherungspolitik in Deutschland, S. 45; *Döring*, Grundlinien der langfristigen Systementwicklung der gesetzlichen Rentenversicherung, S. 169; *Haerendel*, Regierungen, Reichstag und Rentenversicherung, S. 68.

240 *Debelius*, Einheitliche Altersversorgung von Angestellten, Beamten und Freiberuflern, S. 23; *Schmähl*, Alterssicherungspolitik in Deutschland, S. 45; *Döring*, Grundlinien der langfristigen Systementwicklung der gesetzlichen Rentenversicherung, S. 171 f.

241 *Köhler-Rama*, SGb 2019, 80 (80); *Karger-Kroll*, Lebensrealität und Rente, S. 25; *Janda*, Elements of Generational Solidarity in the German Pension System, S. 40.

242 Davor fand die gesetzliche Rentenversicherung der Arbeiter in den §§ 1227 f. der Reichsversicherungsordnung (RVO), die Rentenversicherung der Angestellten im Angestelltenversicherungsgesetz (AVG) und die der Bergleute im Reichsknappschaftsgesetz

dient der Vorsorge gegen das Risiko Langlebigkeit, Erwerbsminderung und Hinterbliebenenschaft.[243] Die gesetzliche Rentenversicherung beruht auf dem Äquivalenzprinzip zwischen Beitrag und Leistung.[244] Personen, die im Verlauf ihres Erwerbslebens Beiträge auf ein hohes Einkommen geleistet haben, werden im Ruhestand von einer höheren Rente profitieren.[245] Im Gegensatz dazu müssen Versicherte, die lediglich eine geringe Anzahl an Entgeltpunkten erworben haben, mit einer relativ niedrigen Rentenzahlung rechnen.[246] Entsprechend zählt Armutsverhinderung nicht zu den Zielen der sozialen Vorsorge.[247]

B. Verfassungsrechtliche Grundlagen

Leistungsart und Umfang der gesetzlichen Rentenversicherung für Alleinerziehende sind von verfassungsrechtlichen Vorgaben geprägt.

I. Gesetzgebungszuständigkeiten

Nach Art. 70 Abs. 1 GG liegt die Gesetzgebungskompetenz grundsätzlich bei den Ländern, soweit das Grundgesetz nicht im Rahmen der konkurrierenden Gesetzgebung Zuständigkeiten auf den Bund überträgt. Daher sind insbesondere die Kompetenzen des Bundes nach Art. 74 Nr. 7 GG und Art. 74

(RKG) Anwendung, vgl. dazu *Dabag*, Beitragsäquivalenz in der gesetzlichen Rentenversicherung?, S. 14.

243 *Igl*, in: Becker et. al., Grundsatzfragen der Alterssicherung – Sinn und Ausprägung der Rentenversicherung, S. 48 f.; *Schimmang*, Der Ausbau der gesetzlichen Rentenversicherung zu einer Erwerbstätigenversicherung und ihre Stellung in Europa, S. 33; Ruland zutreffend: „Der Staat organisiert die Vorsorge – der Einzelne betreibt sie", vgl. *Ruland*, in: Ruland/Becker/Axer, SRH, § 18, Rn. 6.

244 *Ruland*, in: Karger-Kroll/Schäfers, Grundprinzipien der gesetzlichen Rentenversicherung, S. 66; *Janda*, DRV 2018, 386 (393).

245 *Ruland*, in: Karger-Kroll/Schäfers, Grundprinzipien der gesetzlichen Rentenversicherung, S. 66; *Janda*, DRV 2018, 386 (393).

246 *Ruland*, in: Karger-Kroll/Schäfers, Grundprinzipien der gesetzlichen Rentenversicherung, S. 66; *Janda*, DRV 2018, 386 (393).

247 *Karger-Kroll*, in: Karger-Kroll/Schäfers, Ungleichheit und Gerechtigkeit im System der Alterssicherung – eine sozialethische Sondierung, S. 82; *Janda*, DRV 2018, 386 (393).

Nr. 12 GG für das Sozialrecht von Bedeutung.[248] Es existiert keine allgemein anerkannte Definition für den Begriff der Sozialversicherung.[249] Laut BVerfG ist hierunter die Vorsorge durch Versicherung, unter anderem mit Elementen des sozialen Ausgleichs, zu verstehen.[250] Die Sozialversicherung zielt demnach auf die Absicherung sozialer Risiken wie Krankheit, Alter, Invalidität, Unfall, Arbeitslosigkeit und Pflegebedürftigkeit.[251]

Der Begriff der Sozialversicherung im Sinne des Art. 74 Abs. 1 Nr. 12 GG erstreckt sich zwar nicht auf sämtliche Bereiche der sozialen Sicherung, ist jedoch als weit gefasster Oberbegriff zu verstehen.[252] Er umfasst jene Systeme, die dem sozialen Bedürfnis nach Kompensation besonderer individueller Belastungen dienen und hierfür öffentlich-rechtliche Träger in Form selbstständiger Anstalten oder Körperschaften vorsehen, deren Finanzierung überwiegend beitragsgestützt erfolgt.[253] Teil dieses Systems ist die gesetzliche Rentenversicherung.[254] Der Bund hat von seinen Möglichkeiten zur Gesetzgebung in der gesetzlichen Rentenversicherung überwiegend Gebrauch gemacht.[255] Lediglich die berufsständischen öffentlich-rechtlichen Rentenversicherungen (Versorgungswerke) für bestimmte freie Berufe stellen eine Ausnahme dar.[256]

II. Vorgaben und Gesetzgebung im Recht der sozialen Sicherheit

Die deutsche Verfassung verpflichtet gemäß Art. 20 Abs. 1 GG den Staat auf ein zum Staatsziel erhobenes Sozialstaatsprinzip, verzichtet aber auf konkrete soziale Ziele und ebenfalls weitgehend auf die Formulierung

248 *Bertelsmeier*, Entwicklung und Entwicklungstendenzen der Rentenversicherung, S. 77; *Hohnerlein*, ZIAS 2003, 177 (180); vgl. zur Verteilung der Gesetzgebungskompetenzen ausführlich *Vilain*, in: Marsch/Vilain/Wendel, Französisches und Deutsches Verfassungsrecht, § 3, S. 85 ff.; ebenfalls *Becker*, Staat und autonome Träger im Sozialleistungsrecht, S. 118, vgl. auch *Weiß*, DRV 2025, 1 (4).

249 *Bertelsmeier*, Entwicklung und Entwicklungstendenzen der Rentenversicherung, S. 77.

250 BVerfG, Urt. v. 06.06.1978 – 1 BvR 102/76, in: juris, Rn. 40.

251 *Bertelsmeier*, Entwicklung und Entwicklungstendenzen der Rentenversicherung, S. 77.

252 BVerfG, Beschl. v. 13.09.2005 – 2 BvF 2/03 –, in: juris, Rn. 148.

253 BVerfG, Beschl. v. 13.09.2005 – 2 BvF 2/03 –, in: juris, Rn. 148.

254 *Rolfs*, Das Versicherungsprinzip im Sozialversicherungsrecht, S. 100 f.

255 *Bertelsmeier*, Entwicklung und Entwicklungstendenzen der Rentenversicherung, S. 77.

256 *Bertelsmeier*, Entwicklung und Entwicklungstendenzen der Rentenversicherung, S. 77; *Ruland*, in: Ruland/Becker/Axer, SRH, § 18, Rn. 33.

sozialer Grundrechte.[257] Aus dem Sozialstaatsprinzip selbst lassen sich daher unmittelbar keine individuellen Rechte ableiten.[258] Eine Ausnahme bilden die in Art. 6 GG normierten Grundrechte. Ehe und Familie stehen unter dem besonderen Schutz der staatlichen Ordnung, vgl. Art. 6 Abs. 1 GG. Die Familie genießt daher verfassungsrechtlichen Schutz als eigenständiger und in sich geschlossener Lebensbereich sowie als soziale Institution – unabhängig von ihrer konkreten rechtlichen Ausformung, etwa in Gestalt der Ehe.[259]

Der Begriff Familie umfasst grundsätzlich auch die Gemeinschaft aus nicht verheirateten Eltern und Kindern, die Gemeinschaft zwischen Kind und einem Elternteil sowie Adoptiv–, Pflege- und Stiefkindverhältnisse, wie sie aufgrund der höheren Diversität in Partnerschafts- und Lebensmodellen bestehen.[260] Ehe und Familie haben eine Pluralisierung, Diversifizierung und Enttraditionalisierung erfahren.[261] Folglich ist der Grundrechtsschutz einer Familie nicht von einer Ehe oder der Abstammung der Kinder abhängig.[262] Der Begriff der Familie wird nicht durch das Grundgesetz definiert, sondern leitet sich aus dem bürgerlich-rechtlichen Institut der Familie ab.[263] Nach ständiger Rechtsprechung des BVerfG ist Familie die umfassende Gemeinschaft von Eltern und ihren Kindern, in der den Eltern insbesondere Rechte und Pflichten zur Pflege und Erziehung der Kinder erwachsen.[264]

Die Beziehung und das Zusammenleben von nur einem Elternteil mit Kindern unabhängig vom Zivilstand der Eltern fallen in den Schutzbereich

257 *Hohnerlein*, Unterhalts- und Betreuungsleistungen für Kinder in Deutschland, S. 91; *Janda*, Elements of Generational Solidarity in the German Pension System, S. 43 f.

258 *Janda*, Elements of Generational Solidarity in the German Pension System, S. 44.

259 BVerfGE 51, 386, (396 f.).

260 BVerfGE 45, 104 (123); BVerfGE 79, 203 (211); *v. Coelln*, in: Sachs, GG, Art. 6, Rn. 15; vgl. *Hohnerlein*, Unterhalts- und Betreuungsleistungen für Kinder in Deutschland, S. 94.

261 BT-Drs. 19/27200, S. 21 ff., 50 ff., 496; *Brosius-Gersdorf*, in: Dreier, GG, Art. 6, Rn. 26 m. w. N.

262 *v. Coelln*, in: Sachs, GG, Art. 6, Rn. 15.

263 *Uhle*, in: BeckOK Grundgesetz, GG, Art. 6, Rn. 14; *Hohnerlein*, Unterhalts- und Betreuungsleistungen für Kinder in Deutschland, S. 91; *Wissenschaftliche Dienste*, WD 3 – 3000 – 242/13, Familien und Lebensgemeinschaften in Deutschland und Frankreich, S. 3.

264 BVerfG, Urt. v. 29.07.1959 – 1 BvR 205/58, in: juris, Rn. 27; BVerfG, Beschl. v. 09.04.2003 – 1 BvR 1493/96 –, in: juris, Rn. 89.

des Art. 6 Abs. 1 GG.[265] Dem Staat obliegen nach Art. 6 Abs. 1 GG besondere Schutzpflichten hinsichtlich der Familie und damit auch gegenüber Alleinerziehenden.[266] Art. 6 Abs. 1 GG entfaltet verschiedene Schutzdimensionen. Als Freiheitsrecht verpflichtet er den Staat, die spezielle Privatsphäre von Ehe und Familie zu schützen und (ungerechtfertigte) Eingriffe in die Familie zu unterlassen (abwehrrechtliche Dimension).[267] Zudem enthält das Grundgesetz – neben einer Institutsgarantie für Ehe und Familie – eine „wertentscheidende Grundsatznorm“[268], die den Staat verpflichtet, Familien vor Eingriffen Dritter zu wahren und deren Schutz und Wohlergehen durch geeignete Maßnahmen zu fördern.[269] Das Fördergebot lässt sich in zwei Aspekte unterteilen: In Bezug auf die Förderung lässt sich zunächst festhalten, dass diese zum einen als tatsächliche Besserstellung im Verhältnis zu Nichtfamilien und zum anderen als Ausgleich tatsächlicher Nachteile erfolgen kann.[270] Im Nachteilsausgleich wird der primäre Sinn und Zweck der Förderpflicht gesehen: Durch den Unterhalt und die Erziehung von Kindern erwachsen den Eltern monetäre Lasten, die ihre Leistungsfähigkeit im Vergleich zu kinderlosen Bürgern mindern.[271]

Die Förderpflicht aus Art. 6 Abs. 1 GG ist nicht mit der sozialstaatlichen Förderpflicht gleichzusetzen. Für die Bemessung des Existenzminimums im Sozialrecht soll Art. 6 Abs. 1 GG neben Art. 1 Abs. 1 GG i. V. m. Art. 20 Abs. 1 GG keinen selbstständig anwendbaren Maßstab enthalten.[272] Die Förderpflicht gilt nicht ausschließlich für sozial Schwache und ist nicht vorrangig

---

265 BVerfG, Beschl. v. 08.06.1977 – 1 BvR 265/75 –, in: juris, Rn. 67; BVerfG, Beschl. v. 09.04.2003 – 1 BvR 1493/96 –, in: juris, Rn. 89; *Jarass*, in: Jarass/Pieroth, GG, Art. 6, Rn. 8.

266 BVerfG v. 19.02.2013 - 1 BvL 1/11, 1 BvR 3247/09, in: juris, Rn. 62; vgl. *Jarass*, in: Jarass/Pieroth, GG, Art. 6, Rn. 8.

267 *Hohnerlein*, Unterhalts- und Betreuungsleistungen für Kinder in Deutschland, S. 94.

268 BVerfGE 6, 55 (76).

269 BVerfGE 6, 55 (76); BVerfGE 6, 386 (388); BVerfGE 31, 58 (67 ff.); *Brosius-Gersdorf*, in: Dreier, GG, Art. 6, Rn. 161 und 168 m. w. N.

270 *Hohnerlein*, Unterhalts- und Betreuungsleistungen für Kinder in Deutschland, S. 94.

271 *Brosius-Gersdorf*, in: Dreier, GG, Art. 6, Rn. 283; *Hohnerlein*, Unterhalts- und Betreuungsleistungen für Kinder in Deutschland, S. 95.

272 BVerfGE 125, 175 (227); *Uhle*, in: BeckOK Grundgesetz, GG, Art. 6, Rn. 42.

auf vertikale Umverteilung gerichtet, sondern horizontal angelegt.[273] Art. 6 Abs. 1 GG gebietet den Schutz der Familie als solche und fordert grundsätzlich den Nachteilsausgleich der Familien gegenüber kinderlosen oder nicht familiär gebundenen Personen.[274] Eine sozialstaatliche Umverteilung allein zwischen vermögenden und armen Familien wäre entsprechend nicht gerechtfertigt.[275] Vielmehr begründet Art. 6 Abs. 1 GG eine Umverteilung von kinderlosen Personen (Nichtfamilien) zugunsten aller Familien. Familien werden durch das Grundgesetz zunächst als solche unabhängig ihres Vermögens oder sozialen Status geschützt. Die Leistungen, die im Rahmen des Familienlastenausgleichs den Ausgleich der direkten und indirekten Kinderaufwendungen unterstützen, müssen sich darum grundsätzlich an alle Familien richten.[276] Die grundgesetzlichen Schutz- und Förderpflichten werden vom BVerfG unter dem Begriff Familienlastenausgleich zusammengefasst.[277] Eine allgemeine Pflicht des Staates zu einem Familienlastenausgleich wird aus der wertentscheidenden Grundsatznorm des Art. 6 GG i. V. m. dem Sozialstaatsprinzip nach Art. 20 Abs. 1 GG abgeleitet.[278] Das Grundgesetz beinhaltet aber keine Vorgaben darüber, mit welchem Instrumentarium ein Familienlastenausgleich zu realisieren ist oder in welchem Umfang soziale Leistungen zu gewähren sind.[279] Das Grundgesetz gibt daher lediglich das Ziel, nicht aber die Mittel zur Erreichung dessen, vor. Grundsätzlich liegt es im Ermessen des Gesetzgebers, in welchem Umfang und in welcher Weise ein solcher sozialer Ausgleich umzusetzen ist.[280] Diese Pflicht ist allerdings

---

273 *Tünnemann*, Der verfassungsrechtliche Schutz der Familie und die Förderung der Kindererziehung im Rahmen des staatlichen Kinderleistungsausgleichs, S. 136; *Hohnerlein*, Unterhalts- und Betreuungsleistungen für Kinder in Deutschland, S. 95.

274 *Tünnemann*, Der verfassungsrechtliche Schutz der Familie und die Förderung der Kindererziehung im Rahmen des staatlichen Kinderleistungsausgleichs, S. 136.

275 *Tünnemann*, Der verfassungsrechtliche Schutz der Familie und die Förderung der Kindererziehung im Rahmen des staatlichen Kinderleistungsausgleichs, S. 136.

276 *Tünnemann*, Der verfassungsrechtliche Schutz der Familie und die Förderung der Kindererziehung im Rahmen des staatlichen Kinderleistungsausgleichs, S. 136 m. w. N.

277 BVerfGE 39, 316 (326); BVerfGE 44, 249 (273 ff.); *v. Coelln*, in: Sachs, GG, Art. 6, Rn. 43 m. w. N.; *Hohnerlein*, Unterhalts- und Betreuungsleistungen für Kinder in Deutschland, S. 95 m. w. N.

278 BVerfGE 82, 60 (79 f.); BVerfGE 1, 97 (105).

279 BVerfGE 82, 60 (80).

280 BVerfGE 43, 108 (124); BVerfGE 21, 1 (6); BVerfGE 82, 60 (81).

nicht derart weit zu verstehen, als dass der Staat verpflichtet wäre, jegliche die Familien treffenden Belastungen auszugleichen oder jeden Unterhaltspflichtigen zu entlasten.[281] In Bezug auf die Rentenpolitik enthält das Grundgesetz hingegen keine Grundprinzipien für die gesetzliche Rentenversicherung.[282]

Eine der wesentlichen Herausforderungen bei der Umsetzung von Art. 6 Abs. 1 GG besteht darin, die Benachteiligung von Familienmitgliedern, die Kinder erziehen, im Vergleich zu Kinderlosen durch Maßnahmen des SGB VI abzubauen.[283] Diese Benachteiligung beruht auf dem Umstand, dass die Erziehungslasten für die Kinder – also für diejenigen, die in Zukunft als Beitragszahler in einem solidarischen System auch für die Renten Kinderloser aufkommen müssen – weiterhin elterliche Privatangelegenheit bleibt, während die Alterssicherung dagegen vergesellschaftet wird.[284] Erste Abhilfe ergaben beispielsweise im SGB VI die Anerkennung von Kindererziehungszeiten nach § 56 SGB VI sowie der Kinderberücksichtigungszeiten nach § 57 SGB VI im Rahmen der Bemessung von Rentenansprüchen.[285]

Eine angemessene Berücksichtigung der Situation der Kindererziehung hat das BVerfG in seiner Entscheidung zur Pflegeversicherung festgestellt. So hat das BVerfG am 7. April 2022 die Ausgestaltung des Beitragsrechts im SGB XI nach 2001[286] bereits wiederholt als verfassungswidrig erklärt.[287] Familien waren beitragsrechtlich nur dadurch privilegiert, dass § 56 Abs. 1 SGB XI eine Beitragsfreiheit der Kinder für die Dauer der Familienversicherung gemäß § 25 SGB XI vorsah.[288] Diese Gleichbehandlung von Kinderlosen und Eltern auf Beitragsebene hielt das BVerfG für verfassungswidrig.[289] Der von Art. 6 Abs. 1 GG garantierte besondere Schutz der Familie gehe zwar

---

281 BVerfGE 82, 60 (81); BVerfGE 43, 108 (121); BVerfGE 75, 348 (360 m. w. N.).

282 *Ruland*, in: Karger-Kroll/Schäfers, Grundprinzipien der gesetzlichen Rentenversicherung, S. 59.

283 BVerfGE 87, 1 (39); *Uhle*, in: BeckOK Grundgesetz, GG, Art. 6, Rn. 43.

284 *Uhle*, in: BeckOK Grundgesetz, GG, Art. 6, Rn. 43; *v. Coelln*, in: Sachs, GG, Art. 6, Rn. 45.

285 Zu den Kindererziehungszeiten siehe Gliederungspunkt Kapitel 3 C. VII. 1–7 und zu den Kinderberücksichtigungszeiten siehe Gliederungspunkt Kapitel 3 C. VII. 8.

286 BVerfGE 103, 242 (243 ff.); ausführlich *Janda*, Elements of Generational Solidarity in the German Pension System, S. 47 ff.

287 Vgl. BVerfGE, 161, 163; *Spitzlei*, NZS 2022, 570 (passim).

288 *Spitzlei*, NZS 2022, 570 (571).

289 BVerfGE 103, 242 (242 ff.).

nicht so weit, dass Kinder betreuende und erziehende Mitglieder der sozialen Pflegeversicherung keiner Beitragspflicht unterworfen werden dürften[290] und i. V. m. dem allgemeinen Gleichheitssatz des Art. 3 Abs. 1 GG ergebe sich auch keine Pflicht, die Erziehung und Betreuung von Kindern leistungserhöhend zu berücksichtigen.[291] Doch verlange Art. 3 Abs. 1 GG i. V. m. Art. 6 Abs. 1 GG, dass die Betreuung und Erziehung von Kindern bei der Bemessung der Beiträge nicht ganz außer Acht gelassen werden dürften.[292]

Aufgrund der rechtlichen Gestaltung und der faktischen Hintergründe des SGB XI habe die Erziehungsleistung Bedeutung für die Funktionsfähigkeit des Systems: Das SGB XI sei in besonderem Maße auf die Beiträge der nachwachsenden Generation angewiesen, weil sie im Umlageverfahren finanziert werde und das Risiko der Pflegebedürftigkeit überproportional mehrfach ältere Personen ab 60 Jahren, insbesondere ab 80 Jahren, betreffe.[293] Die Betreuung und Erziehung der Kinder belaste allein die Eltern mit Kosten und führe zu einem Verzicht auf Vermögensbildung und Konsum, während ebenfalls die Kinderlosen im Alter von der nachwachsenden Generation profitierten.[294] Da der Anteil der Kinderlosen an der Mitgliederzahl der Rentenversicherung nicht mehr in der eindeutigen Minderheit sei, dürfe der Gesetzgeber diese Besserstellung nicht ausblenden.[295] Vielmehr sei ein Ausgleich zwischen Eltern mit einem oder mehreren Kindern und Kinderlosen bereits ab dem ersten Kind zeitgleich zum Eintritt der finanziellen Belastung nötig, also entsprechend in der Erwerbsphase und nicht durch unterschiedliche Leistungen im Falle des Eintritts der Pflegebedürftigkeit.[296] In Reaktion auf die Entscheidung des BVerfG hat der Gesetzgeber in § 55 Abs. 3 SGB XI eine Differenzierung zwischen Kinderlosen und Eltern hinsichtlich der Beitragspunkte vorgenommen.[297]

Derartige Erwägungen sind in der gesetzlichen Rentenversicherung nicht neu: Bereits in den 1980er und 1990er Jahren war der Familienlastenausgleich

---

290 BVerfGE 103, 242 (242 ff.).
291 BVerfGE 103, 242 (260).
292 BVerfGE 103, 242 (263).
293 BVerfGE 103, 242 (263 f.).
294 BVerfGE 103, 242 (264).
295 BVerfGE 103, 242 (266).
296 BVerfGE 103, 242 (270).
297 *Spitzlei*, NZS 2022, 570 (573).

Gegenstand rentenrechtlicher Reformbestrebungen[298], die durch die Entscheidung des BVerfG aus 2001 erneut Aufmerksamkeit erhielt.[299] Es wurde davon ausgegangen, dass das Erfordernis einer Differenzierung zwischen kindererziehenden und kinderlosen Beitragszahlern nicht auf andere Sozialversicherungszweige übertragbar sei.[300] Es wurde darauf verwiesen, dass eine Berücksichtigung von Erziehungsleistungen auf der Beitragsseite Eltern benachteiligen würde, die nicht Mitglied der gesetzlichen Rentenversicherung sind oder keine Beiträge zahlen und daher auch nicht von einer erziehungsspezifischen Verringerung der Rentenversicherungsbeiträge profitieren würden, wie beispielsweise Selbstständige, Beamte, Arbeitslose oder Sozialhilfeempfänger.[301] Außerdem wird argumentiert, dass die Kinder dieser Eltern dazu beitragen, den Beitragszahlerbestand der gesetzlichen Rentenversicherung aufrechtzuerhalten.[302] Insbesondere Alleinerziehende, die aufgrund unzureichender anderer Einkommensquellen von Sozialhilfe leben, blieben demnach als besonders schutzwürdige Personengruppe ohne Begünstigung.[303]

Darauf aufbauend sprach sich die Kommission für die Nachhaltigkeit in der Finanzierung der Sozialen Sicherungssysteme ebenfalls gegen eine Übertragbarkeit aus und führte im Zentralen zwei Gründe an: Zum einen gewähren Regelungen im SGB VI schon einige familienfördernde Leistungen, zum anderen seien im System der gesetzlichen Rentenversicherung – anders als im SGB XI – Beiträge und Leistungen miteinander verbunden.[304] So erhalten Versicherte im SGB XI Sach- und Geldleistungen entsprechend dem Grad ihrer Pflegebedürftigkeit – unabhängig von der Höhe der bereits entrichteten Beiträge. Im SGB VI hingegen gilt grundsätzlich das Prinzip der Vorleistungsabhängigkeit der Rentenansprüche.[305] Die Bundesregierung schloss sich den Argumenten an und sah entsprechend keinen

298 Siehe BVerfGE 87, 1 (3 ff.); BVerfGE 94, 241 (242 ff.).

299 *Spitzlei*, NZS 2022, 570 (573).

300 BT-Drs. 14/6099, S. 8.

301 BT-Drs. 14/6099, S. 8.

302 BT-Drs. 14/6099, S. 8.

303 BT-Drs. 14/6099, S. 8.

304 BT-Drs. 14/7639, S. 136; *Bundesministerium für Gesundheit und Soziale Sicherung*, Bericht der Kommission, Nachhaltigkeit in der Finanzierung der sozialen Sicherungssysteme, S. 116.

305 *Bundesministerium für Gesundheit und Soziale Sicherung*, Bericht der Kommission, Nachhaltigkeit in der Finanzierung der sozialen Sicherungssysteme, S. 116.

Handlungsbedarf.[306] In den Entscheidungen aus den Jahren 2001[307] und 2022[308] wurde die Frage erörtert, ob sich die finanzielle Belastung, die durch die Erziehung von Kindern entsteht, im Beitragssystem der Sozialversicherung ausgleichend widerspiegeln muss.[309] Das Gericht bestätigte den im Jahre 2001 begründeten Familienlastenausgleich im Beitragsrecht des SGB XI. Verfassungsrechtlicher Schwerpunkt der Entscheidung war – wie bereits in 2001 – der allgemeine Gleichheitssatz des Art. 3 Abs. 1 GG.[310] Bei der Bildung der Vergleichsgruppen liegt der Fokus nicht mehr auf der Unterscheidung zwischen Eltern und Kinderlosen, sondern auf dem Vergleich von Eltern mit einer höheren beziehungsweise einer geringeren Kinderzahl.[311]

Diese seien aufgrund der Regelungen im Beitragsrecht der sozialen Pflegeversicherung wesentlich ungleich, obwohl sie gleichermaßen Beiträge zahlen müssen.[312] Die Gleichbehandlung der – nach der Kinderzahl – ungleichen Familien ist nach Ansicht des BVerfG nicht gerechtfertigt.[313] Da die gleiche Beitragsbelastung Eltern umso härter treffe, je mehr Kinder sie erziehen, wirke sich § 55 Abs. 3 SGB XI innerhalb der Gruppe der Familien zu Lasten kinderreicher Familien aus.[314] Dadurch ist der Schutzbereich von Art. 6 Abs. 1 GG berührt. Diese Betroffenheit erfordere einen strengeren gleichheitsrechtlichen Prüfungsmaßstab, auch wenn bei der Ausgestaltung des Beitragsrechts ein größerer gesetzgeberischer Spielraum existiere.[315] Es wurde darauf hingewiesen, dass mit steigender Anzahl der zu erziehenden Kinder auch der wirtschaftliche Erziehungsaufwand für beitragspflichtige Eltern steigt.[316]

Dies führt dazu, dass der Vorteil in Bezug auf die Beitragsermäßigung gegenüber Kinderlosen für Eltern mit mehr Kindern größer ist als für Eltern mit weniger Kindern, wobei dieser zusätzliche Aufwand nicht vollständig durch den Zuwachs an Versicherungsschutz durch die beitragsfreie

---

306 BT-Drs. 15/4375, S. 6 f.
307 Vgl. BVerfGE 103, 242 (242 ff.).
308 Vgl. BVerfGE 161, 163 (163 ff.).
309 *Spitzlei*, NZS 2022, 570 (570).
310 BVerfGE 161, 163 (240 ff.).
311 BVerfGE 161, 163 (165); vgl. dazu auch *Spitzlei*, NZS 2022, 570 (573).
312 BVerfGE 161, 163 (253 f.).
313 BVerfGE 161, 163 (265).
314 BVerfGE 161, 163 (266 ff.).
315 BVerfGE 161, 163 (267).
316 BVerfGE 161, 163 (279).

Familienversicherung ausgeglichen wird.[317] So ist geklärt, dass die bislang praktizierte Unterscheidung zwischen Kinderlosen und Eltern in § 55 Abs. 1, 3 SGB XI nicht weit genug geht.[318] Der Gesetzgeber müsse zukünftig zwischen Kinderlosen, Ein-Kind-Familien, Zwei-Kind-Familien und Drei-und-mehr-Kind-Familien unterscheiden.[319] Das BVerfG verlangt andererseits im SGB VI und im SGB V keine weitere Differenzierung zwischen Kinderlosen und Eltern auf Beitragsebene.[320] Das BVerfG wies die hinsichtlich des Beitragsrechts im SGB VI eingereichte Verfassungsbeschwerde als unbegründet ab.[321] Das Gericht stellte fest, dass Art. 3 Abs. 1 GG nicht bereits dadurch verletzt werde, dass Versicherte der gesetzlichen Rentenversicherung mit Kindern mit einem gleich hohen Rentenversicherungsbeitrag wie Versicherte ohne Kinder belastet werden.[322] Das BVerfG verwies darauf, dass die gleiche Beitragsbelastung in der gesetzlichen Rentenversicherung auf Basis der gesetzgeberischen Konzeption eine Gleichbehandlung von wesentlich Ungleichem begründe und damit eine Verletzung von Art. 3 Abs. 1 GG darstelle.[323] Im SGB VI bedeutet auf der Grundlage der gesetzgeberischen Konzeption die gleiche Beitragsbelastung von Eltern und Kinderlosen eine Gleichbehandlung von wesentlich Ungleichem.[324] Diese gesetzgeberische Konzeption ist darauf gerichtet, den monetären Aufwand der Kindererziehung im System der gesetzlichen Rentenversicherung beitragswirksam anzuerkennen.[325] Das Gericht betonte, dass es an einer Benachteiligung der Eltern fehle, weil innerhalb des Systems der gesetzlichen Rentenversicherung bereits ein hinreichender Nachteilsausgleich erfolge.[326] Die rentenrechtliche Anerkennung von Kindererziehungszeiten (§ 56 Abs. 1 Satz 1 SGB VI) diene – neben dem Schutz vor erziehungsbedingten Versorgungsnachteilen im Alter – ebenfalls der Honorierung der Kindererziehung

---

317 BVerfGE 161, 163 (279).
318 *Spitzlei*, NZS 2022, 570 (571).
319 BVerfGE 161, 163 (283); vgl. dazu *Spitzlei*, NZS 2022, 570 (576).
320 BVerfG, Beschl. v. 07.04.2022 – 1 BvL 3/18, in: juris, Rn. 334–359; *Spitzlei*, NZS 2022, 570 (570).
321 BVerfGE 161, 163 (284).
322 BVerfGE 161, 163 (284).
323 BVerfGE 161, 163 (284).
324 BVerfGE 161, 163 (284).
325 BVerfGE 161, 163 (284).
326 BVerfGE 161, 163 (284).

als eigenständiger Wert.[327] Die Höherbewertung durch die Kinderberücksichtigungszeiten (§ 70 Abs. 3a SGB VI) dagegen ziele maßgeblich auf die Schließung kindererziehungsbedingter Lücken in der Versichertenbiografie.[328] Durch die rentenrechtliche Anerkennung der Kindererziehungszeiten hat der Gesetzgeber für Versicherte, die ihre Tätigkeit erziehungsbedingt reduzieren, einen Ausgleich für daraus entstehende Anwartschaftsnachteile geschaffen.[329] Insgesamt lasse sich nicht feststellen, dass die insbesondere durch die Anerkennung von Kindererziehungszeiten bewirkte tatsächliche Beitragsentlastung für den Nachteilsausgleich ungenügend sei.[330]

Unter Berücksichtigung der vorangegangenen Ausführungen ergibt sich: Zum einen normiert das SGB VI schon einige familienfördernde Leistungen, zum anderen sind im System der der gesetzlichen Rentenversicherung – anders als im SGB XI – Beiträge und Leistungen miteinander verbunden. Insgesamt kann aus Art. 6 GG keine Konkretisierung staatlicher Verantwortung ableitet werden und ist daher für die Fragestellung von geringer Bedeutung.

Zudem ist Art. 14 GG in den Blick zu nehmen, der den gesetzgeberischen Gestaltungsspielraum in der gesetzlichen Rentenversicherung begrenzt.[331] Nach Rechtsprechung des BVerfG unterfallen sowohl bereits erworbene Rentenansprüche als auch Rentenanwartschaften dem grundrechtlichen Eigentumsschutz aus Art. 14 Abs. 1 GG.[332] Maßgeblich für die Einordnung von Rentenansprüchen und -anwartschaften als eigentumsrechtlich geschützt gilt, dass diese nicht ausschließlich auf einer staatlichen Fürsorgeleistung beruhen, sondern vielmehr auf eigenständigen Beitragsleistungen der Versicherten fußen.[333] Der Schutz nach Art. 14 Abs. 1 GG wird somit durch die individuelle Vorleistung legitimiert, die dem Versicherungsverhältnis eine vermögenswerte

327 BVerfGE 161, 163 (284).

328 BVerfGE 161, 163 (284 und 288).

329 BVerfGE 161, 163 (289).

330 BVerfGE 161, 163 (293).

331 *Bertelsmeier*, Entwicklung und Entwicklungstendenzen der Rentenversicherung, S. 72.

332 BVerfG, Urt. v. 28.02.1980 – 1 BvL 17/77 –, in: juris, Rn. 145 ff.; BVerfG, Beschl. v. 01.07.1981 – 1 BvR 874/77–, in: juris, Rn. 45 ff.; siehe zur sozialversicherungsrechtlichen Eigentumsgarantie ausführlich *Rolfs*, Das Versicherungsprinzip im Sozialversicherungsrecht, S. 135 ff.; ebenfalls im Einzelnen siehe *Bertelsmeier*, Entwicklung und Entwicklungstendenzen der Rentenversicherung, S. 72 ff.

333 BVerfG, Urt. v. 28.02.1980 – 1 BvL 17/77 –, in: juris, Rn. 145; BVerfG, Urt. v. 04.07.1995 – 1 BvF 2/86 –, in: juris, Rn. 86 ff. und 140 f.

Komponente verleiht. Art. 14 GG, dessen Schutzwirkung an die individuelle Beitragsleistung anknüpft, bildet das verfassungsrechtliche Fundament für das Vertrauen in die Stabilität und Berechenbarkeit der gesetzlichen Rentenversicherung.[334] Vor diesem Hintergrund wird die Norm als „verfassungsrechtlicher Verankerungspunkt des Versicherungsprinzips im Sozialversicherungsrecht" bezeichnet.[335] Eingriffe in Rentenansprüche oder Rentenanwartschaften – etwa in Form von Kürzungen – sind als Inhalts- und Schrankenbestimmungen i. S. d. Art. 14 Abs. 1 Satz 2 GG einzuordnen und stellen damit Eigentumsbeeinträchtigungen dar.[336] Ihre verfassungsrechtliche Zulässigkeit setzt voraus, dass sie durch hinreichende Gründe des öffentlichen Interesses legitimiert und unter strikter Beachtung des Grundsatzes der Verhältnismäßigkeit ausgestaltet sind.[337]

Nach der Rechtsprechung des BVerfG erstreckt sich der verfassungsrechtliche Eigentumsschutz des Art. 14 GG sowohl auf bereits laufende Rentenleistungen (Bestandsrenten) als auch auf noch nicht realisierte Rentenanwartschaften.[338] Die Wahrung der Funktionsfähigkeit und finanziellen Leistungsfähigkeit der gesetzlichen Rentenversicherung wird in der verfassungsgerichtlichen Rechtsprechung als überwiegendes öffentliches Interesse anerkannt.[339] Dieses kann Eingriffe in rentenrechtlich geschützte Positionen – wie etwa Leistungskürzungen oder Beitragserhöhungen – rechtfertigen, sofern diese im Einklang mit dem Grundsatz der Verhältnismäßigkeit stehen.[340] Im Rahmen rentenrechtlicher Eingriffe ist zudem dem verfassungsrechtlich verankerten Grundsatz des Vertrauensschutzes Rechnung zu tragen.[341] Gerade im Rahmen der gesetzlichen Rentenversicherung besteht regelmäßig ein schutzwürdiges Vertrauen der Versicherten in den Fortbestand und die Verlässlichkeit der bestehenden gesetzlichen Leistungsregelungen.[342]

---

334 *Bertelsmeier*, Entwicklung und Entwicklungstendenzen der Rentenversicherung, S. 73.

335 Vgl. hierzu *Rolfs*, Das Versicherungsprinzip im Sozialversicherungsrecht, S. 135.

336 *Axer*, in: BeckOK Grundgesetz, GG, Art. 14, Rn. 12 ff.; *Bertelsmeier*, Entwicklung und Entwicklungstendenzen der Rentenversicherung, S. 73.

337 BVerfG, Beschl. v. 08.04.1987 – 1 BvR 564/84, in: juris, Rn. 62 ff.; BVerfG, Urt. v. 28.02.1980 – 1 BvL 17/77 –, in: juris, Rn. 145 ff.

338 BVerfG, Urt. v. 28.02.1980 – 1 BvL 17/77 –, in: juris, Rn. 145.

339 BVerfG, Beschl. v. 13.06.2006 – 1 BvL 9/00 –, in: juris, Rn. 99.

340 *Bertelsmeier*, Entwicklung und Entwicklungstendenzen der Rentenversicherung, S. 73; siehe ebenfalls *Ruland*, NZS 2010, 121 (126 m. w. N.).

341 *Bertelsmeier*, Entwicklung und Entwicklungstendenzen der Rentenversicherung, S. 73.

342 BVerfG, Beschl. v. 30.09.1987 – 2 BvR 933/82 –, in: juris, Rn. 173 und 189.

Dies hat zur Folge, dass gesetzliche Änderungen grundsätzlich durch geeignete Übergangsbestimmungen begleitet werden müssen, um die mit der Rentenversicherung verbundenen Vertrauenspositionen nicht unangemessen zu beeinträchtigen.[343] Im Ergebnis sind Leistungskürzungen in der gesetzlichen Rentenversicherung grundsätzlich nur dann verfassungsrechtlich zulässig, wenn sie dem Erhalt der Funktions- und Finanzierungsfähigkeit des Systems dienen, den Anforderungen des Verhältnismäßigkeitsgrundsatzes genügen und durch angemessene Übergangsregelungen abgefedert werden.[344]

III. Soziale Grundrechte der Verfassungen der Länder

Einige Landesverfassungen beinhalten Regelungen über den Schutz von Familien. Neben der allgemeinen Aufgabe der sozialen Förderung[345] fokussieren einige Landesverfassungen auf die Förderung kinderreicher Familien.[346] Die Landesverfassungen der neuen Bundesländer enthalten Förder- und Unterstützungsgebote, die insbesondere auch Alleinerziehende einschließen.[347] *Expressis verbis* erwähnt sind Alleinerziehende als besonders schutzwürdige Personengruppe in der Landesverfassung von Brandenburg – vgl. Art. 26 Abs. 1 Satz 2 sowie Art. 48 Abs. 4. Der Wille zur Gewährung von Unterstützungsleistungen zur Kindererziehung ist in verschiedenen Landesverfassungen erkennbar.[348]

So verpflichten die Verfassungen von Bremen[349] und Rheinland-Pfalz die Länder[350], Eltern bei der Erziehung zu unterstützen. Das Land Brandenburg gewährt kindererziehenden Personen einen Anspruch auf angemessene

343 BVerfG, Beschl. v. 30.09.1987 – 2 BvR 933/82 –, in: juris, Rn. 173 und 193.

344 So auch *Bertelsmeier*, Entwicklung und Entwicklungstendenzen der Rentenversicherung, S. 73.

345 So beispielsweise Art. 125 Abs. 2 der bayerischen Verfassung, Art. 21 der bremischen Verfassung oder Art. 24 der rheinland-pfälzischen Verfassung.

346 So zum Beispiel Art. 125 Abs. 3 der bayerischen Verfassung und Art. 16 Abs. 3 der baden-württembergischen Verfassung, vgl. dazu *Tünnemann*, Der verfassungsrechtliche Schutz der Familie und die Förderung der Kindererziehung im Rahmen des staatlichen Kinderleistungsausgleichs, S. 204; *Hohnerlein*, ZIAS 2003, 177 (183).

347 *Hohnerlein*, ZIAS 2003, 177 (183 m. w. N.).

348 *Tünnemann*, Der verfassungsrechtliche Schutz der Familie und die Förderung der Kindererziehung im Rahmen des staatlichen Kinderleistungsausgleichs, S. 204; *Hohnerlein*, ZIAS 2003, 177 (183).

349 Art. 23 Abs. 1 Satz 2 der bremischen Verfassung.

350 Art. 25 Abs. 1 der rheinland-pfälzischen Verfassung.

staatliche Hilfe und gesellschaftliche Berücksichtigung.[351] Sachsen-Anhalt und Thüringen sind verfassungsrechtlich verpflichtet, Personen, die in häuslicher Gemeinschaft Kinder erziehen, zu fördern und zu entlasten.[352] Zudem ist in den Landesverfassungen von Brandenburg, Mecklenburg-Vorpommern und Thüringen die Staatsaufgabe normiert, für die Verfügbarkeit von angemessenem Wohnraum zu monetär tragbaren Bedingungen zu sorgen.[353]

Die Konkretisierung der verfassungsrechtlichen Vorgaben hängt von der Ausgestaltung der einfachrechtlichen Bedingungen in den jeweiligen Fachgesetzen ab.[354] Das Zusammenwirken familienpolitischer Maßnahmen in den betroffenen Rechtsgebieten stellt dar, welche Lebenslagen bei Alleinerziehenden der Gesetzgeber als schutzbedürftig und schutzwürdig erachtet.[355] Durch die alleinige Zuständigkeit des Bundes in Angelegenheiten der Sozialversicherung, haben soziale Grundrechte der Länderverfassungen keine Bedeutung für die Förderung von Alleinerziehenden in der gesetzlichen Rentenversicherung.

C. Gesetzliche Rentenversicherung

I. Zuständigkeit und Organisation

Die Deutsche Rentenversicherung ist eine Körperschaft des öffentlichen Rechts mit Selbstverwaltung.[356] Bis 2005 untergliederte sie sich in fünf Teile. Zu differenzieren war zwischen Arbeitern, Angestellten, Bergleuten, Seeleuten und Arbeitnehmern der Deutschen Bahn AG.[357] Zur Steigerung der Effizienz wurde die damalige Organisationsstruktur fusioniert.[358] Seit der Fusionierung sind

---

351 Vgl. dazu Art. 27 Abs. 3 Satz 2 der Verfassung des Landes Brandenburg; siehe auch *Hohnerlein*, ZIAS 2003, 177 (184).

352 Vgl. Art. 22 Abs. 2 der Verfassung des Freistaates Sachsen und in Art. 17 Abs. 2 der Verfassung des Freistaates Thüringen, vgl. *Tünnemann*, Der verfassungsrechtliche Schutz der Familie und die Förderung der Kindererziehung im Rahmen des staatlichen Kinderleistungsausgleichs, S. 204 m. w. N.; vgl. auch *Hohnerlein*, ZIAS 2003, 177 (184).

353 *Hohnerlein*, ZIAS 2003, 177 (184).

354 *Hohnerlein*, ZIAS 2003, 177 (184).

355 So auch *Hohnerlein*, ZIAS 2003, 177 (184).

356 Siehe dazu *Kaufmann/Köhler*, Die neue Alterssicherung, Rn. 4.

357 *Ruland/Dünn*, NZS 2005, 113 (115); vgl. BT-Drs. 15/3654, S. 1 f.

358 BT-Drs. 15/3654, S. 1 ff.; *Ruland/Dünn*, NZS 2005, 113 (114); *Eichenhofer*, Sozialrecht, Rn. 315 m. w. N.

die Träger der Deutschen Rentenversicherung die Deutsche Rentenversicherung Bund, die Regionalträger[359] und die Deutsche Rentenversicherung Knappschaft-Bahn-See, vgl. § 126 SGB VI. Hierbei werden nach § 127 Abs. 2 SGB VI die Versicherten im Verhältnis 45:55 auf bundes- und landesunmittelbare Träger aufgeteilt.

Alternativ zur gesetzlichen Rentenversicherung (erste Säule) bestehen für bestimmte Personenkreise andere gesetzliche Alterssicherungssysteme. Hierzu zählen unter anderem die Versorgung der Beamten sowie die Versorgungswerke der sogenannten freien Berufe.[360] Zudem kann die Vorsorge auch privatrechtlich z. B. durch betriebliche Altersversorgung (zweite Säule) und privater Vorsorge (dritte Säule) betrieben werden.[361]

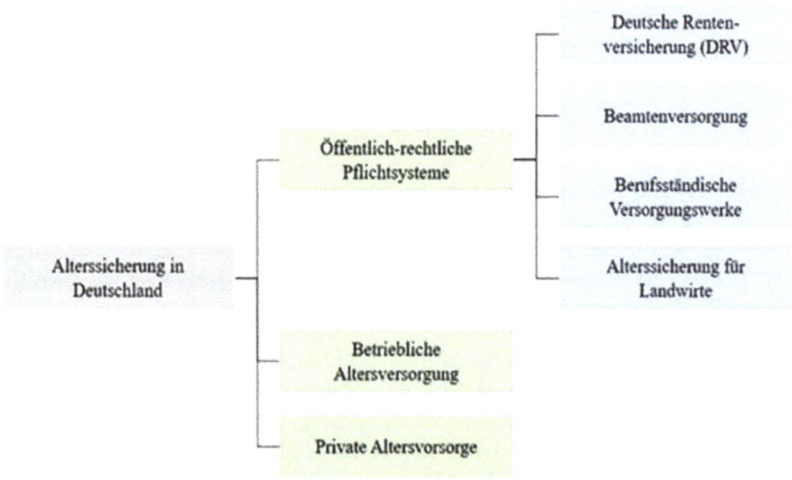

Abbildung 1: Systeme der Alterssicherung in Deutschland (eigene Darstellung).

[359] Hierzu zählen die Deutsche Rentenversicherung Baden-Württemberg, Bayern Süd, Berlin-Brandenburg, Braunschweig-Hannover, Hessen, Mitteldeutschland, Nord, Nordbayern, Oldenburg-Bremen, Rheinland, Rheinland-Pfalz, Saarland, Schwaben und Westfalen.

[360] *Schimmang*, Der Ausbau der gesetzlichen Rentenversicherung zu einer Erwerbstätigenversicherung und ihre Stellung in Europa, S. 33; *Janda*, Elements of Generational Solidarity in the German Pension System, S. 41.

[361] *Ruland*, in: Ruland/Becker/Axer, SRH, § 18, Rn. 13; *Schimmang*, Der Ausbau der gesetzlichen Rentenversicherung zu einer Erwerbstätigenversicherung und ihre Stellung in Europa, S. 33.

Sind Leistungsansprüche in der gesetzlichen Rentenversicherung oder in der zweiten oder dritten Säule der Alterssicherung nicht in existenzsicherndem Umfang vorhanden, können Ansprüche auf Grundsicherung im Alter (§§ 41 ff. SGB XII) bestehen.[362]

II. Finanzierung der gesetzlichen Rentenversicherung

1. Äquivalenzprinzip

Wegen des Versicherungs- und Äquivalenzprinzips orientieren sich die Renten, die aus der gesetzlichen Rentenversicherung zu zahlen sind, vorrangig an Lohn und geleisteten Beiträgen.[363] Eine Versicherung stellt eine Form der gemeinsamen Selbsthilfe dar, bei der sich ähnlich Gefährdete zusammenschließen, um das Risiko innerhalb dieser Gemeinschaft auszugleichen.[364] Eine Versicherung kann grundsätzlich als kollektive Übernahme individueller Risiken durch die Solidargemeinschaft verstanden werden, wobei jeder Versicherte einen Beitrag nach dem Prinzip von Leistung und Gegenleistung leistet.[365]

In der Sozialversicherung wird das Versicherungsprinzip um das Solidarprinzip erweitert, bei dem die Beitragshöhe unabhängig vom individuellen Risiko anhand der persönlichen Leistungsfähigkeit festgelegt wird und daher lohnabhängig ist.[366] Die Rentenhöhe ist zwar aufgrund des für alle Versicherten geltenden Beitragssatzes abhängig von der Höhe der geleisteten Beiträge.[367] Es gibt jedoch keine direkte Äquivalenz zwischen der Gesamtsumme der während des

---

362 *Schimmang*, Der Ausbau der gesetzlichen Rentenversicherung zu einer Erwerbstätigenversicherung und ihre Stellung in Europa, S. 33; *Igl*, Grundsatzfragen der Alterssicherung – Sinn und Ausprägung der Rentenversicherung, S. 49; ausführlich zur Grundsicherung im Alter siehe Gliederungspunkt Kapitel 3 C. IX. 2.

363 *Wissenschaftliche Dienste*, WD 6 – 3000 – 001/23, Grenzen der Zulässigkeit eines degressiven Rentenmodells, S. 4; vgl. auch *Ruf*, DAngVers 1979, 336 (336).

364 *Köhler-Rama*, DAngVers 2003, 413 (413); *Wissenschaftliche Dienste*, WD 6 – 3000 – 001/23, Grenzen der Zulässigkeit eines degressiven Rentenmodells, S. 4; vgl. auch *Kolb*, SGb 84, 596 (597); vgl. *Ruf*, DAngVers 1979, 336 (336).

365 So *Wissenschaftliche Dienste*, WD 6 – 3000 – 001/23, Grenzen der Zulässigkeit eines degressiven Rentenmodells, S. 4; *Ruland*, DRV 2013, 101 (101).

366 *Heidel/Loose*, DAngVers 2004, 221 (223); *Wissenschaftliche Dienste*, WD 6 – 3000 – 001/23, Grenzen der Zulässigkeit eines degressiven Rentenmodells, S. 4; *Janda/Fachinger/Künemund*, Reformen in der gesetzlichen Rentenversicherung und in der Beamtenversorgung in Deutschland seit 1990, S. 4; vgl. auch *Ruf*, DAngVers 1979, 335 (338).

367 *Wissenschaftliche Dienste*, WD 6 – 3000 – 001/23, Grenzen der Zulässigkeit eines degressiven Rentenmodells, S. 5; vgl. auch *Ruf*, DAngVers 1979, 336 (338).

Erwerbslebens gezahlten Beiträge und den insgesamt im Ruhestand erhaltenen Leistungen.[368] Das ist begründet durch die variable Höhe des Beitragssatzes, der abhängig von wirtschaftlichen Rahmenbedingungen und den Erfordernissen des umlagefinanzierten Rentenversicherungssystems festgelegt wird.[369] Daher kann eine genaue Äquivalenz zwischen Beitrag und Leistung nur innerhalb eines Versichertenkreises ermittelt werden, der zur gleichen Zeit Beiträge zur gesetzlichen Rentenversicherung entrichtet hat.[370] Eine vollständige Gleichbehandlung der Beitragszahler und Rentner über die Zeit hinweg ist aufgrund des ständig wechselnden Wandels in den gesellschaftlichen und wirtschaftlichen Bedingungen nicht realisierbar.[371] Dies würde insbesondere einen konstanten Beitragssatz voraussetzen, eine Berücksichtigung dynamischer Entwicklungen wäre dann nicht mehr möglich, das gesamte System wäre folglich zu starr für eine ausreichende Finanzierung.[372] Die gesetzliche Rentenversicherung stützt sich daher neben dem Versicherungsprinzip auch auf das Prinzip der Teilhabeäquivalenz, bei dem die Rentenhöhe im Verhältnis zum durch Beiträge versicherten persönlichen Einkommen und dem durchschnittlichen Verdienst aller Versicherten bestimmt wird.[373] Dabei erfolgt eine Überführung der im Erwerbsverlauf erworbenen Einkommenspositionen in die Ruhestandsphase, sodass Versicherte mit kontinuierlicher Erwerbsbiografie und höherem versicherten Einkommen überdurchschnittliche Rentenansprüche im Vergleich zum Durchschnittsverdiener erwerben, während Versicherte mit niedrigeren Einkommen oder unterbrochenen Erwerbsverläufen Renten unterhalb des Durchschnittsniveaus erhalten.[374] Unter anderem wird deshalb die Legitimität

---

368 *Ruland*, DRV 2013, 101 (104); *Wissenschaftliche Dienste*, WD 6 – 3000 – 001/23, Grenzen der Zulässigkeit eines degressiven Rentenmodells, S. 5.

369 *Wissenschaftliche Dienste*, WD 6 – 3000 – 001/23, Grenzen der Zulässigkeit eines degressiven Rentenmodells, S. 5; *Ruland*, DRV 2013, 101 (104); *Denneberg*, DRV 1978, 133 (133); vgl. *Ruf*, DAngVers 1979, 336 (338).

370 *Wissenschaftliche Dienste*, WD 6 – 3000 – 001/23, Grenzen der Zulässigkeit eines degressiven Rentenmodells, S. 5 m. w. N.; *Ruland*, DRV 2020, 20 (30); *Eichenhofer*, Sozialrecht, Rn. 318.

371 *Ruland*, DRV 2020, 20 (30); *Ruland*, DRV 2013, 101 (104).

372 *Ruland*, DRV 2020, 20 (30); *Ruland*, DRV 2013, 101 (104).

373 *Wissenschaftliche Dienste*, WD 6 – 3000 – 001/23, Grenzen der Zulässigkeit eines degressiven Rentenmodells, S. 5 m. w. N.; *Ruland*, DRV 2013, 101 (104).

374 *Bäcker*, APuZ 2022, 4 (6).

des Rentenversicherungssystems zunehmend in Frage gestellt – nicht nur wegen der steigenden Beiträge, sondern insbesondere wegen der Befürchtung, dass die spätere Rente nicht für ein Leben jenseits der Armutsgrenze ausreichen wird.[375] Es lässt sich außerdem feststellen, dass die eigenständige Alterssicherung für Alleinerziehende mit Herausforderungen verbunden ist. Besonders Alleinerziehende haben aufgrund niedriger Beiträge und erziehungsbedingter Erwerbsunterbrechungen oft geringere Rentenanwartschaften.

Das Sozialversicherungssystem sieht für solche Lebenssituationen bestimmte Ausgleiche vor. Das Versicherungsprinzip wird durch einen sozialen Ausgleich, das Solidarprinzip, ergänzt.[376] Das Solidarprinzip umfasst Rentenleistungen, die nicht als Äquivalent der gezahlten Beiträge gewährt werden und daher nicht beitragsgedeckt sind.[377] Beispiele für vom Äquivalenzprinzip abweichende Regelungen, nach denen Versicherte mit geringeren Beitragszahlungen zusätzliche Renten erhalten, sind insbesondere die Anrechnung von Zeiten der Kindererziehung, der familiären Pflege sowie von Krankheit, Arbeitslosigkeit und die sogenannte Grundrente nach § 76g SGB VI.[378] Zudem werden auch Versicherungszeiten, in denen aus bestimmten Gründen nur gering verdient werden konnte, stärker berücksichtigt – so insbesondere Zeiten der Berufsausbildung und einer erziehungsbedingten Teilzeitarbeit.[379]

2. Finanzierung

Zur Finanzierung von Alterssicherungssystemen existieren verschiedene Modelle. Dabei wird grundsätzlich zwischen kapitalfundierten Finanzierungsverfahren, dem reinen Umlageverfahren und Mischformen unterschieden.[380]

---

375 *Janda*, Elements of Generational Solidarity in the German Pension System, S. 50.

376 *Wissenschaftliche Dienste*, WD 6 – 3000 – 001/23, Grenzen der Zulässigkeit eines degressiven Rentenmodells, S. 5; *Bäcker*, APuZ 2022, 4 (6); vgl. *Steinmeyer*, Altersvorsorge und Demographie – Herausforderungen und Regelungsbedarf, Rn. B 45.

377 *Wissenschaftliche Dienste*, WD 6 – 3000 – 001/23, Grenzen der Zulässigkeit eines degressiven Rentenmodells, S. 5; vgl. *Bäcker*, APuZ 2022, 4 (6).

378 *Bäcker*, APuZ 2022, 4 (6); *Wissenschaftliche Dienste*, WD 6 – 3000 – 001/23, Grenzen der Zulässigkeit eines degressiven Rentenmodells, S. 5.

379 *Bäcker*, APuZ 2022, 4 (6); *Wissenschaftliche Dienste*, WD 6 – 3000 – 001/23, Grenzen der Zulässigkeit eines degressiven Rentenmodells, S. 5.

380 *Eichenhofer*, Sozialrecht, Rn. 60; *Dabag*, Beitragsäquivalenz in der gesetzlichen Rentenversicherung?, S. 102; *Schmähl*, Alterssicherungspolitik in Deutschland, S. 14 ff.

Die gesetzliche Rentenversicherung wird als umlagefinanziertes System ausgestaltet.[381] Beim Umlageverfahren werden die Ausgaben einer Periode durch die Einnahmen der gleichen Periode gedeckt.[382] Die Beiträge werden bis auf die aufgewendeten Verwaltungskosten und die nach § 216 SGB VI zu haltende Schwankungsreserve (Betriebsmittel und Rücklagen) praktisch vollständig an die Leistungsbezieher (Rentner, Hinterbliebene und Empfänger von Rehabilitationsmaßnahmen) ausgezahlt.[383] Über den gesamten Zeitraum betrachtet stimmen grundsätzlich Einnahmen und Ausgaben bei diesem Umlageverfahren überein.[384]

In diesem Umlageverfahren ist die Höhe der Sozialleistungen von der wirtschaftlichen Entwicklung der versicherten Entgelte abhängig.[385] Das bedeutet, dass bei einer Schwäche der Volkswirtschaft Finanzierungslücken bei den Sozialleistungsträgern zu erwarten oder Kürzungen von Leistungen notwendig sind. Im Falle einer prosperierenden Volkswirtschaft hingegen können ein Ausbau der Sozialleistungen oder Beitragssenkungen in Erwägung gezogen werden.[386] Das Umlageverfahren bedeutet also, dass die gegenwärtigen Beitragszahler den Lebensunterhalt der gegenwärtigen Rentnergeneration in der Erwartung bestreiten, dass die nächste Generation ebenfalls für ihren Lebensunterhalt aufkommt (intergenerationale Umverteilung).[387] Nach § 153 Abs. 1

---

381 *Ruland*, in: Karger-Kroll/Schäfers, Grundprinzipien der gesetzlichen Rentenversicherung, S. 70; *Bertelsmeier*, Entwicklung und Entwicklungstendenzen der Rentenversicherung, S. 274.

382 *Jagob*, Das Äquivalenzprinzip in der Alterssicherung, S. 54; *Dabag*, Beitragsäquivalenz in der gesetzlichen Rentenversicherung?, S. 102; *Bäcker*, APuZ 2022, 4 (6); *Schmähl*, Alterssicherungspolitik in Deutschland, S. 15; ausführlich zur ökonomischen Funktionsweise umlagefinanzierter Alterssicherung *Mayert*, Alterssicherung und Erziehungsentscheidungen, S. 37–53.

383 *Dabag*, Beitragsäquivalenz in der gesetzlichen Rentenversicherung?, S. 102; *Bäcker*, APuZ 2022, 4 (6).

384 *Dabag*, Beitragsäquivalenz in der gesetzlichen Rentenversicherung?, S. 102.

385 *Ruf*, DAngVers 1979, 336 (338); vgl. *Meyer*, Die Armutsfestigkeit der Gesetzlichen Rentenversicherung aus verfassungsrechtlicher Sicht, S. 78.

386 *Boecken*, Der verfassungsrechtliche Schutz von Altersrentenansprüchen und -anwartschaften in Italien und in der Bundesrepublik Deutschland sowie deren Schutz im Rahmen der Europäischen Menschenrechtskonvention, S. 63; *Dabag*, Beitragsäquivalenz in der gesetzlichen Rentenversicherung?, S. 103; *Ruf*, DAngVers 1979, 336 (338).

387 *Wehrhahn*, in: BeckOGK, SGB VI, § 153, Rn. 3; kritisch zum Generationenvertrag hinsichtlich des demografischen Wandels siehe *Brosius-Gersdorf*, DRV 2020, 45 (63–66); vgl. *Janda/Fachinger/Künemund*, Reformen in der gesetzlichen Rentenversicherung und in der Beamtenversorgung in Deutschland seit 1990, S. 4.

SGB VI werden in der gesetzlichen Rentenversicherung die Ausgaben eines Kalenderjahres durch die Einnahmen des gleichen Kalenderjahres im Umlageverfahren finanziert. Die Ausgaben der gesetzlichen Rentenversicherung werden durch die in § 153 Abs. 2 SGB VI definierten Einnahmen[388] – soweit erforderlich – durch Entnahmen aus der Nachhaltigkeitsrücklage (§ 153 Abs. 1 SGB VI i. V. m. §§ 157, 158, 216 SGB VI) finanziert.

3. Beiträge

Nach § 157 SGB VI werden zur Berechnung der Höhe der Beiträge die Beiträge von einer Beitragsbemessungsgrundlage bis zu einer Beitragsbemessungsgrenze i. S. d. § 159 SGB VI nach dem jeweils geltenden Beitragssatz i. S. d. § 158 SGB VI erhoben.[389] Nach der Rechtsprechung des BSG ist als Beitrag jede Zahlung anzusehen, die i. S. d. §§ 20 ff. SGB IV der Finanzierung der Aufgaben der Sozialversicherungsträger dient und im Rahmen einer Versicherungspflicht oder freiwilligen Versicherung nach Maßgabe gesetzlicher Vorschriften für die einzelnen Versicherungszweige von Versicherten, Arbeitgebern oder Dritten erhoben wird.[390] Die jeweils gültigen Beitragssätze werden durch Rechtsverordnung festgelegt, vgl. § 158 Abs. 4 SGB VI i. V. m. § 160 SGB VI. Die Beiträge werden als Prozentsatz des Bruttoeinkommens aus Erwerbstätigkeit vor Steuern erhoben – derzeit 18,6 %, vgl. § 287 SGB VI. Dieser Beitrag wird von Arbeitgebern und Arbeitnehmern paritätisch getragen, vgl. § 168 Abs. 1 Nr. 1 SGB VI.

Gemäß § 161 Abs. 1 SGB VI bilden die beitragspflichtigen Einnahmen die Grundlage für die Beitragsbemessung von versicherungspflichtigen Personen. Die beitragspflichtigen Einnahmen sind insbesondere in den §§ 162 bis 166 SGB VI geregelt. Die Regelung des § 162 SGB VI findet Anwendung auf Beschäftigte.[391] Speziell für geringfügig Beschäftigte nach §§ 8, 8a SGB IV und

---

388 Mit Einnahmen sind die Beiträge und die Zuschüsse des Bundes gemeint.

389 *Schimmang*, Der Ausbau der gesetzlichen Rentenversicherung zu einer Erwerbstätigenversicherung und ihre Stellung in Europa, S. 48; vgl. auch *Bäcker*, APuZ 2022, 4 (6).

390 BSG, Urt. v. 08.10.2014 – B 3 KS 6/13 R, in: juris, Rn. 14; siehe zur Definition und Abgrenzung *Zieglmeier*, in: BeckOGK, SGB IV, § 20, Rn. 9–16.

391 Zu den Beschäftigten gehören gegen Arbeitsentgelt versicherungspflichtig Beschäftigte, Menschen mit Behinderung, Menschen mit Behinderung in einem Integrationsprojekt, für Personen, die in Einrichtungen der Jugendhilfe oder in Berufsbildungswerken oder ähnlichen Einrichtungen für Menschen mit Behinderung für eine Erwerbstätigkeit befähigt werden sollen, Mitglieder geistlicher Genossenschaften und steuerrechtlich selbstständig Beschäftigte, vgl. § 162 SGB VI.

Beschäftigte im Übergangsbereich nach § 20 Abs. 2 SGB IV sind nach § 163 Abs. 7 und 8 SGB VI Sonderregelungen bestimmt, die eine Mindestbeitragsbemessungsgrundlage bzw. ein fiktives verringertes Arbeitsentgelt festlegen.[392] So werden insbesondere Personen, die einer geringfügigen Beschäftigung bzw. einer Tätigkeit im Übergangsbereich nachgehen, beitragsrechtliche Erleichterungen gewährt, die wiederrum für die gesetzlichen Rentenversicherung Einnahmeausfälle bedeuten.[393] Das heißt, dass als beitragspflichtige Einnahmen nicht alle Erwerbseinkünfte gelten, sondern dass es zum einen die Grenze der Versicherungsfreiheit gibt und zum anderen im Übergangsbereich das beitragspflichtige Arbeitsentgelt so berechnet wird, dass die Belastung durch Beiträge graduell ansteigt. Diese Regelungen sind für Alleinerziehende relevant, da sie zwar nicht unmittelbare Zielgruppe der Regelung sind, aber aufgrund der häufig bei Alleinerziehenden vorliegenden schwächeren wirtschaftlichen Situation von den Sonderregelungen profitieren.[394]

Gemäß § 14 Abs. 1 Satz 1 SGB IV umfasst das Arbeitsentgelt alle laufenden und einmaligen Einnahmen aus einer Beschäftigung. Hierfür ist unerheblich, ob ein Rechtsanspruch auf die Einnahmen besteht, unter welcher Bezeichnung oder in welcher Form sie geleistet werden und ob sie unmittelbar aus einer Beschäftigung oder im Zusammenhang mit ihr erzielt werden.[395] Aufgrund der Ermächtigung in § 17 SGB IV hat das Bundesministerium für Arbeit und Soziales in der Sozialversicherungsentgeltverordnung festgelegt, dass grundsätzlich Arbeitsentgelt i. S. d. Sozialversicherung die Einnahmen aus dem Beschäftigungsverhältnis sind, die der Steuerpflicht unterliegen.[396]

Alle Beitragsbemessungsgrundlagen haben gemeinsam, dass sie sich unmittelbar auf das Erwerbseinkommen der versicherten Person beziehen. Die Beitragsbemessungsgrundlagen nach § 159 SGB VI sind in den Anlagen 2[397] und 2a[398] zum SGB VI dokumentiert. Das Einkommen des jeweils Versicherten wird hierbei nur bis zu einer bestimmten Höhe berücksichtigt – das

---

392 *Schimmang*, Der Ausbau der gesetzlichen Rentenversicherung zu einer Erwerbstätigenversicherung und ihre Stellung in Europa, S. 48.
393 Siehe hierzu Gliederungspunkt Kapitel 3 D. 3.
394 Dazu ausführlich Gliederungspunkt Kapitel 3 D. II.
395 *Wagner*, in: BeckOK SozR, SGB IV, § 14, Rn. 6.
396 Siehe *Wagner*, in: BeckOK SozR, SGB IV, § 14, Rn. 15 ff. m. w. N.
397 Anlage 2 SGB VI Jährliche Beitragsbemessungsgrenze in Euro/DM/RM.
398 Anlage 2a SGB VI Jährliche Beitragsbemessungsgrenze des Beitrittsgebiets in Euro/DM.

Erwerbseinkommen bleibt mit dem die Beitragsbemessungsgrenze überschreitenden Teil beitragsfrei.[399] Die Verteilung der Beitragslast – also die Zuordnung der wirtschaftlichen Tragung der Beiträge – ist in § 20 Abs. 1 SGB IV sowie in den §§ 168–172 SGB VI normiert und unterschiedlich für die einzelnen Versicherungspflichten ausgestaltet.[400] Für die Zahlung der Beiträge von Versicherungspflichtigen aus Arbeitsentgelt gelten die Regelungen über den Gesamtsozialversicherungsbeitrag (§§ 28d bis 28n SGB IV), vgl. § 174 SGB VI. Ausnahmen gelten unter anderem nach § 177 Abs. 1 SGB VI. Hiernach werden die Beiträge für Kindererziehungszeiten vom Bund gezahlt.[401]

4. Bundeszuschüsse

Gemäß § 213 Abs. 1 SGB VI leistet der Bund zu den Ausgaben der allgemeinen Rentenversicherung Zuschüsse. Grundsätzlich dienen die Zuschüsse des Bundes der Aufgabe der Finanzierung der Rentenversicherung.[402] Zudem wird die Höhe der Beitragssätze durch die Zuschüsse beeinflusst.[403] Mit der Rentenreform 1957 wurde der allgemeine Bundeszuschuss nach § 213 Abs. 2 SGB VI geschaffen.[404] Der allgemeine Bundeszuschuss wird i. S. d. § 213 Abs. 2 SGB VI jährlich fortgeschrieben und ist abhängig von der Bruttolohnentwicklung und der Veränderung des Beitragssatzes.

Nach § 213 Abs. 2 Satz 3 SGB VI wird bei der Festlegung des Beitragssatzes für die Berechnung des allgemeinen Bundeszuschusses der Beitragssatz des zusätzlichen Bundeszuschusses nicht berücksichtigt. Dies verhindert, dass eine

---

399 *Schimmang*, Der Ausbau der gesetzlichen Rentenversicherung zu einer Erwerbstätigenversicherung und ihre Stellung in Europa, S. 48.

400 *Schimmang*, Der Ausbau der gesetzlichen Rentenversicherung zu einer Erwerbstätigenversicherung und ihre Stellung in Europa, S. 48.

401 *Schimmang*, Der Ausbau der gesetzlichen Rentenversicherung zu einer Erwerbstätigenversicherung und ihre Stellung in Europa, S. 49 m. w. N.

402 *Deutsche Rentenversicherung*, § 213, Anm. 1; *Schimmang*, Der Ausbau der gesetzlichen Rentenversicherung zu einer Erwerbstätigenversicherung und ihre Stellung in Europa, S. 49.

403 *Temming*, in: Fuchs/Preis/Brose, Sozialversicherungsrecht und SGB II, § 45, Rn. 16.

404 Zu Beginn deckte der Zuschuss mit einer Höhe von 1,74 Milliarden Euro etwa 32 % der damaligen Rentenausgaben. Im Jahr 2019 betrug er ca. 46,2 Milliarden Euro, deckte jedoch nur 14,5 % der Ausgaben der allgemeinen Rentenversicherung, vgl. *Temming*, in: Fuchs/Preis/Brose, Sozialversicherungsrecht und SGB II, § 45, Rn. 16; *Schimmang*, Der Ausbau der gesetzlichen Rentenversicherung zu einer Erwerbstätigenversicherung und ihre Stellung in Europa, S. 49.

Beitragssatzsenkung durch zusätzliche Zuschüsse zu einer Reduzierung des allgemeinen Bundeszuschusses führt.[405] Nach § 213 Abs. 2 Satz 4 SGB VI wird der Bundeszuschuss ab dem Jahr 2019 schrittweise bis zum Jahr 2025 erhöht. Diese Erhöhungen stehen unter anderem im Zusammenhang mit der langfristigen Bewältigung der demografischen Entwicklung, der nicht beitragsgedeckten Leistungen einschließlich der zusätzlichen Leistungen für Kindererziehung sowie des Grundrentengesetzes.[406] Gemäß § 213 Abs. 3 SGB VI zahlt der Bund einen zusätzlichen Bundeszuschuss mit dem Ziel, den Beitragssatz zur allgemeinen Rentenversicherung zu senken und versicherungsfremde Leistungen zu finanzieren.[407] Gemäß § 214 Abs. 4 SGB VI wurde der zusätzliche Bundeszuschuss durch die Einnahmen des Bundes aus dem Gesetz zur Fortführung der ökologischen Steuerreform erhöht. Nach § 213 Abs. 4 Satz 3 SGB VI werden seit dem Jahr 2004 die Erhöhungsbeiträge im Verhältnis zu den Bruttolöhnen bestimmt. Seit der Einführung der Grundsicherung wurde der Erhöhungsbetrag pauschal reduziert, da der Bund den Ländern die zusätzlichen Kosten, die den Kommunen durch die Grundsicherung entstehen, ausgleicht, vgl. § 213 Abs. 5 SGB VI.[408] Der Bundeszuschuss wurde in den letzten Jahren gekürzt. Für die Finanzierung der nicht beitragsgedeckten Leistungen hat dies wesentliche Bedeutung. So ist eine potenzielle Ausweitung von solchen Leistungen nicht mehr durch Bundeszuschüsse gedeckt und müsste somit durch Arbeitgeber und Arbeitnehmer finanziert werden, mit der Folge, dass die Beitragssätze angehoben werden müssten.

III. Rentenberechnung

1. Rentenhöhe

Liegen die Voraussetzungen eines Anspruchs auf Rente vor, ist die Rentenhöhe zu ermitteln. Die Höhe einer Rente richtet sich insbesondere nach dem Umfang der während des Versicherungslebens gezahlten Beiträge, vgl. den Grundsatz in § 63 Abs. 1 SGB VI. Nach § 63 Abs. 2 Satz 1 SGB VI werden die in den einzelnen

---

405 *Temming*, in: Fuchs/Preis/Brose, Sozialversicherungsrecht und SGB II, § 45, Rn. 6.

406 Vgl. BT-Drs. 18/909 S. 22; vgl. *Matlok*, in: BeckOGK, SGB VI, § 213, Rn. 11.

407 *Matlok*, in: BeckOGK, SGB VI, § 213, Rn. 17; *Kuszynski*, in: Kreikebohm/Roßbach, SGB VI, § 213, Rn. 15; *Schimmang*, Der Ausbau der gesetzlichen Rentenversicherung zu einer Erwerbstätigenversicherung und ihre Stellung in Europa, S. 50 f.

408 *Kuszynski*, in: Kreikebohm/Roßbach, SGB VI, § 213, Rn. 20; *Matlok*, in: BeckOGK, SGB VI, § 213, Rn. 27; *Temming*, in: Fuchs/Preis/Brose, Sozialversicherungsrecht und SGB II, § 45, Rn. 21.

Kalenderjahren geleisteten Beiträge in persönliche Entgeltpunkte umgerechnet. Darüber hinaus werden auch andere rentenrechtliche Zeiten i. S. d. § 54 SGB VI bei der Ermittlung der Rentenhöhe berücksichtigt. In Summe geben die persönlichen Entgeltpunkte Auskunft über die gesamte rentenrechtlich relevante Erwerbs- und Versichertenbiografie.[409] Ein Entgeltpunkt entspricht den Beiträgen zur Rentenversicherung, die für das Durchschnittsentgelt eines Kalenderjahres[410] entrichtet wurden, § 63 Abs. 2 Satz 2 SGB VI.

Gemäß § 64 SGB VI[411] setzt sich die monatliche Rente, aus der Multiplikation der unter Berücksichtigung des Zugangsfaktors (§ 77 SGB VI) ermittelten persönlichen Entgeltpunkte mit dem Rentenartfaktor (§ 67 SGB VI) und des aktuellen Rentenwerts (§ 68 SGB VI) zusammen. Entsprechend ist die monatliche Rentenhöhe eine Multiplikation verschiedener Werte.[412] Hierbei ist der Monatswert zum Rentenbeginn zu ermitteln.[413] Gemäß § 66 Abs. 1 SGB VI werden die persönlichen Entgeltpunkte ermittelt, indem die Summe aller vom Versicherten erworbenen Entgeltpunkte mit dem Zugangsfaktor vervielfältigt werden.[414] Zu den persönlichen Entgeltpunkten zählen nach § 66 Abs. 1 SGB VI nicht nur die Summe der Entgeltpunkte für Beitragszeiten, sondern auch beitragsfreie Zeiten – etwa Ersatzzeiten (§§ 58, 252 ff. SGB VI), Anrechnungszeiten (§ 250 SGB VI) und Zurechnungszeiten (§ 59 SGB VI) – sowie die in § 66 Abs. 1 Nr. 3–10 SGB VI genannten weiteren Zuschläge.[415] Jeder einzelnen Rentenart wird ein eigener Rentenartfaktor zugrunde gelegt, vgl. § 67 SGB VI. Der Rentenartfaktor gibt das Verhältnis der jeweiligen Rentenart zur Rente wegen Alters wieder.[416]

Nach § 68 Abs. 1 Satz 1 SGB VI ist der aktuelle Rentenwert der Betrag, der einer monatlichen Altersrente der allgemeinen Rentenversicherung entspricht, wenn für ein Kalenderjahr Beiträge aufgrund des Durchschnittsentgelts

---

409 *Janda/Fachinger/Künemund*, Reformen in der gesetzlichen Rentenversicherung und in der Beamtenversorgung in Deutschland seit 1990, S. 4.

410 Siehe Anlage 1 Durchschnittsentgelt in Euro/DM/RM im SGB VI.

411 Vom Wortlaut her ist § 63 Abs. 6 SGB VI fast identisch mit § 64 SGB VI, vgl. *Kuszynski*, in: Kreikebohm/Roßbach, SGB VI, § 64, Rn. 2.

412 Ausführlich zur Rentenberechnung *Ruland*, in: Ruland/Becker/Axer, SRH, § 18, Rn. 95–131.

413 Ausführlich zur Rentenformel für den Monatsbetrag der Rente *Kuszynski*, in: Kreikebohm/Roßbach, SGB VI, § 64, Rn. 1–9.

414 Die Einzelheiten der Berechnung bestimmt § 66 SGB VI.

415 *Sartorius*, ZAP 2021, 977 (982).

416 *Körner*, in: BeckOGK, SGB VI, § 63, Rn. 8 und § 67, Rn. 4.

aller Versicherten gezahlt worden sind.[417] Der Rentenwert wird jedes Jahr angepasst, wobei jeweils die Entwicklung von Löhnen und Gehältern, der Beitragssatz in der Rentenversicherung sowie die Anzahl der Rentenberechtigten berücksichtigt werden.[418] Der aktuelle Rentenwert beträgt seit dem 1. Juli 2024 39,32 Euro.[419]

2. Beispielrechnung

Formel zur Berechnung der Rente:

MR = pEP x ZF x RaF x AR

Rentenhöhe = persönliche Entgeltpunkte x Zugangsfaktor x Rentenartfaktor x aktueller Rentenwert

Beispiel:
Ist ein Versicherter im Jahr 1962 geboren und wurden 45 Versicherungsjahre erreicht, besteht die Möglichkeit, mit 64 Jahren und 8 Monaten eine abschlagsfreie Rente (Altersrente für besonders langjährig Versicherte) zu beziehen. Diese ermittelt sich anhand genannter Formel wie folgt:

Monatliche Rente = 40 x 1,0 (Altersrente ohne Abschlag) x 1,0 (Renten wegen Alters) x 39,32 Euro = 1.572,80 Euro.

Darüber hinaus kann mit 63 Jahren eine Altersrente für langjährig Versicherte (mit Abschlägen) beansprucht werden, wenn zu diesem Zeitpunkt mindestens 35 Versicherungsjahre erreicht wurden. Alternativ besteht die Option, mit 66 Jahren und 8 Monaten Regelaltersrente zu beziehen, unabhängig von der Anzahl an Versicherungsjahren.

---

417 *Sartorius*, ZAP 2021, 977 (981 f.).

418 *Sartorius*, ZAP 2021, 977 (981 f.).

419 Vgl. BGBl. 2024 I Nr. 194 v. 19.06.2024 – § 1 Rentenwertbestimmungsverordnung 2024.

IV. Rentenzeiten

Gemäß § 54 Abs. 1 SGB VI sind rentenrechtliche Zeiten Beitragszeiten, beitragsfreie Zeiten und Berücksichtigungszeiten. Die Tatbestände schließen einander nicht aus, sodass es grundsätzlich möglich ist, dass in einem Kalendermonat mehrere Tatbestände, entweder gleichzeitig oder nacheinander, ganz oder teilweise vorliegen.[420]

1. Beitragszeiten

Gemäß der Legaldefinition in § 55 Abs. 1 Satz 1 SGB VI sind Beitragszeiten Zeiten, für die nach Bundesrecht Pflichtbeiträge (Pflichtbeitragszeiten) oder freiwillige Beiträge gezahlt worden sind. Innerhalb der Beitragszeiten wird nach § 54 Abs. 1 Nr. 1 SGB VI zwischen Zeiten mit vollwertigen Beiträgen und beitragsgeminderten Zeiten unterschieden. Solange nach § 54 Abs. 2 SGB VI keine beitragsgeminderten Zeiten vorliegen, sind Beitragszeiten immer vollwertig – das gilt für Pflichtbeiträge und für freiwillige Beiträge.[421]

Gemäß § 54 Abs. 3 Satz 1 SGB VI sind beitragsgeminderte Zeiten Kalendermonate, die ganz oder teilweise sowohl mit Beitragszeiten als auch mit beitragsfreien Zeiten berechnet werden.[422] Voraussetzung für die Anerkennung der Beiträge ist, dass eine Versicherungspflicht nach §§ 1 ff. SGB VI wirksam bestand und die Pflichtbeiträge gemäß §§ 197 ff. SGB VI wirksam gezahlt worden sind.[423]

Zu den Pflichtbeitragszeiten nach § 55 Abs. 1 Satz 1 Alt. 1 SGB VI zählen auch Zeiten der Erziehung eines Kindes in dessen drei ersten Lebensjahren gemäß § 56 Abs. 1 SGB VI. Hier werden die Beiträge zur sozialen Absicherung

---

420 *Gürtner*, in: BeckOGK, SGB VI; § 54, Rn. 3; *Temming*, in: Fuchs/Preis/Brose, Sozialversicherungsrecht und SGB II, § 49, Rn. 48.

421 *Ruland*, in: Ruland/Becker/Axer, SRH, § 18, Rn. 79.

422 Exemplarisch zu den beitragsgeminderten Zeiten siehe BSG, Urt. v. 16.06.2016 – B 13 R 23/15 R, in: juris, Rn. 12 ff.

423 *Kreikebohm/Jassat*, in: BeckOK SozR, SGB VI, § 55, Rn. 7 f.; *Temming*, in: Fuchs/Preis/Brose, Sozialversicherungsrecht und SGB II, § 49, Rn. 50; siehe BSG, Urt. v. 18.08.1992 – 12 RK 7/92, in: juris, Rn. 18.

der Erziehenden gemäß § 177 Abs. 1 SGB VI vom Bund für Geburten ab dem 1. Januar 1992 gezahlt.[424]

2. Beitragsfreie Zeiten

Nach § 54 Abs. 4 SGB VI sind beitragsfreie Zeiten Kalendermonate, die mit Anrechnungszeiten, mit einer Zurechnungszeit oder mit Ersatzzeiten belegt sind.

a. Anrechnungszeiten

Anrechnungszeiten (§§ 58, 252, 252a, 253 SGB VI) sind Zeiten, während derer eine versicherungspflichtige Beschäftigung oder selbstständige Tätigkeit aus individuellen, aber sozial-relevanten Gründen unterbrochen oder – im Falle einer Krankheit oder einer Ausbildung vor dem vollendeten 25. Lebensjahr – aufgeschoben war.[425] So sind beispielsweise Anrechnungszeiten i. S. d. § 58 Abs. 1 SGB VI auch Zeiten, in denen Versicherte wegen Krankheit arbeitsunfähig waren, Zeiten der Schwangerschaft, der Mutterschaft sowie Zeiten, in denen Versicherte wegen Arbeitslosigkeit bei einer deutschen Agentur für Arbeit als arbeitsuchend gemeldet waren und unabhängig vom tatsächlichen Bezug Anspruch auf eine öffentlich-rechtliche Leistung (Arbeitslosengeld) hatten.[426]

Gemäß § 58 Abs. 1 Satz 1 Nr. 5 SGB VI sind Anrechnungszeiten auch Zeiten des Bezugs einer Rente, die mit einer angerechneten Zurechnungszeit zusammenfallen, wenn nach dem Wegfall dieser Rente später erneut Rente zu gewähren ist. Damit werden Versicherte, denen Rente auf Zeit (z. B. befristete Erwerbsminderungsrente) bewilligt wurde, gegen das sekundäre Risiko des Verlusts an Altersvorsorge abgesichert.[427] In der Regel werden

---

424 Siehe Gliederungspunkt Kapitel 3 C. VII. 2.; vgl. *Gürtner*, in: BeckOGK, SGB VI, § 56, Rn. 9; vgl. auch *Temming*, in: Fuchs/Preis/Brose, Sozialversicherungsrecht und SGB II, § 49, Rn. 51; vgl. auch § 249 SGB VI für ein vor dem 01.01.1992 geborenes Kind und § 249a SGB VI bezüglich der Kindererziehung im Beitrittsgebiet.

425 *Ruland*, in: Ruland/Becker/Axer, SRH, § 18, Rn. 83; siehe BT-Drs. 2/2437, S. 74.

426 *Ruland*, in: Ruland/Becker/Axer, SRH, § 18, Rn. 83 m. w. N.; *Flecks*, in: Schlegel/Voelzke, jurisPK-SGB VI, § 58, Rn. 26.

427 *Ruland*, in: Ruland/Becker/Axer, SRH, § 18, Rn. 85 und im Folgenden; *Flecks*, in: Schlegel/Voelzke, jurisPK-SGB VI, § 58, Rn. 29; *Gürtner*, in: BeckOGK, SGB VI, § 58, Rn. 2.

Anrechnungszeiten nur dann angerechnet, wenn sie eine versicherungspflichtige Beschäftigung oder selbstständige Tätigkeit unterbrochen haben.

Nach § 58 Abs. 1 Satz 2 SGB VI entsteht eine Unterbrechung für Zeiten der Ausbildung, Krankheit, Schwangerschaft oder Arbeitslosigkeit, soweit diese nach Vollendung des 17. Lebensjahres und vor Vollendung des 25. Lebensjahres liegen. Hierbei setzt die Unterbrechung nicht voraus, dass der Anrechnungszeittatbestand von einer versicherten Beschäftigung oder selbstständigen Tätigkeit umrahmt wird.[428] Es reicht aus, wenn die Unterbrechung der versicherten Beschäftigung unmittelbar[429] nachgeht und diese unterbrochen hat.[430] Das Vorliegen einer unmittelbar anschließenden versicherungspflichtigen Beschäftigung ist nicht notwendig.[431]

b. Zurechnungszeit

Nach § 59 Abs. 1 SGB VI ist eine Zurechnungszeit die Zeit, die bei einer Rente wegen Erwerbsminderung oder einer Rente wegen Todes zu den übrigen vom Versicherten oder Hinterbliebenen tatsächlich zurückgelegten Zeiten hinzugerechnet wird, wenn die versicherte Person das 67. Lebensjahr noch nicht vollendet hat. Mit Hilfe dieser Zurechnungszeit wird die versicherte Person so gestellt, als hätte sie während der zu berücksichtigenden Zeitspanne betreffend ihrer bisherigen durchschnittlichen Beitragsleistung Beiträge zur gesetzlichen Rentenversicherung entrichtet.[432]

Durch das Schließen von derartigen Lücken in der Rentenbiografie wird den Versicherten und Hinterbliebenen eine ausreichend hohe Rente auch in den Konstellationen, in denen ein Versicherter schon in jungen Jahren erwerbsgemindert wird oder stirbt und folglich nur wenige Beiträge gezahlt

---

428 *Ruland*, in: Ruland/Becker/Axer, SRH, SGB VI, § 18, Rn. 86; *Kreikebohm/Jassat*, in: BeckOK SozR, SGB VI, § 58, Rn. 23.

429 Lücke von weniger als einem Monat (Folgemonatsfrist), vgl. dazu *Kreikebohm/Jassat*, in: BeckOK SozR, SGB VI, § 58, Rn. 22.

430 *Ruland*, in: Ruland/Becker/Axer, SRH, § 18, Rn. 86; *Kreikebohm/Jassat*, in: BeckOK SozR, SGB VI, § 58, Rn. 22.

431 *Kreikebohm/Jassat*, in: BeckOK SozR, SGB VI, § 58, Rn. 23; *Ruland*, in: Ruland/Becker/Axer, SRH, § 18, Rn. 86.

432 *Temming*, in: Fuchs/Preis/Brose, Sozialversicherungsrecht und SGB II, § 49, Rn. 104; *Flecks*, in: Schlegel/Voelzke, jurisPK-SGB VI, § 59, Rn. 19.

wurden, gesichert.[433] § 59 Abs. 2 Satz 1 Nr. 1–4 SGB VI definiert die Zeitpunkte zu denen die Zurechnungszeit beginnt. Die Zurechnungszeit endet mit Vollendung des 67. Lebensjahres, vgl. § 59 Abs. 2 Satz 2 SGB VI.[434]

c. *Ersatzzeiten*

Nach § 250 SGB VI sind Ersatzzeiten Zeiten vor dem 1. Januar 1992, in denen für Personen über 14 Jahren eine Versicherung aus Gründen unterblieben ist, die in die politische Verantwortung der Gesellschaft fallen. Es handelt sich dabei um Zeiten, in denen der Versicherte durch außergewöhnliche Umstände keine Beiträge zahlen konnte.[435] Beispiele hierfür sind Lebenssachverhalte im Zusammenhang mit Kriegsereignissen oder politischen Konstellationen, bei denen eine Entrichtung der Beiträge nicht erfolgt ist und dies durch die Ersatzzeiten ausgeglichen werden soll.[436] I. S. d. § 54 Abs. 4 SGB VI sind Ersatzzeiten beitragsfreie Zeiten.

V. Versicherter Personenkreis

Nach dem SGB VI sind abhängig Beschäftigte und bestimmte Gruppen von Selbstständigen versicherungspflichtig.[437] Die Unterscheidung zwischen nicht versicherungspflichtigen Selbstständigen und versicherungspflichtigen Beschäftigten basiert auf der aus der Zeit der Industrialisierung stammenden Annahme, dass nur der Beschäftigte sozialen Schutz benötigt.[438] Die verfassungsrechtliche

---

433 *Dankelmann*, in: Kreikebohm/Roßbach, SGB VI, § 59, Rn. 2; *Gürtner*, in: BeckOGK, SGB VI, § 59, Rn. 2; *Temming*, in: Fuchs/Preis/Brose, Sozialversicherungsrecht und SGB II, § 49, Rn. 104; *Flecks*, in: Schlegel/Voelzke, jurisPK-SGB VI, § 59, Rn. 19.

434 Die Übergangsvorschrift des § 253a SGB VI ist entsprechend zu beachten. Siehe auch *Temming*, in: Fuchs/Preis/Brose, Sozialversicherungsrecht und SGB II, § 49, Rn. 106 m. w. N; ebenso *Flecks*, in: Schlegel/Voelzke, jurisPK-SGB VI, § 59, Rn. 19.

435 *Gürtner*, in: BeckOGK, SGB VI, § 250, Rn. 2 und 5; vgl. *Temming*, in: Fuchs/Preis/Brose, Sozialversicherungsrecht und SGB II, § 49, Rn. 108; ausführlich und mit zahlreichen Beispielen zu den Ersatzzeiten: *Clauß*, in: GK-SGB VI, § 250, Rn. 9–708; *Flecks*, in: Schlegel/Voelzke, jurisPK-SGB VI, § 250, Rn. 20.

436 *Flecks*, in: Schlegel/Voelzke, jurisPK-SGB VI, § 250, Rn. 20; *Gürtner*, in: BeckOGK, SGB VI, § 250, Rn. 5.

437 *Schimmang*, Der Ausbau der gesetzlichen Rentenversicherung zu einer Erwerbstätigenversicherung und ihre Stellung in Europa, S. 36; vgl. *Janda*, Elements of Generational Solidarity in the German Pension System, S. 38.

438 *Brose*, DRV 2018, 341 (347); ausführlich und kritisch zur sozialen Schutzbedürftigkeit *Schlegel*, NZS 2000, 421 (426 und 428).

Notwendigkeit einer Begrenzung der Sozialversicherung auf Arbeitnehmer ist Art. 74 Abs. 1 Nr. 12 GG nicht zu entnehmen.[439] Daher wäre eine Ausweitung der Sozialversicherungspflicht im Rahmen des Art. 74 Abs. 1 Nr. 12 GG grundsätzlich möglich.[440] Das BVerfG hat hinsichtlich der Sozialversicherung von Kunstschaffenden festgestellt, dass auch die soziale Sicherung von Selbstständigen unter dem Begriff der Sozialversicherung subsumiert werden kann.[441] Gemessen an der Gesamtzahl der erwerbstätigen Alleinerziehenden ist die Versicherungsfreiheit selbstständiger Tätigkeit für Alleinerziehende von hoher praktischer Bedeutung. So gingen im Jahr 2021 insgesamt etwa 135.000 Alleinerziehende einer selbstständigen Tätigkeit nach.[442]

Diese Versicherungspflicht bezieht sich jedoch nicht auf alle erwerbstätigen Personen in Deutschland. So sind bestimmte erwerbstätige Personengruppen entweder von Anfang an nicht versicherungspflichtig, versicherungsfrei oder sie können sich von der Versicherungspflicht befreien lassen. Zudem legt das SGB VI die Versicherungspflicht für bestimmte Personengruppen fest, die keiner Erwerbstätigkeit nachgehen.[443] Da der überwiegende Teil der Alleinerziehenden einer abhängigen Beschäftigung nachgeht und der Teil der geringfügigen Beschäftigungen ausübenden Alleinerziehenden steigt,[444] sind insbesondere die Versicherungspflicht aufgrund abhängiger Arbeit und die Befreiungsmöglichkeit der Versicherungspflicht von Relevanz.

1. Versicherungspflicht aufgrund abhängiger Arbeit

Im Sinne des § 1 SGB VI sind Beschäftigte, Auszubildende (§ 1 Satz 1 Nr. 1 SGB VI) sowie Personen, die als Beschäftigte gelten (§ 1 Satz 1 Nr. 2 bis 4 i. V. m. Satz 4 SGB VI), versicherungspflichtig. Diese Regelung prägt maßgeblich die Rentenversicherung als System zur sozialen Sicherung – speziell der abhängig beschäftigten Arbeitnehmer.[445] Die gesetzliche Rentenversicherung

---

439 *Papier*, DRV 2019, 1 (3 und 7).

440 *Papier*, DRV 2019, 1 (3 und 7).

441 BVerfGE 75, 108 (148 f.).

442 Vgl. *Destatis*, Bevölkerung und Erwerbstätigkeit, Haushalte und Familien, S. 68.

443 Siehe hierzu Gliederungspunkt Kapitel 3 C. V. 3.

444 Vgl. dazu *Wissenschaftliche Dienste*, WD 9 – 3000 082/22, Zur Situation Alleinerziehender, S. 8; BT-Drs. 19/27200, S. 380 f.

445 *Vor*, in: Schlegel/Voelzke, jurisPK-SGB VI, § 1, Rn. 14; *Janda/Fachinger/Künemund*, Reformen in der gesetzlichen Rentenversicherung und in der Beamtenversorgung in Deutschland seit 1990, S. 4.

ist zuvorderst eine Arbeitnehmerversicherung.[446] Die soziale Sicherung wird durch Beiträge finanziert, die überwiegend von pflichtversicherten Beschäftigten geleistet werden. So können auch Alleinerziehende Rentenanwartschaften im SGB VI durch eigene Erwerbstätigkeit erwerben.[447]

Bei der Versicherungspflicht aufgrund eines Beschäftigtenverhältnisses muss eine abhängige Beschäftigung gem. § 7 SGB IV vorliegen und grundsätzlich Arbeitsentgelt i. S. d. § 14 SGB IV erhalten werden. Der Begriff des sozialversicherungspflichtigen Beschäftigungsverhältnisses nach § 7 Abs. 1 SGB IV deckt sich überwiegend mit dem Begriff des Arbeitsverhältnisses. Liegt ein Arbeitsverhältnis vor, ist grundsätzlich auch ein sozialversicherungsrechtliches Beschäftigungsverhältnis anzunehmen.[448] Nach § 7 Abs. 1 SGB IV ist eine Beschäftigung die nicht selbstständige Arbeit, insbesondere in einem Arbeitsverhältnis gemäß § 611a BGB. Anhaltspunkte für eine Beschäftigung sind eine weisungsgebundene Tätigkeit und eine Eingliederung in die Arbeitsorganisation des Weisungsgebers. Sollte – insbesondere bei Diensten höherer Art – eine Weisungsgebundenheit nicht vorliegen, wird dieses Merkmal durch eine „funktionsgerechte, dienende Teilhabe am Arbeitsprozess“[449] ersetzt, um ein Beschäftigungsverhältnis anzunehmen.[450] Aufgrund des Wortlauts in § 7 Abs. 1 Satz 1 SGB IV („Beschäftigung ist die nicht selbstständige Arbeit“), ist das Vorliegen einer Beschäftigung in Abgrenzung zu einer selbstständigen Tätigkeit zu ermitteln.[451] Die selbstständige Tätigkeit ist im SGB IV allerdings nicht definiert.[452] Eine selbstständige Tätigkeit wird dann angenommen, wenn die Tätigkeit von selbstzutragendem Unternehmerrisiko, dem Vorhandensein einer eigenen Betriebsstätte, der Verfügungsmöglichkeit über die eigene

---

[446] *Vor*, in: Schlegel/Voelzke, jurisPK-SGB VI, § 1, Rn. 14.

[447] Vgl. *Gundelach*, in: Fasselt et al., HSRB, § 19, Rn. 75.

[448] Vgl. hierzu *Schmidt*, NZS 2000, 57 (57); *Vor*, in: Schlegel/Voelzke, jurisPK-SGB VI, § 1, Rn. 33.

[449] BSG, Urt. v. 31.03.2015 – B 12 KR 17/13 R, in: juris, Rn. 15; ebenso BSG, Urt. v. 29.08.2012 – B 12 KR 25/10 R, in: juris, Rn. 23, jeweils m. w. N.; vgl. auch *Rolfs*, in: ErfK, SGB IV, § 7, Rn. 11.

[450] *Schimmang*, Der Ausbau der gesetzlichen Rentenversicherung zu einer Erwerbstätigenversicherung und ihre Stellung in Europa, S. 36.

[451] *Schimmang*, Der Ausbau der gesetzlichen Rentenversicherung zu einer Erwerbstätigenversicherung und ihre Stellung in Europa, S. 36.

[452] So auch *Schimmang*, Der Ausbau der gesetzlichen Rentenversicherung zu einer Erwerbstätigenversicherung und ihre Stellung in Europa, S. 36.

Arbeitskraft und die im Wesentlichen frei gestaltete Tätigkeit und Arbeitszeit geprägt ist, vgl. § 84 Abs. 1 Satz 2 HGB.[453]

Im Beschäftigungsverhältnis i S. d. § 1 SGB VI muss zudem für das Eintreten der Versicherungspflicht Arbeitsentgelt[454] entrichtet werden. Die größte Gruppe der in der gesetzlichen Rentenversicherung Versicherungspflichtigen bilden Personen, die gegen Arbeitsentgelt beschäftigt sind.[455].

2. Versicherungspflicht aufgrund selbstständiger Tätigkeit

Gemäß § 2 SGB VI sind bestimmte selbstständig tätige Personengruppen in der gesetzlichen Rentenversicherung versicherungspflichtig. Hierbei werden bestimmte Berufszweige erfasst. Darunter fallen beispielsweise nach § 2 Satz 1 Nr. 1 SGB VI Lehrer und Erzieher oder nach § 2 Satz 1 Nr. 8 SGB VI Gewerbetreibende. Des Weiteren sieht der Gesetzgeber neben der Zugehörigkeit zu einem bestimmten Personenkreis spezifische Tatbestandsmerkmale vor, die von Selbstständigen zu erfüllen sind, damit eine Versicherungspflicht kraft Gesetzes eintritt.[456] Versicherungspflichtig sind Selbstständige nur, wenn sie keine eigenen Arbeitnehmer beschäftigen.[457] Die nicht von § 2 SGB VI erfassten Selbstständigen sind nicht versicherungspflichtig. Diese Personengruppe hat jedoch auf Antrag die Möglichkeit, sich gem. § 4 Abs. 2 SGB VI pflichtzuversichern. Durch die Antragspflichtversicherung wird der Selbstständige in jeder Hinsicht einem sonstigen Pflichtversicherten gleichgestellt.[458] Die Versicherungspflicht i. S. d. § 4 Abs. 2 SGB VI ist – wenn einmal gewählt – bindend.[459] In der Konsequenz ist es nicht möglich, sich

---

453 Vgl. zur selbstständigen Tätigkeit BSG, Urt. v. 31.3.2017 – B 12 R 7/15 R, in: juris, Rn. 21; vgl. *Schimmang*, Der Ausbau der gesetzlichen Rentenversicherung zu einer Erwerbstätigenversicherung und ihre Stellung in Europa, S. 37.

454 Ausführlich zum Arbeitsentgelt i. S. d. Sozialversicherungsrechts siehe Gliederungspunkt Kapitel 3 D. II. 1. a.

455 *Vor*, in: Schlegel/Voelzke, jurisPK-SGB VI, § 1, Rn. 32.

456 Vgl. dazu *Schimmang*, Der Ausbau der gesetzlichen Rentenversicherung zu einer Erwerbstätigenversicherung und ihre Stellung in Europa, S. 38.

457 Siehe § 2 Nr. 1, 2, 5 SGB VI i. V. m. mit dem Künstlersozialversicherungsgesetz, 7 und 9 SGB VI.

458 *v. Koch*, in: BeckOK SozR, SGB VI, § 4, Rn. 24.

459 *v. Koch*, in: BeckOK SozR, SGB VI, § 4, Rn. 24; *Schimmang*, Der Ausbau der gesetzlichen Rentenversicherung zu einer Erwerbstätigenversicherung und ihre Stellung in Europa, S. 38.

auf eigenen Wunsch hin aus der Versicherung zurückzuziehen.[460] Die Versicherungspflicht besteht auch nach Aufgabe einer Tätigkeit fort, sofern im Anschluss eine andere Tätigkeit aufgenommen wird.[461] Voraussetzung ist jedoch, dass die Erwerbstätigkeit nicht nur vorübergehend[462] und im Inland ausgeübt wird.[463] Gem. § 4 Abs. 2 SGB VI muss die Versicherungspflicht auf Antrag innerhalb einer Frist von fünf Jahren nach erstmaliger Aufnahme einer selbstständigen Tätigkeit beantragt werden.

Die Versicherungspflicht endet erst mit dem Ende der selbstständigen Tätigkeit an sich, vgl. § 4 Abs. 2 SGB VI. Festzuhalten bleibt jedoch, dass die (freiwillige) Versicherung von Selbstständigen die Ausnahme bleibt. Grundsätzlich stellt nämlich das System der gesetzlichen Rentenversicherung eine Versicherung für Beschäftigte dar.

3. Sonstige Versicherte

Gemäß § 3 SGB VI sind auch Personen, die weder den Beschäftigten i. S. d. § 1 SGB VI noch zu den Selbstständigen i. S. d. § 2 SGB VI zuzurechnen sind, sogenannte sonstige Versicherte.[464] Die Aufnahme dieser Personen in den Kreis der Versicherungspflichtigen wird durch besondere, unterschiedlich gelagerte Umstände begründet. Dies betrifft Personen, die aus bestimmten Gründen dauerhaft an der Aufnahme einer Tätigkeit gehindert sind und Personen, bei denen der Gesetzgeber unterstellt, dass ihnen die Ausübung einer Beschäftigung nicht zugemutet werden kann.[465] Der Zweck der Regelung liegt entsprechend im

---

460 *v. Koch*, in: BeckOK SozR, SGB VI, § 4, Rn. 24.

461 *v. Koch*, in: BeckOK SozR, SGB VI, § 4, Rn. 24; *Schimmang*, Der Ausbau der gesetzlichen Rentenversicherung zu einer Erwerbstätigenversicherung und ihre Stellung in Europa, S. 38.

462 Es ist grundsätzlich von zwei Monaten auszugehen, siehe *Segelbrecht*, in: Kreikebohm/Roßbach, SGB VI, § 4, Rn. 18.

463 *Schimmang*, Der Ausbau der gesetzlichen Rentenversicherung zu einer Erwerbstätigenversicherung und ihre Stellung in Europa, S. 39; *Segelbrecht*, in: Kreikebohm/Roßbach, SGB VI, § 4, Rn. 18.

464 BT-Drs. 11/4124, S. 149 f.

465 *Fichte*, in: Hauck/Noftz, SGB VI, § 3, Rn. 9; *Schimmang*, Der Ausbau der gesetzlichen Rentenversicherung zu einer Erwerbstätigenversicherung und ihre Stellung in Europa, S. 39.

Nachteilsausgleich und Schließen von Lücken des Versicherungsverlaufes.[466] Personen, die aufgrund von Ausfallzeiten, die von der Rechtsordnung als sozial gerechtfertigte Umstände, wie etwa die Kindererziehung, anerkannt sind, ihre Erwerbsbiografie unterbrechen, sollen rechtlich dahingehend geschützt sein, dass diese Unterbrechungen keine nachteiligen Auswirkungen auf die Höhe ihrer Rentenansprüche haben.[467] So sind beispielsweise auch Alleinerziehende in der Zeit, für die ihnen Kindererziehungszeiten nach § 56 SGB VI anzurechnen sind, pflichtversichert (vgl. § 3 Satz 1 Nr. 1 SGB VI), da eine Beitragsbeteiligung der Eltern in der Sache ungerechtfertigt ist.[468]

Diese Besonderheit der Aspekte ergibt sich aus ihrer sozialversicherungsrechtlichen Bedeutung.[469] Aufgrund des Solidaritätsgedankens der gesetzlichen Rentenversicherung erfolgt eine Umschichtung von den beitragsentrichtenden Erwerbstätigen auf die Leistungsempfänger von Entgeltersatzleistungen, die in speziellen Konstellationen nicht fähig sind, Beiträge zu zahlen.[470] So ist es für die Trag- und Funktionsfähigkeit des im Umlageverfahren finanzierten Rentenversicherungssystems eine unabdingbare Voraussetzung, dass genügend junge erwerbsfähige Menschen zur Finanzierung der Renten vorhanden sind und in das System einzahlen.[471]

4. Versicherungspflicht aufgrund des Bezugs von Entgeltersatzleistungen

Für Empfänger von Krankengeld (§§ 44, 44a SGB V – Krankengeld bei Spende von Organen oder Geweben – einschließlich des Krankengeldes nach § 45 oder 47b SGB V), Verletztengeld, Versorgungskrankengeld, Übergangsgeld oder Arbeitslosengeld besteht Rentenversicherungspflicht, vgl. § 3 Satz 1

466 *Segebrecht*, in: Kreikebohm/Roßbach, SGB VI, § 3, Rn. 2; *Knorr*, in: Schlegel/Voelzke, jurisPK-SGB VI, § 3, Rn. 63.

467 *Segebrecht*, in: Kreikebohm/Roßbach, SGB VI, § 3, Rn. 2; *Knorr*, in: Schlegel/Voelzke, jurisPK-SGB VI, § 3, Rn. 63.

468 *Fichte*, in: Hauck/Noftz, SGB VI, § 3, Rn. 27.

469 *Knorr*, in: Schlegel/Voelzke, jurisPK-SGB VI, § 3, Rn. 63; *Temming*, in: Fuchs/Preis/Brose, Sozialversicherungsrecht und SGB II, § 46, Rn. 43; *Schimmang*, Der Ausbau der gesetzlichen Rentenversicherung zu einer Erwerbstätigenversicherung und ihre Stellung in Europa, S. 39.

470 *Knorr*, in: Schlegel/Voelzke, jurisPK-SGB VI, § 3, Rn. 63.

471 BT-Drs. 14/6099, S. 5; *Knorr*, in: Schlegel/Voelzke, jurisPK-SGB VI, § 3, Rn. 64. *Temming*, in: Fuchs/Preis/Brose, Sozialversicherungsrecht und SGB II, § 46, Rn. 43.

Nr. 3 SGB VI. Voraussetzung hierfür ist, dass die genannten Sozialleistungen tatsächlich bezogen werden und es sich um eine Sozialleistung von einem nationalen Träger i. S. der §§ 19, 21 bis 24 SGB I handelt.[472] Zudem muss i. S. d. § 3 Satz 1 Nr. 3 SGB VI eine Vorpflichtversicherung bestanden haben. Dies bedeutet, dass im letzten Jahr vor Beginn der Leistung eine Rentenversicherungspflicht bestanden haben muss. Eine Befreiung vom Rentenversicherungspflichtsystem vor Inanspruchnahme der Leistung durch die freiwillige Versicherung, Versicherungsfreiheit oder Inanspruchnahme einer Befreiungsmöglichkeit darf nicht vorliegen.[473]

Nach § 4 Abs. 3 SGB VI besteht die Möglichkeit einer Antragspflichtversicherung. Hierfür dürfen jedoch die Voraussetzungen des § 3 Satz 1 Nr. 3 SGB VI entweder wegen des Fehlens einer Sozialleistung oder wegen fehlender Vorversicherungszeit nicht erfüllt sein. Von dieser Möglichkeit der Antragspflichtversicherung sind die Personen ausgeschlossen, die in jeder selbstständigen Tätigkeit oder Beschäftigung von der Rentenversicherungspflicht befreit oder rentenversicherungsfrei sind, § 4 Abs. 3a SGB VI. Für Alleinerziehende gibt es hierbei keine speziellen Entgeltersatzleistungen.

5. Versicherungsfreiheit und Befreiungsmöglichkeit

Für einige Personen, die grundsätzlich unter die Versicherungspflicht des SGB VI fallen, gibt es verschiedene Ausnahmetatbestände. Zu unterscheiden ist zwischen der Versicherungsfreiheit kraft Gesetzes (§ 5 SGB VI) und der Befreiungsmöglichkeit von der Versicherungspflicht (vgl. § 6 Abs. 1, 1a, 1b SGB VI).[474] Versicherungsfreiheit i. S. d. § 5 SGB VI regelt eine Ausnahme von der sonst bestehenden Versicherungspflicht für Personen, die nicht in die gesetzliche Rentenversicherung aufgenommen werden sollen.[475] Der

---

472 *Schimmang*, Der Ausbau der gesetzlichen Rentenversicherung zu einer Erwerbstätigenversicherung und ihre Stellung in Europa, S. 41; *v. Koch*, in: BeckOK SozR, SGB VI, § 3, Rn. 28.

473 *Schimmang*, Der Ausbau der gesetzlichen Rentenversicherung zu einer Erwerbstätigenversicherung und ihre Stellung in Europa, S. 41.

474 *Fichte*, in: Hauck/Noftz, SGB VI, § 5, Rn. 4; ausführlich: *Temming*, in: Fuchs/Preis/Brose, Sozialversicherungsrecht und SGB II, § 46, Rn. 63–94 m. w. N.

475 *Nusser*, in: BeckOGK, SGB VI, § 5, Rn. 4; *Fichte*, in: Hauck/Noftz, SGB VI, § 5, Rn. 4.

Versicherungspflichtige muss keine Rentenversicherungsbeiträge abführen.[476] Die gesetzliche Versicherungsfreiheit wird gewährt, wenn der Schutz gemäß SGB VI nicht mehr erforderlich oder notwendig ist.[477]

Nach § 5 Abs. 4 SGB VI sind Personen versicherungsfrei, die entweder bereits eine gesetzliche Altersrente erhalten oder wegen ihres Alters keine ausreichende Absicherung in der gesetzlichen Rentenversicherung mehr erreichen können.[478] Gemäß § 5 Abs. 4 Nr. 1 SGB VI sind Bezieher einer Vollrente wegen Alters nach Ablauf des Monats, in dem die Regelaltersrente erreicht wurde, versicherungsfrei. Für Altersvollrentner, die nach dem Erreichen der Regelaltersgrenze i. S. d. §§ 35, 235 SGB VI versicherungsfrei sind, besteht die Möglichkeit, auf die gesetzliche Rentenversicherungsfreiheit zu verzichten und überdies Rentenanwartschaften zu beziehen, § 5 Abs. 4 Satz 2 SGB VI i. V. m. §§ 66 Abs. 3a, 75 Abs. 1 und 76d SGB VI.

Personen, die eine andere Versorgung wegen Erreichens einer Altersgrenze erhalten, sind in der gesetzlichen Rentenversicherung versicherungsfrei, § 5 Abs. 4 Nr. 2 SGB VI. Welche Altersgrenze jeweils erreicht werden muss, hängt von den jeweiligen Versorgungsregelungen ab.[479] Zudem sind Personen versicherungsfrei, die bis zum Erreichen der Regelaltersgrenze nicht versichert waren oder nach Erreichen der Regelaltersgrenze eine Beitragserstattung gemäß § 210 SGB VI aus ihrer Versicherung erhalten haben, vgl. § 5 Abs. 4 Nr. 3 SGB VI.

§ 5 Abs. 4 Satz 2–4 SGB VI eröffnen den in § 5 Abs. 4 Satz 1 genannten Personen die Möglichkeit, auf Versicherungsfreiheit zu verzichten.[480] Ziel des Gesetzgebers ist die Schaffung eines Anreizes, auch über das Erreichen der

---

[476] *Schimmang*, Der Ausbau der gesetzlichen Rentenversicherung zu einer Erwerbstätigenversicherung und ihre Stellung in Europa, S. 42.

[477] *Geckeler*, in: BeckOK SozR, SGB VI, § 5, Rn. 2; vgl. auch *Berchtold*, in: Knickrehm/Roßbach/Waltermann, Kommentar zum Sozialrecht, SGB VI, § 5, Rn. 1.

[478] BT-Drs. 11/4124, S. 151; zur Versicherungsfreiheit aufgrund des Alters *Schimmang*, Der Ausbau der gesetzlichen Rentenversicherung zu einer Erwerbstätigenversicherung und ihre Stellung in Europa, S. 43 f.

[479] *Segebrecht*, in: Kreikebohm/Roßbach, SGB VI, § 5, Rn. 41; *Schimmang*, Der Ausbau der gesetzlichen Rentenversicherung zu einer Erwerbstätigenversicherung und ihre Stellung in Europa, S. 44.

[480] BT-Drs. 18/9787, S. 2; ausführlich *Nusser*, in: BeckOGK, SGB VI, § 5, Rn. 50.

Regelaltersgrenze hinaus zu arbeiten.[481] Die Beschäftigten haben dadurch die Möglichkeit, zusätzliche Entgeltpunkte in der gesetzlichen Rentenversicherung zu sammeln und ihren Rentenanspruch zu steigern.[482] Zwar hat die Regelung nicht ausschließlich die Lebenssituation von Alleinerziehenden zum Gegenstand, sie hat jedoch auch für diese positive Auswirkungen. So können beispielsweise Versicherte, die aufgrund von Erwerbsunterbrechungen und Erziehung Lücken in der Alterssicherung haben, weitere Entgeltpunkte erwerben und somit ihren Rentenanspruch erhöhen.

Des Weiteren ist noch die Befreiung in der gesetzlichen Rentenversicherung nach § 6 SGB VI zu nennen.[483] Unter einer Befreiung wird eine Versicherungsfreiheit auf Antrag verstanden.[484] Dieser Tatbestand stellt eine Durchbrechung des Pflichtversicherungsprinzips dar.[485] Gemäß § 6 Abs. 2 SGB VI kann die Befreiung entweder auf Antrag des Versicherten oder auf Antrag des Arbeitgebers erfolgen. Der Zeitpunkt der Antragstellung hat nach § 6 Abs. 4 SGB VI Bedeutung für den Eintritt der Befreiungswirkung – eine Antragsfrist existiert nicht.[486]

6. Freiwillige Versicherung

Gemäß § 7 Abs. 1 SGB VI können sich Personen, die nicht versicherungspflichtig sind, für Zeiten von der Vollendung des 16. Lebensjahres freiwillig versichern. Dies gilt auch für deutsche Staatsangehörige, die ihren gewöhnlichen Aufenthalt nach § 30 Abs. 1 und 3 SGB I im Ausland haben. Nach § 30 Abs. 3 Satz 2 SGB I hat jemand den gewöhnlichen Aufenthalt dort, wo

---

481 BT-Drs. 18/9787, S. 2.

482 BT-Drs. 18/9787, S. 2.

483 Siehe hierzu Gliederungspunkt Kapitel 3 D. II. 2. und kritisch zum § 6 Abs. 1b SGB VI Gliederungspunkt Kapitel 6 A. I. 2.

484 *Schimmang*, Der Ausbau der gesetzlichen Rentenversicherung zu einer Erwerbstätigenversicherung und ihre Stellung in Europa, S. 44; *Temming*, in: Fuchs/Preis/Brose, Sozialversicherungsrecht und SGB II, § 46, Rn. 77.

485 *Schimmang*, Der Ausbau der gesetzlichen Rentenversicherung zu einer Erwerbstätigenversicherung und ihre Stellung in Europa, S. 44; ausführlich zur Durchbrechung des Pflichtversicherungsprinzips LSG Nordrhein-Westfalen, Urt. v. 19.03.2004 – L 4 RA 12/03 –, in: juris, Rn. 28.

486 *Segebrecht*, in: Kreikebohm/Roßbach, SGB VI, § 6, Rn. 100; *Temming*, in: Fuchs/Preis/Brose, Sozialversicherungsrecht und SGB II, § 46, Rn. 78.

er sich unter Bedingungen aufhält, die erkennen lassen, dass er an diesem Ort oder in diesem Gebiet nicht nur vorübergehend verweilt.

Die Berechtigung zur freiwilligen Versicherung besteht nicht oder entfällt nach bindender Bewilligung einer Vollrente wegen Alters oder für Zeiten ihres Bezugs, wenn der Monat abgelaufen ist, in dem die Regelaltersgrenze erreicht wurde, vgl. § 7 Abs. 2 SGB VI. Freiwillige Beiträge haben grundsätzlich gleiche Auswirkungen wie Pflichtbeiträge.[487] Freiwillige Beiträge sind rentenrechtliche Zeiten i. S. d. §§ 54, 55 SGB VI und tragen wie Pflichtbeiträge zur Erfüllung der allgemeinen Wartezeit nach § 50 SGB VI bei. Sie sind ebenso von der Anpassung der Renten durch Veränderung des aktuellen Rentenwerts betroffen und beeinflussen den Wert beitragsfreier Zeiten in der Gesamtleistungsbewertung.[488]

Für die besonderen Voraussetzungen bei vorzeitigen Altersrenten für Frauen nach § 237a SGB VI beziehungsweise wegen Arbeitslosigkeit oder nach Teilzeitarbeit i. S. d. § 237 SGB VI können Pflichtbeiträge nicht durch freiwillige Beiträge ersetzt werden. Aus freiwilligen Beiträgen werden wie aus Pflichtbeiträgen die Entgeltpunkte ermittelt.

7. Nachversicherung

Gemäß § 8 Abs. 1 Satz 1 Nr. 1 SGB VI zählen zu den Versicherten in der gesetzlichen Rentenversicherung auch Personen, die nachversichert sind. Nach § 8 Abs. 2 SGB VI werden Personen nachversichert, die nach § 5 Abs. 1 SGB VI versicherungsfrei oder nach § 6 Abs. 1 Satz 1 Nr. 2 SGB VI befreit waren, wenn sie ohne Anspruch auf Versorgung aus ihrer Beschäftigung ausgeschieden sind oder den Anspruch auf Versorgung verloren haben.

Nach § 8 Abs. 1 Satz 1 Nr. 2 SGB VI besteht diese „Kompensationsregelung“[489] auch für Personen, für die aufgrund eines Versorgungsausgleichs oder eines Rentensplittings Rentenanwartschaften übertragbar oder begründet worden sind. Die Regelung verdeutlicht, dass die Versicherteneigenschaft auch begründet werden kann, wenn im Rahmen des Versorgungsausgleichs

---

487 Zu den Ausnahmen vgl. *v. Koch*, in: BeckOK SozR, SGB VI, § 7, Rn. 3.

488 *v. Koch*, in: BeckOK SozR, SGB VI, § 7, Rn. 4.

489 Siehe zur Funktion der Nachversicherung *Temming*, in: Fuchs/Preis/Brose, Sozialversicherungsrecht und SGB II, § 46, Rn. 96–98; ausführlich BSG, Urt. v. 29.07.1997 – 4 RA 107/95, in: juris, Rn. 17.

Rentenanwartschaften übertragen, begründet oder durch Beitragszahlungen geschaffen wurden.[490]

a. Versorgungsausgleich in der Rentenversicherung

Seit 1977 erfolgt bei einer Scheidung der Ehe ein Versorgungsausgleich.[491] Der Versorgungsausgleich soll eine gleichmäßige Aufteilung der in der Zeit der Ehe erworbenen Versorgungsanrechte auf die Ehegatten bewirken.[492] Ähnlich wie beim Rentensplitting nach § 120a SGB VI muss der Ehegatte, der während der Ehe in der gesetzlichen Rentenversicherung höhere Rentenanwartschaften erwerben konnte, die Hälfte des Unterschiedsbeitrags – in Form von Entgeltpunkten – an den anderen Ehegatten abgeben, vgl. § 76 Abs. 1 SGB VI.[493]

§ 76 SGB VI sieht also die Umsetzung des Versorgungsausgleiches in der gesetzlichen Rentenversicherung vor. Hiernach wird gemäß SGB VI ein Versorgungsausgleich durchgeführt, in dem der berechtigte Ehegatte einen Zuschlag, der Verpflichtete einen Abschlag an Entgeltpunkten erhält.[494] Das bedeutet, dass der Ehegatte, der während der Ehe durch umfangreichere Erwerbstätigkeit höhere Versorgungsanwartschaften erworben hat, ausgleichspflichtig ist.[495] Die Hälfte der Differenz zwischen den Versorgungsanwartschaften beider Ehegatten wird dem Rentenkonto desjenigen gutgeschrieben, der geringere Anwartschaften erworben hat.[496] In der Folge findet im Rentenkonto des Ausgleichspflichtigen ein entsprechender Abzug statt. Haben beide Ehegatten während der Ehezeit Entgeltpunkte erwirtschaftet, erfolgt eine Verrechnung, da es sich um erworbene Anrechte gleicher Art nach § 120f SGB VI handelt.[497] Entsprechend können Alleinerziehende nach

---

490 BT-Drs. 11/4124, S. 152.

491 BT-Drs. 20/14510, S. 160.

492 *Karger-Kroll*, Lebensrealität und Rente, S. 68; *Jaenecke*, Gesetzliche Grundlagen der Hinterbliebenensicherung im europäischen Rechtsvergleich, S. 79.

493 *Karger-Kroll*, Lebensrealität und Rente, S. 68; *Jaenecke*, Gesetzliche Grundlagen der Hinterbliebenensicherung im europäischen Rechtsvergleich, S. 79.

494 *v. Koch*, in: Kreikebohm/Roßbach, SGB VI, § 76, Rn. 3; *Eichenhofer*, Sozialrecht, Rn. 352.

495 *Gundelach*, in: Fasselt et al., HSRB, § 19, Rn. 75.

496 *Gundelach*, in: Fasselt et al., HSRB, § 19, Rn. 75.

497 *v. Koch*, in: Kreikebohm/Roßbach, SGB VI, § 76, Rn. 3.

§ 8 Abs. 1 Satz 1 Nr. 2 SGB VI ohne eigene Erwerbstätigkeit im Rahmen des Versorgungsausgleichs im Scheidungsfall eine Rentenanwartschaft erwerben.

Der Versorgungsausgleich regelt, dass die während der Ehe erworbenen gesetzlichen Versorgungsanwartschaften zusammengezählt und zwischen den getrennt lebenden Ehegatten aufgeteilt werden.[498] Der Versorgungsausgleich stellt somit ein wirksames Instrument dar, um die Rentenansprüche von Frauen und Männern nach der Scheidung anzugleichen und die während der Ehe entstandenen ungleichen Lasten der Sorgearbeit zumindest teilweise auszugleichen.[499] In Bezug auf Alleinerziehende besteht zunächst nur eine mittelbare Auswirkung. Unter der Prämisse, dass erst nach dem Ende der Ehezeit eine Alleinerziehung vorliegt, führt der Versorgungsausgleich zwar für die in der Ehezeit erworbenen Anwartschaften – welche sich beispielsweise aufgrund von Kindererziehung deutlich unterscheiden können – zu einer gleichwertigen Teilhabe der Eheleute. Die Anwartschaften, die jedoch nach der Ehezeit von den Ehepartnern erworben werden, werden davon nicht beeinflusst.

Insbesondere der Erwerb eigener Rentenanwartschaften nach dem Ende der Ehezeit ist aber für die Alterssicherung von Bedeutung. An dieser Stelle sehen sich Alleinerziehende mit den Herausforderungen der Vereinbarkeit von Familie und Beruf konfrontiert. Bei Betrachtung der Folgen des Versorgungsausgleichs, dass ein während der Ehezeit ggf. wegen Kindererziehung gar nicht oder nur eingeschränkt arbeitender Elternteil einen Ausgleich erfährt, der zu höheren Rentenanwartschaften führt, lässt sich eine positive Auswirkung für Personen ableiten, die nach der Ehezeit alleinerziehend sind und bereits während der Ehe die Hauptlast der Erziehung getragen haben. Ein Vergleich der Auswirkungen auf die gesetzliche Rente geschiedener Eheleute mit oder ohne Versorgungsausgleich zeigt, dass aufgrund der Existenz dieser Regelung auch höhere Rentenanwartschaften für Alleinerziehende entstehen (können).

b. Rentensplitting

Das Rentensplitting unter Ehegatten nach §§ 120a ff. SGB VI und Lebenspartnern nach § 120e SGB VI ist dem Versorgungsausgleich in Scheidungsfällen nachempfunden und erfolgt auf Antrag entweder beider Ehegatten oder Lebenspartner oder eines überlebenden Ehegatten oder Lebenspartners.

---

498 BT-Drs. 20/14510, S. 160.

499 BT-Drs. 20/14510, S. 160.

Hierbei obliegt gemäß § 120d SGB VI die Entscheidung dem Rentenversicherungsträger und führt zu einer Aufteilung der Rentenanwartschaften auf Basis von Entgeltpunkten.[500]

Neben den Hinterbliebenenrentenleistungen ist die Durchführung des Rentensplittings nach § 120a SGB VI unter Ehegatten[501] zu betrachten, dessen Regelung seit dem 1. Januar 2002 besteht. Der Grundgedanke des Rentensplittings geht auf den 1977 eingeführten Versorgungsausgleich zurück.[502] Beim Rentensplitting erklären beide Ehegatten, die gemeinsamen Anwartschaften, die während der Splittingzeit erworben wurden, gleichmäßig aufzuteilen.[503] Nach § 120a SGB VI beginnt die Splittingzeit mit dem Monat der Eheschließung und endet am Ende des Monats, in dem der Anspruch auf die Durchführung des Rentensplittings vollzogen wird. Dies ist grundsätzlich der Zeitpunkt, zu dem beide Ehegatten einen Anspruch auf den Bezug einer Regelaltersrente haben, vgl. § 120a Abs. 3 SGB VI.[504]

Hierbei wird die Teilung der Anwartschaften folgendermaßen durchgeführt:[505] Die Hälfte des Unterschieds zwischen den von beiden Ehegatten in der Splittingzeit erwirtschafteten Anwartschaften wird vom Versicherungskonto des Ehegatten mit der höheren Rentenanwartschaft auf das Versicherungskonto des Ehegatten mit der geringeren Rentenanwartschaft übertragen. Das heißt, dass jeder Ehegatte einen eigenen Rentenanspruch erwirbt und dadurch nicht mehr auf Hinterbliebenenrenten angewiesen ist.[506] Nach § 46 Abs. 2b SGB VI ist eine Hinterbliebenenrente ab Beginn des

500 *Guttenberger*, in: BeckOGK, SGB VI, § 8, Rn. 7; *Jaenecke*, Gesetzliche Grundlagen der Hinterbliebenensicherung im europäischen Rechtsvergleich, S. 80.

501 Für das Rentensplitting unter Lebenspartnern gelten die gleichen Regelungen wie für das Rentensplitting unter Ehegatten, vgl. § 120e SGB VI Rentensplitting unter Lebenspartnern.

502 *Jaenecke*, Gesetzliche Grundlagen der Hinterbliebenensicherung im europäischen Rechtsvergleich, S. 45.

503 *Gürtner*, in: BeckOGK, SGB VI, § 120a, Rn. 3; *Karger-Kroll*, Lebensrealität und Rente, S. 67.

504 *Karger-Kroll*, Lebensrealität und Rente, S. 67; *Gürtner*, in: BeckOGK, SGB VI, § 120a, Rn. 5.

505 *Karger-Kroll*, Lebensrealität und Rente, S. 67 f. und *Jaenecke*, Gesetzliche Grundlagen der Hinterbliebenensicherung im europäischen Rechtsvergleich, S. 79 f.

506 *Jaenecke*, Gesetzliche Grundlagen der Hinterbliebenensicherung im europäischen Rechtsvergleich, S. 80.

Monats, in dem ein Rentensplitting durchgeführt ist, ausgeschlossen. Um das Rentensplitting unter Ehegatten zu nutzen, sind folgende Voraussetzungen zu erfüllen: Gemäß § 120a Abs. 2 Nr. 1 und 2 SGB VI wurde die Ehe nach dem 31. Dezember 2001 geschlossen oder bestand an diesem Tag und beide Ehegatten sind nach dem 1. Januar 1962 geboren. Zudem müssen nach § 120 Abs. 4 SGB VI am Ende der Splittingzeit 25 Jahre rentenrechtliche Zeiten i. S. d. § 54 SGB VI vorzuweisen sein.

Zwar wird das traditionell unterhaltsrechtliche Abhängigkeitsverhältnis in einer Ehe durch das Rentensplitting in ein partnerschaftliches Verhältnis umgewandelt.[507] Des Weiteren führt das Rentensplitting regelmäßig zu höheren eigenständigen Rentenleistungen für Frauen, die auch im Hinterbliebenenfall nicht der Einkommensanrechnung unterliegen und bei Scheidung oder Wiederheirat nicht wegfallen.[508] Das Rentensplitting setzt aber voraus, dass die Ehe zum Zeitpunkt des Rentenbeginns entweder noch besteht oder durch den Tod eines Ehegatten beendet wurde. Für Alleinerziehende kommt diese Voraussetzung in der Regel nicht in Betracht. Das Rentensplitting wird in der Praxis selten in Anspruch genommen und kommt typischerweise nur in Ausnahmefällen zur Anwendung.[509] In der Regel erweist sich die Hinterbliebenenrente als finanziell vorteilhafter, da sie 55 % der gesamten Rentenanwartschaften des verstorbenen Ehegatten umfasst – einschließlich der Anwartschaften, die vor der Ehezeit erworben wurden.[510] Demgegenüber berücksichtigt das Rentensplitting lediglich die während der Ehezeit erworbenen Rentenanrechte beider Ehegatten, die sodann hälftig aufgeteilt werden.[511]

VI. Leistungen

Die gesetzliche Rentenversicherung umfasst die Alters-, Invaliditäts- und Hinterbliebenensicherung für Arbeitnehmer und einen eng umgrenzten Kreis von Selbstständigen. Aus § 23 Abs. 1 SGB I ergeben sich die Leistungen der gesetzlichen Rentenversicherung. Im Mittelpunkt stehen Leistungen

---

507 Vgl. *Jaenecke*, Gesetzliche Grundlagen der Hinterbliebenensicherung im europäischen Rechtsvergleich, S. 80.

508 BT-Drs. 14/4595, S. 42 und 52; *Gürtner*, in: BeckOGK, SGB VI, § 120a, Rn. 2; *Karger-Kroll*, Lebensrealität und Rente, S. 68; vgl. *Ruland*, NZS 2025, 281 (282).

509 *Ruland*, NZS 2025, 281 (282).

510 *Ruland*, NZS 2025, 281 (282).

511 *Ruland*, NZS 2025, 281 (282).

zur Teilhabe nach §§ 9–32 SGB VI[512] und Renten nach §§ 33–105a SGB VI. Zudem erbringt die gesetzliche Rentenversicherung Zusatzleistungen nach §§ 106–108 SGB VI. Die Rentenversicherungsträger erbringen darüber hinaus gemäß §§ 109, 109a SGB VI bestimmte Serviceleistungen.

Außerdem beinhalten die Leistungen der gesetzlichen Rentenversicherung gemäß § 23 Abs. 1 Nr. 1 SGB I Beitragserstattungen aus § 210 SGB VI und Leistungen für Kindererziehung gemäß §§ 294 ff. SGB VI. Hierbei ist die Gewährung der einzelnen Leistungen immer an persönliche und versicherungsrechtliche Voraussetzungen gebunden. § 306 SGB VI verbietet generell Kürzungen von bereits ausgezahlten Leistungen. Zur Erfüllung der versicherungsrechtlichen Voraussetzungen werden eine Mindestversicherungszeit[513] und zusätzlich häufig die Erfüllung besonderer versicherungsrechtlicher Voraussetzungen gefordert.[514]

In § 33 SGB VI sind die verschiedenen Rentenarten aufgeführt. Hierbei wird zwischen Renten an Versicherte und Renten an Hinterbliebene unterschieden. Das SGB VI bietet nicht nur den Versicherten rentenrechtlichen Schutz, sondern sichert im Todesfall auch deren Hinterbliebene ab, um den Unterhaltsausfall auszugleichen.[515] Hierzu gehören gemäß § 33 Abs. 4 SGB VI die kleine und große Witwen- bzw. Witwerrente nach § 46 Abs. 1 und 2 SGB VI, die Waisenrente nach § 48 SGB VI und die Erziehungsrente nach § 47 SGB VI.[516]

1. Renten

Gemäß § 33 Abs. 2 und Abs. 3 SGB VI gehören zu den Renten an Versicherte die Renten wegen Alters (Altersrente) und die Renten wegen verminderter Erwerbsfähigkeit (Erwerbsminderungsrente). Im Sinne des § 43 Abs. 1 Satz 1 SGB VI werden Renten wegen verminderter Erwerbsfähigkeit als zeitlich

---

512 Leistungen zur Teilhabe werden in dieser Arbeit nicht untersucht.

513 Beispielsweise für Rentenleistungen: Wartezeit, siehe § 34 Abs. 1 SGB VI und §§ 50 ff. SGB VI.

514 *Schimmang*, Der Ausbau der gesetzlichen Rentenversicherung zu einer Erwerbstätigenversicherung und ihre Stellung in Europa, S. 50.

515 *Roßbach*, in: Knickrehm/Roßbach/Waltermann, Kommentar zum Sozialrecht, SGB VI, § 33, Rn. 6; *Temming*, in: Fuchs/Preis/Brose, Sozialversicherungsrecht und SGB II, § 49, Rn. 6.

516 Zu den einzelnen Hinterbliebenenleistungen siehe Gliederungspunkt Kapitel 3 C. VIII. 1. und 2.

vorgelagerte Leistungen gewährt, längstens jedoch bis zum Erreichen der Regelaltersgrenze.[517] Zudem können Versicherte nach § 42 SGB VI eine Rente wegen Alters als Vollrente oder als Teilrente in Anspruch nehmen.[518]

a. Regelaltersrente

Gemäß § 35 SGB VI haben Versicherte Anspruch auf Regelaltersrente, wenn sie die Regelaltersgrenze erreicht und die allgemeine Wartezeit von fünf Jahren nach § 50 Abs. 1 Satz 1 Nr. 1 SGB VI erfüllt haben. § 35 Satz 2 SGB VI setzt voraus, dass der Versicherte das 67. Lebensjahr vollendet hat. Hierbei erfolgt keine unmittelbare Umstellung auf die neue Regelaltersgrenze von 67 Jahren, sondern wird diese nach § 235 SGB VI – monatlich gestaffelt – angehoben.

b. Altersrente für langjährig Versicherte

Gemäß § 36 SGB VI haben Versicherte Anspruch auf Altersrente für langjährig Versicherte, wenn sie das 67. Lebensjahr vollendet und die Wartezeit von 35 Jahren erfüllt haben. Gemäß § 36 Satz 2 SGB VI ist eine vorzeitige Inanspruchnahme dieser Altersrente nach Vollendung des 63. Lebensjahres möglich. Die vorzeitige Inanspruchnahme dieser Rente ist mit Abschlägen frühestens ab Vollendung des 63. Lebensjahres möglich, wie in § 236 Abs. 1 Satz 2 SGB VI festgelegt. Der maximale Rentenabschlag beträgt 14,4 %.[519]

c. Altersrente für besonders langjährig Versicherte

Versicherte haben Anspruch auf Altersrente für besonders langjährig Versicherte, wenn sie das 65. Lebensjahr vollendet und die Wartezeit von 45 Jahren erfüllt haben, vgl. § 38 SGB VI. Im Jahr 2014 wurde die Altersgrenze für diese Altersrente[520] für einzelne Jahrgänge der nach 1953 Geborenen auf 63 Jahre abgesenkt. Nach § 236b SGB VI steigt die Altersgrenze wieder je Jahr um zwei Monate an, bis sie für den Jahrgang 1964 wieder bei 65 Jahren liegt. Diese Altersrente ist für Alleinerziehende von untergeordneter Bedeutung,

---

517 *Kolakowski*, in: Kreikebohm/Roßbach, SGB VI, § 43, Rn. 7; *Temming*, in: Fuchs/Preis/Brose, Sozialversicherungsrecht und SGB II, § 49, Rn. 2.

518 Ausführlich zur Teilrente und den Hinzuverdienstgrenzen siehe Gliederungspunkt Kapitel 3 C. VI. 2. und 3.

519 *Ruland*, in: Ruland/Becker/Axer, SRH, § 18, Rn. 63.

520 Auch genannt „Rente mit 63“ oder „vorgezogene Altersrente“, so *Kreikebohm/Jassat*, in: BeckOK SozR, SGB VI, § 42, Rn. 3.

da Alleinerziehende aufgrund von Erwerbsunterbrechungen durch Kindererziehung selten eine Wartezeit von 45 Jahren erreichen. Bei Alleinerziehenden mit mehreren Kindern, ist die Wahrscheinlichkeit gering, die genannte Wartezeit zu erfüllen.

2. Vollrente und Teilrente

Nach § 42 SGB VI können Versicherte eine Rente wegen Alters in voller Höhe (Vollrente) oder als Teilrente i. H. v. mindestens 10 % der Vollrente in Anspruch nehmen. Die Regelung bietet der versicherten Person durch die Gestaltungsmöglichkeiten einen flexiblen Übergang vom Berufsleben in den Ruhestand.[521] Die Teilrente stellt keine eigenständige Rentenart dar, sondern lediglich eine anteilige Altersrente, aus der sich kein gesonderter Anspruch auf Rentenzahlungen ableiten lässt.[522]

Es müssen die jeweiligen persönlichen versicherungsrechtlichen Voraussetzungen für die bestimmte Altersrente erfüllt sein.[523] Versicherte, die wegen der beabsichtigten Inanspruchnahme einer Teilrente ihre Arbeitsleistung reduzieren möchten, können nach § 42 Abs. 3 Satz 1 SGB VI von ihrem Arbeitgeber verlangen, dass er mit ihnen die Möglichkeiten einer solchen Einschränkung bespricht. Macht die versicherte Person hierzu für ihren Arbeitsbereich Vorschläge, hat der Arbeitgeber zu diesen Vorschlägen Stellung zu nehmen, vgl. § 42 Abs. 3 Satz 2 SGB VI. Die Vorschrift begründet für den Versicherten jedoch keinen Anspruch gegen seinen Arbeitgeber auf die Einrichtung eines Teilzeitarbeitsplatzes.[524] Eine Verpflichtung zur Einrichtung eines Teilzeitarbeitsplatzes kann sich aber im Einzelfall aus Tarifverträgen, Betriebsvereinbarungen oder individualvertraglichen Absprachen ergeben. Des Weiteren sieht § 8 TzBfG vor, dass Arbeitnehmer mit einem länger als sechs Monate andauernden Beschäftigungsverhältnis in Betrieben mit mehr als 15 Beschäftigten vom Arbeitgeber verlangen können, die Arbeitszeit auf

---

[521] *Kreikebohm/Jassat*, in: BeckOK SozR, SGB VI, § 42, Rn. 2; *Roßbach*, in: Knickrehm/Roßbach/Waltermann, Kommentar zum Sozialrecht, SGB VI, § 42, Rn. 1; *Gürtner*, in: BeckOGK, SGB VI, § 42, Rn. 1.

[522] *Kreikebohm/Jassat*, in: BeckOK SozR, SGB VI, § 42, Rn. 4.

[523] *Kreikebohm/Jassat*, in: BeckOK SozR, SGB VI, § 42, Rn. 4.

[524] *Worzalla*, NZA 1993, 588 (588); *Roßbach*, in: Knickrehm/Roßbach/Waltermann, Kommentar zum Sozialrecht, SGB VI, § 42, Rn. 4; *Freudenberg*, in: Schlegel/Voelzke, jurisPK-SGB VI, § 42, Rn. 24.

Teilzeitarbeit zu reduzieren, soweit betriebliche Gründe wie insbesondere wesentliche Beeinträchtigung der Organisation des Betriebs, des Arbeitsablaufs oder der Sicherheit im Betrieb oder ein unverhältnismäßig hoher Kostenaufwand nicht entgegenstehen.[525]

3. Beschäftigungsaufgabe und Hinzuverdienst

Gemäß § 41 Abs. 1 SGB VI ist der Rentenanspruch des Versicherten wegen Alters kein Grund, der die Kündigung eines Arbeitsverhältnisses durch den Arbeitgeber rechtfertigen kann. Diese Regelung hat zum Ziel, die Entscheidungsfreiheit der Arbeitnehmer zu schützen, sodass sie selbst bestimmen können, wie lange sie berufstätig bleiben und somit ihre Altersvorsorge vor dem Erreichen der Regelaltersgrenze gestalten.[526] Gleichzeitig soll dadurch insgesamt eine Verlängerung der durchschnittlichen Lebensarbeitszeit erreicht werden, die das quantitative Verhältnis von Beitragszahler zu Rentenempfänger verbessert und somit zur finanziellen Stabilität der Rentenversicherung beiträgt.[527]

Mit dem Wegfall der Hinzuverdienstgrenzen zum 1. Januar 2023 ist eine Teilrente von 99,99 % und ein unbegrenzter Zuverdienst in einer Rentnerbeschäftigung möglich.[528] Hierdurch soll dem Arbeits- und Fachkräftemangel entgegengewirkt sowie ein Anreiz geschaffen werden, die eigene Arbeitskraft dem Markt länger zur Verfügung zu stellen.[529] Diese Regelung bietet auch Alleinerziehenden die Möglichkeit, ihre möglicherweise geringen Rentenanwartschaften durch eine zusätzliche Rentenbeschäftigung zu erhöhen. In der Folge besteht für Beschäftigte die Möglichkeit, neben der Inanspruchnahme einer vorgezogenen Altersrente aus der gesetzlichen Rentenversicherung eine Beschäftigung beim bisherigen Arbeitgeber auszuüben und Arbeitsentgelt zu beziehen.

---

525 *Freudenberg*, in: Schlegel/Voelzke, jurisPK-SGB VI, § 42, Rn. 25.

526 BT-Drs. 16/3794, S. 34; siehe auch BT-Drs. 18/1489, S. 25.

527 BT-Drs. 11/4124, S. 163.

528 *Rittweger/Zieglmeier*, NZA 2023, 1560 (1561).

529 BT-Drs. 20/3900, S. 98 f.; ausführlich *Rittweger/Zieglmeier*, NZA 2023, 1560 (1561–1563).

VII. Familienfördernde Elemente in der Alterssicherung

Die sozialrechtliche Familienförderung[530] würdigt Familienarbeit direkt durch spezifische Sozialleistungen, indem sie Zeiten der Familienarbeit (insbesondere Kindererziehungszeiten) und Erwerbsarbeit sozialrechtlich gleichstellt.[531] Zeiten der Kindererziehung führen zu einer Unterbrechung der Erwerbsbiografie und können Lücken in die Alterssicherung reißen. Die Erwerbsbiografie von Frauen ist in besonderem Maße durch derartige Lücken gekennzeichnet, da sie sich in überdurchschnittlichem Maße der Kindererziehung widmen.[532]

In der Konsequenz führt dies dazu, dass die Betroffenen ihre Erwerbstätigkeit zeitweise oder sogar ganz aussetzen, in Teilzeit arbeiten und im Vergleich zu Männern niedrigere Löhne akzeptieren müssen.[533] Lücken in der Erwerbsbiografie haben aufgrund des Äquivalenz- und Versicherungsprinzips der gesetzlichen Rentenversicherung teils erheblich negative Auswirkungen auf die Alterssicherung der Versicherten.[534] Die Kindererziehungs- und Kinderberücksichtigungszeiten dienen der Schließung von Sicherungslücken.[535]

Die Diskussion um eine wirksame Anerkennung von Kindererziehungszeiten in der gesetzlichen Rentenversicherung hat ihren Ursprung in den 1950er Jahren.[536] Damals wurde argumentiert, dass bei der Konzeption einer Altersversicherung durch die Rückstellung eines bestimmten Einkommensanteils übersehen werde, dass nur die Kindergeneration den dann älteren Menschen der vorherigen Generation einen (finanziell) sorgenfreien Lebensabend ermöglichen könne.[537] Daraus ergebe sich, dass Eltern mit Kindern

---

530 Neben den für diese Arbeit relevanten rentenrechtlichen Leistungen umfassen die familienfördernden Aspekte in der gesetzlichen Rentenversicherung unter anderem das Krankengeld bei Erkrankung des Kindes, Ausbildungsförderung, Unterhaltsvorschuss, Wohngeld, Bedarfssicherung im Recht der Sozialhilfe, Kindergeld, Elterngeld, siehe dazu ausführlich *Will*, Familienförderung im Sozialrecht, S. 67 ff.

531 *Will*, Familienförderung im Sozialrecht, S. 112 f.

532 *Henzel*, Soziale Sicherung von Frauen im internationalen Vergleich, S. 55.

533 *Henzel*, Soziale Sicherung von Frauen im internationalen Vergleich, S. 55.

534 *Will*, Familienförderung im Sozialrecht, S. 113.

535 *Will*, Familienförderung im Sozialrecht, S. 113.

536 *Borchert*, Die Berücksichtigung familiärer Kindererziehung im Recht der gesetzlichen Rentenversicherung, S. 21.

537 *Troeger*, Diskussionsbeiträge des Arbeitsausschusses für die Grosse Steuerreform, S. 22 f.; *Borchert*, Die Berücksichtigung familiärer Kindererziehung im Recht der gesetzlichen Rentenversicherung, S. 21 f.

die Rentenansprüche der kinderlosen Paare absicherten. Letztere erbrachten durch die Existenz und Erziehung ihrer Kinder wertvolle Leistungen zugunsten der Kinderlosen.[538]

Die Bedeutung der Leistung im Rahmen dieser „modernen Frondienstpflicht der Familie“ wird betont, indem darauf hingewiesen wird, dass der Unterhalt für ein einziges Kind im Durchschnitt etwa 12–15 % des Betrags ausmacht, den ein kinderloses Ehepaar bei gleicher Lebenshaltung für sich selbst ausgibt.[539] Dies führe zu einer Schlechterstellung der Familien mit Kindern einerseits und andererseits einem Kaufkraftüberschuss, der bei Ledigen, kinderlosen Ehepaaren und Familien mit nur einem Kind in den Luxuskonsum fließt.[540] Da jedoch die Ausgaben für die Erziehung der künftigen Generation auch diesen Gruppen ohne eine entsprechende Gegenleistung zugutekommen, bedeutet dies, dass die Kosten für die Altersvorsorge stark ungleich verteilt sind.[541] Die Annahme, dass ein direkter Zusammenhang zwischen Kindererziehung und dem System der gesellschaftlichen Altersvorsorge besteht, ist folglich nicht neu.[542] Jedoch hat der Gesetzgeber auch in der damaligen Rentenreform im Jahr 1957 der systemischen Bedeutung der Kindererziehung nicht ausreichend Rechnung getragen.[543] Das damalige Rentensystem betrachtete weiterhin ausschließlich die Beziehung zwischen den beiden Generationen der Beitragszahler und der älteren Generation und ließ Gerechtigkeitsfragen zwischen kinderreichen und kinderlosen Familien weiterhin unberücksichtigt.[544]

---

538 *Troeger*, Diskussionsbeiträge des Arbeitsausschusses für die Grosse Steuerreform, S. 22 f.; *Borchert*, Die Berücksichtigung familiärer Kindererziehung im Recht der gesetzlichen Rentenversicherung, S. 21 f.

539 *Troeger*, Diskussionsbeiträge des Arbeitsausschusses für die Grosse Steuerreform, S. 22.

540 *Troeger*, Diskussionsbeiträge des Arbeitsausschusses für die Grosse Steuerreform, S. 23.

541 *Troeger*, Diskussionsbeiträge des Arbeitsausschusses für die Grosse Steuerreform, S. 23; *Borchert*, Die Berücksichtigung familiärer Kindererziehung im Recht der gesetzlichen Rentenversicherung, S. 21.

542 Damals schon festgestellt *Borchert*, Die Berücksichtigung familiärer Kindererziehung im Recht der gesetzlichen Rentenversicherung, S. 22.

543 *Borchert*, Die Berücksichtigung familiärer Kindererziehung im Recht der gesetzlichen Rentenversicherung, S. 22.

544 *Borchert*, Die Berücksichtigung familiärer Kindererziehung im Recht der gesetzlichen Rentenversicherung, S. 22.

Eine rentenbegründende und rentensteigernde Anrechnung von Zeiten der Kindererziehung wurde erst 1986 zeitgleich mit der Reform des Hinterbliebenenrentenrechts eingeführt.[545] Für Versicherungsfälle vor dem 31. Dezember 1985 gab es lediglich einen rentenversicherungsrechtlichen Nachteilsausgleich für Zeiten vor und nach der Geburt eines Kindes in Form der Berücksichtigung einer Ausfallzeit nach § 1259 Abs. 1 Nr. 2 RVO und § 36 Abs. 1 Nr. 2 AVG.[546] Seitdem ist der Umfang erziehungsbedingter Leistungen in der gesetzlichen Rentenversicherung mehrmals erweitert worden.[547]

1. Kindererziehungszeiten bei Geburten vor 1992 und nach 1991

a. Kindererziehungszeiten bei Geburten vor 1992

Für die Zeit ab 1. Januar 1986 wurde die Versicherungspflicht bei Kindererziehung eines Elternteils in den ersten zwölf Kalendermonaten nach Ablauf des Monats der Geburt eingeführt.[548] Durch die Anerkennung von Kindererziehungszeiten sollte ein wesentlicher Beitrag dazu geleistet werden, die Tätigkeit in der Familie und die außerhäusliche Erwerbstätigkeit gleichwertig zu bewerten und die Familien- und Erziehungsarbeit deutlich aufzuwerten.[549]

Zudem sollte dies zu einer verbesserten eigenständigen sozialen Absicherung der Frauen führen.[550] Vor 1986 wurde für Kindererziehungszeiten zunächst eine Versicherungszeit eigener Art eingeführt, die in ihrer Struktur mit den beitragsfreien Ersatzzeiten vergleichbar ist, beispielsweise solchen, die aufgrund des Kriegsdienstes oder der Kriegsgefangenschaft erworben wurden.[551] Die damals unterschiedliche Behandlung von Kindererziehungszeiten vor und nach 1986 gemäß dem bis 1991 geltenden Recht wurde durch das Rentenreformgesetz 1992 vom 18. Dezember 1989[552] obsolet.[553] Seitdem

---

545 BGBl. 1985 I Nr. 38 v. 19.7.1985, S. 1450.

546 *Gürtner*, in: BeckOGK, SGB VI, § 56, Rn. 4.

547 *Hohnerlein*, Unterhalts- und Betreuungsleistungen für Kinder in Deutschland, S. 176.

548 BGBl. 1985 I Nr. 38 v. 19.07.1985, S. 1457.

549 BR-Drs. 500/84, S. 28.

550 BR-Drs. 500/84, S. 28.

551 Vgl. §§ 1227a, 1251a, 1385 Abs. 6 RVO; vgl. dazu auch *Wissenschaftliche Dienste*, WD 6 – 3000 – 025/21, Berücksichtigung der Kindererziehung in der gesetzlichen Rentenversicherung, S. 5.

552 BGBl. 1989 I Nr. 40 v. 28.12.1989, S. 2261.

553 *Wissenschaftliche Dienste*, WD 6 – 3000 – 025/21, Berücksichtigung der Kindererziehung in der gesetzlichen Rentenversicherung, S. 5.

werden diese Zeiten einheitlich als Beitragszeiten aufgrund der Versicherungspflicht anerkannt.[554] Die Rentenhöhe wurde unter Einbeziehung der Kindererziehungszeiten auf mindestens 75 % des durchschnittlichen Verdienstes aller Versicherten festgelegt, wobei anfänglich keine zusätzliche Anrechnung erfolgte.[555] Wenn jedoch Beitragszahlungen auf ein Einkommen erfolgten, das 75 % des Durchschnitts überstieg, wurde die rentensteigernde Anrechnung der Kindererziehungszeit entsprechend nicht berücksichtigt.[556]

Das Rentenreformgesetz 1999 vom 22. Dezember 1997 sah eine schrittweise Erhöhung der Bewertung der Kindererziehungszeiten für Bestandsrenten und Rentenneuzugänge ab Juli 1998 vor.[557] Diese Erhöhung erfolgte von zuvor 75 % auf 100 % eines durchschnittlichen Verdienstes und zusätzlich wurden Kindererziehungszeiten zu bereits vorhandenen, zeitgleich liegenden Beitragszeiten bis zur jeweiligen Beitragsbemessungsgrenze additiv angerechnet.[558]

Mit dem RV-Leistungsverbesserungsgesetz vom 23. Juni 2014 wurde zum 1. Juli 2014 eine zusätzliche Anerkennung eines weiteren Jahres Kindererziehungszeit als Beitragszeit für Versicherte eingeführt (sogenannte Mütterrente). Dies galt für vor 1992 geborene Kinder und führte zu einer Berücksichtigung von Beitragszeiten von insgesamt 24 Kalendermonaten.[559] Seit dem 1. Januar 2019 beträgt die Kindererziehungszeit gemäß § 249 Abs. 1 SGB VI nun zwei Jahre und sechs Monate, gemäß dem RV-Leistungsverbesserungs- und Stabilisierungsgesetz vom 28. November 2018.[560]

Im Rahmen der Sondierungs- und Koalitionsverhandlungen zwischen CDU, CSU und SPD im März/April 2025 wurde vereinbart, die Mütterrente

554 *Wissenschaftliche Dienste*, WD 6 – 3000 – 025/21, Berücksichtigung der Kindererziehung in der gesetzlichen Rentenversicherung, S. 5.

555 *Wissenschaftliche Dienste*, WD 6 – 3000 – 025/21, Berücksichtigung der Kindererziehung in der gesetzlichen Rentenversicherung, S. 6.

556 *Wissenschaftliche Dienste*, WD 6 – 3000 – 025/21, Berücksichtigung der Kindererziehung in der gesetzlichen Rentenversicherung, S. 6.

557 BT-Drs. 13/8011, S. 51.

558 BT-Drs. 13/8011, S. 51; vgl. dazu *Hase*, Sozialversicherung und Familie zwischen sozialem Ausgleich und staatlicher Verantwortung, S. 23.

559 BGBl. 2014 I Nr. 27 v. 26.04.2014, S. 789.

560 BGBl. 2018 I Nr. 40 v. 4.12.2018, S. 2016.

weiter auszubauen.[561] Konkret soll die Mütterrente mit drei Rentenpunkten für alle Mütter vollendet werden – unabhängig vom Geburtsjahr der Kinder.[562]

b. Kindererziehungszeiten bei Geburten nach 1991

Im Vergleich zu früherem Recht besteht die wichtigste Änderung des Rentenreformgesetzes von 1992 in der Verlängerung der Anrechnung von Kindererziehungszeiten auf drei Jahre für Kinder, die nach 1991 geboren wurden.[563] Dies sollte eine soziale Absicherung für die Betreuenden während der Phase ermöglichen, in der eine Betreuung des Kindes in vorschulischen Einrichtungen im Allgemeinen noch nicht üblich war.[564] Seit 1992 sind Personen gemäß § 3 Satz 1 Nr. 1 SGB VI während der Zeiten, für die ihnen Kindererziehungszeiten angerechnet werden, versicherungspflichtig in der gesetzlichen Rentenversicherung.[565]

2. Kindererziehungszeiten als Pflichtbeitragszeit

Gemäß § 3 Satz 1 Nr. 1 SGB VI i. V. m. § 56 SGB VI sind Elternteile versicherungspflichtig, die ein Kind in dessen ersten drei Lebensjahren erziehen. Kindererziehungszeiten sind also aufgrund des § 3 Abs. 1 Nr. 1 SGB VI Versicherungszeiten mit Pflichtbeiträgen. Die Versicherungspflicht betrifft Mütter oder Väter der Geburtsjahrgänge ab 1921.[566] Erfasst sind neben den leiblichen und den Adoptiveltern auch Stief- und Pflegeeltern, § 56 Abs. 1 SGB VI i. V. m. § 56 Abs. 1 Satz 1 Nr. 3 und Abs. 3 Nr. 2 und 3 SGB I. Bei

---

561 Vgl. Koalitionsvertrag zwischen CDU, CSU und SPD v. 09.04.2025, S. 20; vgl. auch Sondierungspapier v. 08.03.2025, Ergebnisse der Sondierungen von CDU, CSU und SPD, Rn. 260.

562 Vgl. Koalitionsvertrag zwischen CDU, CSU und SPD v. 09.04.2025, S. 20; vgl. auch Sondierungspapier v. 08.03.2025, Ergebnisse der Sondierungen von CDU, CSU und SPD, Rn. 260.

563 *Wissenschaftliche Dienste*, WD 6 – 3000 – 025/21, Berücksichtigung der Kindererziehung in der gesetzlichen Rentenversicherung, S. 6.

564 BT-Drs. 11/4124, S. 166.

565 BT-Drs. 11/4124, S. 166.

566 *Dankelmann*, in: Kreikebohm/Roßbach, SGB VI, § 56, Rn. 5; *Hohnerlein*, Unterhalts- und Betreuungsleistungen für Kinder in Deutschland, S. 176.

nichtverheirateten Vätern muss die Vaterschaft anerkannt oder festgestellt werden.[567]

Die Pflichtbeitragszeiten für Kindererziehung sind anzuerkennen, wenn ein Elternteil gemäß § 56 Abs. 1 Satz 1 Nr. 3 und Abs. 3 Satz 1 Nr. 2 und 3 SGB I das Kind tatsächlich erzieht oder bei gemeinsamer Erziehung überwiegend erzieht (§ 56 Abs. 1 Satz 2 Nr. 1 SGB VI i. V. m. § 56 Abs. 2 SGB VI), die Erziehung im Gebiet der Bundesrepublik Deutschland erfolgt (§ 56 Abs. 1 Satz 2 Nr. 2 i. V. m. Abs. 3 SGB VI) und der Elternteil nicht von der Möglichkeit der Anrechnung von Kindererziehungszeiten ausgeschlossen ist, § 56 Abs. 1 Satz 2 Nr. 3 SGB VI i. V. m. § 56 Abs. 4 SGB VI.

Gemäß § 55 Abs. 2 Nr. 2 SGB VI stehen die Kindererziehungszeiten nach § 56 SGB VI den Beiträgen aus versicherter Beschäftigung oder Tätigkeit gleich, so dass sie ohne Einschränkung nicht nur für die Erfüllung der jeweiligen Wartezeit, sondern eventuell ebenso für die Erfüllung der versicherungsrechtlichen Voraussetzungen des Rentenanspruchs berücksichtigt werden.[568] Somit können eigenständige Rentenansprüche erlangt werden, ohne dass eine Beitragsleistung des Versicherten vorliegt.[569]

3. Zweck der Kindererziehungszeiten

Die rentenrechtliche Anerkennung von Kinderziehungszeiten verfolgt insbesondere das Ziel, Elemente einer eigenständigen Alterssicherung wegen Familienarbeit in das erwerbsarbeitsbezogene Rentensystem zu integrieren.[570] Dem Gesetzgeber ging es in Anerkennung der Kindererziehung als elementare Leistung für die gesetzliche Rentenversicherung (Fortbestand des Generationenvertrags) darum, Nachteile zu reduzieren, die Kindererziehende in ihrer Alterssicherung infolge erziehungsbedingter Unterbrechungen oder Einschränkungen ihrer Erwerbstätigkeit auf sich nehmen.[571] Zudem waren Kindererziehungszeiten in der gesetzlichen Rentenversicherung als wichtiger

---

567 *Hohnerlein*, Unterhalts- und Betreuungsleistungen für Kinder in Deutschland, S. 177.

568 *Schimmang*, der Ausbau der gesetzlichen Rentenversicherung zu einer Erwerbstätigenversicherung und ihre Stellung in Europa, S. 170.

569 *Schimmang*, der Ausbau der gesetzlichen Rentenversicherung zu einer Erwerbstätigenversicherung und ihre Stellung in Europa, S. 171.

570 *Hohnerlein*, Unterhalts- und Betreuungsleistungen für Kinder in Deutschland, S. 176.

571 BT-Drs. 10/2677, S. 28; vgl. dazu auch *Hohnerlein*, Unterhalts- und Betreuungsleistungen für Kinder in Deutschland, S. 176.

Beitrag zu einer Verbesserung der eigenständigen sozialen Sicherung der Frau gedacht.[572] Der Gesetzgeber hat damals keine gesonderte Regelung für Alleinerziehende geschaffen. Für Alleinerziehende gelten bezüglich der Kindererziehungszeiten keine Besonderheiten.[573]

4. Zuordnung der Kindererziehungszeit

Die Kindererziehungszeit ist dem Elternteil zuzuordnen, der sein Kind erzogen hat, vgl. § 56 Abs. 2 Satz 1 SGB VI. Es kann somit nur ein Elternteil für denselben Zeitraum wegen Kindererziehung versichert sein.[574] Die Zuordnungsregeln nach § 56 Abs. 2 SGB VI differenzieren bei der Erziehung zwischen den Kategorien „allein“[575], „gemeinsam“[576] und „überwiegend“[577] und resultieren in unterschiedlichen Rechtsfolgen.[578]

Erziehung ist in Abgrenzung zum rechtlichen grundsätzlich im faktischen Sinn zu verstehen und setzt voraus, dass der betreffende Elternteil in der Lage ist, für die Entwicklung des Kindes zu sorgen.[579] Die Erziehung beinhaltet alle Maßnahmen, die darauf gerichtet sind, die körperliche, geistige, seelische, sittliche und charakterliche Entwicklung des Kindes zu fördern.[580] Das Leben von Kind und Elternteil in häuslicher Gemeinschaft indiziert die Erziehungsfunktion des jeweiligen Elternteils.[581]

Auch gemeinsame Erziehungszeit wird lediglich einem Elternteil zugeordnet (§ 56 Abs. 2 Satz 2 SGB VI). Der Begriff der gemeinsamen Erziehung bezeichnet eine Form der Erziehung, bei der die Elternteile in Ausübung

---

572 BT-Drs. 10/2677, S. 28; *Gürtner*, in: BeckOGK, SGB VI, § 56, Rn. 4.

573 *Gundelach*, in: Fasselt et al., HSRB, § 19, Rn. 75.

574 *Gürtner*, in: BeckOGK, SGB VI, § 56, Rn. 22; *Dankelmann*, in: Kreikebohm/Roßbach, SGB VI, § 56, Rn. 10; *Fichte*, in: Hauck/Noftz, SGB VI, § 56, Rn. 34.

575 Vgl. § 56 Abs. 2 Satz 1 SGB VI.

576 Vgl. § 56 Abs. 2 Satz 2 SGB VI.

577 Vgl. § 56 Abs. 2 Satz 8 SGB VI.

578 *Dankelmann*, in: Kreikebohm/Roßbach, SGB VI, § 56, Rn. 10; *Jassat*, in: BeckOK SozR, SGB VI, § 56, Rn. 10 f.

579 *Gürtner*, in: BeckOGK, SGB VI, § 56, Rn. 21; *Dankelmann*, in: Kreikebohm/Roßbach, SGB VI, § 56, Rn. 9.

580 BSG, Urt. v. 28.02.1991 – 4 RA 76/90, in: juris, Rn. 26; BSG, Urt. v. 16.12.1997 – 4 RA 60/97, in: juris, Rn. 16; *Dankelmann*, in: Kreikebohm/Roßbach, SGB VI, § 56, Rn. 9 m. w. N.

581 *Dankelmann*, in: Kreikebohm/Roßbach, SGB VI, § 56, Rn. 9; *Gürtner*, in: BeckOGK, SGB VI, § 56, Rn. 21.

ihres Elternrechts zusammenwirken.[582] Dies bedeutet, dass für denselben Erziehungszeitraum Erziehungsanteile und -beiträge mehrerer Elternteile vorliegen.[583] Nach § 56 Abs. 2 Satz 3 SGB VI können in dieser Konstellation die Eltern die Zuordnung durch eine gemeinsame Erklärung bzw. zwei übereinstimmende Erklärungen bestimmen.[584] Hierbei können die Eltern die ganze oder einen Teil der Kindererziehungszeit dem einen oder anderen Elternteil zuordnen.[585]

Haben die Eltern keine gemeinsame oder übereinstimmende Erklärung abgegeben, wird die Kindererziehungszeit dem Elternteil zugeordnet, der das Kind überwiegend erzogen hat, vgl. § 56 Abs. 2 Satz 8 SGB VI. Überwiegend erzieht grundsätzlich der Elternteil, in dessen Haushalt das Kind aufgenommen ist.[586] Andernfalls der Elternteil, der sich in zeitlich größerem Umfang der Kindererziehung beschäftigt.[587] Es ist nicht entscheidend, welcher Elternteil den erzieherisch größeren Einfluss ausgeübt hat.[588]

Sofern keine übereinstimmende Erklärung abgegeben wurde, sind die Träger der Rentenversicherung von Amts wegen[589] dazu verpflichtet, zu ermitteln, welcher Elternteil in welchem Zeitraum das Kind überwiegend erzogen hat.[590] Zudem müssen sie gegebenenfalls feststellen, ob eine überwiegende Erziehung überhaupt vorliegt.[591] Ist dies strittig, ist gemäß § 103 SGG

---

582 BSG, Urt. v. 18.04.2024 – B 5 R 10/23 R –, in: juris, Rn. 18; vgl. BSG, Urt. v. 16.12.1997 – 4 RA 60/97 –, in: juris, Rn. 14; *Fichte*, in: Hauck/Noftz SGB VI, § 56 Rn. 35 und 38.

583 BSG, Urt. v. 18.04.2024 – B 5 R 10/23 R –, in: juris, Rn. 18; vgl. BSG, Urt. v. 16.12.1997 – 4 RA 60/97 –, in: juris, Rn. 14; *Fichte*, in: Hauck/Noftz SGB VI, § 56 Rn. 35.

584 Für Jahrgänge ab 1992 ist eine Aufteilung der Erziehungszeiten unter den Elternteilen möglich, vgl. *Hohnerlein*, Unterhalts- und Betreuungsleistungen für Kinder in Deutschland, S. 177.

585 Vgl. § 56 Abs. 2 Satz 3 und 4 SGB VI; vgl. *Dankelmann*, in: Kreikebohm/Roßbach, SGB VI, § 56, Rn. 12.

586 BT-Drs. 10/2677, S. 33; *Gürtner*, in: BeckOGK, SGB VI, § 56, Rn. 38.

587 *Gürtner*, in: BeckOGK, SGB VI, § 56, Rn. 38; BT-Drs. 10/2677, S. 33.

588 *Gürtner*, in: BeckOGK, SGB VI, § 56, Rn. 38.

589 Vgl. § 20 SGB X.

590 *Gürtner*, in: BeckOGK, SGB VI, § 56, Rn. 39; vgl. auch BSG, Urt. v. 18.04.2024 – B 5 R 10/23 R –, in: juris, Rn. 19; vgl. auch BSG, Urt. v. 31.08.2000 – B 4 RA 28/00 R –, in: juris, Rn. 16.

591 *Gürtner*, in: BeckOGK, SGB VI, § 56, Rn. 39; vgl. *Kuszynski*, in: Knickrehm/Roßbach/Waltermann, Kommentar zum Sozialrecht, SGB VI, § 56, Rn. 6.

eine gerichtliche Entscheidung herbeizuführen.[592] Liegt keine überwiegende Erziehung durch einen Elternteil vor, erfolgt die Zuordnung im Zweifel zur Mutter, vgl. § 56 Abs. 2 Satz 9 Hs. 1 SGB VI. Der Begriff überwiegende Erziehung ist gesetzlich nicht definiert.[593] Unter überwiegender Erziehung wird die Erziehungsleistung desjenigen Elternteils verstanden, der sich dem Kind in einem im Vergleich zum anderen Elternteil höheren Maß der körperlichen, geistigen und seelischen Entwicklung des Kindes widmet.[594] Dies wird nicht anhand des individuellen erzieherischen Einflusses bestimmt, sondern durch einen Vergleich der Erziehungsleistungen nach objektiven Kriterien – insbesondere danach, in wessen Haushalt das Kind lebt und welcher Elternteil mehr Zeit für die Erziehung und Betreuung des Kindes aufbringt.[595] Diese Regelung ist dabei nicht geschlechter- sondern rollengebunden. So können auch alleinerziehende Väter von der Regelung profitieren, wenn diese die Erziehung überwiegend übernehmen.

Sofern keine überwiegende Erziehung durch einen Elternteil vorliegt, erfolgt die Zuordnung entsprechend der dargelegten Kriterien zur Mutter. Das BSG sieht hierin eine durch das Gleichstellungsgebot gerechtfertigte Benachteiligung/Ungleichbehandlung von Vätern.[596] Die Regelung, dass die Kindererziehungszeiten im Zweifelsfall der Mutter zugeschrieben werden, gleiche somit die tatsächlichen Nachteile aus, die Frauen aufgrund ihrer Erziehungsleistung beim Erwerb von Rentenansprüchen erfahren.[597] Diese Benachteiligungen betreffen Frauen nach wie vor stärker als Männer.[598] Trotz eines Anstiegs der Erwerbstätigenquote und teils auch der Arbeitszeit von Müttern kleiner Kinder bleiben diese Werte immer noch deutlich hinter denen der Väter zurück.[599] Der Ansicht des BSG kann uneingeschränkt gefolgt

592 BSG, Urt. v. 18.04.2024 – B 5 R 10/23 R –, in: juris, Rn. 19; vgl. auch BSG, Urt. v. 31.08.2000 – B 4 RA 28/00 R –, in: juris, Rn. 16.

593 BSG, Urt. v. 18.04.2024 – B 5 R 10/23 R –, in: juris, Rn. 18.

594 BSG, Urt. v. 16.12.1997 – 4 RA 60/97 –, in: juris, Rn. 15 f.; BSG, Urt. v. 18.04.2024 – B 5 R 10/23 R –, in: juris, Rn. 18.

595 BSG, Urt. v. 28.02.1991 – 4 RA 76/90 –, in: juris, Rn. 29; BSG, Urt. v. 17.04.2008 – B 13 R 131/07 R –, in: juris, Rn. 15; BSG, Urt. v. 18.04.2024 – B 5 R 10/23 R –, in: juris, Rn. 18.

596 BSG, Urt. v. 18.04.2024 – B 5 R 10/23 R –, in: juris, Rn. 33.

597 BSG, Urt. v. 18.04.2024 – B 5 R 10/23 R –, in: juris, Rn. 41.

598 BSG, Urt. v. 18.04.2024 – B 5 R 10/23 R –, in: juris, Rn. 41.

599 BSG, Urt. v. 18.04.2024 – B 5 R 10/23 R –, in: juris, Rn. 38.

werden.[600] Zwar hat die genannte Zuordnungsregelung gemäß § 56 Abs. 2 Satz 9 Hs. 1 SGB VI eine Festigung des traditionellen Ernährermodells zur Folge.[601] Die beschriebene Ungleichbehandlung trifft jedoch nach wie vor überwiegend Frauen.[602]

5. Ausschluss von der Anrechnung der Kindererziehungszeiten

Nach § 56 Abs. 4 SGB VI liegt ein Ausschluss von der Anrechnung von Kindererziehungszeiten vor, wenn eine Beschäftigung im Ausland ausgeübt wird, die nicht den deutschen Regelungen über die Versicherungspflicht unterliegt oder bei Personen, die bereits eine Altersrente oder Versorgung beziehen oder denen die Kindererziehung bereits in einem anderen Alterssicherungssystem als gleichwertig anerkannt worden ist.[603]

6. Dauer der Kindererziehungszeit

Gemäß § 56 Abs. 5 Satz 1 SGB VI beginnt die Kindererziehungszeit nach Ablauf des Monats der Geburt und endet nach 36 Kalendermonaten. Hierdurch wird eine soziale Absicherung für Erziehende während einer Phase gewährleistet, in der die Betreuung des Kindes in vorschulischen Einrichtungen im Allgemeinen noch nicht in Frage kommt.[604] Diese Regelung wird für Geburten vor dem 1. Januar 1992 nach § 249 Abs. 1 SGB VI eingeschränkt. Hiernach endet die Kindererziehungszeit bereits 30 Kalendermonate nach Ablauf des Monats der Geburt. Wird während dieses Zeitraumes vom erziehenden Elternteil ein weiteres Kind erzogen, für das ihm eine Kindererziehungszeit anzurechnen ist, wird die Kindererziehungszeit für dieses und jedes weitere Kind um die Anzahl an Kalendermonaten der gleichzeitigen Erziehung verlängert.

7. Finanzierung und Berechnung der Kindererziehungszeiten

Gemäß § 170 Abs. 1 Nr. 1 SGB VI werden die Beiträge für die Kindererziehungszeiten vom Bund übernommen – folglich durch Steuern finanziert.

---

600 Ebenfalls *Bienert*, NZS 2024, 740 (748).

601 Vgl. zum Elterngeld *Felix*, SGb 2024, 1 (6).

602 So auch *Bienert*, NZS 2024, 740 (748).

603 Zur europarechtlichen Möglichkeit der Koordinierung siehe Gliederungspunkt Kapitel 5 F. I.

604 BT-Drs. 11/4124, S. 166.

Die Beitragstragung durch den Bund wird durch § 177 SGB VI ausgestaltet. Dabei erfolgt die Zahlung des Bundes nicht lediglich in Abhängigkeit von der Entwicklung der Bruttolöhne und -gehälter, sondern auch in Relation zur Zahl der unter Dreijährigen, vgl. § 177 Abs. 2 SGB VI.

Grundsätzlich wird für ein Jahr Kindererziehungszeit ein Entgeltpunkt gutgeschrieben, was einem Wert von 0,0833 Entgeltpunkten pro Monat bzw. 0,996 Entgeltpunkten pro Jahr entspricht (vgl. § 70 Abs. 2 SGB VI).[605] Die Berücksichtigung der Bruttolöhne und -gehälter sowie der Kindererziehungszeiten erfolgt lediglich für die ersten drei Lebensjahre des Kindes. Die Kosten für die Leistungen aus Kindererziehungszeiten sind gemäß § 177 SGB VI durch § 56 SGB VI gedeckt.

Kindererziehungszeiten werden seit dem Rentenreformgesetz 1999[606] zusätzlich zu bereits bestehenden – zeitgleichen – Beitragszeiten bis zur jeweiligen Beitragsbemessungsgrenze angerechnet.[607] So sieht § 70 Abs. 2 SGB VI in der Berechnung der gesetzlichen Rente eine additive Bewertung[608] der Kindererziehungszeit nach § 56 SGB VI von 0,0833 Entgeltpunkten pro Kalendermonat bis zur jeweiligen Beitragsbemessungsgrenze[609] vor.[610] Die Bewertung der Zeiten von Kindererziehung stieg von anfangs 75 % auf 100 % des Durchschnittsentgelts aller Versicherten.[611] Für jeweils 12 Monate anerkannter Kindererziehungszeit erhöht sich daher die monatliche Rente derzeit um etwa 37,60 Euro.[612] Für ein ab 1992 geborenes Kind werden 36 Monate Kindererziehungszeit angerechnet, was gegenwärtig eine Erhöhung

---

605 *Schimmang*, der Ausbau der gesetzlichen Rentenversicherung zu einer Erwerbstätigenversicherung und ihre Stellung in Europa, S. 171.

606 BT-Drs. 13/8011, S. 51.

607 *Hohnerlein*, Unterhalts- und Betreuungsleistungen für Kinder in Deutschland, S. 177; ab 01.01.2025 beträgt die Beitragsbemessungsgrenze in der allgemeinen Rentenversicherung 8.050 €/Monat (96.600 €/Jahr), vgl dazu § 4 Sozialversicherungsrechengrößen-Verordnung 2025.

608 Zur additiven Bewertung ausführlich *Schulin/Karuth*, NZS 1996, 273 (273 ff.).

609 Anlage 2b zum SGB VI: Jährliche Höchstwerte an Entgeltpunkten.

610 *Schimmang*, der Ausbau der gesetzlichen Rentenversicherung zu einer Erwerbstätigenversicherung und ihre Stellung in Europa, S. 170.

611 *Hohnerlein*, Unterhalts- und Betreuungsleistungen für Kinder in Deutschland, S. 177; das vorläufige durchschnittliche Bruttojahresarbeitsentgelt beträgt 2025 50.493 €, vgl. § 3 Sozialversicherungsrechengrößen-Verordnung 2025.

612 *Deutsche Rentenversicherung*, Kindererziehung, o. S.

der gesetzlichen Rente in den neuen Bundesländern um etwa 110 Euro pro Monat zur Folge hat.[613]

§ 70 Abs. 2 Satz 2 SGB VI sieht eine Entgeltpunktevergabe für Zeiten der Kindererziehung nur dann vor, wenn die Beitragsbemessungsgrenze noch nicht erreicht ist. Kindererziehungszeiten haben daher keine Auswirkung auf die Rentenberechnung, sofern bereits Beitragsleistungen bis zur jeweiligen Beitragsbemessungsgrenze des betreffenden Kalenderjahres aus Beschäftigung oder selbstständiger Tätigkeit während des in § 56 Abs. 5 SGB VI aufgeführten Zeitraumes geleistet wurden.[614] Das bedeutet, dass bei Überschreiten der Beitragsbemessungsgrenze es zu einer Kürzung kommt und somit die Leistung der Kinderziehungszeit keine Berücksichtigung findet.

Die Festsetzung eines Höchstwertes für die Anrechnung von Kindererziehungszeiten ist umstritten, da hierdurch ungleiche Behandlung der generativen Leistung im Kontext der Kindererziehung die Folge ist.[615] Es wird daher u. a. gefordert, die Deckelung durch die Beitragsbemessungsgrenze aufzuheben.[616] Es wird darauf verwiesen, dass bei Betrachtung der Wirkweise der Höchstwertbegrenzung des § 70 Abs. 2 Satz 2 i. V. m. Anlage 2b SGB VI ersichtlich werde, dass es sich weniger um eine Beitragsbemessungsgrenze, als um eine Leistungsbemessungsgrenze handele.[617] Dies sei darauf zurückzuführen, dass die Begrenzung ausschließlich auf der Leistungsseite wirke, während die Beitragsseite unberührt bleibe.[618]

In seiner Entscheidung vom 12. Dezember 2006 hat das BSG die eingeschränkte Berücksichtigung von Entgeltpunkten lediglich bis zu den Höchstwerten der Anlage 2b zum SGB VI für verfassungskonform erklärt.[619] Eine Verfassungsbeschwerde gegen die Beschränkung der Höhe des Arbeitsentgelts auf den Höchstwert an Entgeltpunkten entsprechend der

---

613 Zu den Zahlen vgl. *Deutsche Rentenversicherung*, Anrechnung von Kindererziehungszeiten, o. S.

614 *Schimmang*, der Ausbau der gesetzlichen Rentenversicherung zu einer Erwerbstätigenversicherung und ihre Stellung in Europa, S. 171.

615 *v. Koppenfels-Spies*, NZS 2021, 632 (638 f.); *Lindner*, NZS 2018, 565 (568); *Kuszynski*, in: BeckOK SozR, SGB VI, § 70, Rn. 6a.

616 So *VAMV*, Positionspapier: Für ein gutes Auskommen im Alter!, S. 6.

617 *Lindner*, NZS 2018, 565 (568); *v. Koppenfels-Spies*, NZS 2021, 632 (637).

618 *Lindner*, NZS 2018, 565 (568); *v. Koppenfels-Spies*, NZS 2021, 632 (637).

619 BSG, Urt. v. 12.12.2006 - B 13 RJ 22/05 R, in: juris, Rn. 27–40; so auch BSG, Urt. v. 16.10.2019 – B 13 R 14/18 R, in: juris, Rn. 18 f.

Beitragsbemessungsgrenze wurde durch das BVerfG nicht zur Entscheidung angenommen.[620] Es könne zwar eine Ungleichbehandlung darin gesehen werden, dass sich die Kindererziehungszeiten nicht bei allen versicherten Elternteilen gleichermaßen auf den Rentenwert auswirkten.[621] Das Gericht stellt jedoch fest, dass eine Nichtberücksichtigung von Entgeltpunkten für eine Kindererziehungszeit, die infolge der Zusammenrechnung mit bereits vorhandenen Beitragszeiten über der Beitragsbemessungsgrenze liege, durch sachliche Gründe gerechtfertigt sei.[622] Weiter sei die Ungleichbehandlung gerechtfertigt, da die Beitragsbemessungsgrenze von Beginn an zu den Grundprinzipien der gesetzlichen Rentenversicherung gehöre.[623]

Eine Anhebung der Beitragsbemessungsgrenze für Fälle des Zusammentreffens von monetärem und generativem Beitrag ist abzulehnen, da sie einen anders gelagerten Systembruch bedeuten würde.[624] Es ist von Bedeutung, die Beitragsbemessungsgrenze als ein systemimmanentes, das gesamte Recht der gesetzlichen Rentenversicherung durchziehendes allgemeines Grundprinzip zu bewahren.[625] Des Weiteren ist die Äquivalenz von Beiträgen und Leistungen zu berücksichtigen. Dies impliziert, dass eine Begrenzung der Beiträge eine entsprechende Begrenzung der Leistungen nach sich zieht.[626] Ebenso muss eine Begrenzung der Leistungen eine entsprechende Begrenzung der Beiträge zur Folge haben.[627]

Um Probleme im Zusammenhang mit der Beitrags- und Leistungsbemessungsgrenze zu vermeiden, wird eine alternative Berechnungsmethode vorgeschlagen.[628] Ein denkbarer Lösungsansatz wäre, die aus Kindererziehungszeiten resultierenden Entgeltpunkte zunächst in voller Höhe anzurechnen und im Anschluss die beitragspflichtigen Entgeltpunkte aus der

---

620 BVerfG, Beschl. v. 29.08.2007 - 1 BvR 858/03, in: juris, Rn. 1 ff.; zuletzt ebenso ablehnend BVerfG, Beschl. v. 16.12.2016 - 1 BvR 287/14, in: juris, Rn. 1 ff.

621 BVerfG, Beschl. v. 29.08.2007 - 1 BvR 858/03, in: juris, Rn. 6; vgl. *v. Koppenfels-Spies*, NZS 2021, 632 (637).

622 BVerfG, Beschl. v. 29.08.2007 - 1 BvR 858/03, in: juris, Rn. 6 f.

623 BVerfG, Beschl. v. 29.08.2007 - 1 BvR 858/03, in: juris, Rn. 8.

624 So auch *v. Koppenfels-Spies*, NZS 2021, 632 (638).

625 Im Ergebnis auch *v. Koppenfels-Spies*, NZS 2021, 632 (638).

626 *v. Koppenfels-Spies*, NZS 2021, 632 (638).

627 *v. Koppenfels-Spies*, NZS 2021, 632 (638).

628 *v. Koppenfels-Spies*, NZS 2021, 632 (638); *Kuszynski*, in: BeckOK SozR, SGB VI, § 70, Rn. 6b.

Erwerbstätigkeit nur bis zur Beitragsbemessungsgrenze zu berücksichtigen.[629] Sollte die Kombination aus den Entgeltpunkten aus der Erwerbstätigkeit und den angerechneten Kindererziehungszeiten die Beitragsbemessungsgrenze überschreiten, wären die überschüssigen Entgeltpunkte entsprechend zu reduzieren.[630] Hierdurch würde als maßgebliche Beitragsbemessungsgrundlage ein vermindertes Arbeitsentgelt in Höhe des Differenzbetrages zur Beitragsbemessungsgrenze zugrunde gelegt, was zu einer entsprechenden Minderung des zu entrichtenden Beitrags führen würde.[631] Dies hätte zur Folge, dass der in § 70 Abs. 2 Satz 2 SGB VI vorgesehenen Begrenzung der rentenrechtlichen Leistungen eine systemadäquate Begrenzung der Beitragsbemessung gegenübergestellt würde.[632]

Im Ergebnis bliebe daher mehr Netto- vom Bruttolohn aus Erwerbstätigkeit, da die Beiträge aus Erwerbstätigkeit nachrangig zur Anrechnung von Kindererziehungszeiten erfolgen. Die Anwendung dieses Berechnungsmodells würde zwar die spätere Rente nicht erhöhen, allerdings die Einkommen aus Erwerbstätigkeit entlasten. Hieraus würden gleich mehrere Vorteile folgen. Zunächst wäre hiermit ein starker Anreiz zur Erwerbstätigkeit auch während der Zeiten von Kindererziehung gesetzt. Dem Arbeitsmarkt stünden somit insgesamt mehr Personen zur Verfügung. Eine geringere Belastung von Erwerbseinkommen würde zugleich zu einer unmittelbaren Entlastung von Familien mit Kindern führen. Insgesamt stünde Familien so mehr Geld zur Verfügung. Die Entscheidung, eine Familie mit Kindern zu haben, wäre somit attraktiver. Ein Anreiz, der insbesondere in Anbetracht des demografischen Wandels in westlichen Industrieländern hoch willkommen sein dürfte.

Eine andere Möglichkeit zur Einführung einer Beitragsbegrenzung wäre die Kürzung der Beiträge für die Kindererziehungszeit. Eine solche Regelung würde jedoch nicht der kindererziehenden Person, sondern dem Bund zugutekommen, da die Beiträge für Kindererziehungszeiten vom Bund bezahlt werden und somit dieser weniger zahlen müsste (vgl. § 177 Abs. 1 SGB VI).[633]

---

629 *v. Koppenfels-Spies*, NZS 2021, 632 (638).

630 *v. Koppenfels-Spies*, NZS 2021, 632 (638).

631 *v. Koppenfels-Spies*, NZS 2021, 632 (638); kritisch *Kuszynski*, in: BeckOK SozR, SGB VI, § 70, Rn. 6b, welcher in der praktischen Umsetzung einen erhöhten Aufwand seitens Rentenversicherungsträger sieht.

632 *v. Koppenfels-Spies*, NZS 2021, 632 (638).

633 So *Kuszynski*, in: BeckOK SozR, SGB VI, § 70, Rn. 6b.

Dieser Vorschlag ist abzulehnen und es ist dem vorherigen Anpassungsvorschlag zu folgen, da dieser eher dem generativen Beitrag im Rahmen der Kindererziehung folgt und somit auch das Äquivalenzprinzip gewahrt wird.

8. Berücksichtigungszeiten und Höherbewertung geringer Beitragszeiten während der Kinderberücksichtigungszeiten

a. Kinderberücksichtigungszeiten

Die Anrechnung von Kindererziehungszeiten gemäß § 56 SGB VI ist allein nicht ausreichend, um die durch Kindererziehung verursachten Nachteile in der Alterssicherung von Alleinerziehenden auszugleichen. Denn auch nach den ersten drei Lebensjahren des Kindes verdient der Elternteil, der sich der Kinderbetreuung widmet, häufig unterdurchschnittlich, meistens aufgrund von Teilzeitarbeit oder geringfügiger Beschäftigung.[634] Diese Lücke zu schließen und zugleich einen Erwerbsanreiz zu geben, wenn das Kind das dritte Lebensjahr vollendet hat, ist Ziel der Kinderberücksichtigungszeiten nach § 57 SGB VI.[635] Durch das Instrument der Berücksichtigungszeiten will der Gesetzgeber verhindern, dass sich Zeiten der Kindererziehung negativ auf das spätere Rentenniveau auswirken.[636]

Nach § 57 SGB VI stellen Berücksichtigungszeiten wegen Kindererziehung eine rentenrechtliche Zeit dar. Gemäß § 57 SGB VI sind Berücksichtigungszeiten Zeiten der Erziehung eines Kindes bis zu dessen vollendetem zehnten Lebensjahr. Mit dem zehnten Lebensjahr berücksichtigte der Gesetzgeber, dass die Kinder dann bereits in die Schule gehen können und so eine Erwerbstätigkeit in Teilzeit möglich wäre und somit ein Arbeitsanreiz geschaffen wird.[637] Diese rentenrechtliche Zeit begründet grundsätzlich – anders als Kindererziehungszeiten nach § 56 SGB VI – weder einen Rentenanspruch noch erhöht sie die Rentenanwartschaft um einen festen Betrag – dennoch kann sie sich rentensteigernd auswirken.[638] Für die Anrechnung von Berücksichtigungszeiten sowie deren Zuordnung sind die Voraussetzungen

---

[634] BT-Drs. 11/4124, S. 166.

[635] BT-Drs. 14/4595, S. 48; vgl. BT-Drs. 11/4124, S. 166.

[636] *Schuler-Harms*, in: Schlegel/Voelzke, jurisPK-SGB VI, § 57, Rn. 6; *Dankelmann*, in: Kreikebohm/Roßbach, SGB VI, § 57, Rn. 2.

[637] BT-Drs. 14/4595, S. 41.

[638] BT-Drs. 11/4124, S. 166 f.; *Temming*, in: Fuchs/Preis/Brose, Sozialversicherungsrecht und SGB II, § 49, Rn. 110; *Schuler-Harms*, in: Schlegel/Voelzke, jurisPK-SGB VI, § 57,

an diejenigen der Kindererziehungszeit[639] geknüpft.[640] Liegen die Voraussetzungen für Kindererziehungszeiten nicht vor, ist auch die Anerkennung von Kinderberücksichtigungszeiten nicht möglich.[641]

Somit kann ein Zeitraum, der bei einem Elternteil als Kindererziehungszeit anzurechnen ist, nicht dem anderen Elternteil als Berücksichtigungszeit zugeordnet werden.[642] Die über die dreijährige Kindererziehungszeit hinausgehenden sieben Jahre der Berücksichtigungszeit können dagegen frei – jedoch einmalig – zugeordnet werden.[643] Zudem wird eine Berücksichtigungszeit nicht durch eine parallel liegende andere rentenrechtliche Zeit (beispielsweise Beitrags- oder Anrechnungszeiten nach §§ 55, 58 SGB VI) verdrängt.[644]

Die Berücksichtigungszeiten können ebenfalls für die Erfüllung bestimmter Wartezeiten[645] verwendet werden.[646] Zudem bewirken Kinderberücksichtigungszeiten eine Verlängerung der belegungsfähigen Zeiträume der besonderen versicherungsrechtlichen Voraussetzungen.[647] Die Kinderberücksichtigungszeit gewährleistet somit, dass Eltern, welche nach der Geburt des Kindes über einen Zeitraum von mehreren Jahren keiner

---

Rn. 5 und 15; *Gürtner*, in: BeckOGK, SGB VI, § 57, Rn. 2; *Dankelmann*, in: Kreikebohm/Roßbach, SGB VI, § 57, Rn. 3.

639 §§ 56, 249, 249a SGB VI.

640 *Schuler-Harms*, in: Schlegel/Voelzke, jurisPK-SGB VI, § 57, Rn. 5; *Gürtner*, in: BeckOGK, SGB VI, § 57, Rn. 4; *Temming*, in: Fuchs/Preis/Brose, Sozialversicherungsrecht und SGB II, § 49, Rn. 111; *Dankelmann*, in: Kreikebohm/Roßbach, SGB VI, § 57, Rn. 4.

641 BSG, Urt. v. 16.06.2016 – B 13 R 15/14 R –, in: juris, Rn. 13; *Gürtner*, in: BeckOGK, SGB VI, § 57, Rn. 4.

642 *Schuler-Harms*, in: Schlegel/Voelzke, jurisPK-SGB VI, § 57, Rn. 8 und 21; *Temming*, in: Fuchs/Preis/Brose, Sozialversicherungsrecht und SGB II, § 49, Rn. 111.

643 *Dankelmann*, in: Kreikebohm/Roßbach, SGB VI, § 57, Rn. 5; *Gürtner*, in: BeckOGK, SGB VI, § 57, Rn. 4; *Temming*, in: Fuchs/Preis/Brose, Sozialversicherungsrecht und SGB II, § 49, Rn. 111; *Schuler-Harms*, in: Schlegel/Voelzke, jurisPK-SGB VI, § 57, Rn. 11.

644 *Schuler-Harms*, in: Schlegel/Voelzke, jurisPK-SGB VI, § 57, Rn. 15; *Temming*, in: Fuchs/Preis/Brose, Sozialversicherungsrecht und SGB II, § 49, Rn. 111.

645 Wartezeit von 35 Jahren nach § 51 Abs. 3 SGB VI sowie Wartezeit von 45 Jahren nach § 51 Abs. 3a Nr. 2 SGB VI.

646 *Schimmang*, der Ausbau der gesetzlichen Rentenversicherung zu einer Erwerbstätigenversicherung und ihre Stellung in Europa, S. 170.

647 Beispielsweise § 43 Abs. 4 Nr. 2 SGB VI. Vgl. dazu *Schimmang*, der Ausbau der gesetzlichen Rentenversicherung zu einer Erwerbstätigenversicherung und ihre Stellung in Europa, S. 170.

versicherungspflichtigen Beschäftigung nachgehen, die Möglichkeit erhalten, vorzeitig in Rente zu gehen.[648]

b. Höherbewertung geringer Beitragszeiten während der Kinderberücksichtigungszeiten

Durch die Rentenreform aus dem Jahr 2001[649] entstanden insbesondere zusätzliche Verbesserungen für Eltern mit unterdurchschnittlichen Verdiensten im Anschluss an die dreijährige Kindererziehungszeit – vgl. § 70 Abs. 3a SGB VI.[650] Die Regelung zielt darauf ab, Eltern, die Kinder erziehen, und insbesondere Alleinerziehende[651] für das durch Kinderbetreuung bedingte niedrigere Entgelt (beispielsweise infolge von Teilzeitarbeit) zu kompensieren und somit eine rentenrechtlich höhere Absicherung auch über das dritte Lebensjahr des Kindes hinaus zu gewährleisten.[652] Der Gesetzgeber wollte durch die Anknüpfung an Pflichtbeitragszeiten rentenrechtliche Anreize zur Wiederaufnahme einer Erwerbstätigkeit ab dem Kindergartenalter schaffen.[653] Wie Kindererziehungszeiten wirken sich Kinderberücksichtigungszeiten rentenerhöhend aus, denn § 70 Abs. 3a SGB VI sieht für Zeiten nach dem 31. Dezember 1991[654] bei Vorliegen von 25 Jahren rentenrechtlicher Zeiten eine Gutschrift bei doppelter Kindererziehung nach § 70 Abs. 3a lit. b) SGB VI sowie die Aufwertung bereits bestehender Entgeltpunkte um die Hälfte, höchstens jedoch 0,0278 Entgeltpunkte vor, vgl. § 70 Abs. 3a lit. a) SGB VI.[655] Diese Regelung soll für Zeiten ab 1. Januar

---

648 *Dankelmann*, in: Kreikebohm/Roßbach, SGB VI, § 57, Rn. 3; *Gürtner*, in: BeckOGK, SGB VI, § 57, Rn. 3.

649 BGBl. I 2001, Nr. 13 v. 26.03.2001, S. 403.

650 *Hohnerlein*, Unterhalts- und Betreuungsleistungen für Kinder in Deutschland, S. 177.

651 BT-Drs. 14/4595, S. 41.

652 BT-Drs. 14/4595, S. 48; vgl. *v. Koch*, in: Kreikebohm/Roßbach, SGB VI, § 70, Rn. 21; *Hohnerlein*, Unterhalts- und Betreuungsleistungen für Kinder in Deutschland, S. 177.

653 BT-Drs. 14/4595, S. 41.

654 Die Höherbewertung ist auf Berücksichtigungszeiten i. S. d. § 70 Abs. 3a Satz 1 SGB VI ab dem Jahre 1992 begrenzt, vgl. *Kreikebohm/Jassat*, in: BeckOK SozR, SGB VI, § 57, Rn. 2; *Gürtner*, in: BeckOGK, SGB VI, § 57, Rn. 4; *Hohnerlein*, Unterhalts- und Betreuungsleistungen für Kinder in Deutschland, S. 177.

655 *Schimmang*, der Ausbau der gesetzlichen Rentenversicherung zu einer Erwerbstätigenversicherung und ihre Stellung in Europa, S. 170.

1992 eine Fortschreibung der Rente nach dem Mindesteinkommen[656] für Kindererziehende aufzeigen.[657]

Gemäß § 70 Abs. 3a SGB VI hat derjenige Anspruch auf die kindbezogene Höherbewertung von Pflichtbeitragszeiten durch zusätzliche Entgeltpunkte, der nach der dreijährigen Kindererziehungszeit bis zum zehnten Lebensjahr erwerbstätig ist und in dieser Zeit aufgrund von Teilzeitarbeit oder niedrigem Einkommen weniger als den Durchschnittsverdienst erzielt.[658] Die Begünstigung nach § 70 Abs. 3 SGB VI beginnt in diesen Konstellationen nach dem dritten Lebensjahr, weil bis dahin Kindererziehungszeiten nach § 56 SGB VI zu gewähren sind.[659] Die Berücksichtigungszeiten müssen dem Versicherten tatsächlich zugeordnet sein.[660] Grundsätzlich wird also der Zuschlag für solche Kalendermonate geleistet, die mit Pflichtbeiträgen belegt sind.[661] Eine Person, die ausschließlich ein Kind betreut und keiner Erwerbstätigkeit nachgeht, erhält keinen Zuschlag.[662] Des Weiteren wird die Höherbewertung nur vorgenommen, wenn eine sozialversicherungspflichtige Tätigkeit ausgeübt wurde. Das bedeutet, dass beispielsweise Alleinerziehende, die eine versicherungsfreie geringfügige Beschäftigung ausüben, nicht von der Regelung des § 70 Abs. 3a SGB VI erfasst sind.

Die Rentenanwartschaften aus der Erwerbstätigkeit werden in diesem Fall um jeweils 50 % auf maximal 100 % des Durchschnittsverdienstes aufgestockt.[663] So werden bei einem Einkommen von beispielsweise 1.000 Euro im Monat für die spätere Alterssicherung 1.500 Euro pro Monat für die Berechnung herangezogen. Weitere Voraussetzung für die Aufstockung ist

---

656 Derweil im Übergangsrecht, vgl. § 262 SGB VI.

657 *Deutsche Rentenversicherung*, SGB VI, § 70 Anm. 4; *Schimmang*, der Ausbau der gesetzlichen Rentenversicherung zu einer Erwerbstätigenversicherung und ihre Stellung in Europa, S. 171.

658 *Hohnerlein*, Unterhalts- und Betreuungsleistungen für Kinder in Deutschland, S. 178.

659 Vgl. *Körner*, in: BeckOGK, SGB VI, § 70, Rn. 16e.

660 BT-Drs. 14/5150, S. 25; vgl. *Körner*, in: BeckOGK, SGB VI, § 70, Rn. 16e.

661 *v. Koch*, in: Kreikebohm/Roßbach, SGB VI, § 70, Rn. 23.

662 So *v. Koch*, in: Kreikebohm/Roßbach, SGB VI, § 70, Rn. 23.

663 *Hohnerlein*, Unterhalts- und Betreuungsleistungen für Kinder in Deutschland, S. 178.

das Vorhandensein von 25 Jahren mit rentenrechtlichen Zeiten[664], vgl. § 70 Abs. 3a Satz 1 SGB VI.

Im Rahmen der Kinderberücksichtigungszeiten hat der Gesetzgeber mit Einführung des § 70 Abs. 3a SGB VI erstmals explizit auch Alleinerziehende erwähnt, die von dieser Regelung profitieren können:[665] Die Höherbewertung von Beitragszeiten komme auch vielen Alleinerziehenden zugute, die von den bisherigen Regelungen der Rente nach Mindesteinkommen vielfach nicht begünstigt worden seien, weil die Förderungsgrenze bei dieser Maßnahme nur bei 75 % des Durchschnittsverdienstes liege.[666]

Gemäß § 70 Abs. 3a lit. b) SGB VI werden Mütter und Väter, die aufgrund der gleichzeitigen Erziehung von zwei oder mehr Kindern unter zehn Jahren keine Erwerbstätigkeit ausüben, durch die Gewährung zusätzlicher Rentenansprüche begünstigt.[667] Der Wert dieser Gutschrift entspricht einer – fiktiven – Beitragsleistung i. H. v. einem Drittel des Durchschnittseinkommens pro Jahr, in dem die entsprechenden Erziehungsvoraussetzungen gegeben sind, vgl. § 55 Abs. 1 Satz 3 i. V. m. § 70 Abs. 3a SGB VI.[668] Der Wert beträgt in diesem Fall 0,3334 Entgeltpunkte je Berücksichtigungsjahr. Dies führte ab 1. Juli 2020 zu einem Zuschlag von monatlich 11,40 Euro für jedes berücksichtigte Jahr (maximal 79,80 Euro/Monat).[669]

Im Rahmen der Rentenberechnung wirken sich Kinderberücksichtigungszeiten gemäß § 57 SGB VI entsprechend ebenfalls positiv auf die Bewertung anderer allenfalls bestehender rentenrechtlicher Zeiten aus.[670] Dies ist darauf zurückzuführen, dass sich die Kinderberücksichtigungszeiten im Sinne der nach § 71 ff. SGB VI vorzunehmenden Verhältnisrechnung günstig auf

---

664 Zu den rentenrechtlichen Zeiten zählen unter anderem die in § 54 Abs. 1 genannten Beitragszeiten oder beitragsfreien Zeiten.

665 BT-Drs. 14/4595, S. 41.

666 BT-Drs. 14/4595, S. 41.

667 Siehe *Körner*, in: BeckOGK, SGB VI, § 70, Rn. 16h; siehe ebenfalls *Hohnerlein*, Unterhalts- und Betreuungsleistungen für Kinder in Deutschland, S. 178.

668 *Hohnerlein*, Unterhalts- und Betreuungsleistungen für Kinder in Deutschland, S. 178.

669 Vgl. *Ruland*, in: Ruland/Becker/Axer, SRH, § 18, Rn. 99.

670 *Schimmang*, der Ausbau der gesetzlichen Rentenversicherung zu einer Erwerbstätigenversicherung und ihre Stellung in Europa, S. 172.

die Beitragsdichte und die zu ermittelnde durchschnittliche Beitragshöhe auswirken.[671]

VIII. Hinterbliebenenrenten

Nach dem Zweiten Weltkrieg orientierte sich die gesetzliche Rentenversicherung in Westdeutschland zunächst am Modell des männlichen Alleinernährers und gewährte der Frau im Falle des Todes des Ehemannes ohne weitere Voraussetzungen eine Witwenrente aus seiner Versicherung.[672] Nach Auffassung des damaligen Gesetzgebers benötigten Frauen daher keine eigenständige Altersvorsorge.[673] Bis 1967 konnten Frauen sich die bereits geleisteten Beiträge zur gesetzlichen Rentenversicherung im Falle einer Eheschließung erstatten lassen.[674] Diese Regelung war im traditionellen Rollenverständnis begründet, wonach die Mutter innerhalb der Ehe typischerweise für die Kindererziehung zuständig war und die damit verbundene Nichterwerbstätigkeit verheirateter Frauen sowie deren Bedarf an Unterhalt als sozial üblich betrachtet wurde.[675]

Insgesamt ist anzumerken, dass das beschriebene Modell aus einer Zeit stammt, in der das Modell des Mannes als Alleinernährer einer ganzen Familie noch der Lebensrealität vieler Menschen entsprach. Betrachtet man die heutigen Lebenshaltungskosten (beispielsweise Wohnen und Ernährung), ist die Ernährung einer mehrköpfigen Familie mit nur einem Einkommen – insbesondere in Großstädten und Ballungszentren – wenig realistisch. Die Zunahme der Erwerbstätigkeit von Frauen machte eine weitere

---

671 *Schimmang*, der Ausbau der gesetzlichen Rentenversicherung zu einer Erwerbstätigenversicherung und ihre Stellung in Europa, S. 172.

672 *Wissenschaftliche Dienste*, WD 6 – 3000 – 025/21, Berücksichtigung der Kindererziehung in der gesetzlichen Rentenversicherung, S. 4; vgl. *Jaenecke*, Gesetzliche Grundlagen der Hinterbliebenensicherung im europäischen Rechtsvergleich, S. 45.

673 *Wissenschaftliche Dienste*, WD 6 – 3000 – 025/21, Berücksichtigung der Kindererziehung in der gesetzlichen Rentenversicherung, S. 4.

674 Vgl. BGBl. I 1957, Nr. 4, S. 63 – § 1304 RVO; *Wissenschaftliche Dienste*, WD 6 – 3000 – 025/21, Berücksichtigung der Kindererziehung in der gesetzlichen Rentenversicherung, S. 4; siehe auch *Jaenecke*, Gesetzliche Grundlagen der Hinterbliebenensicherung im europäischen Rechtsvergleich, S. 49 f.

675 BVerfGE 48, 346 (365); vgl. auch *Jaenecke*, Gesetzliche Grundlagen der Hinterbliebenensicherung im europäischen Rechtsvergleich, S. 48 f.

Ungleichbehandlung von Witwen und Witwern unhaltbar.[676] Das BVerfG verpflichtete den Gesetzgeber in seiner Entscheidung vom 12. März 1975, eine auch für die Zukunft gerechtere und verfassungsgemäße Lösung anzustreben.[677] Dies umfasste auch den Aufbau einer eigenen Altersvorsorge für Frauen.[678] Allerdings wurde dies erst im Jahr 1986 durch die Reform der Hinterbliebenenrenten realisiert, die eng mit der Veränderung der Rolle der Frau in Familie und Beruf sowie der rentenrechtlichen Anerkennung von Erziehungsleistungen verknüpft war.[679] Die Regelungen der Hinterbliebenenrente sind für die Situation von Alleinerziehenden relevant, da im Falle des Todes des anderen Elternteils das Merkmal „alleinerziehend" vorliegen kann.[680] Hinsichtlich der Hinterbliebenenrenten wird im weiteren Verlauf zwischen Witwen- und Witwerrenten und Erziehungsrente unterschieden.[681]

1. Witwen- und Witwerrente

Für Witwen und Witwer sind zwei verschiedene Rentenarten im Rahmen des § 46 SGB VI vorgesehen. Die kleine Witwen- bzw. Witwerrente gemäß § 46 Abs. 1 SGB VI ist für diejenigen Witwen/Witwer bestimmt, die nicht wieder geheiratet haben und deren Anspruch auf diese Rente sich auf einen Zeitraum von längstens 24 Kalendermonaten nach dem Monat erstreckt, in dem der Versicherte verstorben ist. Gemäß § 46 Abs. 2 SGB VI besteht für nicht wiederverheiratete Witwen/Witwer unter Hinzutreten weiterer Voraussetzungen, wie beispielsweise der Erziehung von Kindern oder der

676 *Wissenschaftliche Dienste*, WD 6 – 3000 – 025/21, Berücksichtigung der Kindererziehung in der gesetzlichen Rentenversicherung, S. 4.

677 BVerfGE 39, 169 (169 ff.).

678 *Wissenschaftliche Dienste*, WD 6 – 3000 – 025/21, Berücksichtigung der Kindererziehung in der gesetzlichen Rentenversicherung, S. 4; *Jaenecke*, Gesetzliche Grundlagen der Hinterbliebenensicherung im europäischen Rechtsvergleich, S. 50.

679 *Wissenschaftliche Dienste*, WD 6 – 3000 – 025/21, Berücksichtigung der Kindererziehung in der gesetzlichen Rentenversicherung, S. 4; *Jaenecke*, Gesetzliche Grundlagen der Hinterbliebenensicherung im europäischen Rechtsvergleich, S. 53.

680 So auch BT-Drs. 20/14510, S. 160.

681 Auf die Waisenrente nach § 48 SGB VI wird in dieser Arbeit nicht eingegangen, da sie für den Untersuchungsgegenstand nicht relevant ist. Ausführlich zur Waisenrente und deren Voraussetzungen *Gürtner*, in: BeckOGK, SGB VI, § 48, Rn. 2 ff.

Vollendung des 47. Lebensjahres, Anspruch auf die große Witwen- bzw. Witwerrente.

Kindererziehung ist hinsichtlich der Anspruchsgewährung und der Rentenberechnung ein zu berücksichtigender Faktor in der Anspruchsprüfung der großen Witwen- und Witwerrente. Gemäß § 46 Abs. 2 Nr. 1 SGB VI haben hinterbliebene Ehegatten, die nicht wieder geheiratet haben, einen Anspruch auf eine große Witwen- oder Witwerrente, wenn sie ein unter 18-jähriges eigenes Kind oder ein Kind des verstorbenen versicherten Ehegatten, erziehen. Hinterbliebenenrenten sollen den durch den Tod eines Familienmitglieds entstandenen Unterhaltsverlust weitgehend ausgleichen und so die wirtschaftliche Existenz der engsten Angehörigen sichern.[682] Im Regelfall erfolgt die Finanzierung von Hinterbliebenenrenten aus dem Versicherungskonto der verstorbenen Person.[683]

Nach § 67 Nr. 6 SGB VI beträgt der Rentenartfaktor für diese Rente nach Ablauf der Sterbeübergangszeit 0,55 – also 55 % der Altersvollrente.[684] Im Vergleich dazu beträgt nach § 67 Nr. 5 SGB VI der Rentenartfaktor nach der Sterbeübergangszeit des Ehegatten für die kleine Witwenrente 0,25 – entsprechend 25 % der vollen Altersrente. Im Ergebnis beeinflusst die Kindererziehung im Rahmen der Witwen- und Witwerrente folglich die Rentenhöhe.[685]

Die Kindererziehung wird zudem bei der Berechnung von Hinterbliebenenrenten gegebenenfalls über den Zuschlag für Kindererziehung nach § 78a SGB VI berücksichtigt. Der Zuschlag soll hierbei die Absenkung der Rentenartfaktoren für Hinterbliebene – die Kinder erzogen haben – ausgleichen.[686] Dieser Zuschlag stellt keine reine Ableitungsrente mehr dar, sondern eine Mischform. Die Höhe der Rente ergibt sich aus Versicherungszeiten, die sich im Versicherungskonto des überlebenden Ehegatten befinden.[687]

---

682 *Jaenecke*, Gesetzliche Grundlagen der Hinterbliebenensicherung im europäischen Rechtsvergleich, S. 72.

683 *Schimmang*, der Ausbau der gesetzlichen Rentenversicherung zu einer Erwerbstätigenversicherung und ihre Stellung in Europa, S. 57.

684 Vgl. auch *Schimmang*, der Ausbau der gesetzlichen Rentenversicherung zu einer Erwerbstätigenversicherung und ihre Stellung in Europa, S. 172.

685 Im Ergebnis auch *Schimmang*, der Ausbau der gesetzlichen Rentenversicherung zu einer Erwerbstätigenversicherung und ihre Stellung in Europa, S. 172.

686 BR-Drs. 315/11, S. 30; *Kuszynski*, in: BeckOK SozR, SGB VI, § 78a, Rn. 2.

687 *Schimmang*, der Ausbau der gesetzlichen Rentenversicherung zu einer Erwerbstätigenversicherung und ihre Stellung in Europa, S. 57.

Bei der Berechnung gilt als Voraussetzung die Erziehung eines Kindes durch die Witwe/den Witwer.[688] Die Regelung stellt nicht lediglich auf Kindererziehungszeiten, sondern auch auf zeitgleiche Berücksichtigungszeiten ab, um so auch die Kindererziehung bei Geburten vor dem 1. Januar 1992 zu berücksichtigen.[689]

Für jedes Kind können bis zu 36 Monate berücksichtigt werden, vgl. § 78a Abs. 1 Satz 3 SGB VI. Nach § 78 Abs. 1 Satz 3 SGB VI können die ersten 36 Kalendermonate mit 0,1010 Entgeltpunkten bewertet werden, für jeden weiteren Kalendermonat können weitere 0,0505 Entgeltpunkte gutgeschrieben werden. Entsprechend können grundsätzlich Alleinerziehende für das erste Kind zwei Entgeltpunkte erreichen, für jedes weitere ein Entgeltpunkt.[690] In diesem Zusammenhang ist wichtig anzumerken, dass diese Leistung nicht nach Anzahl der Kinder, sondern nach der Erziehungszeit bemessen wird.[691] Daher können sich die ersten 36 Kalendermonate, die höher bewertet werden, auch auf die Erziehung zweier Kinder beziehen, wenn die Erziehungszeit für das erste Kind weniger als 36 Monate beträgt.[692]

2. Erziehungsrente

Anders als bei der Witwen- und Witwerrenten handelt es bei der Erziehungsrente nach § 47 SGB VI um eine Rente wegen Todes aus eigener Versicherung der überlebenden Person.[693] Die Erziehungsrente hat den Zweck, den durch Tod eines geschiedenen Ehegatten wegfallenden Unterhaltsanspruch

688 *v. Koch*, in: Kreikebohm/Roßbach, SGB VI, § 78a, Rn. 3; *Schimmang*, der Ausbau der gesetzlichen Rentenversicherung zu einer Erwerbstätigenversicherung und ihre Stellung in Europa, S. 172.

689 *v. Koch*, in: Kreikebohm/Roßbach, SGB VI, § 78a, Rn. 4.

690 *Karger-Kroll*, Lebensrealität und Rente, S. 67 f.; *Bothfeld*, Kindererziehung und Pflegezeiten: Wie anpassungsfähig sind die Sozialversicherungssysteme?, S. 18 f.

691 *Karger-Kroll*, Lebensrealität und Rente, S. 67; *Kuszynski*, in: BeckOK SozR, SGB VI, § 78a, Rn. 3.

692 *Karger-Kroll*, Lebensrealität und Rente, S. 67 m. w. N.; *Kuszynski*, in: BeckOK SozR, SGB VI, § 78a, Rn. 3.

693 BT-Drs. 11/4124, S. 164; *Gürtner*, in: BeckOGK, SGB VI, § 47, Rn. 2; *Kuszynski*, in: Knickrehm/Roßbach/Waltermann, Kommentar zum Sozialrecht, SGB VI, § 47, Rn. 1; *Schimmang*, der Ausbau der gesetzlichen Rentenversicherung zu einer Erwerbstätigenversicherung und ihre Stellung in Europa, S. 57; *Hohnerlein*, Unterhalts- und Betreuungsleistungen für Kinder in Deutschland, S. 172; *Temming*, in: Fuchs/Preis/Brose, Sozialversicherungsrecht und SGB II, § 49, Rn. 253.

gemäß § 1570 BGB zu ersetzen.[694] Primär soll die Sicherung des Kindeswohls gewährleistet werden, indem wegfallende Unterhaltszahlungen ausgeglichen werden.[695] Der Leistungsfall tritt dabei grundsätzlich ein, wenn der geschiedene Ehepartner verstirbt, während der verbliebene Elternteil ein minderjähriges Kind erzieht.[696] Diese Regelung gründet in der Anerkennung von Kindererziehung als Leistungsgrund im SGB VI.[697] Anspruchsberechtigt sind zuvorderst geschiedene Ehegatten – jedoch muss die Scheidung nach dem 30. Juni 1977[698] erfolgt sein, vgl. § 47 Abs. 1 Nr. 1 SGB VI. Des Weiteren sind nach § 47 Abs. 2 SGB VI ehemalige Ehegatten leistungsberechtigt, deren Ehe für nichtig erklärt oder aufgehoben wurde. Zudem erweitert § 47 Abs. 3 SGB VI den Personenkreis auf verwitwete Ehegatten, für die ein Rentensplitting durchgeführt wurde.

Nach § 47 Abs. 4 SGB VI zählen zum Kreis der Leistungsberechtigten auch frühere Partner einer eingetragenen Lebenspartnerschaft. Außerdem gelten für den Anspruch nach § 47 SGB VI als Heirat auch die Begründung einer Lebenspartnerschaft, als verwitweter Ehegatte auch ein überlebender Lebenspartner und als Ehegatte auch der Lebenspartner, vgl. § 47 Abs. 4 SGB VI. Versicherte Personen haben nach § 47 Abs. 1 SGB VI nach dem Tode des früheren Ehegatten Leistungsanspruch auf Erziehungsrente, wenn sie ein eigenes Kind oder ein Kind des geschiedenen Ehegatten (§ 46 Abs. 2 SGB VI) erziehen, nicht wieder geheiratet und bis zum Tode des Geschiedenen selbst die allgemeine Wartezeit von fünf Jahren erreicht haben.[699]

Nach § 47 Abs. 1 SGB VI besteht der Anspruch längstens bis zum Erreichen der Regelaltersgrenze. Anschließend wird grundsätzlich die Regelaltersrente

---

694 BT-Drs. 14/4595, S. 45; *Kuszynski*, in: Knickrehm/Roßbach/Waltermann, Kommentar zum Sozialrecht, SGB VI, § 47, Rn. 1.

695 *Pfeifenbring*, Die Verfassungsmäßigkeit der Erziehungsrente nach § 47 SGB VI, S. 128 f.; *Temming*, in: Fuchs/Preis/Brose, Sozialversicherungsrecht und SGB II, § 49, Rn. 253.

696 *Pfeifenbring*, Die Verfassungsmäßigkeit der Erziehungsrente nach § 47 SGB VI, S. 37; *Hohnerlein*, Unterhalts- und Betreuungsleistungen für Kinder in Deutschland, S. 171; vgl. *Dankelmann*, in: Kreikebohm/Roßbach, SGB VI, § 47, Rn. 2.

697 *Hohnerlein*, Unterhalts- und Betreuungsleistungen für Kinder in Deutschland, S. 171.

698 Für die Fälle vor dem 01.07.1977 besteht nach § 243 SGB VI Anspruch auf Witwen- bzw. Witwerrente, vgl. BR-Drs. 120/89, S. 164; vgl. auch *Jassat*, in: BeckOK SozR, SGB VI, § 47, Rn. 5.

699 *Dankelmann*, in: Kreikebohm/Roßbach, SGB VI, § 47, Rn. 3–8; *Jassat*, in: BeckOK SozR, SGB VI, § 47, Rn. 6–8; *Hohnerlein*, Unterhalts- und Betreuungsleistungen für

ausgezahlt, vgl. § 115 Abs. 3 Satz 1 SGB VI. Des Weiteren werden Erziehungsrenten auf das Ende der Kindererziehung befristet, vgl. § 102 Abs. 3 SGB VI. § 66 Abs. 2 Nr. 1 SGB VI regelt, dass die Erziehungsrente aus den persönlichen Entgeltpunkten des Versicherten berechnet wird – dadurch hängt ihre Höhe von der Erwerbsbiografie des Versicherten ab.[700] Gemäß § 97 SGB VI wird Einkommen auf die Erziehungsrente angerechnet. Da es sich bei der Erziehungsrente um eine Leistung handelt, die vor Erreichen der Regelaltersgrenze endet und an die Dauer der Kindererziehung geknüpft ist, erhalten Alleinerziehende faktisch eine Unterstützung während der Kindererziehung und noch vor Eintritt in die reguläre Altersrente.

IX. Mindestalterssicherung

Wie bereits dargelegt, wird in der gesetzlichen Rentenversicherung mit Blick auf das Solidaritätsprinzip bisweilen vom Prinzip der Beitragsäquivalenz abgewichen.[701] Mit dem Rentenreformgesetz vom 16. Oktober 1972 wurde die „Rente nach Mindesteinkommen“ eingeführt.[702] Diese Maßnahme zielte darauf ab, Benachteiligungen bei der Rentenberechnung auszugleichen, die sich aus strukturellen Veränderungen im Lohngefüge, regionalen Unterschieden im Lohnniveau sowie der früheren Benachteiligung von Frauen in der Entlohnung ergeben hatten.[703]

Mit der Einführung der Rente nach Mindesteinkommen zum 1. Januar 1973 wurde bei der Rentenberechnung für bestimmte Zeiträume und unter

---

Kinder in Deutschland, S. 171; *Temming*, in: Fuchs/Preis/Brose, Sozialversicherungsrecht und SGB II, § 49, Rn. 258.

700 *Körner*, in: BeckOGK, SGB VI, § 66, Rn. 10; *Jassat*, in: BeckOK SozR, SGB VI, § 47, Rn. 4; *Hohnerlein*, Unterhalts- und Betreuungsleistungen für Kinder in Deutschland, S. 171; *Temming*, in: Fuchs/Preis/Brose, Sozialversicherungsrecht und SGB II, § 49, Rn. 259.

701 Siehe Gliederungspunkt Kapitel 3 C. II. 1.

702 Vgl. BGBl. 1972 I Nr. 112 v. 18.10.1972, S. 1965; *Wissenschaftliche Dienste*, WD 6 – 3000 – 133/19, Rente nach Mindesteinkommen und Mindestentgeltpunkte bei geringem Arbeitsentgelt, S. 1; *Bothfeld*, Kindererziehung und Pflegezeiten: Wie anpassungsfähig sind die Sozialversicherungssysteme?, S. 20.

703 Vgl. BT-Drs. VI/2916, S. 38; *Wissenschaftliche Dienste*, WD 6 – 3000 – 133/19, Rente nach Mindesteinkommen und Mindestentgeltpunkte bei geringem Arbeitsentgelt, S. 1; *Bothfeld*, Kindererziehung und Pflegezeiten: Wie anpassungsfähig sind die Sozialversicherungssysteme?, S. 20.

bestimmten Voraussetzungen mindestens ein Entgelt in Höhe von 75 % des Durchschnittsverdienstes aller Versicherten berücksichtigt.[704] Im Rahmen der Rentenreform von 1992[705] wurde die Rente nach Mindesteinkommen[706] durch die Berücksichtigung von Mindestentgeltpunkten bei geringem Arbeitsentgelt nach § 262 SGB VI ersetzt.[707]

1. Grundrentenzuschlag

Das am 12. August 2020 verabschiedete und am 1. Januar 2021 in Kraft getretene Grundrentengesetz[708] sah die Einführung einer Grundrente für langjährig Versicherte mit unterdurchschnittlichem Einkommen in der gesetzlichen Rentenversicherung sowie weitere Maßnahmen zur Erhöhung der Alterseinkommen vor.[709] Der Begriff Grundrente suggeriert zunächst, dass bei Erfüllung der entsprechenden Voraussetzungen ein fester Betrag in Form einer Mindestrente ausgezahlt wird.[710] Vielmehr handelt es sich jedoch um eine Mindestentgeltpunktregelung, die nach § 76g SGB VI im Ergebnis einen variablen Zuschlag an Entgeltpunkten bei langjähriger Versicherung ergibt. Der Grundrentenzuschlag ist daher nicht mit einem bedingungslosen Grundeinkommen im Alter gleichzusetzen.[711]

Mit der Grundrente soll die Rente derjenigen versicherungspflichtigen Personen erhöht werden, deren Durchschnittsverdienst in den für die Grundrente relevanten Beitragsjahren unter 80 % des Durchschnittsverdiensts aller

---

704 *Wissenschaftliche Dienste*, WD 6 – 3000 – 133/19, Rente nach Mindesteinkommen und Mindestentgeltpunkte bei geringem Arbeitsentgelt, S. 1; *Bothfeld*, Kindererziehung und Pflegezeiten: Wie anpassungsfähig sind die Sozialversicherungssysteme?, S. 20.

705 Siehe hierzu Gliederungspunkt Kapitel 3 C. VII. 1. a.

706 Art. 2 § 55a Arbeiterrentenversicherungs-Neuregelungsgesetz (ArVNG), Art. 2 § 54b Angestelltenversicherungs-Neuregelungsgesetz, Art. 2 § 10a Knappschaftsrentenversicherungs-Neuregelungsgesetz.

707 *Bothfeld*, Kindererziehung und Pflegezeiten: Wie anpassungsfähig sind die Sozialversicherungssysteme?, S. 20; *Wissenschaftliche Dienste*, WD 6 – 3000 – 133/19, Rente nach Mindesteinkommen und Mindestentgeltpunkte bei geringem Arbeitsentgelt, S. 1.

708 Vgl. BGBl. 2020 I Nr. 38 v. 18.08.2020, S. 1879.

709 *Glombik*, DVP 2022, 72 (72).

710 *Lepiorz*, rv 2020, 136 (136); kritisch zur Grundrente *Brosius-Gersdorf*, DRV 2020, 45 (55 f.).

711 *Glombik*, DVP 2022, 72 (73); *Hahn*, Flexibilisierungsmaßnahmen in der Gesetzlichen Rentenversicherung, S. 86 f.

Versicherten lag.[712] Das Arbeitsentgelt muss jedoch mindestens 30 % des Durchschnittsverdienstes betragen, um als Grundrentenbewertungszeit zu gelten. Eine derartige Untergrenze verhindert, dass Personen von dem Zuschlag profitieren, deren Arbeitseinkommen lediglich als zusätzliches, aber nicht eigenständiges Einkommen dient – wie es oft bei geringfügiger Beschäftigung der Fall ist.[713]

Es soll sichergestellt werden, dass Personen, die über Jahrzehnte hinweg – auch bei unterdurchschnittlichen Pflichtbeiträgen zur gesetzlichen Rentenversicherung – Kinder erzogen oder Angehörige gepflegt haben, eine Rente erhalten, die ihren Grundbedarf deckt.[714] Der Rentenzuschlag ist kein Instrument zur Bekämpfung von Altersarmut.[715] Zwar wurden Alleinerziehende in der Gesetzesbegründung nicht explizit genannt, jedoch sollen mit der Grundrente insbesondere Frauen und ihre Erziehungsleistung honoriert werden.[716] So sei die Erziehung von Kindern insbesondere eine von Frauen übernommene Aufgabe, zu deren Erfüllung sie häufig ihre Beschäftigung unterbrechen, reduzieren oder aufgeben müssen.[717] Ein späterer Wiedereinstieg ins Arbeitsleben sei oft geprägt durch Teilzeitarbeit und verhältnismäßig geringem Einkommen.[718] Faktisch betrifft dies auch Alleinerziehende, auch wenn der Gesetzgeber Alleinerziehende nicht ausdrücklich zur Begründung des Gesetzes anführt.

a. Anspruchsvoraussetzungen

Die Voraussetzungen für die Ermittlung des Zuschlags an Entgeltpunkten für langjährige Versicherung liegen gem. § 76g Abs. 1 SGB VI vor, wenn mindestens 33 Jahre (396 Kalendermonate) mit Grundrentenzeiten vorhanden sind und der Durchschnittswert an Entgeltpunkten aus den Kalendermonaten

---

712 *Bullwan*, in: BeckOK SozR, SGB VI, § 76g, Rn. 3.
713 BT-Drs. 19/18473, S. 3.
714 BT-Drs. 19/18473, S. 1 ff., 21; *Wick*, FuR 2021, 78 (78); *Matlok/Schröder*, RVaktuell 2020, 164 (164).
715 BT-Drs. 20/3906, S. 6.
716 Vgl. dazu BT-Drs. 19/18473, S. 21.
717 BT-Drs. 19/18473, S. 21.
718 BT-Drs. 19/18473, S. 21.

mit Grundrentenbewertungszeiten[719] unter dem maßgebenden Höchstwert[720] liegt.

b. Grundrentenzeiten

Gemäß § 76g Abs. 2 SGB VI sind Grundrentenzeiten Zeiten in denen Pflichtbeiträge für eine versicherte Beschäftigung oder Tätigkeit entrichtet werden[721] – das umfasst auch eine geringfügige versicherungspflichtige Beschäftigung. Das bedeutet im Umkehrschluss jedoch, dass Personen, die sich im Rahmen der geringfügigen Beschäftigung von der Versicherungspflicht zur gesetzlichen Rentenversicherung befreien lassen, diese Zeit nicht zur Grundrente hinzugerechnet bekommen. Auch die Pflichtbeiträge für Kindererziehung sind als Zeiten zu berücksichtigen.

Als Grundrentenzeiten sind zudem Beitragszeiten zu nennen, welche gemäß § 55 Abs. 2 SGB VI bei der Prüfung des Anspruchs auf Rente den Pflichtbeiträgen für eine versicherte Beschäftigung oder Tätigkeit gleichgestellt sind.[722] Berücksichtigungszeiten[723], Pflichtbeitragszeiten oder Anrechnungszeiten für Zeiten des Sozialleistungsbezugs[724] sowie Ersatzzeiten gehören ebenso zu den Grundrentenzeiten nach § 76g Abs. 2 SGB VI[725]. Zu den nach § 51 Abs. 3a Satz 1 Nr. 3 lit. a–c SGB VI anrechenbaren Pflichtbeitragszeiten oder Anrechnungszeiten – die aufgrund eines Sozialleistungsbezugs entstanden sind – zählen die Zeiten des Bezugs von Entgeltersatzleistungen der Arbeitsförderung, Leistungen bei Krankheit und Übergangsgeld.

Folgende rentenrechtliche Zeiten zählen daher unter anderem nicht zu den Grundrentenzeiten[726]: Freiwillige Beiträge, gutgeschriebene Beitragszeiten[727], Anrechnungszeiten wegen krankheitsbedingter Arbeitsunfähigkeit, Leistungen zur medizinischen Rehabilitation oder zur Teilhabe am Arbeitsleben

---

719 § 76g Abs. 3 SGB VI.
720 § 76g Abs. 4 SGB VI.
721 § 51 Abs. 3a Satz 1 Nr. 1 SGB VI.
722 § 76g Abs. 2 Satz 1 Hs. 2 SGB VI.
723 § 51 Abs. 3a Satz 1 Nr. 2 SGB VI.
724 § 51 Abs. 3a Satz 1 Nr. 3 SGB VI.
725 § 76g Abs. 2 Satz 2 SGB VI.
726 *Lepiorz*, rv 2020, 136 (138).
727 Zeiten, die gem. § 55 Abs. 1 Satz 3 SGB VI als Beitragszeiten gelten, da Entgeltpunkte nach § 70 Abs. 3a Satz 2 lit. b SGB VI gutgeschrieben wurden.

ohne Leistungsbezug[728], Anrechnungszeiten wegen Arbeitslosigkeit ohne den Bezug von Entgeltersatzleistungen der Arbeitsförderung[729], Anrechnungszeiten wegen Krankheit[730], Anrechnungszeiten wegen Schwangerschaft oder Mutterschaft während der Schutzfristen nach dem Mutterschutzgesetz[731], Anrechnungszeiten wegen einer schulischen Ausbildung[732], Anrechnungszeiten wegen Rentenbezug[733] und Zurechnungszeit.[734]

Liegen in einem Kalendermonat mehrere rentenrechtliche Zeiten vor, reicht es für die Anrechnung als Grundrentenzeit aus, wenn eine der Zeiten nach § 76g Abs. 2 Satz 1 und 2 SGB VI berücksichtigungsfähig ist.[735] So sind zum Beispiel Kalendermonate mit Pflichtbeitragszeiten wegen Kindererziehung anzurechnen, wenn daneben Anrechnungszeiten wegen Schwangerschaft oder Mutterschutz vorliegen.[736] Dies trifft ebenfalls auf Kalendermonate zu, in denen Pflichtbeiträge für eine versicherte – geringfügige – Beschäftigung geleistet wurden und Pflichtbeitragszeiten wegen des Bezugs von Arbeitslosengeld, die sonst von der Anrechnung ausgeschlossen sind, vorhanden sind.[737]

c. Grundrentenbewertungszeiten

Grundrentenbewertungszeiten sind gem. § 76g Abs. 3 Satz 1 SGB VI Kalendermonate mit Grundrentenzeiten i. S. d. § 76g Abs. 2 SGB VI, wenn auf diese Zeiten Entgeltpunkte entfallen, die für den Kalendermonat mindestens 0,025 Entgeltpunkte betragen – für ein volles Kalenderjahr ergeben das 0,3 Entgeltpunkte.[738]

Entscheidend sind die Entgeltpunktewerte, die den jeweiligen Kalendermonaten mit Grundrentenzeiten nach Durchführung der vollständigen

---

728 § 58 Abs. 1 Satz 1 Nr. 1 SGB VI.

729 § 58 Abs. 1 Satz 1 Nr. 3 SGB VI, § 252a Abs. 1 Satz 1 Nr. 3 SGB VI.

730 § 58 Abs. 1 Satz 1 Nr. 1a SGB VI.

731 § 58 Abs. 1 Satz 1 Nr. 2 SGB VI, § 252a Satz 1 Nr. 1 SGB VI.

732 § 58 Abs. 1 Satz 1 Nr. 4 SGB VI.

733 § 58 Abs. 1 Satz 1 Nr. 5 SGB VI, § 252 Abs. 1 Nr. 4 und 7 SGB VI, § 252a Satz 1 Nr. 2 lit. b und Nr. 4 SGB VI.

734 §§ 59, 253a SGB VI; vgl. auch *Bullwan*, in: BeckOK SozR, SGB VI, § 76g, Rn. 16; *Lepiorz*, rv 2020, 136 (138).

735 *Bullwan*, in: BeckOK SozR, SGB VI, § 76g, Rn. 18; *Lepiorz*, rv 2020, 136 (138).

736 *Lepiorz*, rv 2020, 136 (138); vgl. *Bullwan*, in: BeckOK SozR, SGB VI, § 76g, Rn. 18.

737 *Lepiorz*, rv 2020, 136 (138).

738 *Lepiorz*, rv 2020, 179 (179).

Rentenberechnung zugeordnet sind, da die Ermittlung des Zuschlags an Entgeltpunkten für langjähre Versicherung erst entstehen kann, wenn alle anderen Berechnungsschritte zur Bestimmung der Entgeltpunkte umgesetzt worden sind.[739] Die Prüfung, ob pro Kalendermonat 0,025 Entgeltpunkte vorhanden sind, kann andernfalls für einen gemeldeten Zeitabschnitt im Rahmen einer Durchschnittsbildung stattfinden.[740]

Grundrentenbewertungszeiten i. S. d. § 76g Abs. 3 SGB VI liegen nicht vor, wenn der entsprechenden Grundrentenzeit entweder vorrangig kein Entgeltpunktewert (beispielsweise Kinderberücksichtigungszeiten für ein Kind i. S. d. § 57 SGB VI) oder primär lediglich ein Entgeltpunktewert von weniger als 0,025 Entgeltpunkten pro Kalendermonat zugeordnet werden kann – beispielsweise bei geringfügiger versicherungspflichtiger Beschäftigung.[741]

Die entscheidende Kenngröße sind die Entgeltpunkte, die den jeweiligen Kalendermonaten entweder mit Beitragszeiten oder aber beitragsfreien Zeiten nach den Bestimmungen der §§ 70 SGB VI zugeordnet sind.[742] Zudem sind neben den jeweiligen Entgeltpunkten für die Beitragszeiten unter anderem Zuschläge an Entgeltpunkten für beitragsgeminderte Zeiten nach § 71 Abs. 2 SGB VI (beispielsweise für eine Berufsausbildung oder einen versicherungspflichtigen Kranken- oder Übergangsgeldbezug in bestimmten Zeiträumen), Kindererziehungszeiten nach § 70 Abs. 2 SGB VI, zugeordnete zusätzliche Entgeltpunkte nach § 70 Abs. 3a SGB VI sowie Mindestentgeltpunkte bei geringem Arbeitsentgelt nach § 262 SGB VI zu beachten.[743]

Die Entgeltpunkte, die sich aus den folgend aufgezeigten Zuschlägen ergeben, sind nicht im primären Zusammenhang mit Kalendermonaten entstanden, in denen originäre Grundrentenzeiten vorliegen, sodass eine unmittelbare Zuordnung zu Kalendermonaten mit Grundrentenzeiten nicht möglich ist. Die nachstehend aufgeführten Zuschläge an Entgeltpunkten sind

---

739 *Lepiorz*, rv 2020, 179 (179).

740 BT-Drs. 19/18473, S. 37; *Lepiorz*, rv 2020, 179 (179).

741 BT-Drs. 19/18473, S. 3, 23 f.; *Westphal*, in: Kreikebohm/Roßbach, SGB VI, § 76g, Rn. 7; *Bullwan*, in: BeckOK SozR, SGB VI, § 76g, Rn. 21; *Lepiorz*, rv 2020, 179 (179).

742 *Westphal*, in: Kreikebohm/Roßbach, SGB VI, § 76g, Rn. 6; vgl. dazu auch *Lepiorz*, rv 2020, 179 (179).

743 *Westphal*, in: Kreikebohm/Roßbach, SGB VI, § 76g, Rn. 6; *Bullwan*, in: BeckOK SozR, SGB VI, § 76g, Rn. 22; *Lepiorz*, rv 2020, 179 (179).

folglich nicht zu beachten:[744] Zuschläge aus Versorgungsausgleich nach § 76 SGB VI, Zuschläge an Entgeltpunkten aus Zahlung von Beiträgen bei vorzeitiger Inanspruchnahme einer Rente wegen Alters oder bei Abfindungen einer Anwartschaft auf betriebliche Altersversorgung oder von Anrechten bei der Versorgungsausgleichskasse nach § 76a SGB VI, Zuschläge an Entgeltpunkten für Arbeitsentgelt aus geringfügiger Beschäftigung nach § 76b SGB VI, Zuschläge durch Rentensplitting nach § 76c SGB VI sowie Zuschläge an Entgeltpunkten aus Beiträgen nach Beginn einer Rente wegen Alters nach § 76d SGB VI.

Durch die auf 0,025 Entgeltpunkte festgelegte Untergrenze erhalten Rentner mit niedrigem Einkommen in ihrer Erwerbsphase keinen Vorteil durch den Zuschlag.[745] Der Gesetzgeber rechtfertigt diese Untergrenze damit, dass Personen, deren Arbeitsentgelte oft nur als ergänzendes Einkommen dienen – wie es insbesondere bei „Minijobbern" der Fall ist – keine Grundrente erhalten sollen.[746] Diese Untergrenze soll die Zielgenauigkeit der Grundrente verbessern.[747] Ob durch die Festlegung einer „starren" Untergrenze dieser erklärten Zielgenauigkeit der Grundrente Rechnung trägt, ist allerdings fraglich, da sie nicht zwischen Vollzeit- und Teilzeitbeschäftigungen differenziert.[748]

Es besteht daher die lediglich theoretische Möglichkeit, dass durch Teilzeitbeschäftigung die Grenze knapp überschritten wird, sodass die Grundrentenzeit in die Grundrentenbewertung einfließt.[749] Dass diese Regelungen Teilzeitbeschäftigten regelmäßig nicht zugutekommt, ist allerdings anzunehmen. Die Festlegung einer festen Untergrenze sorgt dafür, dass die vom Gesetzgeber angestrebte „Anerkennung der Lebensarbeitsleistung"[750] erst ab dem Schwellenwert von 0,025 Entgeltpunkten tatsächlich gewährt wird, was dazu führt, dass Arbeit entsprechend dem gesetzgeberischen Ziel

---

744 Vgl. *Westphal*, in: Kreikebohm/Roßbach, SGB VI, § 76g, Rn. 7; *Lepiorz*, rv 2020, 179 (179).

745 *Schmidt*, Die neue Grundrente, Kap. D, Rn. 33.

746 BT-Drs. 19/18473, S. 3.

747 BT-Drs. 19/18473, S. 3.

748 *Ruland*, NZS 2021, 241 (242).

749 *Hahn*, Flexibilisierungsmaßnahmen in der Gesetzlichen Rentenversicherung, S. 90 m. w. N.

750 BT-Drs. 19/18473, S. 1.

unterschiedlich bewertet wird.[751] Arbeit, die den Schwellenwert nicht überschreitet, wird somit nicht als „Lebensarbeitsleistung" anerkannt.[752]

Zudem ist die Untergrenze besonders bei der Anerkennung von Berücksichtigungszeiten gemäß § 57 SGB VI problematisch, da diese keine Entgeltpunkte enthalten.[753] Diese Zeiten werden nur im Ausnahmefall des § 70 Abs. 3a SGB VI berücksichtigt, da ihnen in den dort festgelegten Fällen ein Entgeltpunktewert zugewiesen wird.[754] Dieses Vorgehen zeigt einerseits, dass der Gesetzgeber nur Zeiten mit Beiträgen oberhalb des festgelegten Schwellenwerts berücksichtigen möchte.[755] Andererseits wird gerade im Fall der Berücksichtigungszeiten gemäß § 57 SGB VI deutlich, dass Zeiten der Kindererziehung – mit Ausnahme des § 70 Abs. 3a SGB VI – aus Sicht des Gesetzgebers nicht zur „Honorierung der Lebensarbeitsleistung" zählen.[756]

d. Berechnung der Grundrente

Nach § 76g Abs. 4 Satz 1 SGB VI ist für die Ermittlung des Zuschlags an Entgeltpunkten für langjährige Versicherung (Grundrente) der Durchschnittswert an Entgeltpunkten aus allen Grundrentenbewertungszeiten heranzuziehen. Die Bestimmung dieses Durchschnittswerts ergibt sich aus der Summe aller Entgeltpunkte aus den Grundrentenbewertungszeiten geteilt durch die entsprechenden Kalendermonate.[757] Der für die Berechnung des Zuschlags maßgebliche Entgeltpunktewert wird i. S. d. § 76g Abs. 4 SGB VI aus der Differenz zwischen dem Durchschnittswert und dem Zweifachen des Durchschnittswertes ermittelt.

Übersteigt das Zweifache des Durchschnittswertes den jeweils maßgeblichen Höchstwert an Entgeltpunkten, wird der maßgebliche Entgeltpunktewert aus dem Differenzbetrag zwischen dem jeweiligen Höchstwert und dem Durchschnittswert bestimmt, § 76g Abs. 4 SGB VI.[758] Gemäß § 76g Abs. 4

---

751 *Hahn*, Flexibilisierungsmaßnahmen in der Gesetzlichen Rentenversicherung, S. 90 f.

752 *Hahn*, Flexibilisierungsmaßnahmen in der Gesetzlichen Rentenversicherung, S. 91.

753 BT-Drs. 19/18473, S. 37.

754 *Dünn/Bilgen/Heckenberger*, DRV 2020, 325 (335); zustimmend *Ruland*, NZS 2021, 241 (243).

755 *Hahn*, Flexibilisierungsmaßnahmen in der Gesetzlichen Rentenversicherung, S. 91.

756 *Hahn*, Flexibilisierungsmaßnahmen in der Gesetzlichen Rentenversicherung, S. 91.

757 *Gürtner*, in: BeckOGK, SGB VI, § 76g, Rn. 13; *Lepiorz*, rv 2020, 179 (180).

758 *Bullwan*, in: BeckOK SozR, SGB VI, § 76g, Rn. 34; *Lepiorz*, rv 2020, 179 (180).

Satz 3 SGB VI beträgt der Höchstwert monatlich 0,0335 Entgeltpunkte, wenn 33 Jahre mit Grundrentenzeiten vorhanden sind.

Liegen mehr als 33 Jahre, aber weniger als 35 Jahre mit Grundrentenzeiten vor, ist ein „gleitender Höchstbetrag“[759] zu ermitteln, indem der Wert von 0,0334 Entgeltpunkten um die Summe an Entgeltpunkten erhöht wird, die sich aus der Multiplikation von 0,001389 Entgeltpunkten mit den zusätzlichen Kalendermonaten ergibt, § 76g Abs. 4 Satz 4 SGB VI. Zur Berechnung der Höhe des Zuschlags an Entgeltpunkten wird der nach § 76g Abs. 4 Satz 1 bis 5 SGB VI ermittelte Entgeltpunktewert um 12,5 % reduziert und anschließend mit der Anzahl der Kalendermonate mit Grundrentenbewertungszeiten, höchstens jedoch mit 420 Kalendermonaten, vervielfältigt, vgl. § 76g Abs. 4 Satz 6 SGB VI.[760]

e. Getrennte Berechnung des Zuschlags an Entgeltpunkten

Die persönlichen Entgeltpunkte, die sich aus dem Zuschlag an Entgeltpunkten für langjährige Versicherung ergeben, sind nach § 66 Abs. 1 Satz 2 SGB VI getrennt zu ermitteln sowie mit einem gesonderten Zugangsfaktor festzulegen, da die Einkommensanrechnung nach § 97a SGB VI nur auf den Anteil der Rente erfolgt, der aus den persönlichen Entgeltpunkten des Zuschlags berechnet wurde.[761] Auf diesen Rentenanteil finden andere Regelungen über das Zusammentreffen von Renten und Einkommen[762] keine Anwendung und eine Berücksichtigung von Hinzuverdiensten[763] erfolgt nicht.[764]

f. Zuordnung der Entgeltpunkte aus dem Zuschlag

Der Zuschlag an Entgeltpunkten für langjährige Versicherung wird den Kalendermonaten mit Grundrentenbewertungszeiten zu gleichen Teilen zugeordnet, § 76g Abs. 5 Hs. 1 SGB VI. Unabhängig vom Erreichen der jeweiligen Höchstwerte, werden die Entgeltpunkte gleichmäßig auf die

---

759 Vgl. dazu *Lepiorz*, rv 2020, 179 (180).

760 Vgl. BT-Drs. 19/18473, S. 37.

761 *Bullwan*, in: BeckOK SozR, SGB VI, § 76g, Rn. 34; *Lepiorz*, rv 2020, 179 (181).

762 Siehe beispielsweise § 97 SGB VI.

763 Vgl. z. B. §§ 34 und 96a SGB VI.

764 Siehe § 97a SGB VI; vgl. auch *Lepiorz*, rv 2020, 179 (181).

und wirtschaftliche Hilfe, vgl. § 9 Satz 1 SGB I. Diesem individuellen Recht korrespondiert die staatliche Pflicht, (wirtschaftlich) ein Leben zu ermöglichen, das den Prinzipien von Art. 1 Abs. 1 GG i. V. m. Art. 20 Abs. 1 GG Rechnung trägt.[779] Dieser Verantwortung zur Vermeidung von (Alters-)Armut kommt der deutsche Staat grundsätzlich durch Mechanismen und Leistungen des Sozialhilfesystems nach.[780] Die im Sozialhilferecht verankerte Grundsicherung im Alter kann daher der Funktion nach als Mindestrente betrachtet werden.[781]

Im Gegensatz zu einer (regulären) Rente setzt sie jedoch nicht die Mitgliedschaft in der gesetzlichen Rentenversicherung voraus.[782] Hauptanspruchsmerkmal ist die Bedürftigkeit der bezugsberechtigten Person.[783] Bestehen keine bzw. defizitäre Ansprüche bei Erreichen des Regelalters aus dem SGB VI, kommen Leistungen aus der Grundsicherung im Alter und bei der Erwerbsminderung nach dem SGB XII in Betracht.[784]

a. Leistungsberechtigte

Gemäß § 19 Abs. 2 SGB XII i. V. m. § 41 Abs. 1 SGB XII sind ältere Menschen berechtigt, Leistungen aus der Grundsicherung im Alter und bei Erwerbsminderung nach dem vierten Kapitel des SGB XII zu erhalten, wenn sie ihren gewöhnlichen Aufenthalt im Inland haben und ihren notwendigen Lebensunterhalt nicht oder nicht ausreichend aus Einkommen und Vermögen bestreiten können. Die in § 41 Abs. 2 SGB XII genannte Altersgrenze ist für die leistungsberechtigte Person entscheidend. Diese entspricht der Altersgrenze aus § 35 i. V. m. § 235 SGB VI, welche die persönliche Voraussetzung für einen Anspruch auf eine Regelaltersrente nach § 35, 235 SGB VI

---

779 Zuletzt BVerfG, Beschl. v. 23.09.2024 – 1 BvL 9/21 –, in: juris, Rn. 37; vgl. BVerfGE 125, 175 (110, 133 und 138); vgl. auch *Niedermeyer*, in: BeckOK SozR, SGB I, § 9, Rn. 10 m. w. N.

780 *Bertelsmeier*, Entwicklung und Entwicklungstendenzen der Rentenversicherung, S. 400.

781 *Eichenhofer*, NZS 2007, 57 (61).

782 *Bertelsmeier*, Entwicklung und Entwicklungstendenzen der Rentenversicherung, S. 400.

783 *Bertelsmeier*, Entwicklung und Entwicklungstendenzen der Rentenversicherung, S. 400.

784 *Schimmang*, Der Ausbau der gesetzlichen Rentenversicherung zu einer Erwerbstätigenversicherung und ihre Stellung in Europa, S. 62 f.; *Janda*, Elements of Generational Solidarity in the German Pension System, S. 38.

ist. Entsprechend berücksichtigt die Grundsicherung im Alter i. S. d. SGB XII lediglich Personen, die einen (zu) niedrigen Anspruch auf die Regelaltersrente nach § 35 SGB VI i. V. m. § 235 SGB VI haben.[785]

b. Leistungen

Der Leistungsumfang bzw. die Bedarfe ergeben sich aus § 42 SGB XII. Nach § 42 Nr. 1 SGB XII wird in diesen Bedarfskonstellationen die Sicherung des Lebensunterhalts (Grundleistungen) gesichert, die der Sicherung zum Lebensunterhalt nach dem dritten Kapitel des SGB XII entspricht, vgl. §§ 8 Nr. 1, 19 Abs. 1 und 2, 27–40 SGB XII.[786] Von der Leistung ist nicht nur der notwendige Lebensunterhalt nach § 27a SGB XII,[787] der als Regelbedarf gemäß § 28 SGB XII i. V. m der Anlage zu § 28 SGB XII[788] ausgestaltet ist, sondern auch Mehrbedarfe[789], einmalige Bedarfe[790], Beiträge zur Kranken- und Pflegeversicherung[791] sowie Vorsorgebeiträge[792] nach § 42 Nr. 2 SGB XII umfasst.[793] § 42 Nr. 5 SGB XII gewährt die Bezahlung ergänzender Darlehen.

Zudem besteht bei Bedarf auch Anspruch auf die Hilfen zur Gesundheit nach §§ 47–51 SGB XII, Hilfe zur Pflege[794], Hilfe zur Überwindung besonderer sozialer Schwierigkeiten[795], Hilfe in anderen Lebenslagen[796] sowie unter

---

785 *Schimmang*, Der Ausbau der gesetzlichen Rentenversicherung zu einer Erwerbstätigenversicherung und ihre Stellung in Europa, S. 63. Schimmang spricht in diesem Kontext von defizitären Ansprüchen auf Regelaltersrente.

786 *Richter*, in: Grube/Wahrendorf/Flint, SGB XII, § 42, Rn. 3; *Schimmang*, Der Ausbau der gesetzlichen Rentenversicherung zu einer Erwerbstätigenversicherung und ihre Stellung in Europa, S. 63.

787 Gem. § 27a Abs. 1 SGB XII umfasst der für die Gewährung des Existenzminimums insbesondere Ernährung, Kleidung, Körperpflege, Hausrat, Unterkunft und Heizung, ausführlich zum Leistungsspektrum für die Gewährung des Existenzminimums vgl. *Wrackmeyer-Schoene*, in: Grube/Wahrendorf/Flint, SGB XII, § 27a, Rn. 12–17.

788 Vgl. Anlage (zu § 28 SGB XII) Regelbedarfsstufen nach § 28 in Euro.

789 Vgl. § 30 SGB XII.

790 § 31 SGB XII.

791 § 32 SGB XII.

792 § 33 SGB XII

793 *Schimmang*, Der Ausbau der gesetzlichen Rentenversicherung zu einer Erwerbstätigenversicherung und ihre Stellung in Europa, S. 63.

794 §§ 61 ff. SGB XII.

795 §§ 67 ff. SGB XII.

796 §§ 70 ff. SGB XII.

Umständen Eingliederungshilfen für Menschen mit Behinderung gemäß § 111 SGB IX.[797] Soweit ein beantragter Anspruch auf Grundsicherung im Alter vorhanden ist, werden die Leistungen zur Deckung von Bedarfen grundsätzlich für 12 Kalendermonate bewilligt, vgl. § 44 Abs. 1 und 3 SGB XII. Die Bedarfe zur Sicherung des Existenzminimums bei einer Vorsorgelücke in der gesetzlichen Rentenversicherung sind steuerfinanziert.[798]

c. *Information und Beratung der Rentenversicherungsträger*

§ 109a SGB VI verpflichtet die Träger der Rentenversicherung, Hilfe in Angelegenheiten der Grundsicherung im Alter zu leisten. Die Rentenversicherungsträger informieren und beraten rentenberechtigte Personen über die Leistungsvoraussetzungen nach dem vierten Kapitel des SGB XII. Den anspruchsberechtigten Personenkreis für die Hilfe in Angelegenheiten der Grundsicherung bestimmt § 41 SGB XII.[799] Insofern ist es erforderlich, dass die betreffenden Personen die Regelaltersgrenze erreicht haben oder bei jüngeren Personen eine dauerhaft volle Erwerbsminderung vorliegt.[800]

Liegt die Rente unter dem 27-fachen des aktuellen Rentenwertes[801], hat der Rentenversicherungsträger zusätzlich zur Information ein Antragsformular beizufügen, vgl. § 109a Abs. 1 Satz 3 SGB VI. Auf Anfrage sind Personen, die zu den Leistungsberechtigten nach dem vierten Kapitel des SGB XII gehören, aber nicht rentenberechtigt sind, zu beraten und zu informieren.[802] Die Beratungs- und Informationspflichten entfallen lediglich in dem Fall, in dem wegen

---

797 *Schimmang*, Der Ausbau der gesetzlichen Rentenversicherung zu einer Erwerbstätigenversicherung und ihre Stellung in Europa, S. 63.

798 *Bothfeld*, Kindererziehung und Pflegezeiten: Wie anpassungsfähig sind die Sozialversicherungssysteme?, S. 21; *Schimmang*, Der Ausbau der gesetzlichen Rentenversicherung zu einer Erwerbstätigenversicherung und ihre Stellung in Europa, S. 88.

799 *Kuszynski*, in: BeckOK SozR, SGB VI, § 109a, Rn. 3; *Schimmang*, Der Ausbau der gesetzlichen Rentenversicherung zu einer Erwerbstätigenversicherung und ihre Stellung in Europa, S. 63.

800 Vgl. dazu § 109a Abs. 1 Satz 1 Nr. 1 und 2 SGB VI.

801 Seit dem 01.07.2024 beträgt der aktuelle Rentenwert (§§ 65, 68 SGB VI) 39,32 €. Der Mindestbetrag i. S. d. § 109a SGB VI beträgt derzeit 27 x 39,32 € = 1.061,64 €, vgl. dazu *Kuszynski*, in: BeckOK SozR, SGB VI, § 109a, Rn. 3.2.

802 Vgl. § 109a Abs. 1 Satz 2 SGB VI; vgl. auch *Schimmang*, Der Ausbau der gesetzlichen Rentenversicherung zu einer Erwerbstätigenversicherung und ihre Stellung in Europa, S. 64.

der Rentenhöhe oder aufgrund der Höhe anderer Einkünfte erkennbar ist, dass keine Leistungen in der Grundsicherung möglich sind.[803] Der Regelungsinhalt des § 109a SGB VI deckt sich mit § 46 SGB XII, der ebenso eine Beratungs- und Informationspflicht des Rentenversicherungsträgers normiert.[804] Durch diese Regelungen soll gewährleistet werden, dass alle möglichen Leistungsberechtigten trotz des für den Einzelnen schwer nachvollziehbaren Sozialleistungssystems auch Wissen über ihre Leistungsberechtigung erhalten.[805] Denn es ist zu bedenken, dass 62 % der Leistungsberechtigten – hochgerechnet etwa 625.000 Privathaushalte – die Grundsicherung im Alter nicht in Anspruch nehmen und somit über weniger Einkommen verfügen.[806] Der Antrag auf Leistungen der Grundsicherung im Alter nach dem vierten Kapitel des SGB XII kann ebenfalls bei dem zuständigen Rentenversicherungsträger gestellt werden, der den Antrag an den zuständigen Träger der Sozialhilfe weiterleitet.[807]

Aus der Beratungspflicht für Personen folgt, dass sie später bei Rentenzugang Kenntnis über die Leistung erhalten. Besonders für Alleinerziehende, die aufgrund der Doppelbelastung durch Kinderbetreuung und Erwerbstätigkeit möglicherweise nur eingeschränkt Zeit hatten, sich umfassend über mögliche Leistungen im Alter zu informieren, dürfte die Beratungspflicht von besonderer Relevanz sein.

D. Lohninstrumente

Für die Mehrheit der Alleinerziehenden ist die eigene Erwerbstätigkeit die wichtigste Einkommensquelle.[808] Dennoch begegnen insbesondere Alleinerziehende erheblichen Herausforderungen im Zusammenhang mit der

---

803 § 109a Abs. 1 Satz 6 SGB VI; *Schimmang*, Der Ausbau der gesetzlichen Rentenversicherung zu einer Erwerbstätigenversicherung und ihre Stellung in Europa, S. 64.

804 *Schimmang*, Der Ausbau der gesetzlichen Rentenversicherung zu einer Erwerbstätigenversicherung und ihre Stellung in Europa, S. 64.

805 *Krauß*, in: Knickrehm/Roßbach/Waltermann, Kommentar zum Sozialrecht, SGB XII, § 46, Rn. 1; *Schimmang*, Der Ausbau der gesetzlichen Rentenversicherung zu einer Erwerbstätigenversicherung und ihre Stellung in Europa, S. 64.

806 *Buslei/Geyer/Haan/Harnisch*, DIW Wochenbericht 2019, 909 (912).

807 Vgl. § 109a Abs. 1 Satz 4 SGB VI; vgl. dazu *Schimmang*, Der Ausbau der gesetzlichen Rentenversicherung zu einer Erwerbstätigenversicherung und ihre Stellung in Europa, S. 64.

808 Vgl. *Menne/Funcke*, Alleinerziehende in Deutschland, S. 13.

Erwerbstätigkeit. Der Verlust des Arbeitsplatzes trifft sie härter als andere Familienformen, da das Familieneinkommen nicht durch das Gehalt eines Partners ersetzt werden kann. Da Alleinerziehende in höherem Maße erwerbstätig sind als andere Eltern,[809] sind sie auch besonders auf ein Arbeitsumfeld angewiesen, das die Ausübung ihrer familiären Pflichten im Rahmen der Berufstätigkeit flexibel möglich ist (Vereinbarkeit von Familie und Beruf). Derartige Flexibilität und Teilzeitbeschäftigung gehen allerdings häufig mit schlechteren Vergütungskonditionen einher. Die Höhe des Einkommens ist jedoch langfristig für die spätere Rentenhöhe von Bedeutung.[810] Da Alleinerziehende überproportional in Niedriglohnberufen tätig sind[811], sind Tätigkeiten, die von der Sozialversicherungspflicht befreit sind, sowie der Mindestlohn von besonderer Relevanz.

I. Gesetzlicher Mindestlohn

Rund 23 % aller Beschäftigten in Deutschland erhalten derzeit einen Stundenlohn von unter 14 Euro und fallen somit in den Niedriglohnsektor.[812] Für Beschäftigte im Niedriglohnbereich[813] ist die Wahrscheinlichkeit hoch, später von Altersarmut betroffen zu sein.[814] Gründe hierfür sind u. a. die niedrigen Rentenanwartschaften, die durch die eingezahlten Beiträge unter dem Niveau der Grundsicherung liegen.[815] Mit einem derart geringen Arbeitseinkommen ist es allein nicht möglich, eine existenzsichernde Altersvorsorge aufzubauen.[816] Entsprechend ist es absehbar, dass Personen, die den

---

809 Vgl. *Menne/Funcke*, Alleinerziehende in Deutschland, S. 13.

810 So auch *Waltermann*, NZS 2017, 247 (247).

811 So auch *VAMV*, Eckpunktepapier zum Mindestlohn, o. S.; vgl. auch BT-Drs. 19/6250, S. 1.

812 BT-Drs. 20/8363, S. 2 ff.; vgl. *Handelsblatt*, Fast jeder Vierte in Deutschland mit Niedriglohn unter 14 Euro, o. S.

813 Zum Niedriglohnsektor gehören statistisch alle Beschäftigungsverhältnisse, bei denen der Bruttostundenverdienst weniger als zwei Drittel des mittleren Wertes beträgt (13,04 € im April 2023 bzw. 12,50 € im April 2022), vgl. dazu *Destatis*, Pressemitteilung Nr. 50 v. 08.02.2024, o. S.

814 *Waltermann*, NZS 2017, 247 (247); *Grabka/Göbler*, Der Niedriglohnsektor in Deutschland, S. 12.

815 *Grabka/Göbler*, Der Niedriglohnsektor in Deutschland, S. 12; *Steffen*, Niedriglohn und Rente, S. 1; ausführlich zum Zusammenhang Mindestlohn und Altersvorsorge: *Waltermann*, NZS 2017, 247 (247 f.).

816 So auch *Waltermann*, NZS 2017, 247 (247).

gesetzlichen Mindestlohn beziehen, eine Rente unterhalb der Armutsgrenze erhalten und somit auf Grundsicherung im Alter angewiesen sein werden.[817]

1. Sinn und Zweck

Mit dem Gesetz zur Stärkung der Tarifautonomie vom 11. August 2014 wurde in Deutschland das Gesetz zur Regelung eines allgemeinen Mindestlohns verabschiedet.[818] Seit 2015 gibt es mit der Einführung des Mindestlohngesetzes (MiLoG) einen flächendeckenden gesetzlichen Mindestlohn für Arbeitnehmer.[819] Die Gesetzesbegründung nennt als Ziele des gesetzlichen Mindestlohns den Schutz der Arbeitnehmer vor unangemessen niedrigen Entgelten, die Einschränkung eines Lohnunterbietungswettbewerbs sowie den Schutz der sozialen Sicherungssysteme.[820] Der Gesetzgeber hat Alleinerziehende hierbei nicht ausdrücklich berücksichtigt. Der in Deutschland geltende Mindestlohn wird kontinuierlich an die dynamischen Lebenshaltungskosten angepasst. Lag er 2015 bei noch 8,50 Euro pro Zeitstunde[821], so beträgt er im Jahr 2025 12,82 Euro.[822]

2. Anwendungsbereich

Grundsätzlich haben alle Arbeitnehmer Anspruch auf eine Vergütung, die mindestens der Höhe des derzeitigen Mindestlohns entspricht. Ausgenommen vom persönlichen Anwendungsbereich des gesetzlichen Mindestlohns nach § 22 MiLoG sind Auszubildende, Jugendliche unter 18 Jahren ohne abgeschlossene Berufsausbildung, ehrenamtlich Tätige, Teilnehmer an Einstiegsqualifizierungen nach dem SGB III und Berufsausbildungsvorbereitungen nach dem Berufsbildungsgesetz sowie Langzeitarbeitslose, die vor

---

817 *Janda*, Elements of Generational Solidarity in the German Pension System, S. 50.

818 *Wissenschaftliche Dienste*, WD 6 – 3000 – 141/18, Gesetzlicher Mindestlohn in Deutschland und Frankreich, S. 4.

819 *Wissenschaftliche Dienste*, WD 6 – 3000 – 141/18, Gesetzlicher Mindestlohn in Deutschland und Frankreich, S. 5.

820 BT-Drs. 18/1558, S. 2; *Wissenschaftliche Dienste*, WD 6 – 3000 – 141/18, Gesetzlicher Mindestlohn in Deutschland und Frankreich, S. 4.

821 *Wissenschaftliche Dienste*, WD 6 – 3000 – 141/18, Gesetzlicher Mindestlohn in Deutschland und Frankreich, S. 5.

822 Vgl. dazu § 1 Vierte Mindestlohnanpassungsverordnung.

Beginn der Beschäftigung ein Jahr oder länger arbeitslos waren, in den ersten sechs Monaten einer neuen Beschäftigung.[823]

Des Weiteren gelten i. S. d. § 22 Abs. 1 MiLoG für Pflichtpraktika Ausnahmen, also die aufgrund einer schulrechtlichen Regelung, einer Ausbildungsordnung oder einer hochschulrechtlichen Bestimmung geleistet werden sowie für freiwillige Orientierungspraktika und studien- beziehungsweise ausbildungsbegleitende Praktika, die nicht länger als drei Monate dauern.[824]

3. Zentrale Kommission zur Festlegung des Mindestlohns

Alle zwei Jahre wird die Höhe des gesetzlichen Mindestlohns geprüft und auf Vorschlag einer ständigen Mindestlohnkommission durch Rechtsverordnung der Bundesregierung angepasst, vgl. §§ 4, 9 Abs. 1, 11 MiLoG. Die Mindestlohnkommission besteht aus dem Vorsitzenden und je drei Vertretern der Tarifpartner sowie zwei sachverständigen beratenden Mitgliedern ohne Stimmrecht, vgl. §§ 4 Abs. 2, 5, 7 MiLoG.[825] Nach § 9 Abs. 2 MiLoG fasst die Mindestlohnkommission ihre Beschlüsse zur Festsetzung des Mindestlohns im Rahmen einer Gesamtabwägung und orientiert sich dabei nachlaufend an der Tarifentwicklung.[826] Des Weiteren gehört die Berichterstattung über die Auswirkungen auf Wirtschaft und Beschäftigung zu den Aufgaben der Mindestlohnkommission, vgl. § 9 Abs. 4 MiLoG.[827]

---

823 Vgl. *Greiner*, in: BeckOK ArbR, MiLoG, § 22, Rn. 22 f.; *Wissenschaftliche Dienste*, WD 6 – 3000 – 141/18, Gesetzlicher Mindestlohn in Deutschland und Frankreich, S. 4.

824 *Franzen*, in: ErfK, MiLoG, § 22, Rn. 9 f.; *Greiner*, in: BeckOK ArbR, MiLoG, § 22, Rn. 24; *Wissenschaftliche Dienste*, WD 6 – 3000 – 141/18, Gesetzlicher Mindestlohn in Deutschland und Frankreich, S. 4.

825 BT-Drs. 18/1558, S. 35; *Wissenschaftliche Dienste*, WD 6 – 3000 – 141/18, Gesetzlicher Mindestlohn in Deutschland und Frankreich, S. 4; *Greiner*, in: BeckOK ArbR, MiLoG, § 4, Rn. 1.

826 BT-Drs. 18/1558, S. 38; *Franzen*, in: ErfK, MiLoG, § 9, Rn. 3; *Wissenschaftliche Dienste*, WD 6 – 3000 – 141/18, Gesetzlicher Mindestlohn in Deutschland und Frankreich, S. 4; BT-Drs. 18/1558, S. 35; *Greiner*, in: BeckOK ArbR, MiLoG, § 4, Rn. 1.

827 *Franzen*, in: ErfK, MiLoG, § 9, Rn. 4; vgl. dazu *Wissenschaftliche Dienste*, WD 6 – 3000 – 141/18, Gesetzlicher Mindestlohn in Deutschland und Frankreich, S. 7.

4. Auswirkungen des Mindestlohns auf die gesetzliche Rentenversicherung

Die Mindestlohnkommission hebt im Rahmen ihrer Berichterstattung hervor, dass der Mindestlohn zu einer deutlichen Lohnsteigerung am unteren Rand der Stundenlohnverteilung geführte habe – die Entgeltdifferenz sei in diesem Bereich gesunken.[828] Nach Auffassung der Mindestlohnkommission ist der gesetzliche Mindestlohn jedoch zur Reduzierung von Armutsrisiken nur bedingt geeignet.[829] Dies sei auf folgende vier Gründe zurückzuführen: Erstens seien besonders armutsgefährdete Personengruppen oft gar nicht erwerbstätig und können daher vom gesetzlichen Mindestlohn nicht profitieren.[830] Zweitens lebe nur ein Teil der Mindestlohnbezieher in armutsgefährdeten Haushalten. So lebten von den Beschäftigten, die im Jahr 2018 bis zu 8,84 Euro pro Stunde verdienten, etwa 28 % in armutsgefährdeten Haushalten.[831] Drittens resultiere eine Armutsgefährdung von Erwerbstätigen nicht nur aus einem geringen Stundenentgelt, sondern zusätzlich aus einer zu geringen Wochenarbeitszeit sowie viertens aus zahlreichen nicht erwerbstätigen Personen im Haushalt, die von einem Einkommen leben.[832]

Der gesetzliche Mindestlohn wirkt sich auf die Entgeltentwicklung aus und kann damit entsprechend Einfluss auf die Entwicklung der beitragspflichtigen Entgelte sowie die finanzielle Situation der gesetzlichen Rentenversicherung ausüben.[833] Eine von der Mindestlohnkommission in Auftrag gegebene Studie lässt allerdings den Schluss zu, dass die Auswirkungen des Mindestlohns auf die gesetzliche Rentenversicherung als äußerst begrenzt

---

828 *Wissenschaftliche Dienste*, WD 6 – 3000 – 141/18, Gesetzlicher Mindestlohn in Deutschland und Frankreich, S. 7.

829 *Wissenschaftliche Dienste*, WD 6 – 3000 – 141/18, Gesetzlicher Mindestlohn in Deutschland und Frankreich, S. 7; *Mindestlohnkommission*, Vierter Bericht zu den Auswirkungen des gesetzlichen Mindestlohns, Rn. 167.

830 *Mindestlohnkommission*, Vierter Bericht zu den Auswirkungen des gesetzlichen Mindestlohns, Rn. 167.

831 *Mindestlohnkommission*, Vierter Bericht zu den Auswirkungen des gesetzlichen Mindestlohns, Rn. 167.

832 *Mindestlohnkommission*, Vierter Bericht zu den Auswirkungen des gesetzlichen Mindestlohns, Rn. 167.

833 *Mindestlohnkommission*, Vierter Bericht zu den Auswirkungen des gesetzlichen Mindestlohns, Rn. 168.

zu betrachten sind.[834] Der gesetzliche Mindestlohn führe zu einer Steigerung des Rentenwerts im Jahr 2020 um etwa 1 % von 34 Euro ohne gesetzlichen Mindestlohn auf 34,30 Euro mit Mindestlohn.[835] Der Beitragssatz in der gesetzlichen Rentenversicherung sinkt dadurch um ca. 0,1 Prozentpunkte.[836]

Dieser marginale Effekt ergibt sich aus zwei Faktoren[837]: Einerseits hat der gesetzliche Mindestlohn zu einem Anstieg der Lohnsumme der im Mindestlohnsegment tätigen Arbeitnehmer auf etwa 5,2 Milliarden Euro geführt, was im Vergleich zur gesamtwirtschaftlichen Lohnsumme von ca. 1.200 Milliarden Euro nur 0,43 % entspricht.[838] Folglich begrenzt sind die Effekte auf die rentenrechtlich beitragsrelevanten Entgelte. Zum anderen wurden mögliche Auswirkungen auf den aktuellen Rentenwert und den Beitragssatz durch den Mechanismus der Nachhaltigkeitsrücklage nach § 216 SGB VI vermindert.[839]

Hinsichtlich der Versichertenebene zeigt sich ebenfalls ein begrenzter Einfluss des Mindestlohns.[840] Freilich könnten sich die Anwartschaften der Versicherten in der Alterssicherung in Abgängigkeit von ihrem Entgelt vor Einführung und Angleichung des gesetzlichen Mindestlohns erhöhen.[841] Jedoch würden ebenfalls bei langjähriger Beschäftigung hauptsächlich zum gesetzlichen Mindestlohn keine Rentenansprüche oberhalb des

---

834 *Ehrentraut* et. al., Auswirkungen des gesetzlichen Mindestlohns auf die Rentenentwicklung, S. 14 ff.; *Mindestlohnkommission*, Vierter Bericht zu den Auswirkungen des gesetzlichen Mindestlohns, Rn. 169; so auch bereits *Waltermann*, NZS 2017, 247 (248).

835 *Ehrentraut* et. al., Auswirkungen des gesetzlichen Mindestlohns auf die Rentenentwicklung, S. 15; *Mindestlohnkommission*, Vierter Bericht zu den Auswirkungen des gesetzlichen Mindestlohns, Rn. 169.

836 *Ehrentraut* et. al., Auswirkungen des gesetzlichen Mindestlohns auf die Rentenentwicklung, S. 15; *Mindestlohnkommission*, Vierter Bericht zu den Auswirkungen des gesetzlichen Mindestlohns, Rn. 169.

837 Im Folgenden *Mindestlohnkommission*, Vierter Bericht zu den Auswirkungen des gesetzlichen Mindestlohns, Rn. 169.

838 *Mindestlohnkommission*, Vierter Bericht zu den Auswirkungen des gesetzlichen Mindestlohns, Rn. 169.

839 *Mindestlohnkommission*, Vierter Bericht zu den Auswirkungen des gesetzlichen Mindestlohns, Rn. 169.

840 Bezüglich der individuellen Ebene im Folgenden *Mindestlohnkommission*, Vierter Bericht zu den Auswirkungen des gesetzlichen Mindestlohns, Rn. 170.

841 *Mindestlohnkommission*, Vierter Bericht zu den Auswirkungen des gesetzlichen Mindestlohns, Rn. 170.

Grundsicherungsniveaus erworben werden.[842] Führt eine lebenslange Erwerbstätigkeit gleichermaßen wie Langzeitarbeitslosigkeit zur Altersarmut und zur Abhängigkeit von staatlichen Leistungen, darf eine Anreizwirkung des Mindestlohns zur Erwerbstätigkeit ernsthaft bezweifelt werden. So sind die individuellen Rentenanwartschaften ausschließlich abhängig vom Verhältnis des eigenen Einkommens zur Entwicklung der beitragsrelevanten Durchschnittsverdienste.[843] Solange die Höhe des gesetzlichen Mindestlohns mit diesen gleich steigt, sind über den Einführungseffekt hinaus keine positiven Effekte auf die Rentenanwartschaft zu erkennen.[844] Insbesondere für Alleinerziehende sind die Auswirkungen des Mindestlohns auf die Rentenanwartschaften wenig positiv. Erwerbsunterbrechungen, Teilzeit oder geringfügige Beschäftigungen bestärken die marginalen Wirkungen des Mindestlohns zusätzlich.

Arbeitsverhältnisse mit geringer Entgeltleistung führen grundsätzlich zu nicht ausreichenden Beitragsleistungen zur Alterssicherung.[845] Im Niedriglohnbereich bestehen zugleich regelmäßig eingeschränkte Möglichkeiten zum Aufbau zusätzlicher privater Altersvorsorge.[846] Ertragsschwache Arbeitsverhältnisse eröffnen keine hinreichenden Entwicklungsperspektiven, insbesondere für Alleinerziehende, auf deren Leistungsbereitschaft und Verantwortungsübernahme sowohl die alternde Gesellschaft als auch die Wirtschaft in besonderem Maße angewiesen sind.[847] Es ist erforderlich, dass Erwerbstätigkeit ein existenzsicherndes Einkommen gewährleistet und unter angemessenen sowie zumutbaren Arbeitsbedingungen ausgeübt werden kann.[848] Die Sicherstellung einer dauerhaft tragfähigen Entgeltstruktur

---

842 *Mindestlohnkommission*, Vierter Bericht zu den Auswirkungen des gesetzlichen Mindestlohns, Rn. 170.

843 *Mindestlohnkommission*, Vierter Bericht zu den Auswirkungen des gesetzlichen Mindestlohns, Rn. 170.

844 *Mindestlohnkommission*, Vierter Bericht zu den Auswirkungen des gesetzlichen Mindestlohns, Rn. 170.

845 *Waltermann*, NZS 2017, 247 (248).

846 *Waltermann*, NZS 2017, 247 (248), dort auch zum folgenden Text und ähnlich im Ergebnis.

847 Vgl. *Waltermann*, NZS 2017, 247 (248).

848 *Waltermann*, NZS 2017, 247 (248).

sowie die Schaffung nachhaltiger Entwicklungsperspektiven für Geringverdienende sind hierfür unerlässlich.[849]

II. Versicherungspflicht in der Sozialversicherung

Die geringfügige Beschäftigung als steuer- und beitragsrechtlich begünstigte Beschäftigungsform ist eine Besonderheit des deutschen Arbeitsmarktes.[850] Grundsätzlich soll jede Beschäftigung, die gegen Arbeitsentgelt ausgeübt wird, in der Kranken-, Pflege-, Renten-, Unfall- und Arbeitslosenversicherung zur Versicherungs- und somit Beitragspflicht führen. Es sind für bestimmte Personengruppen verschiedene Ausnahmetatbestände im Sozialgesetzbuch vorgesehen, die zur Versicherungsfreiheit führen. Diese Ausnahme besteht zum Teil auch bei geringfügigen Beschäftigungen, den sogenannten Minijobs.

Bei den Minijobs ist zwischen der geringfügig entlohnten Beschäftigung nach § 8 Abs. 1 Nr. 1 SGB IV, der kurzfristigen Beschäftigung gem. § 8 Abs. 1 Nr. 2 SGB IV, der geringfügigen selbstständigen Tätigkeit nach § 8 Abs. 3 SGB IV und der geringfügigen Beschäftigung in Privathaushalten nach § 8a SGB IV[851] zu unterscheiden.[852] § 8a Satz 1 SGB IV stellt dar, dass auch ausschließlich in Privathaushalten ausgeübte Beschäftigungen nach § 8 SGB IV zu prüfen sind. Was unter einem Privathaushalt zu verstehen ist, wird in § 8a Satz 2 SGB IV definiert. Nach § 28a Abs. 7 SGB IV gilt für geringfügig Beschäftigte in Privathaushalten i. S. v. § 8a SGB IV das sogenannte Haushaltsscheckverfahren.[853]

Im Jahr 2019 waren etwa 100.000 Alleinerziehende ausschließlich geringfügig beschäftigt.[854] Es ist jedoch von einer Dunkelziffer von Alleinerziehenden auszugehen, die aufgrund von sogenannter Schwarzarbeit zwar faktisch arbeiten, jedoch keiner sozialversicherungspflichtigen Tätigkeit nachgehen. So ergab beispielsweise eine Umfrage im Auftrag der Minijob-Zentrale, dass nur 36 % der Befragten, die eine Haushaltshilfe beschäftigen, diese

---

849 *Waltermann*, NZS 2017, 247 (248).

850 *Koppernock*, NZS 2022, 364 (365); vgl. *Knospe*, ZESAR 2008, 323 (323).

851 Vgl. BT-Drs. 15/26, S. 23 f.

852 *Rittweger*, in: BeckOK SozR, SGB IV, § 8, Rn. 6–8; vgl. auch *Kainz*, NZS 2022, 653 (653).

853 *Rittweger*, in: BeckOK SozR, SGB IV, § 8, Rn. 6–8; vgl. auch *Kainz*, NZS 2022, 653 (653).

854 *Wingerter*, in: Statistisches Bundesamt, Arbeitsmarkt und Verdienste, S. 179 m. w. N.

auch offiziell angemeldet hatten.[855] Nach Einschätzung der Minijob-Zentrale dürfte die Dunkelziffer der Schwarzarbeit noch deutlich größer sein, als die Umfrage nahelegt. Die geringfügige Beschäftigung wird überwiegend von Frauen ausgeübt (4,1 Millionen Frauen von 7 Millionen geringfügig entlohnt Beschäftigten im Dezember 2020).[856] So ist eine beachtliche Anzahl von Alleinerziehenden und Frauen von geringfügiger Beschäftigung betroffen.

1. Voraussetzungen der geringfügigen Beschäftigung

Im Zusammenhang der geringfügigen Beschäftigung gemäß § 8 Abs. 1 SGB IV ist zwischen der Entgeltgeringfügigkeit (Nr. 1) und der Zeitgeringfügigkeit (Nr. 2) zu unterscheiden. Diese beiden Alternativen der kurzfristigen Beschäftigung nach § 8 Abs. 1 Nr. 2 SGB IV stehen gleichrangig nebeneinander.[857] Bei geringfügigen Beschäftigungen ist eine Zuordnung zu einer dieser beiden Fallgruppen des § 8 Abs. 1 SGB IV vorzunehmen.[858] Hierbei unterscheiden sich die beiden Fallgruppen dadurch, dass die Beschäftigung bei § 8 Abs. 1 Nr. 1 SGB IV regelmäßig und bei § 8 Abs. 1 Nr. 2 SGB IV lediglich gelegentlich ausgeübt wird.[859]

a. Entgeltgeringfügigkeit

Nach § 8 Abs. 1 Nr. 1 SGB IV liegt eine Entgeltgeringfügigkeit vor, wenn diese Beschäftigung regelmäßig im Monat die Geringfügigkeitsgrenze nach § 8 Abs. 1a SGB IV nicht übersteigt. Im § 8 Abs. 1a SGB IV wird der Begriff der Geringfügigkeitsgrenze bestimmt. Die Geringfügigkeitsgrenze entspricht einem monatlichen Arbeitsentgelt auf Basis einer Arbeitszeit von zehn Wochenstunden zum Mindestlohn nach § 1 Abs. 2 Satz 1 MiLoG. Es gilt die dynamische Geringfügigkeitsgrenze nach § 8 Abs. 1a SGB IV von derzeit 556,00 Euro. Hierbei sind nicht die wöchentliche Arbeitszeit oder die

---

855 Vgl. dazu *Frankfurter Allgemeine*, Die meisten Putzhilfen arbeiten schwarz, o. S.

856 BT-Drs. 20/1408, S. 26 m. w. N.

857 BSG, Urt. v. 24.11.2020 – B 12 KR 34/19 R, in: juris, Rn. 16; *Kainz*, NZS 2022, 653 (653).

858 BSG, Urt. v. 05.12.2017 – B 12 R 10/15 R, in: juris, Rn. 16 m. w. N.; *Kainz*, NZS 2022, 653 (654).

859 BSG, Urt. v. 05.12.2017 – B 12 R 10/15 R, in: juris, Rn. 16; *Kainz*, NZS 2022, 653 (654).

Anzahl der monatlichen Arbeitseinsätze entscheidend, sondern der gesetzliche Mindestlohn.

Die Kopplung der Geringfügigkeitsgrenze an den gesetzlichen Mindestlohn führt zu einer Dynamisierung dieses Grenzwertes. Dies hat zur Folge, dass bei einer Erhöhung des Mindestlohns eine Reduktion der wöchentlichen Stundenzahl nicht erforderlich ist, sofern die Entlohnung in Höhe des Mindestlohns erfolgt.[860] Der jeweilige Mindestlohn führt jedoch mittelbar zu einer faktischen Beschränkung der Arbeitszeit.[861]

Eine Beschäftigung nach § 7 Abs. 1 Satz 1 SGB IV liegt vor, wenn eine Tätigkeit im Rahmen eines Arbeitsverhältnisses ausgeübt wird. In Ermangelung der Verwendung klar definierbarer Begriffe, hat das BSG Indizien erarbeitet, die für und gegen die Annahme eines abhängigen Beschäftigungsverhältnisses sprechen.[862] So setzt eine Entgeltgeringfügigkeit eine regelmäßige auf Dauer angelegte Beschäftigung und die kurzfristige Beschäftigung nach § 8 Abs. 1 Nr. 2 SGB IV nur gelegentliche Tätigkeit voraus.[863] Hierbei ist die wöchentliche oder monatliche Arbeitszeit unbeachtlich. Ob die Variante der Entgeltgeringfügigkeit vorliegt, setzt eine Prognose *ex ante* voraus – eine Betrachtung *ex post* erfolgt nicht.[864] Wird nur gelegentlich gearbeitet, kommt die Entgeltgeringfügigkeit nicht in Betracht.[865]

§ 14 Abs. 1 SGB IV definiert einen für den Kontext der Sozialversicherung einheitlichen Begriff des Arbeitsentgelts.[866] Demnach sind zur Beurteilung des Arbeitsentgelts die Mindestlohnvorgaben der Tarifverträge[867] oder subsidiär die des Mindestlohngesetzes entscheidend.[868] Der Mindestlohn wird

---

860 BT-Drs. 20/1408, S. 2 und 19; *Rittweger*, in: BeckOK SozR, SGB IV, § 8, Rn. 9; *Kainz*, NZS 2022, 653 (656).

861 *Kainz*, NZS 2022, 653 (653); *Rittweger*, in: BeckOK SozR, SGB IV, § 8, Rn. 9.

862 BSG, Urt. v. 04.06.2019 – B 12 R 11/18 R, in: juris, Rn. 14 m. w. N.; *Kainz*, NZS 2022, 653 (654).

863 BSG, Urt. v. 07.05.2014 – B 12 R 5/12 R, in: juris, Rn. 19; *Kainz*, NZS 2022, 653 (654).

864 BSG, Urt. v. 05.12.2017 – B 12 R 10/15 R, in: juris, Rn. 16 m. w. N.; *Kainz*, NZS 2022, 653 (654).

865 BSG, Urt. v. 05.12.2017 – B 12 R 10/15 R, in: juris, Rn. 16 m. w. N.; *Kainz*, NZS 2022, 653 (654).

866 *Zieglmeier*, in: BeckOGK, SGB IV, § 14, Rn. 1.

867 *Bayreuther*, NZA 2014, 865 (866).

868 *Kainz/Euler/Chama*, in: *Kainz*, Praxiskommentar Beschäftigung und selbstständige Tätigkeit, SGB IV, § 8, Rn. 47 f.; *Kainz*, NZS 2022, 653 (654).

als Bruttovergütung geschuldet und findet gleichermaßen Anwendung auf geringfügig Beschäftigte[869], sofern diese im Privathaushalt tätig sind.[870] Bei unvorhersehbar schwankendem Arbeitsentgelt, ist für ein Jahr im Voraus der Durchschnitt des Einkommens zu schätzen.[871] Sind Sonderzahlungen mit Gewissheit zu erwarten, handelt es sich um regelmäßig erzieltes Arbeitseinkommen, welches auf die einzelnen Monate umzurechnen ist.[872] Hierbei ist unerheblich, dass bei einem bezogen auf die Einkommenshöhe unvorhersehbaren Jahresverlauf in einzelnen Monaten das Arbeitsentgelt über der Geringfügigkeitsgrenze liegt, solange die jährliche Entgeltgrenze nicht überschritten wird.[873] Nach § 8 Abs. 1b SGB IV ist der Fortbestand einer geringfügigen Beschäftigung nicht gefährdet, wenn die Geringfügigkeitsgrenze innerhalb eines für den jeweiligen Entgeltabrechnungszeitraum zu bildenden Zeitjahres in nicht mehr als zwei Kalendermonaten um jeweils einen Betrag bis zur Höhe der Geringfügigkeitsgrenze überschritten wird. Ab dem Tage des Überschreitens liegt keine entgeltgeringfügige Beschäftigung mehr vor, wenn die Geringfügigkeitsgrenze regelmäßig überschritten wird.[874] Für den zurückliegenden Zeitraum verbleibt es bei der Annahme einer geringfügigen Beschäftigung.[875]

b. Zeitgeringfügigkeit

Gemäß § 8 Abs. 1 Nr. 2 SGB IV liegt eine zeitgeringfügige Beschäftigung[876] vor, wenn die Beschäftigung innerhalb eines Kalenderjahres auf längstens drei Monate oder 70 Arbeitstage nach ihrer Eigenart begrenzt zu sein pflegt oder im Voraus vertraglich begrenzt ist, es sei denn, dass die Beschäftigung

---

869 *Lakies*, ArbRAktuell 2014, 527 (527); *Kainz*, NZS 2022, 653 (654).

870 BAG, Urt. v. 24.06.2021 – 5 AZR 505/20, in: juris, passim; *Kainz*, NZS 2022, 653 (654).

871 Richtlinien für die versicherungsrechtliche Beurteilung von geringfügigen Beschäftigungen (Geringfügigkeits-Richtlinien) v. 14.12.2023, S. 21.

872 BSG, Urt. v. 28.02.1984 – 12 RK 21/83, in: juris, Rn. 14–16; *Kainz*, NZS 2022, 653 (654).

873 Richtlinien für die versicherungsrechtliche Beurteilung von geringfügigen Beschäftigungen (Geringfügigkeits-Richtlinien) v. 14.12.2023, S. 48.

874 Vgl. *Zieglmeier*, in: BeckOGK, SGB IV, § 8, Rn. 41–43; *Kainz*, NZS 2022, 653 (655).

875 *Kainz*, NZS 2022, 653 (655).

876 Wird auch als kurzfristige gelegentliche Beschäftigung bezeichnet, ausführlich *Rittweger*, in: BeckOK SozR, SGB IV, § 8, Rn. 23–32.

berufsmäßig ausgeübt wird oder/und die Geringfügigkeitsgrenze übersteigt.[877] Zu kurzfristigen Beschäftigungen gehören beispielsweise Tätigkeiten in der Saisonarbeit oder allgemeine Aushilfen. Die zeitliche Begrenzung der Tätigkeit muss sich – sofern nicht vertraglich festgelegt – aus der Eigenart der Beschäftigung im Sinne des § 8 Abs. 1 Nr. 2 SGB IV ergeben.[878] In Abgrenzung zu entgeltgeringfügiger Beschäftigung erfasst § 8 Abs. 1 Nr. 2 SGB IV lediglich unregelmäßig ausgeübte Beschäftigungen.[879] Die Regelungen zur Entgelt- und zur Zeitgeringfügigkeit stehen in einem komplementären Verhältnis zueinander, da sie jeweils auf einen der beiden für die Bestimmung der Gesamthöhe des Arbeitsentgelts maßgeblichen Einflussfaktoren – nämlich Arbeitszeit und Stundenentgelt – abstellen.

Die Frage nach der Unterscheidung zwischen Tätigkeiten, die berufsmäßig ausgeübt werden und Tätigkeiten, die von der hier besprochenen Regelungssystematik als (zeit-)geringfügig erfasst werden, kann nur im Einzelfall und unter Berücksichtigung der gesamten wirtschaftlichen Verhältnisse des Arbeitnehmers beantwortet werden.[880] So hat z. B. das BSG die Berufsmäßigkeit für Altersrentner grundsätzlich abgelehnt.[881] Auch führen wiederholte Beschäftigungen nicht zwangsläufig zur Annahme der Berufsmäßigkeit, wenn sie in längeren Abständen erfolgen oder die betreffende Person überwiegend anderweitig – also in anderen Arbeitsverhältnissen – beschäftigt ist.[882] Personen, die keine versicherungspflichtige Beschäftigung ausüben (wie z. B. Rentner sowie Hausfrauen und -männer), sind grundsätzlich nicht berufsmäßig tätig.[883] Dieser Personenkreis lebt grundsätzlich von anderen Einkünften wie beispielsweise einer Altersrente.[884] Das maßgebliche

---

877 BSG, Urt. v. 05.12.2017 – B 12 R 10/15 R, in: juris, Rn. 18; vgl. *Kainz*, NZS 2022, 653 (655); *Zieglmeier*, in: BeckOGK, SGB IV, § 8, Rn. 56.

878 *Zieglmeier*, in: BeckOGK, SGB IV, § 8, Rn. 62; *Kainz*, NZS 2022, 653 (655).

879 *Zieglmeier*, in: BeckOGK, SGB IV, § 8, Rn. 56 f.; *Kainz*, NZS 2022, 653 (655).

880 So auch *Kainz*, NZS 2022, 653 (655); *Zipperer*, in: Kreikebohm/Dünn, SGB IV, § 8, Rn. 21.

881 BSG, Urt. v. 07.05.2014 – B 12 R 5/12 R, in: juris, Rn. 26.

882 BSG, Urt. v. 11.05.1992 – 12 RK 23/91, in: juris, Rn. 20; *Kainz*, NZS 2022, 653 (656).

883 Richtlinien für die versicherungsrechtliche Beurteilung von geringfügigen Beschäftigungen (Geringfügigkeits-Richtlinien) v. 14.12.2023, S. 45; *Kainz*, NZS 2022, 653 (656).

884 Richtlinien für die versicherungsrechtliche Beurteilung von geringfügigen Beschäftigungen (Geringfügigkeits-Richtlinien) v. 14.12.2023, S. 45; *Kainz*, NZS 2022, 653 (656).

Unterscheidungsmerkmal ist demnach, ob das durch die aufgenommene Tätigkeit erworbene Arbeitsentgelt hauptsächlich den eigenen Lebensunterhalt finanziert, oder die Finanzierung lediglich ergänzt. So ist beispielsweise bei Altersrentnern anzunehmen, dass schwerpunktmäßig die empfangenen Renten der Finanzierung des Lebensunterhalts dienen, während zusätzliche Beschäftigungen die Finanzierung lediglich ergänzen oder aus nicht monetären Motivationen aufgenommen wurden.

Insbesondere für Alleinerziehende sind die kurzfristigen Beschäftigungen relevant, da sie als attraktiver und kurzfristiger Nebenverdienst dienen. Allerdings sind diese Beschäftigungen sozialversicherungsfrei. Entsprechend würden diese Beschäftigungen nicht als Beitragszeiten in der gesetzlichen Rentenversicherung einfließen und somit nicht rentensteigernd berücksichtigt werden. Insofern handelt es sich auch bei diesem „Zuverdienstmodell“ um ein zweischneidiges Schwert. Alleinerziehenden eröffnen sich zwar flexible Möglichkeiten, kurzfristig etwaige Finanzierungslücken im Alltag zu schließen. Gleichzeitig bleibt diese Arbeitsleistung jedoch ohne rentenrechtliche Relevanz, sodass sich die Problematik eines (zu) geringen Einkommens lediglich in die Zukunft verlagert – nämlich auf den Zeitpunkt des Renteneintritts. Zweischneidig ist das Modell zudem im Hinblick auf die Opportunitätskosten, da die Arbeitskraft, die Alleinerziehende im Rahmen geringfügiger Beschäftigungen einsetzen, dem regulären, rentenwirksamen Arbeitsmarkt nicht mehr zur Verfügung steht.

c. Zusammenrechnung mehrerer Beschäftigungen

Bei mehreren Tätigkeiten beim selben Arbeitgeber gilt in allen Anwendungsfällen des § 8 SGB IV der sozialrechtliche[885] Grundsatz des einheitlichen Beschäftigungsverhältnisses.[886] Das bedeutet, dass bei einem Arbeitgeber grundsätzlich lediglich ein einheitliches Beschäftigungsverhältnis vorliegen kann und eine geringfügige Beschäftigung bei einem anderen Arbeitgeber ausgeübt werden muss.[887] Im Sinne des § 8 Abs. 2 SGB IV erfolgt daher eine

---

885 Hier besteht ein Gegensatz zum Arbeitsrecht, das den Abschluss verschiedener Arbeitsverträge mit unterschiedlichen Rechten und Pflichten kennt, vgl. dazu *Rittweger*, in: BeckOK SozR, SGB IV, § 8, Rn. 9a.

886 *Kainz*, NZS 2022, 653 (653).

887 *Rittweger*, in: BeckOK SozR, SGB IV, § 8, Rn. 15.

Zusammenrechnung mehrerer geringfügiger Beschäftigungen. Gemäß § 8 Abs. 2 SGB IV wird festgelegt, dass mehrere geringfügige Beschäftigungen nach § 8 Abs. 1 Nr. 1 SGB IV (entgeltgeringfügige Beschäftigungen) oder nach § 8 Abs. 1 Nr. 2 SGB IV (zeitgeringfügige Beschäftigungen) zusammengerechnet werden.

Übersteigt die Summe der zusammengerechneten entgeltgeringfügigen Beschäftigungen die Grenze der Geringfügigkeit, so entfällt für alle zusammengerechneten entgeltgeringfügigen Beschäftigungen die Geringfügigkeit.[888] Dies führt für alle zusammengerechneten entgeltgeringfügigen Beschäftigungen zu einer allgemeinen Versicherungs- und Beitragspflicht.[889]

2. Beitragsrechtliche Auswirkungen der geringfügigen Beschäftigung in der gesetzlichen Rentenversicherung

Seit 2013 unterliegen geringfügige Beschäftigungen grundsätzlich der Versicherungspflicht in der gesetzlichen Rentenversicherung.[890] Es finden jedoch hinsichtlich der Beitragsberechnung andere Regelungen betreffend der Beitragslastverteilung nach § 2 Abs. 1 Satz 1 BVV Anwendung.[891] Wie zuvor dargestellt, ergibt sich aus § 5 Abs. 2 Nr. 1 SGB VI i. V. m. § 8 Abs. 1 Nr. 2 SGB IV, dass Personen, die eine geringfügige Beschäftigung ausüben, unter bestimmten Voraussetzungen von der Versicherungspflicht befreit sind. Wie dem Wortlaut des § 5 Abs. 2 SGB VI zu entnehmen ist, existiert im SGB VI kein eigenständiger Begriff der Geringfügigkeit, sondern es erfolgt ein Rückgriff auf die Definition der geringfügigen Beschäftigung im Sinne des § 8 SGB IV.[892] Liegt eine geringfügig vergütete Beschäftigung nach § 8 Abs. 1 Nr. 1 SGB IV vor, weil das Arbeitsentgelt regelmäßig eine Höhe von 556,00 Euro (im Jahr 2025)[893] monatlich nicht überschreitet, besteht grundsätzlich Versicherungspflicht in dieser Beschäftigung nach § 1 Satz 1 Nr. 1 SGB VI.

---

888 *Zipperer*, in: Kreikebohm/Dünn, SGB IV, § 8, Rn. 13; *Kainz*, NZS 2022, 653 (656).

889 *Kainz*, NZS 2022, 653 (656); vgl. *Zipperer*, in: Kreikebohm/Dünn, SGB IV, § 8, Rn. 13.

890 BT-Drs. 17/10773, S. 1.

891 *Kainz*, NZS 2022, 653 (656).

892 *Geckeler*, in: BeckOK SozR, SGB VI, § 5, Rn. 12.

893 Durch die Vierte Mindestlohnanpassungsverordnung v. 24.11.2023 und die damit verbundene Mindestlohnerhöhung zum 01.01.2025 wurde die Geringfügigkeitsgrenze zum 01.01.2025 auf 556 € angehoben.

Jedoch besteht nach § 6 Abs. 1b Satz 1 SGB VI für den Beschäftigten die Möglichkeit der Befreiung von der Versicherungspflicht.[894] Nach § 6 Abs. 1b Satz 2 SGB VI ist der schriftliche Befreiungsantrag dem Arbeitgeber zu übergeben und gilt für alle geringfügigen Beschäftigungen und deren gesamte Dauer nach § 8 Abs. 1 Nr. 1 SGB IV. Für die geringfügige Beschäftigung in Privathaushalten gemäß § 8a SGB IV gelten die bereits gemachten Ausführungen entsprechend. Die kurzfristige Beschäftigung nach § 5 Abs. 2 Satz 1 Nr. 1 SGB VI i. V. m. § 8 Abs. 1 Nr. 2 SGB IV ist nach erfolgter Befreiung versicherungsfrei und es werden weder Entgeltpunkte noch Zuschläge an Entgeltpunkten i. S. d. SGB VI erworben. Wenn keine Befreiung beantragt wurde, werden u. a. Rentenanwartschaften erlangt und Eltern werden im Rahmen des § 70 Abs. 3a SGB VI berücksichtigt.

3. Übergangsbereich

Erwerbseinkommen im Übergangsbereich i. S. d. § 20 Abs. 2 SGB IV (sogenannte Midijobs) sollen die Beitragslast von gering entlohnten Beschäftigungsverhältnissen verringern.[895] Durch die Einführung des Übergangsbereichs[896] beabsichtigte der Gesetzgeber, neue Arbeitsplätze oberhalb der Geringfügigkeitsgrenze zu schaffen sowie die sogenannte Niedriglohnschwelle zu beseitigen, indem die Sozialversicherungsbeiträge für Beschäftigte abgesenkt wurden.[897] Der Anwendungsbereich der Übergangsbereich-Regelung schließt direkt an die geringfügige Beschäftigung nach § 8 Abs. 1 Nr. 1 SGB IV an und reduziert über ein bestimmtes Arbeitsentgelt hinaus den Anstieg der Grenzbelastung beim Übergang in

---

894 Vgl. *Schimmang*, Der Ausbau der gesetzlichen Rentenversicherung zu einer Erwerbstätigenversicherung und ihre Stellung in Europa, S. 43; ausführlich dazu *GKV-Spitzenverband*, Richtlinien für die versicherungsrechtliche Beurteilung von geringfügigen Beschäftigungen (Geringfügigkeits-Richtlinien) v. 14.12.2023, S. 34–36.

895 Vgl. dazu BT-Drs. 15/26, S. 2; BT-Drs. 15/202, S. 4; *Buslei/Geyer/Haan*, Soziale Sicherheit 2023, 146 (146); *Kainz*, NZS 2022, 653 (657).

896 Der Begriff „Gleitzone“ wurde durch Art. 4 BGBl. 2018 I Nr. 40 v. 28.11.2018, S. 2021 durch den Begriff „Übergangsbereich“ ersetzt.

897 Vgl. dazu BT-Drs. 15/26, S. 2; BT-Drs. 15/202, S. 4; vgl. *Nieder*, in: Kreikebohm/Dünn, SGB IV, § 20, Rn. 2; ausführlich zur Entstehungsgeschichte der Regelung: *Koch/Bäcke*r, Sozialer Fortschritt 2003, 94 (94).

voll sozialversicherungspflichtige Beschäftigungen.[898] Durch § 20 Abs. 2a SGB IV wird der sprunghafte Anstieg der Belastung bei Überschreitung der Geringfügigkeitsgrenze abgefedert.[899] Die Förderung des Übergangs in eine sozialversicherungspflichtige Beschäftigung verbessere daher insbesondere die Anreize zur Ausweitung der Erwerbstätigkeit und in der Folge die Altersvorsorge von Frauen.[900] Von der Reduzierung der Sozialversicherungsabgaben sollen vor allem Frauen, Alleinerziehende und Teilzeitbeschäftigte profitieren, die bisher etwa drei Viertel aller Beschäftigten im Übergangsbereich ausmachen.[901] Die geringeren Beiträge zur gesetzlichen Rentenversicherung führen jedoch auch zu niedrigeren Rentenanwartschaften.[902]

Seit der Neuregelung vom 1. Juli 2019 wird dieser Effekt durch die Erhöhung der Rentenanwartschaften während der Ausübung eines Midijobs kompensiert, vgl. § 70 Abs. 1a SGB VI.[903] Seitdem ist sichergestellt, dass Entgeltpunkte für Beitragszeiten aus einer Beschäftigung im Übergangsbereich auf Grundlage des tatsächlich erzielten Arbeitsentgelts und nicht der reduzierten beitragspflichtigen Bemessungsgrundlage berechnet werden.[904] Der Beschäftigte wird demnach so gestellt, als hätte er den vollen Beitragssatz auf das gesamte Arbeitsentgelt gezahlt.[905] Diese beitragsrechtliche Behandlung

---

[898] BT-Drs. 20/1408, S. 31; vgl. *Buslei/Geyer/Haan*, Soziale Sicherheit 2023, 146 (146); *Kainz*, NZS 2022, 653 (657).

[899] BT-Drs. 20/1408, S. 31; *Zieglmeier*, in: BeckOGK, SGB IV, § 20, Rn. 41; *Kainz*, NZS 2022, 653 (657).

[900] BT-Drs. 20/1408, S. 26.

[901] Vgl. BT-Drs. 20/1408, S. 26; ebenso *Buslei/Geyer/Haan*, DIW Wochenbericht 2023, 75 (82).

[902] *Buslei/Geyer/Haan*, Soziale Sicherheit 2023, 146 (146).

[903] Bis zum 30.06.2019 sollten rentenrechtliche Leistungen nur dann in voller Höhe erfolgen, wenn auch volle Beiträge entrichtet wurden. Gemäß § 163 Abs. 10 Satz 6 und 7 SGB VI (weggefallen) hatte der Versicherte aber die Möglichkeit zur Vermeidung von Nachteilen im Aufbau einer Rentenanwartschaft auf die Reduzierung seiner Arbeitnehmeranteile zu verzichten, vgl. dazu *Zieglmeier*, in: BeckOGK, SGB IV, § 20, Rn. 58; vgl. BT-Drs. 19/4668, S. 21 f.

[904] BT-Drs. 19/4668, S. 21 f.; *Zieglmeier*, in: BeckOGK, SGB IV, § 20, Rn. 58.

[905] *Zieglmeier*, in: BeckOGK, SGB IV, § 20, Rn. 58.

widerspricht im Übrigen dem Äquivalenzprinzip im SGB VI und führt zu jährlichen Mindereinnahmen in der gesetzlichen Rentenversicherung.[906]

In § 20 Abs. 2 SGB IV liegt die Höchstgrenze für die Beschäftigung im Übergangsbereich bei höchstens 2.000,00 Euro. Der Übergangsbereich liegt also für Beschäftigte bei einem Bruttoeinkommen zwischen 556,01 Euro und 2.000,00 Euro.[907] Überschreitet das Arbeitsentgelt die Grenze von 556,01 Euro, jedoch nicht die Grenze von 2.000,00 Euro, müssen lediglich reduzierte Sozialbeiträge entrichtet werden.[908] Die Förderung wird entsprechend der Höhe des erzielten Bruttoarbeitsentgelts bis zu einer Verdienstgrenze von 2.000,00 Euro pro Monat abgeschmolzen.[909] Zu Beginn des Übergangsbereichs beträgt der Gesamtsozialversicherungsbeitragssatz 28 % und steigt dann über den gesamten Übergangsbereich hinweg auf den vollen Satz von 40,45 % an.[910] Zu Beginn des Übergangsbereichs wird der Beitrag vollständig von den Arbeitgebern übernommen, während der Beitrag der Beschäftigten ab der Geringfügigkeitsgrenze mit der Höhe des Arbeitsentgelts ansteigt.[911] Am Ende des Übergangsbereichs erfolgt dann eine anteilsgleiche Finanzierung durch Arbeitgeber und Beschäftigte.[912] Einerseits werden seit 2019 nach § 70 Abs. 1a SGB VI die Rentenanwartschaften für Midijob-Beschäftigte auf Basis des vollen Beitragssatzes in der gesetzlichen Rentenversicherung berechnet. Andererseits ist fraglich, ob diese Förderung einen wirksamen Beitrag zur Alterssicherung leisten kann.[913] Der Rentenbeitragssatz wird mit Beginn des Übergangsbereichs um 5,7 % reduziert.[914] Das ist der Punkt der maximalen

---

906 Vgl. BT-Drs. 19/5876 S. 3 f.; *Körner*, in: BeckOGK, SGB VI, § 70, Rn. 10b.

907 *Buslei/Geyer/Haan*, Soziale Sicherheit 2023, 146 (146).

908 *Buslei/Geyer/Haan*, Soziale Sicherheit 2023, 146 (146).

909 *Zieglmeier*, in: BeckOGK, SGB IV, § 20, Rn. 41; *Buslei/Geyer/Haan*, Soziale Sicherheit 2023, 146 (146).

910 *Buslei/Geyer/Haan*, Soziale Sicherheit 2023, 146 (146); BT-Drs. 20/1408, S. 31; vgl. *Wagner*, in: BeckOK SozR, SGB IV, § 20, Rn. 6a.

911 *Wagner*, in: BeckOK SozR, SGB IV, § 20, Rn. 6a; *Buslei/Geyer/Haan*, Soziale Sicherheit 2023, 146 (146).

912 *Nieder*, in: Kreikebohm/Dünn, SGB IV, § 20, Rn. 15; *Buslei/Geyer/Haan*, Soziale Sicherheit 2023, 146 (147 f.).

913 So auch *Buslei/Geyer/Haan*, Soziale Sicherheit 2023, 146 (147).

914 *Buslei/Geyer/Haan*, Soziale Sicherheit 2023, 146 (147), dort auch zum folgenden Text; vgl. dazu auch *Buslei/Geyer/Haan*, DIW Wochenbericht 2023, 75 (79), dort auch zum folgenden Text.

Förderung im Rahmen der Rentenbeitragssatzsenkung.[915] Danach wird die Förderung bis zur oberen Einkommensgrenze des Übergangsbereichs schrittweise reduziert.[916] Die zusätzlich gutgeschriebenen Entgeltpunkte betragen in einem Jahr höchstens 0,045.[917] Die marginalen Entgeltpunkte verdeutlichen, dass der positive Effekt auf die Rentenanwartschaften gering ist.[918]

Außerdem ist zu berücksichtigen, dass Versicherte, die ein regelmäßiges Einkommen knapp über der Geringfügigkeitsgrenze erzielen, lediglich mit einer geringen Rente rechnen können.[919] Die Entlastung ist für Beschäftigte aufgrund der Degression mit steigendem Arbeitsentgelt nur von geringer Relevanz.[920] Es wird geschätzt, dass die durchschnittliche Anhebung der Anwartschaften 0,018 Entgeltpunkte betrage, was beispielsweise mit dem Rentenwert ab Juli 2023 etwa 68 Cent im Monat pro Jahr geförderter Erwerbstätigkeit entspreche.[921] Folglich ist die Aufwertung der Anwartschaften selbst bei maximaler Finanzierung sehr gering.[922]

Im Zusammenspiel geringfügiger Beschäftigung bzw. des Übergangsbereichs und der Grundrente zeigt sich ein weiterer Widerspruch. So werden in bestimmten Einkommensbereichen Rentenversicherungsbeiträge zwar aufgestockt, jedoch gilt dieser Einkommensbereich bei der Berechnung der Grundrente nicht als Grundrentenbewertungszeit. Die Grundrentenbewertungszeit gilt nämlich lediglich für Arbeitsentgelt zwischen 30 % und 80 % des Durchschnittsentgelts – die Untergrenze beträgt im Jahr 2023 etwa monatlich 1.079 Euro brutto.[923] Bei Arbeitsentgelt unterhalb dieses Werts wird nach § 76g Abs. 1 und 4 SGB VI nicht aufgewertet. Das bedeutet konkret für die erbrachte Arbeitsleistung im Rahmen von Midijobs, dass diese bei der Grundrentenberechnung nicht berücksichtigt werden. Zudem ist zu beachten, dass mehr als sechs Millionen Beschäftigte durch dieses Instrument gefördert werden, was zu Einnahmeausfällen der gesetzlichen Rentenversicherung von etwa

---

915 *Buslei/Geyer/Haan*, DIW Wochenbericht 2023, 75 (79).
916 *Buslei/Geyer/Haan*, DIW Wochenbericht 2023, 75 (79).
917 *Buslei/Geyer/Haan*, DIW Wochenbericht 2023, 75 (79).
918 *Buslei/Geyer/Haan*, DIW Wochenbericht 2023, 75 (79).
919 *Buslei/Geyer/Haan*, DIW Wochenbericht 2023, 75 (79).
920 *Buslei/Geyer/Haan*, DIW Wochenbericht 2023, 75 (79).
921 Vgl. *Buslei/Geyer/Haan*, DIW Wochenbericht 2023, 75 (79).
922 *Buslei/Geyer/Haan*, DIW Wochenbericht 2023, 75 (79).
923 Hinsichtlich der Zahlen vgl. *Deutsche Rentenversicherung*, Der Grundrentenzuschlag, o. S.

einer Milliarde Euro pro Jahr führt.[924] In Anbetracht des hier aufgeführten geringen Nutzens der Förderung für die Erwerbstätigen, sind die dennoch hohen Kosten durch Einnahmeausfälle kritisch zu bewerten.

Zusammenfassend lässt sich feststellen, dass mehrere Defizite vorliegen: Zum einen besteht eine unzureichende Möglichkeit für Beschäftigte, adäquate Rentenanwartschaften zu erwerben. Zum anderen wird das Arbeitsentgelt möglicherweise nicht als Grundrentenbewertungszeit berücksichtigt. Darüber hinaus entgehen der gesetzlichen Rentenversicherung aufgrund der ungenauen Allokation von Förderungen erhebliche Einnahmen. Dies verdeutlicht, dass insbesondere für eine existenzsichernde Alterssicherung von Alleinerziehenden eine Anpassung der Regelungen für Midijobs von Vorteil wäre. Jedoch ist zu bedenken, dass derzeit eine existenzsichernde Alterssicherung ohnehin nur bei langen Erwerbsbiografien mit ordentlichem Einkommen realistisch ist.

E. Zusammenfassung

Das deutsche soziale Sicherungssystem baut auf einem regulären Arbeitsverhältnis auf, das durch eine kontinuierliche sozialversicherungspflichtige Beschäftigung bis zum Erreichen der Regelaltersgrenze gekennzeichnet ist. Es lässt sich konstatieren, dass die gegenwärtige Ausgestaltung der Rentenversicherungspflicht nicht nur eine Pflicht zur Versicherung und Beitragszahlung für bestimmte Erwerbstätige umfasst, sondern auch für bestimmte Nichterwerbstätige. Aufgrund des verfassungsrechtlichen Gebots der Familienförderung gemäß Art. 6 GG verfügt Deutschland über ein umfassendes und leistungsfähiges Sozialrecht. Neben einer Vielzahl rentenrechtlicher Leistungen gegen die Risiken von Langlebigkeit, Erwerbsminderung und Hinterbliebenenschaft weist das SGB VI umfangreiche familienfördernde Elemente in der gesetzlichen Rentenversicherung auf, die insbesondere Frauen und Alleinerziehende unterstützen sollen. Insbesondere werden Zeiten der Kindererziehung, Kinderberücksichtigungszeiten und des Hinterbliebenenrechts rentenwirksam berücksichtigt. Die familienfördernden Aspekte eröffnen die Möglichkeit, eigenständige Rentenansprüche zu erwerben, ohne dass eine Beitragsleistung des Versicherten durch Erwerbstätigkeit erforderlich

[924] Zum Ganzen *Buslei/Geyer/Haan*, DIW Wochenbericht 2023, 75 (79).

wäre. Insofern erkennt die Systematik des sozialen Sicherungssystems beispielsweise Zeiten der Kindererziehung als eigenständige Arbeitsleistung an.

Insgesamt lässt sich feststellen, dass umfangreiche Hinterbliebenenleistungen für Alleinerziehende existieren. Insbesondere werden Zeiten der Kindererziehung im Rahmen des Hinterbliebenenrechts rentensteigernd berücksichtigt. Es ist jedoch wichtig zu betonen, dass lediglich die große Witwen- und Witwerrente gemäß § 46 Abs. 2 SGB VI bis zum Tod des Leistungsempfängers ausbezahlt wird und somit eine langfristige Einkommenssicherung ermöglicht. Diese Regelung kann für Alleinerziehende von Relevanz sein, wurde aber nicht ausschließlich für deren Bedarfe entwickelt. Die Erziehungsrente nach § 47 SGB VI sowie die kleine Witwen- und Witwerrente nach § 46 Abs. 1 SGB VI sind für die Alterssicherung Alleinerziehender von untergeordneter Rolle. Die Hinterbliebenenleistungen zeigen auf, dass das Äquivalenzprinzip durch diverse solidarische Elemente ergänzt wird, sodass Zeiten, in denen nur marginale Rentenanwartschaften durch klassische Erwerbstätigkeit erworben werden konnten, kompensiert werden können.

Ergänzend zu den rentenrechtlichen Leistungen können Leistungen der Sozialhilfe in Anspruch genommen werden. Gemäß §§ 41 ff. SGB XII besteht bei Erreichen der Regelaltersgrenze mit unzureichendem Altersrentenanspruch ein Anspruch auf Bedarfe aus der Grundsicherung im Alter. Durch eigene Rentenanwartschaften in Verbindung mit den Leistungen aus der Grundsicherung im Alter entsteht eine Art Mindestsicherung, um das aus Art. 1 Abs. 1 GG i. V. m. Art. 20 Abs. 1 GG abgeleitete Existenzminimum im Alter zu gewährleisten, was auch für Alleinerziehende von Bedeutung ist.

Durch längeres Verbleiben in Tätigkeiten des Niedriglohnsektors können Beschäftigte nicht ausreichend Entgeltpunkte erwirtschaften, erhalten entsprechend eine zu niedrige Rente und sind im Ergebnis häufig auf die steuerfinanzierte Grundsicherung im Rahmen der Sozialhilfe angewiesen. Zwar bewirkt die Erhöhung des Mindestlohns eine Erhöhung der gesetzlichen Altersrenten. Jedoch kann auch hierdurch kein Niveau an Alterssicherung erwirtschaftet werden, das ein Leben im Alter ohne staatliche Zuschüsse ermöglicht. Eine ergänzende Sozialhilfe ist in solchen Fällen im derzeitigen System unvermeidlich. Insgesamt zeigen sich im Rahmen von geringfügigen Beschäftigungen und Tätigkeiten im Übergangsbereich monetär als auch sozialpolitisch Fehlanreize für Alleinerziehende bei gleichzeitig fiskalpolitischen Nachteilen für den Staat.

Alleinerziehende in der gesetzlichen Rentenversicherung und Lohninstrumente in Frankreich

A. Rechtsquellen und soziale Sicherheit

Das französische Sozialrecht ist im Schwerpunkt in vier Gesetzestexten geregelt, dem *Code de la sécurité sociale*, dem *Code de l'action sociale et des familles* (CASF), dem *Code Rural et de la Pêche Maritime* (CRPM) und dem *Code de la Mutualité*.[925] Ergänzend wird auf *Code du travail* verwiesen. Der *Code de la sécurité sociale*, betrifft mit seinen Regelungen alle Zweige der Sozialversicherung und ist daher von zentraler Bedeutung.

Das französische Sozialrecht unterscheidet zwischen drei Normengattungen, die von unterschiedlichen Organen erlassen werden: Vom Gesetzgeber, mit *partie législative* und kurz mit dem Buchstaben „L." bezeichnet, von der Regierung *Décrets de Conseil d'Etat*, bezeichnet mit dem Buchstaben „R." (*Règlemen*t) und von den zuständigen Ministerien Décrets simple mit einem „D." gekennzeichnet.

Die Artikel sind entsprechend ihrer Zuordnung fortlaufend nummeriert, beispielsweise Art. L. 351-4 CSS: Artikel 351 ist zu finden im dritten Buch, der Teilstrich gibt den Absatz an und Buchstabe „L." bezeichnet den vom Gesetzgeber erlassenen Teil. Eine weitere wichtige Rechtsquelle sind die Rundschreiben (*circulaires*)[926] der Rentenversicherung. Das *circulaire* ist ein einseitiger,

---

925 Zu den französischen Rechtsquellen im Sozialrecht *Lewerenz*, in: Verband Deutscher Rentenversicherungsträger, Frankreich, S. 81; vgl. auch *Légifrance*, Code de la sécurité sociale, o. S; ausführlich *De Schlichting/Volmerange*, Einführung in die französische Rechtssprache, S. 7–9; *Großerichter*, in: Sonnenberger/Classen, Einführung in das französische Recht, S. 390 f.

926 Vgl. Art. L. 312-1, Art. L. 312-2, Art. R. 312-3-1 bis R. 312-10, Art. D. 312-11 CRPA; ausführlich *Vie publique*, Qu'est-ce qu'une circulaire?, o. S.

verwaltungsinterner Akt, der die Rechtsordnung in der Regel nicht ändert und von einer Verwaltungsbehörde an ihre Untergebenen gerichtet wird, um ihnen mitzuteilen, wie bestimmte Gesetzes- oder Verwaltungsvorschriften anzuwenden sind. Er wirkt demnach verwaltungsintern und steckt für die Gesetzesanwender innerhalb der Behörden den Ermessensrahmen ab; er gestaltet damit den bestehenden Rechtsrahmen lediglich aus, ohne ihn zu verändern oder zu erweitern.

Soziale Sicherheit in Frankreich soll durch ein umfassendes Regelwerk der gesetzlichen Sozialversicherung gewährleistet werden.[927] Deren Leistungsrahmen umfasst gem. Art. L. 111-1 CSS Familienlasten, Mutterschaft, Krankheit, Arbeitsunfall, Invalidität, Arbeitslosigkeit, Alter sowie Hinterbliebenenleistungen. Die französische Sozialversicherung beruht auf dem Solidaritätsprinzip, vgl. Art. L. 111-1 CSS. Sie erbringt Geld- und Sachleistungen, die im Schwerpunkt beitragsfinanziert sind.[928] In Frankreich beliefen sich die Staatsausgaben für Sozialleistungen im Rahmen der Alterssicherung im Jahr 2023 auf 388,4 Milliarden Euro und stellen damit den größten Ausgabenposten dar.[929] Der durchschnittliche monatliche Zahlbetrag der Altersrente belief sich im Jahr 2022[930] in Frankreich auf 1.626 Euro brutto.[931]

Die französische Sozialversicherung entstand im Zeitalter der Industrialisierung im 19. Jahrhundert.[932] Hintergrund der Sozialgesetzgebung war die Erkenntnis, dass strukturelle Änderungen innerhalb der französischen

---

927 *Camaji*, La Solidarité Entre Générations Au Sein Du Système De Retraite Français, S. 100; *Großerichter*, in: Sonnenberger/Classen, Einführung in das französische Recht, S. 390; *Lewerenz*, in: Verband Deutscher Rentenversicherungsträger, Frankreich, S. 79; *Nezosi*, La protection sociale, S. 51.

928 *Lewerenz*, in: Verband Deutscher Rentenversicherungsträger, Frankreich, S. 79; *Nezosi*, La protection sociale, S. 137; *Igl*, in: Igl/Schulte/Simons, Einführung in das Recht der sozialen Sicherheit von Frankreich. S. 59; ausführlich zum Solidaritätsprinzips siehe *Camaji*, La Solidarité Entre Générations Au Sein Du Système De Retraite Français, S. 101–103.

929 *Cour des comptes*, Situation financière et perspectives du système de retraites – 02/2025, S. 7; vgl. auch *Cheloudko/Marino*, Les retraités et les retraites 2024, o. S.

930 Der monatliche Zahlbetrag der Durchschnittsrente aus 2023 liegt bisher nicht vor, vgl. *Cour des comptes*, Impacts du système de retraites sur la compétitivité et l'emploi – 04/2025, passim; *Cour des comptes*, Situation financière et perspectives du système de retraites – 02/2025, S. 7 und 18; *Cheloudko/Marino*, Les retraités et les retraites 2024, o. S.

931 *Cour des comptes*, Situation financière et perspectives du système de retraites – 02/2025, S. 7 und 18.

932 *Nezosi*, La protection sociale, S. 21; *Legrand*, Soziale Sicherheit 2007, 142 (142).

Gesellschaft staatliche Sicherungssysteme notwendig machten.[933] Zudem führten die Erfahrungen eines durch zwei Weltkriege sowie eine dazwischenliegende Wirtschaftskrise tief erschütterten Frankreichs zu einem ausgeprägten Bedürfnis nach staatlicher Absicherung, unter anderem in der sozialen Sicherheit.[934] Der Ursprung der staatlich organisierten Sozialversicherung reicht in Frankreich auf das Gesetz vom 5. April 1910 zur Errichtung einer nicht verpflichtenden kollektiven Versorgung von Arbeitern und Beschäftigten in der Landwirtschaft zurück.[935] Mit dem Gesetz vom 30. April 1930 sollte ein Sozialversicherungssystem entwickelt werden, das alle Beschäftigten, deren Entlohnung unterhalb einer festgelegten Höchstgrenze lag, vor den wirtschaftlichen Risiken des Alters absichert.[936]

Bis 1945 entstanden aber neben diesem allgemeinen System weitere Alterssicherungssysteme.[937] Der Grundstein des heutigen französischen Sozialversicherungssystems (*sécurité sociale*)[938] wurde im Jahr 1945 gelegt.[939] Mit dem Erlass № 45-2454 vom 19. Oktober 1945 sollte ein einheitliches und umfassendes System der *sécurité sociale* geschaffen werden, das allen in Frankreich lebenden Personen Schutz gewährt und die bis dahin bestehenden, jedoch organisatorisch zersplitterten Systeme für verschiedene Personengruppen vereinheitlicht.[940]

---

933 *Lewerenz*, in: Verband Deutscher Rentenversicherungsträger, Frankreich, S. 79; *Nezosi*, La protection sociale, S. 18 f.; *Lechevalier*, Die französische „Protection sociale" im 20. Jahrhundert, S. 91.

934 *Bourquin*, «Vie ouvrière» und Sozialpolitik, S. 304; *Igl*, in: Igl/Schulte/Simons, Einführung in das Recht der sozialen Sicherheit von Frankreich, S. 1; *Lechevalier*, Die französische „Protection sociale" im 20. Jahrhundert, S. 91; vgl. *Camaji*, La Solidarité Entre Générations Au Sein Du Système De Retraite Français, S. 101.

935 *Palach*, DRV 1996, 304 (304); *Veil*, Alterssicherung von Frauen in Deutschland und Frankreich, S. 31; *Saint-Jours*, Landesbericht Frankreich, S. 222 ff.

936 *Veil*, Alterssicherung von Frauen in Deutschland und Frankreich, S. 31; vgl. *Palach*, DRV 1996, 304 (304).

937 *Veil*, Alterssicherung von Frauen in Deutschland und Frankreich, S. 34; *Igl*, in: Igl/Schulte/Simons, Einführung in das Recht der sozialen Sicherheit von Frankreich. S. 25.

938 Zum Begriff „*sécurité sociale*" ausführlich *Schmid*, Sozialrecht und Recht der sozialen Sicherheit, S. 232–255.

939 *Igl/Kaufmann*, in: Zacher, Die Landesberichte – Frankreich, S. 231.

940 *Kaufmann*, Soziale Sicherheit 1999, 285 (285); *Höfer*, Die soziale Sicherung der nichtberufstätigen Hausfrau in Frankreich, Belgien und Italien, S. 41.

Die *sécurité sociale*, zu der auch das Familienleistungssystem (*prestations familales*) zählt, ist der Kern des französischen sozialen Schutzsystems.[941] Die Zusammenfassung aller bestehenden Einzelschutzsysteme zu einem einzigen wurde bis heute nicht umgesetzt und somit bestehen weiterhin verschiedene Schutzsysteme für jeweils bestimmte Berufsgruppen fort.[942]

B. Verfassungsrechtliche Grundlagen

I. Gesetzgebungszuständigkeiten und völkerrechtliche Einflüsse

Die Differenzierung zwischen Bundes- und Einheitsstaat drückt sich maßgeblich durch die Zentralisierung beziehungsweise Dezentralisierung der Gesetzgebungskompetenz aus.[943] Während die Gesetzgebungshoheit in einem Einheitsstaat ausschließlich dem nationalen Gesetzgeber obliegt, wird sie in einem Bundesstaat zwischen Bund und Ländern grundsätzlich nach dem Subsidiaritätsprinzip aufgegliedert.[944] Eine verfassungsrechtliche Einteilung der Gesetzgebungskompetenzen zwischen dem Zentralstaat und den französischen Gebietskörperschaften existiert im französischen Recht nicht – das französische Parlament hat das Kompetenzmonopol der Gesetzgebung inne.[945] Hiernach wird der nationale Gesetzgeber ermächtigt, *„an erster Stelle Normen aufzustellen, woraus sich dann die Rechte und Pflichten seiner Adressaten ergeben.“*[946]

Der Gesetzgeber kann jedoch den Geltungsbereich einer Regelung auf bestimmte Teile des Staatsgebietes beschränken und somit auf lokale

---

941 *Kaufmann*, Unterhalts- und Betreuungsleistungen für Kinder in Frankreich, S. 235 m. w. N.; *Höfer*, Die soziale Sicherung der nichtberufstätigen Hausfrau in Frankreich, Belgien und Italien, S. 41.

942 *Kaufmann*, Soziale Sicherheit 1998, 241 (241).

943 *Vilain*, in: Marsch/Vilain/Wendel, Französisches und Deutsches Verfassungsrecht, § 3, S. 85; *Igl/Kaufmann*, in: Zacher, Die Landesberichte – Frankreich, S. 234; *Kaufmann*, Unterhalts- und Betreuungsleistungen für Kinder in Frankreich, S. 232.

944 *Vilain*, in: Marsch/Vilain/Wendel, Französisches und Deutsches Verfassungsrecht, § 3, S. 85; *Igl/Kaufmann*, in: Zacher, Die Landesberichte – Frankreich, S. 234.

945 *Ardant/Mathieu*, Droit constitutionnel et institutions politiques, Rn. 35; *Vilain*, in: Marsch/Vilain/Wendel, Französisches und Deutsches Verfassungsrecht, § 3, S. 85; *Igl/Kaufmann*, in: Zacher, Die Landesberichte – Frankreich, S. 236.

946 *Favoreu* et al., Droit constitutionnel, Rn. 243.

Besonderheiten Rücksicht nehmen.[947] Daher wird der französische Einheitsstaat teilweise als gesetzlich pluralistischer Staat (État pluri-législatif) bezeichnet.[948] Zudem weist die französische Verfassung zwei weitere Möglichkeiten auf, zu experimentellen Zwecken von den gesetzlichen oder verordnungsrechtlichen Regelungen abzuweichen.[949] Die erste normiert Art. 37-1 C. F. (*Constitution de la République française*)[950] und ermächtigt den Staat, bestimmte Kompetenzen an Gebietskörperschaften *„für einen bestimmten Zweck und eine begrenzte Dauer"* zu übertragen, wie z. B. die direkte Verwaltung der EU-Regionalfonds.[951] Die zweite Möglichkeit findet sich in Art. 72 al. 4 C. F. und ermöglicht dem französischen Gesetzgeber seine Kompetenzen an Gebietskörperschaften abzutreten.[952] Diese Ermächtigung zu gesetzgeberischen Experimenten ist eng begrenzt: Sie muss einem nationalen Gesetzgeber zu einem klar umrissenen Versuchszweck erteilt werden, ist auf fünf Jahre befristet (mit Verlängerungsoption) und darf die wesentlichen Voraussetzungen für die Wahrnehmung einer Grundfreiheit oder der Ausübung verfassungsrechtlich garantierter Rechte nicht beeinträchtigen.[953]

Nach Art. 61 C. F. haben grundsätzlich der Präsident der Republik, der Premierminister, der Präsident der Nationalversammlung und des Senats sowie 60 Abgeordnete die Kompetenz und Aufgabe, ein Gesetz vor der Veröffentlichung beim *Conseil Constitutionnel* auf seine Verfassungsmäßigkeit (*constitutionnalité*) hin prüfen zu lassen. Der Verfassungsrat übt die verfassungsmäßige

---

947 *Vilain*, in: Marsch/Vilain/Wendel, Französisches und Deutsches Verfassungsrecht, § 3, S. 86.

948 *Favoreu* et al., Droit constitutionnel, Rn. 750.

949 *Vilain*, in: Marsch/Vilain/Wendel, Französisches und Deutsches Verfassungsrecht, § 3, S. 87.

950 Verfassung der Französischen Republik v. 04.10.1958, letzte Änderung durch Verfassungsgesetz Nr. 2024-200 v. 08.03.2024 über die Freiheit, auf einen freiwilligen Schwangerschaftsabbruch zurückzugreifen; siehe zur Änderungshistorie ausführlich *Ardant/Mathieu*, Droit constitutionnel et institutions politiques, Rn. 122.

951 *Vilain*, in: Marsch/Vilain/Wendel, Französisches und Deutsches Verfassungsrecht, § 3, S. 87.

952 Zum Beispiel Artikel 19 des Gesetzes über die soziale Mindestsicherung: Loi n° 2007-1223 du 21.08.2007 en faveur du travail, de l'emploi et du pouvoir d'achat (1). Vgl. *Vilain*, in: Marsch/Vilain/Wendel, Französisches und Deutsches Verfassungsrecht, § 3, S. 87 m. w. N.

953 *Vilain*, in: Marsch/Vilain/Wendel, Französisches und Deutsches Verfassungsrecht, § 3, S. 87 f.

Kontrolle über Gesetzesvorlagen und -vorschläge vor ihrer Verabschiedung aus.[954] Die Ursache für das bis heute fehlende, mit der Verfassungsbeschwerde vergleichbare Verfahren liegt in der ursprünglichen Vorstellung des französischen Gesetzgebers, dass die Unterwerfung eines bereits verkündeten und in Kraft getretenen Gesetzes unter die Kontrolle des Verfassungsgerichts mit dem Prinzip des Gesetzes als Ausdruck des „allgemeinen Willens“ (*volonté générale*) unvereinbar sei.[955] Das Gesetz wird als Ausdruck des allgemeinen Willens gesehen[956], das die Rechte des einzelnen Bürgers nicht gefährden kann.[957] Stattdessen sollte der Gesetzgeber die Freiheiten vor den anderen öffentlichen Gewalten schützen.[958] Das ursprüngliche Fehlen einer gerichtlichen Gewährleistung der Rechte gegen Handlungen des französischen Gesetzgebers lässt sich mit der legizentristischen[959] Tradition erklären – die französische Tradition vertraute also dem Gesetz und nicht der Verfassung.[960]

Erst durch die Errichtung des Verfassungsrats im Jahr 1958 wurden Änderungen und ein entsprechender verfassungsrechtlicher Schutz etabliert: So leitete der *Conseil Constitutionnel* aus der Präambel von 1958 seine Zuständigkeit ab, die Einhaltung der Erklärung der Menschen- und Bürgerrechte vom 26. August 1789 (*la Déclaration des Droits de l'Homme et du Citoyen de 1789* – DDHC) und der Präambel von 1946 durch den Gesetzgeber im Rahmen von Normenkontrollen *ex ante* zu kontrollieren.[961] Die dadurch aufgeworfene Frage nach der Legitimation einer verfassungsgerichtlichen

---

954 *Saunier*, VR 2004, 270 (273); *Kaufmann*, Unterhalts- und Betreuungsleistungen für Kinder in Frankreich, S. 233.

955 *Marsch*, in: Marsch/Vilain/Wendel, Französisches und Deutsches Verfassungsrecht, § 3, S. 306.

956 Vgl. Art. 6 DDHC.

957 *Hochmann*, in: Marsch/Vilain/Wendel, Französisches und Deutsches Verfassungsrecht, § 7, S. 326.

958 *Hochmann*, in: Marsch/Vilain/Wendel, Französisches und Deutsches Verfassungsrecht, § 7, S. 326.

959 In einem legizentristischen System nimmt das geschriebene Gesetz eine zentrale Stellung ein und wird als die wichtigste Quelle des Rechts betrachtet, vgl. *Hochmann*, in: Marsch/Vilain/Wendel, Französisches und Deutsches Verfassungsrecht, § 7, S. 326 f.

960 *Ardant/Mathieu*, Droit constitutionnel et institutions politiques, Rn. 146; *Hochmann*, in: Marsch/Vilain/Wendel, Französisches und Deutsches Verfassungsrecht, § 7, S. 326.

961 C. C., Décision n° 71-44 DC du 16.07.1971 – Liberté d'association; vgl. *Hochmann*, in: Marsch/Vilain/Wendel, Französisches und Deutsches Verfassungsrecht, § 7, S. 283 und 328.

Kontrolle von Parlamentsgesetzen begründet der *Conseil Constitutionnel* seit 1986 in ständiger Rechtsprechung, durch die Feststellung, dass ein Gesetz nur dann Ausdruck des allgemeinen Willens sein kann, wenn es die Grenzen der Verfassung nicht überschreitet.[962]

Letztlich brachte die Verfassungsreform von 2008[963] die Einführung der vorrangigen Verfassungsrechtsfrage (*question prioritaire de constitutionnalité* – QPC).[964] Dieses Instrument ermöglicht unter strengen Voraussetzungen die Anrufung des *Conseil Constitutionnel*, wenn in einem anhängigen Gerichtsverfahren die Frage aufgeworfen wird, ob eine Rechtsvorschrift die von der Verfassung garantierten Rechte und Freiheiten verletzt, vgl. Art. 61-1 C. F.[965] Art. 61-1 C. F. normiert ein zweistufiges Verfahren zur Vorprüfung: Auf Antrag einer Partei prüft zunächst das mit dem ursprünglichen Rechtsstreit befasste Gericht, ob die betreffende Regelung im Ausgangsverfahren anwendbar ist, ob der *Conseil Constitutionnel* die Verfassungsmäßigkeit bereits bestätigt hat und ob die aufgeworfene Frage für den Rechtsstreit relevant ist.[966] Darüber hinaus sind die französischen Fachgerichte nicht berechtigt, direkt dem *Conseil Constitutionnel* eine Norm zur Kontrolle vorzulegen; sie müssen die verfassungsrechtliche Fragestellung zunächst dem zuständigen Höchstgericht zur Prüfung vorlegen.[967] Dieses Höchstgericht überprüft dann erneut die Anwendbarkeit der Norm im konkreten Fall, ob der *Conseil Constitutionnel* die Norm bereits für verfassungsgemäß erklärt hat und bewertet ebenfalls die Bedeutung der aufgeworfenen Frage.[968]

---

962 Erstmals C. C., Décision n° 85-197 DC du 23.08.1985 – Nouvelle-Calédonie, cons. 27; vgl. *Hochmann*, in: Marsch/Vilain/Wendel, Französisches und Deutsches Verfassungsrecht, § 7, S. 283 f.

963 LOI organique n° 2009-1523 du 10.12.2009 relative à l'application de l'article 61-1 de la Constitution.

964 *Ardant/Mathieu*, Droit constitutionnel et institutions politiques, Rn. 968.

965 *Hochmann*, in: Marsch/Vilain/Wendel, Französisches und Deutsches Verfassungsrecht, § 7, S. 328; *Ardant/Mathieu*, Droit constitutionnel et institutions politiques, Rn. 968.

966 *Ardant/Mathieu*, Droit constitutionnel et institutions politiques, Rn. 968; *Marsch*, in: Marsch/Vilain/Wendel, Französisches und Deutsches Verfassungsrecht, § 6, S. 310.

967 *Ardant/Mathieu*, Droit constitutionnel et institutions politiques, Rn. 968.

968 Vgl. dazu Art. 23-2, Art. 23-4, Art. 23-5, Art. 23-10 Ordonnance n° 58-1067 du 07.11.1958 – i. d. F. v. 01.03.2010, zum Prüfungsverfahren ausführlich *Marsch*, in: Marsch/Vilain/Wendel, Französisches und Deutsches Verfassungsrecht, § 6, S. 310 f.; siehe auch *Schmidt*, Rechtsnatur und Verpflichtungsdichte der Europäischen Grundrechte, S. 40; ebenfalls *Ardant/Mathieu*, Droit constitutionnel et institutions politiques, Rn. 968.

Seitdem ermöglicht das französische Recht eine gerichtliche ex-post-Kontrolle von Gesetzen anhand der Grundrechte.[969] In Frankreich erfolgt mithin die abstrakte Normenkontrolle entweder präventiv, zwischen der Verabschiedung und Verkündung von Gesetzen, oder als nachträgliche Normenkontrolle im Rahmen eines Rechtsstreits durch den *Conseil Constitutionnel*.[970] Die ordentlichen Gerichte sowie Verwaltungsgerichte sind für Individualbeschwerden zuständig, wobei sie auch verfassungs- und völkerrechtliche Aspekte zu berücksichtigen haben.[971] Da der französische Staat dem Monismus zuzurechnen ist, sind völkerrechtliche Akte dort unmittelbar anwendbar und bedürfen keiner Umsetzung in nationales Recht.[972] Nach Art. 55 C. F. stehen Verträge oder Abkommen, die ordnungsgemäß ratifiziert oder denen zugestimmt wurden, unter dem Vorbehalt, dass sie auch von der anderen Vertragspartei angewendet werden. Sie rangieren in der Normenhierarchie über den einfachen Gesetzen, jedoch unterhalb der Verfassung.[973] Die französische Verfassung ordnet folglich völkerrechtlichen Verträgen einen höheren Rang als einfachen Gesetzen zu, ohne dass diese als Verfassungsrecht gelten.[974] Völkerrechtliche Verträge im Allgemeinen, insbesondere die EMRK, haben sich jedoch in der Anwendungspraxis der französischen Fachgerichte zu einer Art ergänzender Verfassung entwickelt.[975] Die ordentlichen Gerichte und Verwaltungsgerichte überprüfen somit die Anwendung von Normen auf ihre Verfassungsmäßigkeit sowie die eingeschränkte Normenkontrolle auf Grundlage des Völkerrechts, insbesondere der EMRK und EU-Vorschriften.[976]

---

969 *Hochmann*, in: Marsch/Vilain/Wendel, Französisches und Deutsches Verfassungsrecht, § 7, S. 328.

970 *Schmidt*, Rechtsnatur und Verpflichtungsdichte der Europäischen Grundrechte, S. 41.

971 *Saunier*, VR 2004, 270 (274); *Schmidt*, Rechtsnatur und Verpflichtungsdichte der Europäischen Grundrechte, S. 41; vgl. *Ardant/Mathieu*, Droit constitutionnel et institutions politiques, Rn. 138.

972 Im Einzelnen *Dupuy/Kerbrat*, Droit international public, Rn. 433.

973 *Ardant/Mathieu*, Droit constitutionnel et institutions politiques, Rn. 138; *Wendel*, in: Marsch/Vilain/Wendel, Französisches und Deutsches Verfassungsrecht, § 8, S. 380; vgl. *Dupuy/Kerbrat*, Droit international public, Rn. 439.

974 *Wendel*, in: Marsch/Vilain/Wendel, Französisches und Deutsches Verfassungsrecht, § 8, S. 380; vgl. auch *Dupuy/Kerbrat*, Droit international public, Rn. 436; *Dupuy/Kerbrat*, Droit international public, Rn. 439.

975 *Wendel*, in: Marsch/Vilain/Wendel, Französisches und Deutsches Verfassungsrecht, § 8, S. 381; vgl. auch *Dupuy/Kerbrat*, Droit international public, Rn. 439.

976 *Schmidt*, Rechtsnatur und Verpflichtungsdichte der Europäischen Grundrechte, S. 41.

Wenn eine konventionskonforme Auslegung scheitert, erklären die Gerichte Gesetze mit der Folge als konventionswidrig, dass das Gesetz entweder nicht angewendet wird oder die EMRK Vorrang hat.[977] Dadurch wird der nationale Gesetzgeber verpflichtet, das Gesetz entsprechend anzupassen.[978]

II. Vorgaben und Gesetzgebung im Recht der sozialen Sicherheit

In der Verfassung vom 4. Oktober 1958 (Verfassung der V. Republik) existiert zunächst kein umfassender Grundrechtskatalog.[979] Einzelne verfassungsmäßig garantierten Rechte sind festgelegt oder können durch Verweise auf andere verfassungsrechtlich relevante Texte abgeleitet werden.[980] So verweist die Präambel (*Préambule*) der Verfassung vom 4. Oktober 1958 unter anderem auf die Präambel der Verfassung vom 27. Oktober 1946 (Verfassung der IV. Republik).[981] Die Verfassung der Französischen Republik vom 27. Oktober 1946 galt bis zum Inkrafttreten der neuen Verfassung am 4. Oktober 1958 C. F.[982] Die Präambel von 1946 besitzt jedoch weiterhin Verfassungsrang und legt die wesentlichen Ziele des französischen Staates fest.[983] Abs. 10 der Präambel von 1946 bestimmt: „*Die Nation sichert dem Individuum und der Familie die zu*

---

977 *Schmidt*, Rechtsnatur und Verpflichtungsdichte der Europäischen Grundrechte, S. 41.

978 *Schmidt*, Rechtsnatur und Verpflichtungsdichte der Europäischen Grundrechte, S. 41; ebenfalls *Saunier*, VR 2004, 270 (274 f.).

979 *Hochmann*, in: Marsch/Vilain/Wendel, Französisches und Deutsches Verfassungsrecht, § 7, S. 325; vgl. *Meindl*, La notion de droit fondamental dans les jurisprudences et doctrines constitutionnelles françaises et allemandes, S. 180.

980 *Hochmann*, in: Marsch/Vilain/Wendel, Französisches und Deutsches Verfassungsrecht, § 7, S. 330; *Wissenschaftliche Dienste*, WD 6 – 3000 – 064/14, Ausgewählte soziale Grundrechte in Deutschland, Frankreich, Spanien, Finnland und der Slowakei, S. 10; vgl. *Meindl*, La notion de droit fondamental dans les jurisprudences et doctrines constitutionnelles françaises et allemandes, S. 180.

981 *Ardant/Mathieu*, Droit constitutionnel et institutions politiques, Rn. 619; vgl. *Wissenschaftliche Dienste*, WD 6 – 3000 – 064/14, Ausgewählte soziale Grundrechte in Deutschland, Frankreich, Spanien, Finnland und der Slowakei, S. 10; vgl. *Meindl*, La notion de droit fondamental dans les jurisprudences et doctrines constitutionnelles françaises et allemandes, S. 179.

982 Vgl. *Jouanjan*, die Rechtslage in Frankreich, S. 141; vgl. ebenfalls *Gaillet*, in: Marsch/Vilain/Wendel, Französisches und Deutsches Verfassungsrecht, § 2, S. 24.

983 *Ardant/Mathieu*, Droit constitutionnel et institutions politiques, Rn. 619; *Meindl*, La notion de droit fondamental dans les jurisprudences et doctrines constitutionnelles françaises et allemandes, S. 179; *Wissenschaftliche Dienste*, WD 3 – 3000 – 242/13, Familien und Lebensgemeinschaften in Deutschland und Frankreich, S. 10.

ihrer Entfaltung notwendigen Bedingungen zu". Hieraus lässt sich folgern, dass die öffentliche Unterstützung der Kindererziehung ein verfassungsgebotenes Staatsziel ist.[984] Die Wahl der Mittel zur Durchführung dieses Verfassungsauftrags bleibt hierbei frei.[985] Neben dem Schutz der Familie wird in der Präambel von 1946 ausdrücklich die Erklärung der Menschen- und Bürgerrechte vom 26. August 1789 anerkannt. Zudem wird die allgemeine rechtliche Gleichstellung von Männern und Frauen bekräftigt, vgl. Präambel von 1946, al. 3. Nach Art. 1 Satz 2 DDHC dürfen soziale Unterschiede nur durch Argumente des Gemeinwohls begründet werden. Konkrete Erwähnung des Schutzes der Familie oder Alleinerziehende finden sich jedoch darin nicht.

In der Menschen- und Bürgerrechtserklärung von 1789 sind außerdem die Artikel 17 und 13 DDHC für die Ausgestaltung der verfassungsrechtlichen sozialen Rechte zu erwähnen: Zunächst garantiert Art. 17 DDHC, dass „*das Eigentum ein unverletzliches und heiliges Recht ist*", und normiert überdies die damit verbundene Vorgabe der Voraussetzungen zur Enteignung.[986] Des Weiteren ist Art. 13 DDHC zu beachten, der eine Steuer- und Abgabengleichheit vorsieht, die sich grundsätzlich an der Beitragsfähigkeit der Bürger messen lässt.[987] Die Menschen- und Bürgerrechtserklärung von 1789 bietet jedoch keine Grundlage für die konkrete Ausgestaltung sozialer Leistungen.[988] Die DDHC ist lediglich als Erklärung zu betrachten und wurde nicht als Grundlage für verfassungsrechtlichen Schutz entworfen.[989] Aus diesen Rechtsquellen lassen sich mithin lediglich die übergeordneten

---

984 *Meindl*, La notion de droit fondamental dans les jurisprudences et doctrines constitutionnelles françaises et allemandes, S. 181; so auch *Jouanjan*, die Rechtslage in Frankreich, S. 156.

985 *Jouanjan*, die Rechtslage in Frankreich, S. 157; vgl. *Meindl*, La notion de droit fondamental dans les jurisprudences et doctrines constitutionnelles françaises et allemandes, S. 181.

986 *Jouanjan*, die Rechtslage in Frankreich, S. 144.

987 *Jouanjan*, die Rechtslage in Frankreich, S. 144.

988 *Igl/Kaufmann*, in: Zacher, Die Landesberichte – Frankreich, S. 236; *Becker*, Staat und autonome Träger im Sozialleistungsrecht, S. 230.

989 *Hochmann*, in: Marsch/Vilain/Wendel, Französisches und Deutsches Verfassungsrecht, § 7, S. 330.

Staatsziele ableiten. Eine Konkretisierung erfolgt dann in den Vorschriften des einfachen Rechts.

Die französische Verfassung vom 4. Oktober 1958 enthält keinen spezifischen Artikel, der den Schutz von Ehe und Familie regelt.[990] Losgelöst von dem aus der *Conseil Constitutionnel* aus der Präambel abgeleiteten und als Abwehrrecht konzipierten, *„Recht auf ein normales Familienleben“*[991] und das der *Conseil d'Etat* (CE) im konkreten Einzelfall auf Art. 8 EMRK stützt, gibt es keine Rechtsprechung über die Frage der staatlichen Förderung der Kindererziehung.[992]

In der französischen Verfassungsordnung findet das Sozialstaatsprinzip einen expliziten Ausdruck in Art. 1 al. 1 C. F., der die Französische Republik als *„soziale Republik“* konstituiert.[993] Nach dem Wortlaut der Verfassung ist Frankreich kein Sozialstaat, sondern eine soziale Republik, deren Wahlspruch *„Freiheit, Gleichheit, Brüderlichkeit“* lautet.[994] Freilich fungiert der Begriff Republik grundsätzlich als Bezeichnung einer Regierungsform in der Verfassung.[995] So auch ausdrücklich in Art. 89 al. 5 C. F.: *„La forme républicaine du Gouvernement* (republikanische Regierungsform) *ne peut faire l'objet d'une révision“*. Die in *Constitution de la République française* genannte Norm hat jedoch im Wortlaut zunächst keine unmittelbaren Auswirkungen auf das Recht der sozialen Sicherheit und besitzt bestenfalls eine symbolische Wirkung.[996]. Zudem hat das in Art. 1 al. 1 C. F. verankerte Sozialstaatsprinzip in der Rechtsprechung des *Conseil Constitutionnel* bisher keine rechtliche

---

990 *Wissenschaftliche Dienste*, WD 3 – 3000 – 242/13, Familien und Lebensgemeinschaften in Deutschland und Frankreich, S. 10, ebenso *Jouanjan*, die Rechtslage in Frankreich, S. 156.

991 C. C., Décision n° 93-325 DC du 13.08.1993 – Loi relative à la maîtrise de l'immigration et aux conditions d'entrée, d'accueil et de séjour des étrangers en France, cons. 3; C. C., Décision n° 97-389 DC du 22.04.1997 – Loi portant diverses dispositions relatives à l'immigration, cons. 36 et s., 44 et s.; vgl. C. C., Décision n° 86-216 DC du 03.09.1986 – Loi relative aux conditions d'entrée et de séjour des étrangers en France, cons. 17 f.

992 So *Jouanjan*, die Rechtslage in Frankreich, S. 156.

993 *Meindl*, La notion de droit fondamental dans les jurisprudences et doctrines constitutionnelles françaises et allemandes, S. 179; *Vilain*, in: Marsch/Vilain/Wendel, Französisches und Deutsches Verfassungsrecht, § 3, S. 111.

994 *Jouanjan*, die Rechtslage in Frankreich, S. 141.

995 *Jouanjan*, die Rechtslage in Frankreich, S. 141.

996 *Igl/Kaufmann*, in: Zacher, Die Landesberichte – Frankreich, S. 236; *Vilain*, in: Marsch/Vilain/Wendel, Französisches und Deutsches Verfassungsrecht, § 3, S. 113.

Relevanz erlangt.[997] In Frankreich entfaltet das Sozialstaatsprinzip gemäß Art. 1 al. 1 C. F. keine eigenständige Wirkung, da bereits die Präambel der Verfassung von 1946 zahlreiche ausdrückliche Regelungen enthält.[998]

In diesem Zusammenhang findet sich die verfassungsrechtliche Garantie zur Sicherung des Existenzminimums als Prinzip der materiellen Sicherheit in Abs. 11 der Präambel von 1946[999]: So garantiert die Nation allen, insbesondere Kindern, Müttern und älteren Arbeitnehmern, den Schutz ihrer Gesundheit, materiellen Sicherheit, Erholung und Freizeit. Jeder, der aufgrund seines Alters, seines körperlichen oder geistigen Zustands oder seiner wirtschaftlichen Situation nicht in der Lage ist, einer Erwerbstätigkeit nachzugehen, hat das Recht auf staatliche Sicherung der Existenz. Hieraus ergibt sich ein individueller Anspruch gegenüber der Gemeinschaft auf Bereitstellung angemessener Mittel zur Sicherung der Existenz.[1000]

In der Rechtsprechung des *Conseil Constitutionnel* hat dieser Passus eine objektivrechtliche Geltung, die dem Gesetzgeber einerseits einen weiten Umsetzungsspielraum auf dem Gebiet der Sozialversicherung einräumt, ihm andererseits jede Gesetzesänderung untersagt, die das allgemeine soziale Schutzniveau unverhältnismäßig absenken würde.[1001] Der Gesetzgeber darf hierbei ein System sozialrechtlicher Gewährleistungen erst dann abschaffen bzw. reduzieren, wenn hierfür eine das ursprüngliche Schutzniveau

---

997 *Vilain*, in: Marsch/Vilain/Wendel, Französisches und Deutsches Verfassungsrecht, § 3, S. 111; vgl. *Meindl*, La notion de droit fondamental dans les jurisprudences et doctrines constitutionnelles françaises et allemandes, S. 179.

998 *Meindl*, La notion de droit fondamental dans les jurisprudences et doctrines constitutionnelles françaises et allemandes, S. 179.

999 *Meindl*, La notion de droit fondamental dans les jurisprudences et doctrines constitutionnelles françaises et allemandes, S. 181; vgl. *Großerichter*, in: Sonnenberger/Classen, Einführung in das französische Recht, S. 390; *Jouanjan*, die Rechtslage in Frankreich, S. 152.

1000 *Meindl*, La notion de droit fondamental dans les jurisprudences et doctrines constitutionnelles françaises et allemandes, S. 181; ebenfalls *Hochmann*, in: Marsch/Vilain/Wendel, Französisches und Deutsches Verfassungsrecht, § 7, S. 357.

1001 C. C., Décision n° 2023-849 DC du 14.04.2023 – Loi de financement rectificative de la sécurité sociale pour 2023, cons. 90 et. s.; C. C., Décision n° 97-388 DC du 20.03.1997 – Loi créant les plans d'épargne retraite, cons. 4; C. C., Décision n° 93-330 DC du 29.12.1993 – Loi de finances pour 1994, cons. 13 und 14; vgl. *Jouanjan*, die Rechtslage in Frankreich, S. 152 f.

aufrechterhaltene Alternative geschaffen wurde.[1002] Durch diesen Ausgleich ist ein nicht zu unterschreitendes minimales soziales Schutzniveau verfassungsrechtlich gesichert.[1003] Durch das Sozialversicherungssystem und die Träger der Sozialhilfe werden die Verpflichtungen des Abs. 11 der Präambel von 1946 umgesetzt.[1004]

Die sozialen Rechte im französischen Recht gehen über den Regelungscharakter bloßer Zielvorgaben hinaus.[1005] Aus rein praktischen Erwägungen können sie allerdings nicht in unbegrenztem Umfang gewährt werden.[1006] Aus diesem Konflikt folgte die dogmatische Unterscheidung zwischen Grundrechten und Grundsätzen (*principes généraux*).[1007] Während Grundrechte für den Bürger grundsätzlich unmittelbar ein subjektives Recht begründen, erfordern die *principes généraux* eine Umsetzung und Übersetzung in konkretisierende Regelungen durch den Gesetzgeber.[1008] Die *principes généraux* sind für den Gesetzgeber dennoch ebenso bindend wie für andere Staatsorgane.[1009] So werden in Art. 34 C. F. die *principes généraux* in der Sozialversicherung geregelt und dem Gesetzgeber obliegt deren wirksame Umsetzung.[1010] Die Gesetze über die Finanzierung der sozialen Sicherheit bestimmen – nach den Bedingungen und Vorbehalten eines verfassungsausführenden Gesetzes – die Erfordernisse ihres finanzökonomischen Gleichgewichts und legen,

---

1002 Vgl. C. C., Décision n° 2023-849 DC du 14.04.2023 – Loi de financement rectificative de la sécurité sociale pour 2023, cons. 91; so *Jouanjan*, die Rechtslage in Frankreich, S. 153.

1003 *Jouanjan*, die Rechtslage in Frankreich, S. 153.

1004 *Jouanjan*, die Rechtslage in Frankreich, S. 154.

1005 *Wissenschaftliche Dienste*, WD 6 – 3000 – 064/14, Ausgewählte soziale Grundrechte in Deutschland, Frankreich, Spanien, Finnland und der Slowakei, S. 10.

1006 *Schmidt*, Rechtsnatur und Verpflichtungsdichte der Europäischen Grundrechte, S. 39.

1007 *Schmidt*, Rechtsnatur und Verpflichtungsdichte der Europäischen Grundrechte, S. 37 und 39.

1008 *Ardant/Mathieu*, Droit constitutionnel et institutions politiques, Rn. 84; *Schmidt*, Rechtsnatur und Verpflichtungsdichte der Europäischen Grundrechte, S. 39.

1009 *Schmidt*, Rechtsnatur und Verpflichtungsdichte der Europäischen Grundrechte, S. 39; *Wissenschaftliche Dienste*, WD 6 – 3000 – 064/14, Ausgewählte soziale Grundrechte in Deutschland, Frankreich, Spanien, Finnland und der Slowakei, S. 10.

1010 *Igl/Kaufmann*, in: Zacher, Die Landesberichte – Frankreich, S. 236; vgl. *Kaufmann*, Unterhalts- und Betreuungsleistungen für Kinder in Frankreich, S. 233.

unter Beachtung der zu erwartenden Einnahmen, die von ihr veranschlagten Ausgaben fest.[1011]

Das Gesetzgebungsverfahren über die soziale Sicherheit und über die Familienleistungen sieht keine Unterschiede zu anderen Rechtsgebieten[1012] vor, vgl. Art. 34 C. F. Der Staatspräsident der Republik kann jedes Gesetzesvorhaben über die Organisation der öffentlichen Gewalt sowie über die sozialen oder wirtschaftlichen Belange sowie alle Fragen, die gesellschaftliche Themen berühren, durch einen Volksentscheid herbeiführen.[1013] Die verabschiedeten Gesetze und die dazu erlassenen Durchführungsbestimmungen können Einzelregelungen sein.[1014]

III. Sozialpolitische Vorgaben in der sozialen Sicherheit

Ein prägendes Element der französischen Sozialpolitik stellt die staatliche Wirtschafts- und Sozialplanung dar, der eine zentrale Bedeutung für die Steuerung und Koordinierung sozialpolitischer Maßnahmen zukommt.[1015] Sozialpolitische Maßnahmen – auch i. S. d. Erstellung sozialer Programme – werden grundsätzlich von den Planungsinstanzen vorbereitet.[1016] Die in diesem Zusammenhang erstellten Berichte geben wichtige Hinweise für die Prozesse französischer Sozialpolitik.[1017]

Von besonderer Bedeutung sind die *Conseil d'orientation des retraites* (COR)[1018] und *Conseil économique, social et environnemental* (CESE), vgl. Art. 69 et. s. C. F. Der im Jahr 2000 gegründete COR ist ein unabhängiges interdisziplinäres Fach- und Beratungsgremium, das für die Analyse und

---

1011 *Kaufmann*, Unterhalts- und Betreuungsleistungen für Kinder in Frankreich, S. 233.

1012 Dazu zählen u.a. die allgemeine Organisation der Landesverteidigung, die freie Verwaltung der lokalen Behörden, die Regelung des Eigentums.

1013 *Kaufmann*, Unterhalts- und Betreuungsleistungen für Kinder in Frankreich, S. 233.

1014 *Kaufmann*, Unterhalts- und Betreuungsleistungen für Kinder in Frankreich, S. 233.

1015 *Ardant/Mathieu*, Droit constitutionnel et institutions politiques, Rn. 1003; so auch *Igl/Kaufmann*, in: Zacher, Die Landesberichte – Frankreich, S. 236.

1016 *Ardant/Mathieu*, Droit constitutionnel et institutions politiques, Rn. 1003 f.; *Igl/Kaufmann*, in: Zacher, Die Landesberichte – Frankreich, S. 236.

1017 Insbesondere *Conseil d'orientation des retraites*, rapport annuel, Évolutions et perspectives des retraites en France 2023, passim; *Chenillet*, RDSS 1988, 149 (passim); *Igl/Kaufmann*, in: Zacher, Die Landesberichte – Frankreich, S. 236.

1018 Zu den Aufgaben und der Zusammensetzung des *Conseil d'orientation des retraites* vgl. Art. L. 114-1 CSS.

Überwachung der mittel- und langfristigen Entwicklung des französischen Rentensystems verantwortlich ist.[1019] Der CESE ist eine konstitutionelle beratende Versammlung. Er repräsentiert wichtige wirtschaftliche, soziale und ökologische Bereiche, fördert die Zusammenarbeit zwischen verschiedenen sozio-professionellen Interessengruppen und stellt sicher, dass sie in die Prozesse der Gestaltung und Überprüfung der öffentlichen Politik eingebunden werden.[1020] Zu den Aufgaben des CESE zählt auch die Stellungnahme zu den ihm unterbreiteten Gesetzes- und Verordnungsvorschlägen.[1021] Des Weiteren kann die Regierung den CESE zu jedem sozialen, wirtschaftlichen und Umweltproblem um Rat ersuchen.[1022] Pläne oder Entwürfe von Programmgesetzen mit wirtschaftlichem, sozialem oder umwelttechnischem Charakter sind dem Gremium gegenüber vorlagepflichtig.[1023] Die im Zusammenhang mit der Tätigkeit des CESE erstellten Berichte beinhalten unter anderem wichtige Feststellungen für die Sozialpolitik.[1024]

Außerdem sind die Berichte der *Inspection générale des affaires sociales* (IGAS) zu nennen. Als interministerielle Generalinspektion des Sozialsektors ist die IGAS mit Kontroll-, Prüfungs-, Gutachten- und Bewertungsaufgaben betraut, berät die öffentlichen Behörden und wirkt bei Planung und Durchführung von Reformen mit.[1025] Die Berichte der IGAS werden prinzipiell ein- bis zweijährlich zu bestimmten Themen verfasst und liefern wichtige Hinweise für die Ausführung der französischen Sozialpolitik.[1026]

1019 *Steinmüller*, Vorbild Deutschland oder Vorbild für Deutschland?, S. 7; *Conseil d'orientation des retraites*, présentation – missions.

1020 *Ardant/Mathieu*, Droit constitutionnel et institutions politiques, Rn. 1003; vgl. *CESE*, ESEC overview, o. S.

1021 *Ardant/Mathieu*, Droit constitutionnel et institutions politiques, Rn. 1005.

1022 *Ardant/Mathieu*, Droit constitutionnel et institutions politiques, Rn. 1005; vgl. *Igl/Kaufmann*, in: Zacher, Die Landesberichte – Frankreich, S. 237.

1023 *Ardant/Mathieu*, Droit constitutionnel et institutions politiques, Rn. 1005; vgl. *Igl/Kaufmann*, in: Zacher, Die Landesberichte – Frankreich, S. 237.

1024 *Igl/Kaufmann*, in: Zacher, Die Landesberichte – Frankreich, S. 237.

1025 *Nezosi*, La protection sociale, S. 133.

1026 *Igl/Kaufmann*, in: Zacher, Die Landesberichte – Frankreich, S. 237; *Nezosi*, La protection sociale, S. 133.

Die Ausrichtung der französischen Alterspolitik werden durch die Berichte bzw. Stellungnahmen[1027] der *Haut Conseil de la famille, de l'enfance et de l'*âge (HCFEA)[1028] bestimmt.[1029] Dieses paritätisch zusammengesetzte Gremium hat die Aufgabe, die öffentliche Debatte zu moderieren und den Behörden zukunftsorientierte und übergreifende Expertise zu Themen der Familie und Kindheit, der Alterssicherung und der Anpassung der Gesellschaft an das Alter sowie Wohlbefinden in einem generationsübergreifenden Ansatz zur Verfügung zu stellen.[1030] Insgesamt fokussieren die Berichte bzw. Stellungnahmen auf die Herstellung besserer Lebensbedingungen für ältere Menschen.[1031]

C. Gesetzliche Rentenversicherung

I. Zuständigkeit und Organisation

Im französischen Recht der sozialen Sicherheit wird grundsätzlich zwischen Basissystemen (*régimes légaux de base*) und Zusatzversicherungssystemen (*régimes complémentaires*) unterschieden.[1032] Die Basissysteme gliedern sich in drei Hauptgruppen: *régime général, régimes spéciaux* und *régimes autonomes.*[1033] Sie beinhalten jeweils mehrere Anwendungsbereiche der gesetzlichen Sozialversicherung und decken die Risiken Krankheit, Invalidität, Arbeitsunfall, Alter und Tod ab.[1034]

1027 Hierzu exemplarisch *HCFEA*, Note du Conseil de l'âge « Revenus, dépenses contraintes et patrimoine des seniors – État des lieux », adoptée le 14.04.2022.

1028 HCFEA wurde am 13.12.2016 eingesetzt und ist dem Premierminister unterstellt.

1029 Die *Haut Conseil de la famille, de l'enfance et de l'âge* beruht auf dem *Haut comité consultatif de la population et de la famille*, welches 1962 unter der Federführung eines der Väter der französischen sozialen Sicherheit Pierre Laroque erstellt worden ist. Vgl. *Igl/Kaufmann*, in: Zacher, Die Landesberichte – Frankreich, S. 237 m. w. N.

1030 *HCFEA*, Les missions du HCFEA.

1031 *Igl/Kaufmann*, in: Zacher, Die Landesberichte – Frankreich, S. 237.

1032 Vgl. Art. L. 111-1 CSS: (…) Diese Garantie wird durch die Mitgliedschaft der Betroffenen in einem oder mehreren Pflichtversicherungssystemen ausgeübt.

1033 *Husmann*, RVaktuell 2023, o. S; vgl. *Kaufmann*, DAngVers 2002, 329 (329); *Kaufmann*, Soziale Sicherheit 1999, 285 (285); *Igl/Kaufmann*, in: Zacher, Die Landesberichte – Frankreich, S. 231; *Keller*, Mitteilungen der LVA Württemberg 1995, 362 (363).

1034 *Kaufmann*, Unterhalts- und Betreuungsleistungen für Kinder in Frankreich, S. 238; *Borgetto/Lafore*, Droit de la sécurité sociale, Rn. 677; *Nezosi*, La protection sociale, S. 53.

Im *régime général* nach Art. L. 200-1 CSS und Art. L. 200-2 CSS sind die meisten Beschäftigten und deren Familienangehörigen versichert, insbesondere der Industrie und Handel. An der Spitze des *régime général* steht ein aus den Sozialpartnern zusammengesetzter Verwaltungsrat, der Entscheidungen hinsichtlich der Beitrags- und Leistungshöhe trifft, vgl. Art. L. 200-3 et s. CSS. Trotz der Tatsache, dass inzwischen rund 85 % der Erwerbstätigen dem *régime général* angehören,[1035] existiert in Frankreich kein einheitliches Alterssicherungssystem für die gesamte Bevölkerung.[1036] Daher kann das französische System der Alterssicherung als ein zusammengesetztes System bezeichnet werden.[1037] Auch ohne bislang erfolgte Standardisierung und Vereinheitlichung der Rentensysteme, ist jedoch eine Harmonisierung in Richtung der im *régime général* angewandten Regelungen festzustellen.[1038]

Die Sondersysteme (*régimes spéciaux*) nach Art. L. 711-1 CSS und Art. R. 711-1 CSS sind ebenfalls gesetzlich geregelte Systeme, die teilweisen oder vollständigen Schutz vor sozialen Risiken bieten.[1039] Sie müssen mindestens ein dem *régime général* vergleichbares Leistungsniveau garantieren und enthalten häufig sogar für die Versicherten vorteilhaftere Bestimmungen.[1040] Die *régimes spéciaux* bestanden bereits vor 1945 für besondere Gruppen von Beschäftigten (beispielsweise Beamte und Militärangehörige – *retraite des fonctionnaires de l'État*), Eisenbahner, Bergleute und Angestellte der Pariser

---

1035 *Cour des comptes*, Situation financière et perspectives du système de retraites – 02/2025, S. 7; *Borgetto/Lafore*, Droit de la sécurité sociale, Rn. 675.

1036 *Cour des comptes*, Situation financière et perspectives du système de retraites – 02/2025, S. 13; *Igl/Kaufmann*, in: Zacher, Die Landesberichte – Frankreich, S. 238; *Kaufmann*, DAngVers 1995, 72 (73).

1037 So auch *Igl*, in: *Igl*/Schulte/Simons, Einführung in das Recht der sozialen Sicherheit von Frankreich. S. 59; vgl. *Cour des comptes*, Situation financière et perspectives du système de retraites – 02/2025, S. 13.

1038 *Vie publique*, Comment le système de retraite est-il structuré?, o. S.; vgl. auch *Cour des comptes*, Situation financière et perspectives du système de retraites – 02/2025, S. 13.

1039 Vgl. Art. L. 711-1-1 CSS; so auch *Husmann*, RVaktuell 2023, o. S.

1040 *Husmann*, RVaktuell 2023, o. S; *Kaufmann*, DAngVers 1997, 430 (431).

Oper)[1041]. In Art. R. 711-1 CSS werden zehn Sondersysteme aufgeführt, jedoch existieren noch zahlreiche weitere *régimes spéciaux*.[1042]

Durch das Berichtigungsgesetz zur Finanzierung der sozialen Sicherheit 2023[1043] (Reformgesetz 2023) ist die Schließung der Alterssicherungssysteme in diversen Sondersystemen geregelt worden. Hierzu zählen *le régime des industries électriques et gazières*, *le régime de la Régie autonome des transports parisiens*, *le régime spécial de retraite des clercs et employés de notaires*, *le régime de la Banque de France et du Conseil économique, social et environnemental*.[1044] Diese Systeme wurden dem *régime général* angeschlossen.[1045] Dies gilt jedoch lediglich für Beschäftigte mit dem Beginn einer Anstellung ab 1. September 2023. Für sämtliche übrigen Berufsgruppen sowie für jene Beschäftigten, deren Anstellung vor dem 1. September 2023 erfolgte, behalten die bisherigen Sondersysteme weiterhin ihre Gültigkeit.[1046]

Zudem sind die autonomen Systeme (*régimes autonomes*) gesetzliche Systeme, die grundsätzlich für alle Versicherungszweige eigenständig und vollständig organisiert sind.[1047] Das bedeutendste *régimes autonomes* ist das landwirtschaftliche System (*régime agricole*) nach Art. L. 722-20 CRPM und Art. L. 722-1 CRPM, das landwirtschaftliche Beschäftigte und selbstständige

---

1041 Weitere Berufszweige sind: Bedienstete der Elektrizitäts- und Gasunternehmen (*industries électriques et gazières*), Seeleute (*régime des marins – Énim*) die Angestellten der Gebietskörperschaften und Krankenhäuser (*agents des collectivités locales et hospitalières*), die Staatsbank (*Banque de France*), Komödie (*Comédie-Francaise*), für die Beschäftigten des Straßburger Hafens oder für die Beschäftigten der Knappschaftskasse.

1042 Es ist von mindestens 27 Systemen auszugehen: vgl. *Le Sénat*, session ordinaire de 2022-2023, Avis n° 373 de Sylvie Vermeillet, fait au nom de la commission des finances, déposé le 28.02.2023, S. 79–83; vgl. *Husmann*, RVaktuell 2023, o. S. *Borgetto/Lafore* geht von 120 Sondersystemen aus, deren Zahl sich jedoch in Zukunft reduzieren wird, vgl. dazu ausführlich *Borgetto/Lafore*, Droit de la sécurité sociale, Rn. 1303.

1043 Loi n° 2023-270 du 14.04.2023 de financement rectificative de la sécurité sociale pour 2023, JORF n°0089 du 15.04.2023, texte n° 1.

1044 *Husmann*, RVaktuell 2023, o. S.; vgl. *Cour des comptes*, Situation financière et perspectives du système de retraites – 02/2025, S. 13.

1045 *Cour des comptes*, Situation financière et perspectives du système de retraites – 02/2025, S. 13.

1046 Reformgesetz 2023, Art. 1 Ziff. I, II, V und VI Nr. 4; *Husmann*, RVaktuell 2023, o. S.

1047 *Kaufmann*, Soziale Sicherheit 1998, 299 (302 f.); *Husmann*, RVaktuell 2023, o. S.

Landwirte mit ihren Familienangehörigen versichert.[1048] Das *régime agricole* wurde dem régime général leistungsrechtlich angeglichen, vgl. Art. L. 732-18 CRPM.[1049]

Wie bereits erwähnt, bestehen ergänzend zu den Basissystemen für Beschäftigte vertraglich vereinbarte, aber gesetzliche Zusatzversorgungssysteme (*régimes complémentaires*), vgl. Art. L. 382-12 CSS.[1050] Diese sind in zwei Systeme untergliedert: *régimes volontaires* und *régimes obligatoires*.[1051] Während es sich bei den *régimes volontaires* um Systeme der freiwilligen privaten Vorsorge handelt, besteht in den *régimes obligatoires* eine gesetzlich verpflichtende Mitgliedschaft, die sich je nach Branche oder Berufsgruppe unterscheidet.[1052] Beschäftigte können somit eine Rente aus dem Basissystem und aus dem Zusatzversorgungssystem erhalten.[1053] Das Rentensystem der französischen Arbeitnehmer verfügt somit über zwei gesetzlich vorgeschriebene Leistungen.[1054]

[1048] *Kaufmann*, Soziale Sicherheit 2011, 179 (180); *Husmann*, RVaktuell 2023, o. S.; vgl. *Cour des comptes*, Situation financière et perspectives du système de retraites – 02/2025, S. 13.

[1049] So auch *Kaufmann*, Soziale Sicherheit 2011, 179 (180).

[1050] Es gibt weitere spezielle Zusatzsysteme wie beispielsweise das Zusatzrentensystem für Angestellte im öffentlichen Dienst (Institution de retraite complémentaire des agents non titulaires de l'État et des Collectivités Publiques – IRCANTEC), das Zusatzrentensystem für freie Berufe (régime complémentaire des professions libérales), das Zusatzrentensystem für selbstständig Landwirte (Retraite complémentaire obligatoire pour les exploitants agricoles –RCO), das Zusatzrentensystem für Selbstständige (Régime complémentaire des indépendants – RCI), siehe *He*, in: Schneider/Petrova/Becker, Pension Maps: Visualizing the Institutional Structure of Old Age Security in Europe and Beyond – France, S. 157 m. w. N.; siehe auch *Borgetto/Lafore*, Droit de la sécurité sociale, Rn. 1475 ff.

[1051] *Husmann*, RVaktuell 2023, o. S.; *Borgetto/Lafore*, Droit de la sécurité sociale, Rn. 864.

[1052] *He*, in: Schneider/Petrova/Becker, Pension Maps: Visualizing the Institutional Structure of Old Age Security in Europe and Beyond – France, S. 157; *Borgetto/Lafore*, Droit de la sécurité sociale, Rn. 864; *Veil*, Die Alterssicherung in Schweden, Frankreich und in den Niederlanden: Drei Beispiele für die Fähigkeit zu sozialen Reformen, S. 101.

[1053] Im Durchschnitt beziehen Rentner in Frankreich aus 2,8 Alterssicherungssystemen eine Altersrente, vgl. dazu *Veil*, Alterssicherung von Frauen in Deutschland und Frankreich, S. 36 m. w. N.; vgl. *He*, in: Schneider/Petrova/Becker, Pension Maps: Visualizing the Institutional Structure of Old Age Security in Europe and Beyond – France, S. 157.

[1054] *Borgetto/Lafore*, Droit de la sécurité sociale, Rn. 864.

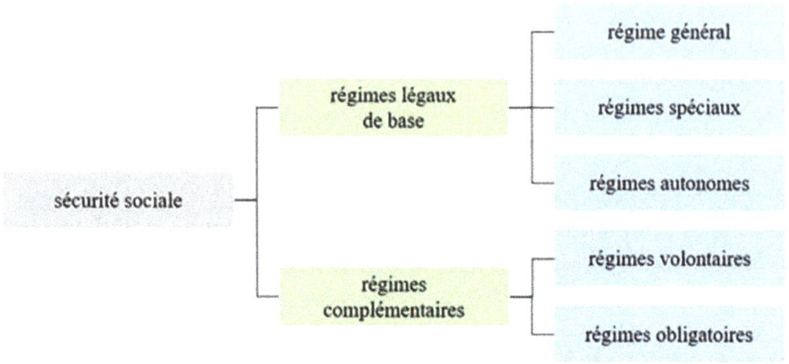

Abbildung 2: Systeme der *sécurité sociale* in Frankreich, entnommen aus *Husmann*, RVaktuell 2023, o. S.

II. Finanzierung der gesetzlichen Rentenversicherung

Die Alterssicherung in Frankreich beruht auf einer im Umlageverfahren finanzierten Pflichtversicherung, die den größten Anteil der erwerbstätigen Bevölkerung einschließt, vgl. Art. L. 111-2-1 al. 2 CSS.[1055] Die Finanzierung der Alterssicherung wird folglich durch Beiträge der Arbeitgeber und Arbeitnehmer (*solidarité professionelle*)[1056] sichergestellt.[1057] Jedoch erfolgt diese nicht paritätisch, sondern in einem Verhältnis von 60:40 zwischen Arbeitgeber und Arbeitnehmer.[1058] Das gilt für die gesetzlichen Basissysteme und für die verpflichtenden Zusatzsysteme.[1059] Bis zur in der

---

1055 *Camaji*, La Solidarité Entre Générations Au Sein Du Système De Retraite Français, S. 100; *Kaufmann*, Soziale Sicherheit 1999, 285 (286); *Kaufmann*, Soziale Sicherheit 2011, 179 (185).

1056 Die Beiträge werden auf das gesamte Jahreseinkommen berechnet, das bedeutet neben Urlaubsgeld und Gratifikationen auch auf lohnsteuerfreie Zuschläge, auf Trinkgeld und Sozialtransfers – ausgenommen sind Familienleistungen, vgl. *Veil*, Alterssicherung von Frauen in Deutschland und Frankreich, S. 54.

1057 *Cour des comptes*, Situation financière et perspectives du système de retraites – 02/2025, S. 7; *Veil*, Alterssicherung von Frauen in Deutschland und Frankreich, S. 54.

1058 Der genaue Beitragssatz kann nicht generalisierend angegeben werden, da die Beiträge nach Gehaltsabschnitten gestaffelt berechnet werden, vgl. *Veil*, Alterssicherung von Frauen in Deutschland und Frankreich, S. 54.

1059 *Veil*, Alterssicherung von Frauen in Deutschland und Frankreich, S. 54.

Rentenversicherung bestehenden Bemessungsgrenze leistet der Arbeitgeber einen höheren Beitragsanteil.[1060] Teils wird die Bemessungsgrenze aber durch die Zahlung eines Arbeitgeberanteils auf das gesamte Entgelt aufgehoben.[1061]

Das französische Rentenrecht normiert zwei Bemessungsgrenzen: Die *plafond de la sécurité sociale*, die ausschließlich für die Rentenberechnung des *régime général* herangezogen wird – diese liegt im Jahr 2025 bei 3.925,00 Euro monatlich.[1062] Zum anderen die *plafond des cotisations*, die die Beitragspflicht begrenzt. Sie bezieht sich – mit unterschiedlichen Werten – auf die verpflichtenden *régimes complémentaires*.[1063] Aus dem allgemeinen Steueraufkommen finanziert (*solidarité nationale*) werden beitragsfreie Zeiten sowie Aufstockungsbeträge für Niedrigrenten (*minimum vieillesse* für ältere Bürger ab 65 Jahren), kinder- und familienfördernde Elemente in der Alterssicherung[1064], Zeiten des Wehrdienstes, Leistungen des Vorruhestands sowie Zeiten der Arbeitslosigkeit mit Leistungsbezug.[1065] Zwischen den verschiedenen Systemen erfolgt ein Finanzausgleich.[1066] Rund 70 % der Einnahmen stammen aus Beiträgen, etwa 20 % werden durch Steuern gedeckt, und der verbleibende Anteil setzt sich aus Transferleistungen zusammen.[1067] Im allgemeinen System basiert ein Fünftel der Rentenleistungen auf der *solidarité nationale*, also auf

---

1060 *Veil*, Zukunft der Alterssicherung: Rentenpolitik und Rentenreformen in Frankreich und Deutschland, S. 49.

1061 *Veil*, Zukunft der Alterssicherung: Rentenpolitik und Rentenreformen in Frankreich und Deutschland, S. 49.

1062 *CNAV*, Circulaire n° 2024-43 du 31.12.2024, Plafond de la sécurité sociale – Montant au 1er janvier 2025 – Incidences en matière d'assurance vieillesse (hors cotisations), S. 3.

1063 Vgl. *Veil*, Zukunft der Alterssicherung: Rentenpolitik und Rentenreformen in Frankreich und Deutschland, S. 49.

1064 Einen Teil der familienpolitischen Rentenleistungen entrichten die Zusatzkassen selbst, beispielsweise die Rentenaufstockung ab dem dritten Kind, vgl. *Veil*, Alterssicherung von Frauen in Deutschland und Frankreich, S. 54. m. w. N. und siehe Gliederungspunkt Kapitel 4 C. VI.

1065 *Veil*, Alterssicherung von Frauen in Deutschland und Frankreich, S. 54.

1066 *Veil*, Alterssicherung von Frauen in Deutschland und Frankreich, S. 54.

1067 *Veil*, Alterssicherung von Frauen in Deutschland und Frankreich, S. 54.

steuerfinanzierten Mitteln, die über einen Alterssolidaritätsfonds[1068] oder die Familienkasse bereitgestellt werden.[1069]

III. Rentenberechnung

Die Altersrente berechnet sich grundsätzlich aus Arbeitsentgelt und der Dauer der Erwerbstätigkeit des Versicherten. Die meisten französischen Basissysteme, insbesondere das *régime général* berechnen die Renten nach dieser Formel.[1070]

1. Rentenhöhe

Für die Festlegung der Rentenhöhe[1071] (*montant de pension* – „P“) sind gemäß Art. L. 351-1 al. 1, 2 und 3 CSS die folgenden Faktoren maßgeblich: Das jährliche Durchschnittsentgelt bzw. der Grundlohn (*salaire annuel moyen* – „SAM“), der Rentensatz bzw. die Lohnersatzquote (*taux* – „t“), die individuell zurückgelegte Versicherungsdauer (*durée* – „d“) sowie das Referenztrimester bzw. die gesetzlich festgelegte Versicherungsdauer (*durée* – „D“).[1072]

a. Jährliches Durchschnittsentgelt bzw. Grundlohn

Die in die Berechnung einfließenden Jahresentgelte werden ermittelt und für die Berechnung angepasst.[1073] Die Berechnung der Entgelte sowie die Beurteilung der Rente erfolgen durch die zuständige regionale Krankenkasse (*caisse régionale d'assurance-maladie*). Das Jahresentgelt wird dabei nur bis zur Höhe der Beitragsbemessungsgrenze berücksichtigt. Diese Begrenzung wird einmal jährlich durch ein Dekret festgelegt, vgl. Art. D. 242-17 I al. 1 CSS.

Der Grundlohn ergibt sich aus dem Durchschnitt der wirtschaftlich besten 10–25 Versicherungsjahre, je nach Geburtsjahrgang, vgl. Art. R. 351-29 I al. 1 und

---

1068 Alterssolidaritätsfonds (*fonds de solidarité vielless*e). Der Alterssolidaritätsfonds finanziert beitragsunabhängige Rentenleistungen, wie beispielsweise die Mindestsicherung, vgl. *Veil*, Alterssicherung von Frauen in Deutschland und Frankreich, S. 55.

1069 *Veil*, Alterssicherung von Frauen in Deutschland und Frankreich, S. 54.

1070 *Nezosi*, La protection sociale, S. 254; *Borgetto/Lafore*, Droit de la sécurité sociale, Rn. 868.

1071 Zur Rentenformel und exemplarischen Rentenberechnung siehe Gliederungspunkt Kapitel 4 C. III. 2.

1072 *Borgetto/Lafore*, Droit de la sécurité sociale, Rn. 868; *Husmann*, RVaktuell 2023, o. S.; *Lewerenz*, in: Verband Deutscher Rentenversicherungsträger, Frankreich, S. 88.

1073 *Lewerenz*, in: Verband Deutscher Rentenversicherungsträger, Frankreich, S. 88.

2 CSS. Bei der Berechnung des durchschnittlichen Jahreseinkommens werden alle Vergütungsbestandteile wie Grundgehalt, Prämien, Überstunden und das Mutterschaftsgeld berücksichtigt. Zudem wird das Jahreseinkommen durch die Anwendung der Neubewertungskoeffizienten zum Zeitpunkt des Renteneintritts neu bewertet.[1074] Die Rentenberechnung nach dem Prinzip der „besten Jahre" begünstigt sowohl Bessergestellte als auch Personen mit Erwerbsverläufen, die neben „guten" Zeiten auch Zeiten mit geringem Verdienst – beispielsweise aus Teilzeitarbeit – aufzeigen, denn diese tangieren die Rentenhöhe dann nicht negativ, wenn ausreichend positive Erwerbszeiten vorliegen.[1075] Nach Art. R. 351-29-1 CSS ergibt sich eine Anzahl der zu berücksichtigenden besten Versicherungsjahre:

Geburtsjahr	Anzahl der herangezogenen Jahre	Geburtsjahr	Anzahl der herangezogenen Jahre
Vor 1940	10–16	1944	21
1940	17	1945	22
1941	18	1946	23
1942	19	1947	24
1943	20	**Ab 1948**	**25**

Tabelle 1: Anzahl zu berücksichtigender Versicherungsjahre nach Art. R. 351-29-1 CSS (eigene Darstellung).

Die Höhe der Altersrente für Versicherte, die vor dem 1. Januar 1934 geboren sind, errechnet sich jedoch weiterhin unter Berücksichtigung des durchschnittlichen Jahresentgelts der wirtschaftlich besten 10 Jahre des Versicherten, eines darauf anzuwendenden Steigerungssatzes (Bewertungskoeffizient) und der Versicherungsdauer, die bis zu 150 Versicherungstrimestern (37,5 Jahre) umfassen kann.[1076] Der Höchstsatz, den der Versicherte nach diesen Faktoren

1074 *L'assurance retraite*, Coefficients de revalorisation des salaires, revenus et cotisations à compter du 01.01.2024, o. S.

1075 *Veil*, Die Alterssicherung in Schweden, Frankreich und in den Niederlanden: Drei Beispiele für die Fähigkeit zu sozialen Reformen, S. 104.

1076 *Lewerenz*, in: Verband Deutscher Rentenversicherungsträger, Frankreich, S. 88.

als Rentenleistung erhalten kann, beträgt 50 % des durchschnittlichen Arbeitsentgeltes der wirtschaftlich zehn besten Versicherungsjahre.[1077]

b. Rentensatz bzw. Lohnersatzquote

Der Rentensatz bzw. die Lohnersatzquote (*taux*) ist entweder abhängig vom Rentenbeginn oder der Versicherungsdauer.[1078] Es werden hierbei alle Beiträge (Pflichtbeiträge, freiwillige Beiträge, nachgezahlte Beiträge sowie *Majoation pour enfants, congé parental* und *enfants handicapé*), gleichgestellte Zeiten und *periodes équivalentes* berücksichtigt.[1079]

Die volle Altersrente bestimmt sich nach einem maximalen Rentensatz, die nur erfolgt, wenn eine gesetzlich fixierte Versicherungszeit erwirtschaftet wurde.[1080] Gemäß Art. R. 351-27 I. 1° CSS wird der maximale Rentensatz auf 50 % des durchschnittlichen Jahresentgelts der 25 besten Versicherungsjahre festgelegt, vgl. Art. L. 351-1 al. 2 CSS i. V. m. Art. R. 351-29 al. 1 CSS.[1081]

Das französische Recht bezeichnet diese Quote seit 1983 als *taux plein*. Gemäß Art. L. 351-1 al. 2 CSS ergibt sich die Höhe der Rente aus der Anwendung eines steigenden Satzes (bis zu einem Höchstsatz) auf das Jahresgrundgehalt, der als Rentensatz bezeichnet wird.[1082] Die Maximalleistung von 50 % wird bei einem Renteneintritt nach dem 65. Lebensjahr unabhängig von der Versicherungsdauer ausgezahlt.[1083] Auch sind Leistungen für Versicherte vorgesehen, die das Alter von 60 Jahren erreichen und eine Invalidenpension beziehen oder die Rente für Weltkriegsveteranen, vgl. Art. R. 351-27 CSS i. V. m. Art. L. 351-8 CSS. Nach Art. L. 161-17-3 CSS[1084] wird der höchste Rentensatz von 50 % (*taux plein*) erreicht mit:

1077 *Lewerenz*, in: Verband Deutscher Rentenversicherungsträger, Frankreich, S. 88.

1078 *Lewerenz*, in: Verband Deutscher Rentenversicherungsträger, Frankreich, S. 89.

1079 *Deutsche Rentenversicherung*, GRA Frankreich, Leistungen der Rentenversicherung, 3. Rentenhöhe.

1080 *Husmann*, RVaktuell 2023, o. S.

1081 *Borgetto/Lafore*, Droit de la sécurité sociale, Rn. 874; *Lewerenz*, in: Verband Deutscher Rentenversicherungsträger, Frankreich, S. 89; *Bac*, Retraite et société 2011, 167 (179).

1082 Vgl. Art. L. 351-1 al. 2 CSS.

1083 *Lewerenz*, in: Verband Deutscher Rentenversicherungsträger, Frankreich, S. 89.

1084 Gemäß Art. 10 B des Reformgesetzes 2023 gelten diese Bestimmungen für Renten, die ab dem 01.09.2023 erstmalig ausgezahlt werden.

Geburtsjahr	Anzahl der Versicherungstrimester für den taux plein (Jahre)	Geburtsjahr	Anzahl der Versicherungstrimester für den taux plein (Jahre)
Bis 1942	150 (37.5)	1955–1957	166 (41,5)
1943–1948	160 (40)	1958–1960	167 (41,25)
1949	161 (40,25)	01.01.1961-31.08.1961	168 (42)
1950	162 (40,5)	01.09.1961-31.12.1962	169 (42,25)
1951	163 (40,75)	1963	170 (42,5)
1952	164 (41)	1964	171 (42,75)
1953/1954	165 (41,25)	Ab 1965	172 (43)

Tabelle 2: Geburtsjahr/Versicherungszeit für *taux plein* (eigene Darstellung).

Gehört der Versicherte nicht zu einem der beschriebenen Personenkreise, liegt die Lohnersatzquote bzw. der Rentensatz zwischen 25 % und 50 %. Eine geringere Anzahl an Versicherungstrimestern als die im nächsten Gliederungspunkt[1085] angeführten führt zu einer Kürzung nach der Regel *pro-rata-temporis*.[1086] Liegt eine geringere als für den vollen Rentensatz erforderliche Anzahl an Versicherungstrimestern vor, wird der Rentensatz von 50 % je nach Geburtsjahr um einen Betrag zwischen 1,25 % und 0,625 % pro fehlendem Versicherungstrimester reduziert.[1087] Alternativ kann die Reduzierung auch auf Basis der fehlenden Versicherungstrimester zwischen dem Rentenbeginn und der um fünf Jahre angehobenen Regelaltersgrenze erfolgen, wenn dies für den Versicherten von Vorteil ist.[1088] Der verminderte Rentensatz beträgt mindestens 25 %.[1089] Ein Anspruch auf den höchsten Rentensatz von 50 % wird auch bei weniger als der erforderlichen Versicherungsdauer erworben, wenn Versicherte

1085 Siehe Gliederungspunkt Kapitel 4 C. III. 1. c.

1086 *Veil*, Alterssicherung von Frauen in Deutschland und Frankreich, S. 59; *Lewerenz*, in: Verband Deutscher Rentenversicherungsträger, Frankreich, S. 90.

1087 *Deutsche Rentenversicherung*, GRA Frankreich, Leistungen der Rentenversicherung, 3. Rentenhöhe; *Veil*, Alterssicherung von Frauen in Deutschland und Frankreich, S. 59.

1088 *Deutsche Rentenversicherung*, GRA Frankreich, Leistungen der Rentenversicherung, 3. Rentenhöhe; *Lewerenz*, in: Verband Deutscher Rentenversicherungsträger, Frankreich, S. 90.

1089 *Veil*, Alterssicherung von Frauen in Deutschland und Frankreich, S. 59.

bei Rentenbeginn die um fünf Jahre erhöhte Regelaltersgrenze erreicht haben oder bei Rentenbeginn 65 Jahre alt sind und ihre Tätigkeit aufgrund ihrer Eigenschaft als Familienhilfe unterbrochen haben.[1090]

Der höchste Rentensatz wird auch gewährt, wenn der Versicherte bei Rentenbeginn 65 Jahre alt und schwerbehindert ist oder bei Rentenbeginn 65 Jahre alt und eine bestimmte Anzahl an Versicherungstrimestern als Zuschlag zur Versicherungszeit für ein Kind mit Behinderung erhalten hat oder einem Kind, das eine an Behinderte gezahlte Ausgleichsleistung erhält.[1091] Dies findet ebenfalls Anwendung auf Versicherte, die bei Rentenbeginn das 65. Lebensjahr vollendet haben und zwischen dem 1. Juli 1951 und dem 31. Dezember 1955 geboren wurden, sofern sie – neben weiteren Voraussetzungen – entweder mindestens drei Kinder geboren oder erzogen haben, als zu mindestens 50 % erwerbsgemindert anerkannt sind, eine Invalidenrente beziehen, die in eine Altersrente übergeht, oder die Voraussetzungen für eine vorgezogene Altersrente wegen Schwerbehinderung (*retraite anticipée handicapé*) oder besonders belastender Tätigkeit (*retraite pour pénibilité*) erfüllen.[1092]

c. Versicherungsdauer

Für die Versicherungsdauer wird die Anzahl der im *régime général* zurückgelegten Versicherungstrimester („*trimestre*" = Quartal bzw. Vierteljahr = drei Monate) betrachtet – eventuell begrenzt auf die entsprechend dem Geburtsjahr benötigte festgelegte Versicherungsdauer (Referenztrimester).[1093] Bei Aufschub der Rente über die um fünf Jahre erhöhte Regelaltersgrenze hinaus können bei versicherten Personen, die die für den Geburtsjahrgang benötigten Referenztrimester dennoch nicht erlangen, zusätzlich *Majoration d'âge* angerechnet werden.[1094] Hierbei richten sich die erforderlichen

---

[1090] *Veil*, Alterssicherung von Frauen in Deutschland und Frankreich, S. 59; *Deutsche Rentenversicherung*, GRA Frankreich, Leistungen der Rentenversicherung, 3. Rentenhöhe; *Lewerenz*, in: Verband Deutscher Rentenversicherungsträger, Frankreich, S. 90.

[1091] *Deutsche Rentenversicherung*, GRA Frankreich, Leistungen der Rentenversicherung, 3. Rentenhöhe.

[1092] *Deutsche Rentenversicherung*, GRA Frankreich, Leistungen der Rentenversicherung, 3. Rentenhöhe; *Lewerenz*, in: Verband Deutscher Rentenversicherungsträger, Frankreich, S. 90.

[1093] *Borgetto/Lafore*, Droit de la sécurité sociale, Rn. 872; *Lewerenz*, in: Verband Deutscher Rentenversicherungsträger, Frankreich, S. 90; *Veil*, Alterssicherung von Frauen in Deutschland und Frankreich, S. 59.

[1094] *Lewerenz*, in: Verband Deutscher Rentenversicherungsträger, Frankreich, S. 90.

Referenztrimester nach dem Geburtsjahr, welche auch für die Berechnung des Rentensatzes maßgebend sind, vgl. Art. L. 161-17-3 CSS.[1095]

2. Beispielrechnung

Gemäß Art. L. 351-1 al. 1, 2 und 3 CSS lässt sich die Rentenhöhe gemäß folgender Formel berechnen:

Formel zur Berechnung der Rente[1096]:

P = SAM x t x d/D

Montant de pension = salaire annuel moyen x taux x

$$\frac{\text{durée d'assurance à l'Assurance retraite}}{\text{durée d'assurance pour obtenir une pension à taux plein}}$$

Jahresrente = jährliches Durchschnittsentgelt x Lohnersatzquote x

$$\frac{\text{individuelle zurückgelegte Versicherungsdauer}}{\text{Referenztrimester}}$$

Beispiel:[1097]

Wenn der Versicherte im Jahr 1962 geboren ist, besteht die Möglichkeit, mit 62 Jahren und 6 Monaten eine volle Rente zu beziehen (berechnet auf der Grundlage von 50 % des durchschnittlichen jährlichen Einkommens), vorausgesetzt, es wurden Beiträge für 169 Versicherungstrimester (42,25 Jahre) geleistet. Diese ermittelt sich anhand genannter Formel wie folgt:

Jährliche Rente = 38.400 Euro x 50 % x (169/169) = 19.200 Euro

Monatliche Rente = 19.200 Euro / 12 = 1.600 Euro brutto

Darüber hinaus kann, sofern die 169 Versicherungstrimester nicht erreicht wurden, eine Rente mit Abschlägen bezogen werden. Alternativ besteht die Option, die volle Rente ab dem 67. Lebensjahr zu beziehen, unabhängig von der Anzahl der erreichten Versicherungstrimester.

1095 *Service public*, Montant de la retraite du salarié du secteur privé, o. S.

1096 Vgl. *Borgetto/Lafore*, Droit de la sécurité sociale, Rn. 868; vgl. ebenfalls *Husmann*, RVaktuell 2023, o. S.

1097 *Service public*, Montant de la retraite du salarié du secteur privé, o. S. und m. w. N.

IV. Versicherter Personenkreis

Das *régime général* gewährleistet den Schutz vor den Risiken Krankheit, Invalidität, Alter, Tod, Witwen- und Witwerschaft, Mutterschaft bzw. Vaterschaft, vgl. Art. L. 311-1 CSS. Unabhängig von Alter, Nationalität, Geschlecht, Art der Tätigkeit, Anzahl der Arbeitgeber, Höhe und Art der Vergütung sowie des Vertrags oder Status, sind alle Personen, die einer Erwerbstätigkeit nachgehen, verpflichtend im allgemeinen Sozialversicherungssystem versichert, auch wenn sie bereits eine Rente beziehen, vgl. Art. L. 311-2 CSS.

1. Versicherungspflicht aufgrund abhängiger Arbeit

I. S. d. *régime général* besteht demnach die Pflichtversicherung grundsätzlich für alle Personen, die eine abhängige Beschäftigung ausüben. Aus Art. L. 311-2 CSS ergeben sich dafür drei Voraussetzungen: Es muss zwischen Arbeitnehmer und -geber ein Unterordnungs- oder Abhängigkeitsverhältnis bestehen, es muss ein Vergütungsanspruch des Arbeitnehmers bestehen und das Arbeitsverhältnis muss auf einer vertraglichen Vereinbarung beruhen.[1098] Für alle abhängig Beschäftigten hat der Arbeitgeber die Verpflichtung, diese zur Sozialversicherung anzumelden und für die Abführung der Beiträge zu sorgen.[1099] Zudem gibt es weder eine Versicherungspflicht- noch eine Geringfügigkeitsgrenze.

Der begünstigte Personenkreis umfasst außer Arbeitnehmern u. a. Heimarbeiter, Vertreter, die unter die Regelungen des Arbeitsgesetzbuches fallen, im Gaststättengewerbe Beschäftigte, Geschäftsführer bestimmter Gesellschaften oder Genossenschaften, Vorstandsvorsitzende (P. D. G.) und Generaldirektoren von Aktiengesellschaften, Künstler, freie Journalisten und Personen, die in ihrem Haus oder ihrer Wohnung auf Vertragsbasis alte Menschen oder Menschen mit Behinderung betreuen, vgl. Art. L. 311-3 CSS.

[1098] *Borgetto/Lafore*, Droit de la sécurité sociale, Rn. 679.

[1099] Nach Art. L. 244-1 CSS wird die Nichteinhaltung dieser Verpflichtung mit einer Geldstrafe geahndet, vgl. *Borgetto/Lafore*, Droit de la sécurité sociale, Rn. 864.

2. Versicherungspflicht aufgrund selbstständiger Arbeit

Des Weiteren sind seit dem 1. Januar 2018[1100] auch Selbstständige im *régime général* grundsätzlich pflichtversichert und entrichten Sozialversicherungsbeiträge, vgl. Art. L. 611-1 CSS, Art. L. 640-1 CSS und Art. L. 133-6-8 CSS.[1101]

3. Sonstige Versicherte

Auch für den Fall, dass Personen keiner beruflichen Tätigkeit im herkömmlichen Sinne nachgehen, kann eine Versicherung im *régime général* erfolgen. So sind neben den Beschäftigten auch beispielsweise Auszubildende oder Studenten[1102] im régime général pflichtversichert.[1103] Übt eine Person eine Berufstätigkeit aus, die nicht in einem anderen System versicherungspflichtig ist, ist diese im *régime général* verpflichtend. Unter anderem trifft dies beispielsweise auf angestellte Rechtsanwälte zu, vgl. Art. L. 311-3 19° CSS.[1104]

Zudem wird im Hinblick auf den Anspruch auf Alterssicherung von nicht erwerbstätigen Eltern (*assurance vieillesse des parents au foyer* – AVPF) nach Art. L. 381-1 CSS, die Alleinerziehende oder Elternteile betrifft, die vorübergehend nicht erwerbstätig sind oder ihre berufliche Tätigkeit einschränken, um ihre Kinder großzuziehen, einer beruflichen Tätigkeit im Rahmen der Alterssicherung gleichgestellt.[1105] Einerseits werden hiernach Alleinerziehende nicht explizit von Art. 311-1 et s. CSS erfasst, anderseits hat der Gesetzgeber mit der Regelung des Art. L. 381-1 CSS auch Alleinerziehende faktisch berücksichtigt. Jedoch ist zu bedenken, dass verschiedene Personenkreise, die bestimmte Familienleistungen erhalten oder für eine behinderte Person sorgen, verpflichtend in der Altersversicherung versichert sind.[1106]

1100 Vgl. Loi n° 2017-1836 du 30.12.2017 de financement de la sécurité sociale pour 2018 (1) – Art. 15.

1101 Ausführlich zur Ausgestaltung des sozialen Schutzes von Selbstständigen siehe *Nezosi*, La protection sociale, S. 59–64.

1102 Vgl. Art. L. 832-1 C. édu. und Art. L. 160-1 CSS.

1103 *Borgetto/Lafore*, Droit de la sécurité sociale, Rn. 699; *Lewerenz*, in: Verband Deutscher Rentenversicherungsträger, Frankreich, S. 84.

1104 *Borgetto/Lafore*, Droit de la sécurité sociale, Rn. 697.

1105 Siehe ausführlich hierzu Gliederungspunkt Kapitel 4. C. VI. 4.

1106 Siehe ausführlich Gliederungspunkt Kapitel 4. C. VI. 4.

4. Freiwillige Versicherung

Titel IV von Buch VII des CSS regelt die freiwillige Versicherung, vgl. Art. L. 742-1 CSS und Art. L. 742-2 CSS. Gemäß Art. L. 742-1 CSS besteht die Möglichkeit zum Abschluss einer freiwilligen Versicherung gegen Invaliditäts- und Altersrisiken für Personen, die nach mindestens sechsmonatiger Pflichtversicherung in einem Sozialversicherungssystem die Voraussetzungen für die Versicherungspflicht nicht mehr erfüllen.[1107] Der Ehepartner oder ein Familienmitglied eines Schwerbehinderten, der diese Person betreut ohne dafür eine Vergütung zu erhalten, hat ebenfalls die Möglichkeit der Versicherung beizutreten, vgl. Art. L. 742-2 CSS al. 2 CSS.[1108]

Die Möglichkeit, sich freiwillig zur Altersvorsorge zu versichern, wird durch Art. L. 742-1 CSS auch auf andere Personengruppen ausgeweitet: Dies betrifft französische Staatsangehörige, die im Ausland beschäftigt oder solchen Beschäftigten gleichgestellt sind, sowie den Elternteil, der – ungeachtet des Wohnorts – die finanzielle Verantwortung für die Familie trägt, der persönlich nicht einem obligatorischen Altersversicherungssystem unterliegt und sich der Erziehung von mindestens einem im Haushalt lebenden Kind widmet, das zum Zeitpunkt des Antrags auf Beitritt unter 20 Jahre alt ist.[1109]

V. Leistungen

Die Versicherten aller Systeme in der *sécurité sociale* sind durch Beitragszahlung zum jeweiligen System gegen die rentenrechtlichen Versicherungsrisiken der Invalidität, des Alters und des Todes eines Ehepartners versichert. Es werden hierbei Invalidenrenten (*pension d'invalidité*), Altersrenten (*pension de vieillesse*) und Hinterbliebenenrenten (*pension survivant*) gewährt. Im Folgenden liegt der Schwerpunkt auf der *pension de vieillesse* nach Art. L. 351-1 et s. CSS und *pension survivant* nach Art. L. 342-1 et. s. CSS, Art. L. 353-1 et s. CSS und Art. L. 356-1 et s. CSS, da diese den größten Versichertenkreis abdecken und insbesondere für Alleinerziehende von Relevanz sind.

1107 *Borgetto/Lafore*, Droit de la sécurité sociale, Rn. 719.
1108 *Borgetto/Lafore*, Droit de la sécurité sociale, Rn. 697.
1109 *Borgetto/Lafore*, Droit de la sécurité sociale, Rn. 697.

1. Altersrente im régime général

Anspruch auf Altersrente (*pension de vieillesse*) haben Versicherte bei Erreichen der Regelaltersgrenze, wenn der Versicherte für mindestens ein Versicherungstrimester Beiträge zum *régime général* einbezahlt hat.[1110] Die Wartezeit beträgt mindestens ein Versicherungstrimester (drei Monate).[1111] Grundsätzlich liegt die Regelaltersgrenze beim vollendeten 64. Lebensjahr, vgl. Art. L. 161-17-2 CSS.[1112]

2. Vorzeitige Inanspruchnahme von Altersrenten

Seit 1960 existieren in der französischen Sozialrechtsdebatte verschiedene Konzepte zu vorgezogenen Altersrenten (*pensions de retraite anticipée*).[1113] Die vorgezogenen Altersrenten werden auch als *préretraite* oder *les cessations anitcipées d'activité de certains travailleurs salariés* bezeichnet.[1114] Durch das Reformgesetz 2023 wurden auch bei der vorzeitigen Inanspruchnahme von Altersrenten Anpassungen vorgenommen. So hat die Erhöhung der Regelaltersgrenze auf 64 Jahre Anlass zu Änderungen bei den vorgezogenen Altersrenten gegeben. Die Regelung des Art. L. 351-1-1 CSS (*la retraite anticipée pour carrière longue*) sieht einen vorgezogenen Rentenzugang vor, wenn eine versicherte Person bereits in jungen Jahren eine Beschäftigung aufgenommen und dadurch – trotz Nichterreichens der Regelaltersgrenze – eine lange Versicherungszeit zurückgelegt hat.[1115] Die Konkretisierung der unbestimmten Rechtsbegriffe erfolgt durch Art. D. 351-1-1 CSS.[1116]

1110 *Veil*, Alterssicherung von Frauen in Deutschland und Frankreich, S. 54; *Deutsche Rentenversicherung*, GRA Frankreich, Leistungen der Rentenversicherung, 2. 2 pension de vieillesse.

1111 *Veil*, Alterssicherung von Frauen in Deutschland und Frankreich, S. 59.

1112 Das Reformgesetz 2023 hat die Regelaltersgrenze auf 64 Jahre angehoben. (Art. L. 161-17-2 CSS i. d. F des Art. 10 Ziff. I Nr. 2 lit. a des Reformgesetzes 2023). Die Regelungen sind seit 01.09.2023 anzuwenden (Art. 10 Ziff. XXX lit. b), vgl. dazu *Borgetto/Lafore*, Droit de la sécurité sociale, Rn. 867.

1113 *Husmann*, RVaktuell 2023, o. S.; *Kessler*, ZESAR 2024, 274 (274).

1114 Einen ausführlichen Überblick über die diversen Konzepte hat die Direction de l'animation de la recherche, des études et des statistiques (DARES) veröffentlicht, vgl. *DARES*, Les cessations anticipées d'activité* au fil du temps, o. S.

1115 *Husmann*, RVaktuell 2023, o. S.

1116 *Husmann*, RVaktuell 2023, o. S.

Hierbei stellt Art. L. 351-1-1 CSS auf vier Altersstufen ab, wobei der Versicherte bei Aufnahme der ersten Beschäftigung nicht älter als 21 Jahre gewesen sein darf.[1117] Hinsichtlich der Konkretisierung des Art. L. 351-1-1 CSS ist auf Verordnungsebene der Art. D. 351-1-1 al. 1 CSS[1118] folglich anzuwenden:[1119] Bei Aufnahme einer Beschäftigung vor Vollendung des 16. Lebensjahres können Versicherte die Altersrente mit 58 Jahren beanspruchen (Nr. 1), vor Erreichen des 18. Lebensjahres mit 60 Jahren (Nr. 2), vor Vollendung des 20. Lebensjahres mit 62 Jahren (Nr. 3) und vor Erreichen des 21. Lebensjahres mit 63 Jahren (Nr. 4). Versicherte, die ihre erste Tätigkeit vor dem 20. Lebensjahr aufgenommen haben, konnten nach der bisherigen Regelung die Rente mit 60 Jahren beantragen. Seit September 2023 ist dies jedoch erst ab dem 62. Lebensjahr möglich, weshalb im CSS Übergangsregelungen eingeführt wurden, die gestaffelt nach den Geburtsjahren zwischen 1961 und 1969 eine stufenweise Anhebung des Renteneintrittsalters normieren.[1120]

Gemäß Art. D. 351-1-1 al. 2 1° CSS können Versicherte, die zwischen dem 1. September 1961 und dem 31. August 1963 geboren wurden, die Altersrente nach wie vor mit 60 Jahren beanspruchen.[1121] Für Versicherte, die zwischen dem 1. September 1963 und dem 31. Dezember 1968 geboren wurden, gilt ein Rentenanspruch mit 61 Jahren und sechs Monaten, vgl. Art. D. 351-1-1 al. 2 2° CSS. Für im Jahr 1969 geborene Versicherte besteht ein vorzeitiger Rentenanspruch mit 61 Jahren und neun Monaten.[1122] Gemäß Art. D. 351-1-3 al. 1 CSS müssen alle Versicherten vor Erreichen des jeweiligen Lebensalters fünf oder vier Versicherungstrimester einer versicherungspflichtigen Tätigkeit nachgegangen sein.

1117 *Husmann*, RVaktuell 2023, o. S.

1118 Vgl. dazu Décret n° 2023-436 du 03.06.2023 portant application des articles 10 et 11 de la loi n° 2023-270 du 14.04.2023 de financement rectificative de la sécurité sociale pour 2023 (Art. 3 Ziff. III Nr. 1), JORF n°0128 du 04.06.2023, texte n° 16.

1119 Vgl. Art. D. 351-1-1 Abs. 1 1°–4° CSS und dazu *Husmann*, RVaktuell 2023, o. S.

1120 *Husmann*, RVaktuell 2023, o. S.

1121 Vgl, *Husmann*, RVaktuell 2023, o. S.

1122 Vgl. Art. D. 351-1-1 al. 2 3° CSS.

3. Teilrente

Das französische Rentenrecht ermöglicht seit 1988 auch die Inanspruchnahme von Teilrenten (*retraite progressive*).[1123] Die Regelungen der Teilrente finden sich seit dem 1. September 2023[1124] in den Art. L. 161-22-1-5 CSS bis Art. L. 161-22-1-9 CSS und die Konkretisierungen erfolgen gemäß Verordnung.[1125] Nach Art. R. 161-19-7 al. 1 1° CSS müssen Beschäftigte eine Vereinbarung über den Übergang von einer Vollzeitbeschäftigung (*travail à temps complet*) in eine Teilzeitbeschäftigung (*travail à temps partiel*) vorweisen.[1126] Gemäß Art. R. 161-19-5 CSS muss eine Versicherungszeit von mindestens 150 Trimestern (37,5 Jahre) vorliegen.[1127] Das Zugangsalter ist auf 62 Jahre festgesetzt und liegt somit zwei Jahre unter dem gesetzlichen Zugangsalter der Altersrente, vgl. Art. D. 161-2-24 CSS.[1128]

Nach Art. L. 161-22-1-5 1° CSS müssen versicherte Personen einer Teilzeitbeschäftigung nachgehen. Gemäß Art. L. 3123-1 C. trav. muss die Arbeitszeit des Versicherten entweder unter der gesetzlichen Arbeitszeit[1129] oder, falls diese niedriger ausfällt, unter der vertraglich bestimmten Arbeitszeit einer Vollzeitbeschäftigung liegen.[1130] Die in Art. L. 161-22-1-5 1° CSS genannte Arbeitszeit darf dabei nicht weniger als 40 % und nicht mehr als 80 % der Vollzeitbeschäftigung betragen, vgl. Art. R. 161-19-6 al. 1 CSS. Das bedeutet, dass in den Fällen, in denen die gesetzliche wöchentliche Arbeitszeit von 35 Stunden vorgeschrieben ist, die wöchentliche Arbeitszeit der Teilzeitbeschäftigung nicht weniger als 14 Stunden und nicht mehr als 28 Stunden

---

1123 Vgl. Loi n° 88-16 du 05.01.1988 relative à la sécurité sociale, JORF du 06.01.1988, S. 224; *Husmann*, RVaktuell 2023, o. S.

1124 Bis zum 31.08.2023 waren die Regelungen in den Art. L. 351-15 CSS und Art. L. 351-16 CSS zu finden. Das Reformgesetz 2023 hat sie entsprechend neugefasst, vgl. dazu *Husmann*, RVaktuell 2023, o. S.

1125 *Husmann*, RVaktuell 2023, o. S.

1126 Vgl. *Husmann*, RVaktuell 2023, o. S.

1127 Décret n° 2023-751 du 10.08.2023 relatif au cumul emploi retraite et à la retraite progressive (Art. 2 Nr. 1 lit. ii), JORF n°0185 du 11.08.2023, texte n° 27.

1128 Vgl. Décret n° 2023-753 du 10.08.2023 portant application de l'article 26 de la loi n° 2023-270 du 14.04.2023 de financement rectificative de la sécurité sociale pour 2023 relatif au cumul emploi retraite et à la retraite progressive (Art. 3 Nr. 2 lit. f), JORF n° 0185 du 11.08.2023, texte n° 29.

1129 Die gesetzliche Arbeitszeit beträgt 35 Stunden pro Woche, vgl. Art. L. 3121-27 C. trav.

1130 *Husmann*, RVaktuell 2023, o. S.

betragen darf.[1131] In der Ergänzungsvereinbarung über die Teilzeitbeschäftigung ist beispielsweise die wöchentliche Arbeitszeit schriftlich festzuhalten, vgl. Art. L. 3123-6 1° C. trav. Gemäß Art. D. 161-2-24 al. 1 2° CSS muss die bisherige Arbeitszeit mindestens um 20 %, darf jedoch nicht um mehr als 60 % vermindert worden sein. Das für die Teilzeitbeschäftigung vereinbarte Entgelt muss mehr als 40 % des gesetzlichen Mindestlohns betragen, vgl. Art. D. 161-2-24 al. 1 1° CSS.[1132]

4. Beschäftigungsaufgabe und Hinzuverdienst

Grundsätzlich muss eine vor dem Rentenbeginn ausgeübte Tätigkeit aufgegeben werden, um anspruchsberechtigt zu sein, vgl. Art. L. 161-22 al. 1 CSS. Hierbei ist gemäß Art. L. 161-22 al. 1 CSS die Auszahlung von Altersrenten davon abhängig, dass der Rentner die letzte Tätigkeit aufgibt.[1133] Gemäß Art. L. 634-6 CSS und Art. L. 643-6 CSS können Einkünfte aus einer selbstständigen Tätigkeit mit einer Altersrente kombiniert werden, sofern sie unter den Schwellenwerten liegen, die je nach den betreffenden Regionen angepasst und per Dekret festgelegt werden.

Nach Art. L. 161-22 al. 1 CSS wird dem Versicherten nicht dauerhaft die Ausübung einer Tätigkeit neben dem Bezug einer gesetzlichen Rente untersagt. Versicherte können nach der erfolgten Bewilligung erneut eine Tätigkeit (*cumul emploi-retraite*) aufnehmen. Soll diese beim Arbeitgeber aufgenommen werden, mit dem unmittelbar vor Renteneintritt ein Anstellungsverhältnis bestand, ist eine Aufnahme der Tätigkeit erst sechs Monate nach Beginn des Rentenbezugs möglich, vgl. Art. L. 161-22 al 2 CSS.[1134]

Hierbei müssen gemäß Art. L. 161-22 al. 2 CSS zwei alternative Einkommensbegrenzungen beachtet werden:[1135] Das Gesamtentgelt aus Hinzuverdienst und allen bezogenen Renten muss unterhalb des zuletzt erzielten Einkommens oder unterhalb von 160 % des gesetzlichen Mindestlohns liegen.[1136] So ergibt sich bei einer wöchentlichen Arbeitszeit von 35 Stunden und

[1131] *Husmann*, RVaktuell 2023, o. S.
[1132] Vgl. *Husmann*, RVaktuell 2023, o. S.
[1133] *Husmann*, RVaktuell 2023, o. S.
[1134] *Husmann*, RVaktuell 2023, o. S.
[1135] Vgl. *Husmann*, RVaktuell 2023, o. S.
[1136] *Husmann*, RVaktuell 2023, o. S.

dem aktuellen Mindestlohn pro Stunde[1137] ein monatlicher Bruttobetrag von 2.882,88 Euro (11,88 Euro x 35 x 13 ÷ 3 x 160 %). Nach Art. L. 161-22 al. 3 CSS entfällt der Anspruch auf Rentenzahlung nicht vollständig, wenn die Einkommensgrenzen überschritten werden.[1138] Stattdessen wird der Anspruch auf Rentenzahlung um die Höhe der jeweiligen Überschreitungsquote gekürzt.[1139]

Hinsichtlich der Hinzuverdienstregelungen existieren allerdings Ausnahmen. Gemäß Art. L. 161-22 al. 4 lit. a und b CSS können Rentner unbegrenzt hinzuverdienen, denen ein Rentensatz unter Anwendung des *taux plein* gewährt wird.[1140] Des Weiteren können nach Art. L. 161-22 al. 8 1°–8° CSS weitere Personengruppen[1141] unbeschränkt hinzuverdienen.[1142] Nach dem bis zum 31. August 2023 geltenden Recht führte das zulässig erzielte Entgelt nicht zu einer neuen Rentenwertfestsetzung[1143], obwohl Rentenversicherungsbeiträge einbehalten wurden.[1144] Für Teilrenten galt und gilt diese Regelung indes nicht.[1145] Durch das Reformgesetz 2023[1146] wurde die bisherige Benachteiligung von Vollrenten abgeschafft.[1147] Seitdem können Hinzuverdienste den Anspruch auf eine zusätzliche Geldwertsetzung auf der Grundlage der seit Rentenbewilligung erzielten Entgelte begründen und haben daher den Charakter einer rentenrechtlichen Zusatzleistung.[1148] Nach Art. R. 161-19-2 CSS[1149] erfolgt die neue Altersrentenberechnung nach den allgemeinen Regelungen des Geldwerts.[1150]

1137 Mindeststundenlohn ab 01.11.2024.

1138 *Husmann*, RVaktuell 2023, o. S.

1139 *Husmann*, RVaktuell 2023, o. S.

1140 *Husmann*, RVaktuell 2023, o. S.

1141 Hierzu zählen unter anderem Künstler sowie Wissenschaftler (2°) oder Personen, die in Gesundheitseinrichtungen oder in sozialen und medizinisch-sozialen Einrichtungen arbeiten (7°).

1142 *Husmann*, RVaktuell 2023, o. S.

1143 Vgl. hierzu Art. L. 161-22-1 al. 1 CSS.

1144 *Husmann*, RVaktuell 2023, o. S.

1145 *Husmann*, RVaktuell 2023, o. S.

1146 Vgl. dazu Loi n° 2023-270 du 14.04.2023 de financement rectificative de la sécurité sociale pour 2023 (Art. 26 Ziff. I Nr. 6), JORF n°0089 du 15.04.2023, texte n° 1.

1147 *Husmann*, RVaktuell 2023, o. S.

1148 *Husmann*, RVaktuell 2023, o. S.

1149 Décret n° 2023-751 du 10.08.2023 relatif au cumul emploi retraite et à la retraite progressive (Art. 26 Nr. 1 lit. i), JORF n°0185 du 11.08.2023, texte n° 27.

1150 *Husmann*, RVaktuell 2023, o. S.

Auch für Alleinerziehende haben der Hinzuverdienst und die Teilrente parallel zum Rentenbezug eine besondere Bedeutung, da vornehmlich dieser Personenkreis aufgrund von Kindererziehung und den dadurch entstehenden Erwerbsunterbrechungen und der Reduzierung der Arbeitszeit geringere Rentenanwartschaften erwirbt und damit häufiger auch im Rentenalter auf einen Hinzuverdienst angewiesen ist.

VI. Familienfördernde Elemente in der Alterssicherung

Die französische gesetzliche Rentenversicherung umfasst zahlreiche verschiedene kinderbezogene Leistungen, die sich u. a. in ihrer Zielrichtung und dem Kreis der Begünstigten unterscheiden.[1151] Aufgrund der Vielzahl an Leistungen gilt die französische Rentenversicherung als eines der großzügigsten Alterssicherungssysteme Europas.[1152] Familienrentenansprüche bestehen aus Vergünstigungen, die unter bestimmten Voraussetzungen Personen gewährt werden, die Kinder großgezogen haben und dadurch in ihrer beruflichen Laufbahn und folglich bezüglich der Rentenhöhe benachteiligt wurden.[1153] Zudem gibt es kindbezogene Rentenleistungen auch im Rahmen der Hinterbliebenenrenten.[1154] Diese Maßnahmen sind sowohl der Familienpolitik als auch der Alterssicherung zuzurechnen.[1155] Entsprechend erfolgt dieser Ausgleich über mehrere Systeme, die sich im Laufe der Jahre etabliert haben. Anhand dieser Regelungen kann die Bedeutung der familienpolitischen Traditionslinie in der französischen Rentenpolitik nachvollzogen werden.[1156]

1. Verlängerung der Versicherungsdauer wegen Kindererziehung

Für die gesetzliche Altersrente werden Kindererziehungszeiten (*majoration de durée d'assurance* – MDA) nach Art. L. 351-4 CSS angerechnet.[1157] Durch

---

[1151] *Veil*, DRV 2002, 282 (287); *Veil*, Alterssicherung von Frauen in Deutschland und Frankreich, S. 75; vgl. auch *Nezosi*, La protection sociale, S. 240–242.

[1152] *Bothfeld*, Kindererziehung und Pflegezeiten: Wie anpassungsfähig sind die Sozialversicherungssysteme?, S. 40.

[1153] *Vie publique*, Que sont les droits familiaux pour retraite?, o. S.; *Nezosi*, La protection sociale, S. 240.

[1154] Siehe hierzu Gliederungspunkt Kapitel 4 C. VII.

[1155] *Vie publique*, Que sont les droits familiaux pour retraite?, o. S.

[1156] Vgl. *Veil*, DRV 2002, 282 (288); vgl. auch *Nezosi*, La protection sociale, S. 240.

[1157] *Paris*, Politiques sociales et familiales 2009, 76 (77); *Kaufmann*, Unterhalts- und Betreuungsleistungen für Kinder in Frankreich, S. 302.

diese Anrechnung auf die individuelle Versicherungszeit sollen die (negativen) Folgen der Erziehung eines oder mehrerer Kinder auf den Erwerb von Rentenanwartschaften der Eltern ausgeglichen werden.[1158] Kindererziehungszeiten werden daher als zusätzliche Versicherungszeiten angesehen[1159] Zudem sind Kindererziehungszeiten mit der Rentenerhöhung durch Kinderzuschläge[1160] kumulierbar.[1161]

Das mit dem „*Boulin*"-Gesetz vom 31. Dezember 1971[1162] eingeführte System betraf zunächst nur Mütter, um die rentenrechtlichen Benachteiligungen, die insbesondere Frauen betrafen, auszugleichen.[1163] Im Hinblick auf den Grundsatz der Gleichbehandlung von Männern und Frauen hat der EuGH im Jahr 2003 diese ausgleichenden Leistungen als unionsrechtswidrig angesehen.[1164] Das europäische Recht unterschied zwischen Regelungen, die Ungleichbehandlungen zwischen Frauen und Männern aufrechterhalten konnten (*régime général*) und anderen Bestimmungen, die dies nicht taten (wie etwa für *fonctionnaires* und régimes spéciaux), mit der Begründung, dass letztere Vorteile boten, die in den Anwendungsbereich des Art. 119 EG a. F. fielen.[1165] Die Rente aus diesen speziellen Systemen ist mit einem aufgeschobenen Gehalt vergleichbar und damit eine Vergütung, die unter die genannten Regelung fällt.[1166] Dies setzt den Grundsatz des gleichen Entgelts

1158 *Chaslot-Robinet*, Retraite et société 2012, 183 (184); *Vie publique*, Qu'est-ce que la majoration de durée d'assurance?, o. S.; *Veil*, DRV 2002, 282 (290).

1159 *Veil*, DRV 2002, 282 (290); *Chaslot-Robinet*, Retraite et société 2012, 183 (184).

1160 Siehe hierzu Gliederungspunkt Kapitel 4 C. VI. 2.

1161 *Veil*, DRV 2002, 282 (290).

1162 Benannt nach *Robert Boulin*, französischer Minister für öffentliche Gesundheit und soziale Sicherheit, der mit dem Gesetz insbesondere Mütter mit rentenrechtlichen Maßnahmen begünstigen wollte, vgl. Loi n° 71-1132 du 31.12.1971 portant amélioration des pensions de vieillesse du régime général de sécurité sociale et du régime des travailleurs salariés agricoles.

1163 *Chaslot-Robinet*, Retraite et société 2012, 183 (188); *Vie publique*, Qu'est-ce que la majoration de durée d'assurance?, o. S.; *Veil*, DRV 2002, 282 (290).

1164 Vgl. dazu EuGH, Urt. v. 29.11.2001 - Rs. C-366/99, ECLI:EU:C:2001:648, Rn. 28, 34 f., 38, 52 f., 57 f., 62-65 und Leitsätze; vgl. *Chaslot-Robinet*, Retraite et société 2012, 183 (188).

1165 EuGH, Urt. v. 29.11.2001 - Rs. C-366/99, ECLI:EU:C:2001:648, Rn. 28, 34 f., 38 und Leitsätze; vgl. *Chaslot-Robinet*, Retraite et société 2012, 183 (188).

1166 EuGH, Urt. v. 29.11.2001 - Rs. C-366/99, ECLI:EU:C:2001:648, Rn. 28, 34 f., 38 und Leitsätze; vgl. *Chaslot-Robinet*, Retraite et société 2012, 183 (188).

für männliche und weibliche Arbeitnehmer um.[1167] Die Anrechnung von Kindererziehungszeiten beschränkte sich jedoch auf die Gewährung einer Anrechnung von Dienstjahren für verbeamtete Mütter zum Zeitpunkt ihrer Pensionierung, ohne dabei die Herausforderungen zu berücksichtigen, denen sie im Verlauf ihrer beruflichen Laufbahn begegnen.[1168] Anderseits ging das Gericht davon aus, dass das *régime général* nicht in den Anwendungsbereich von Art. 119 EG a. F. fällt und somit spezifische Maßnahmen zugunsten Frauen zulässig sind, um faktische Ungleichheiten zu beseitigen.[1169]

Dieser Argumentation folgend kam der *Conseil Constitutionnel* im Jahr 2003 bei der Prüfung des Rentenreformgesetzes und insbesondere der Konformität des Erhöhungssystems[1170] zu dem Schluss, dass dieser Vorteil nicht auf Männer ausgeweitet werden muss.[1171] Das Gericht führte begründend aus, dass das *régime général* nicht dem in den europäischen Vorschriften verankerten Grundsatz der Entgeltgleichheit unterliegt.[1172] Der Gesetzgeber habe, um faktische Ungleichheiten für Frauen abzubauen, den Ermessensspielraum, ungleichartige Fälle unterschiedlich zu regeln.[1173] Der Gesetzgeber ist mithin nicht verpflichtet, Ungleichartiges gleich zu behandeln.[1174]

Die ursprünglich ausschließlich für Frauen vorgesehene Erhöhung der Versicherungsdauer um zwei Jahre pro Kind (acht Versicherungstrimester) wurde jedoch durch eine Entscheidung aus 2009 mit den kombinierten

---

1167 Vgl. EuGH, Urt. v. 29.11.2001 - Rs. C-366/99, ECLI:EU:C:2001:648, Rn. 38 und Leitsätze; vgl. *Chaslot-Robinet*, Retraite et société 2012, 183 (188).

1168 EuGH, Urt. v. 29.11.2001 - Rs. C-366/99, ECLI:EU:C:2001:648, Rn. 62-65 und Leitsätze.

1169 EuGH, Urt. v. 29.11.2001 - Rs. C-366/99, ECLI:EU:C:2001:648, Rn. 62-65 und Leitsätze; vgl. *Chaslot-Robinet*, Retraite et société 2012, 183 (188).

1170 Vgl. Loi n° 2003-775 du 21.08.2003 portant réforme des retraites (1).

1171 C. C., Décision n° 2003-483 DC du 14.08.2003 – Loi portant réforme des retraites; *Chaslot-Robinet*, Retraite et société 2012, 183 (188); siehe *Borgetto/Lafore*, Droit de la sécurité sociale, Rn. 882 m. w. N.

1172 C. C., Décision n° 2003-483 DC du 14.08.2003 – Loi portant réforme des retraites; *Chaslot-Robinet*, Retraite et société 2012, 183 (188); siehe *Borgetto/Lafore*, Droit de la sécurité sociale, Rn. 882 m. w. N.

1173 C. C., Décision n° 2003-483 DC du 14.08.2003 – Loi portant réforme des retraites, cons. 25; ausführlich *Chaslot-Robinet*, Retraite et société 2012, 183 (186–190).

1174 C. C., Décision n° 2003-483 DC du 14.08.2003 – Loi portant réforme des retraites, cons. 25; ausführlich *Chaslot-Robinet*, Retraite et société 2012, 183 (186–190).

Anforderungen aus Art. 14 EMRK und Art. 1 ZP-EMRK[1175] als unvereinbar angesehen, da sie eine diskriminierende Ungleichbehandlung zwischen Frauen und Männern zur Folge hatte.[1176] So könne eine Ungleichbehandlung von Männern und Frauen, die ihre Kinder unter den vergleichbaren Bedingungen großgezogen haben, nur bei Vorliegen einer objektiven und angemessen Rechtfertigung begründet werden.[1177] Nach Ansicht des Gerichts sei die Erhöhung jedoch nicht gerechtfertigt, da die Regelungen des Art. L. 351-4 I. CSS ausschließlich einen Vorteil in Form einer Karriereförderung für Frauen vorsehe.[1178] Die aus dieser Entscheidung resultierende Gesetzesänderung[1179] durch Art. L. 351-4 CSS erweitert den Anwendungsbereich, sodass seitdem auch Männer grundsätzlich von der Anrechnung von Kindererziehungszeiten profitieren können.[1180]

Gemäß Art. L. 351-4 al. 1 CSS erhalten sozialversicherte Mütter für jedes ihrer Kinder eine Versicherungszeit eine Anrechnung in Höhe von vier Versicherungstrimestern (zwölf Monate). Kindererziehungszeiten sind den Beitragszeiten gleichgestellt, vgl. Art. L. 351-4 II al. 1 CSS und Art. R. 351-3 al. 1 2° CSS. Anschließend wird nach Art. L. 351-4 II. al. 1 CSS eine zweite Erhöhung um vier Versicherungstrimester entweder dem Vater oder der Mutter angerechnet, die auch Adoptiveltern zugutekommt. Erkennbar ist, dass die erste Anrechnung in Höhe eines Jahres ausschließlich zugunsten der Mutter mit den unmittelbaren Folgen der Schwangerschaft und Geburt verknüpft ist.

Jeder Elternteil, der das Kind erzogen hat, kann grundsätzlich die zusätzliche Versicherungszeit in Anspruch nehmen. Die Eltern bestimmen im gegenseitigen Einvernehmen den Begünstigten bzw. legen gegebenenfalls die Aufteilung der Kindererziehungszeit untereinander fest, vgl. Art. L. 351-4 II.

1175 Zusatzprotokoll zur Konvention zum Schutz der Menschenrechte und Grundfreiheiten (BGBl. 2010 II Nr. 30 v. 29.10.2010 S. 1198, 1218).

1176 C. cass., civile, Chambre civile 2, 19.02.2009, n° 07-20.668; ausführlich *Chaslot-Robinet*, Retraite et société 2012, 183 (186–190); vgl. auch *Borgetto/Lafore*, Droit de la sécurité sociale, Rn. 882.

1177 Vgl. dazu C. cass., civile, Chambre civile 2, 19.02.2009, n° 07-20.668.

1178 C. cass., civile, Chambre civile 2, 19.02.2009, n° 07-20.668.

1179 Vgl. Loi n° 2009-1646 du 24.12.2009 de financement de la sécurité sociale pour 2010 (1).

1180 *Borgetto/Lafore*, Droit de la sécurité sociale, Rn. 882; *Vie publique*, Qu'est-ce que la majoration de durée d'assurance?, o. S.

al. 2 CSS. Der Kindsmutter sind jedoch mindestens zwei Versicherungstrimester (sechs Monate) anzurechnen, vgl. Art. L. 351-4 II. al. 2 phrase 2 CSS.[1181]

Können sich die Elternteile nicht auf eine gemeinsame Aufteilung der Anrechnungszeiten einigen, wird die zusätzliche Erhöhung von der zuständigen Rentenversicherung dem Elternteil zugeteilt, der nachweist, dass er die Erziehung des Kindes über einen längeren Zeitraum übernommen hat. Andernfalls wird die zusätzliche Erhöhung zu gleichen Teilen zwischen beiden Elternteilen aufgeteilt, vgl. Art. L. 351-4 II. al. 4 CSS.

Eine entsprechende Regelung existiert auch für den Fall einer Adoption, vgl. Art. L. 351-4 III. al. 2 phrase 3 CSS: Die Regelung legt fest, dass bei einer Aufteilung der Versicherungszeit von vier Versicherungstrimestern (12 Monate) zwischen den Adoptiveltern der Mutter mindestens zwei Versicherungstrimester (sechs Monate) zugewiesen werden müssen. Für die Mutter gilt stets die jeweils für sie günstigere der folgenden Lösungen: Entweder wird ein Versicherungstrimester für jedes Jahr gutgeschrieben, in welchem ein Kind erzogen worden ist, mit einer Höchstgrenze von acht Trimestern (24 Monate) oder es erfolgt eine Verlängerung der Versicherungszeit um die Zeit, die die Mutter in Elternurlaub (*congé parental*) war.[1182] Dem sozialversicherten Vater wird nach Art. L. 351-5 CSS die Versicherungszeit i. H. des von ihm genommenen Elternurlaubs angerechnet, eine Wahlmöglichkeit besteht hier nicht.[1183]

Gemäß Art. L. 351-4 VI. al. 2 CSS hat der Tod des Kindes innerhalb von vier Jahren nach der Geburt oder Adoption keine Auswirkungen auf die Zuordnung der zusätzlichen Versicherungszeit. Eine wegen Mordes ihres Kindes verurteilte Mutter bzw. ein verurteilter Vater verlieren den Leistungsanspruch auf die zusätzliche Anrechnung, vgl. Art. L. 351-4 VI al. 3 CSS.

2. Rentenerhöhung durch Kinderzuschläge

Der Rentenzahlbetrag kann unter bestimmten Voraussetzungen durch verschiedene Kinderzuschläge (*majoration pour enfants/bonification pour enfants*)

1181 Art. 13 des Reformgesetzes 2023 hat diesen Passus zugunsten der Mütter angefügt. Vgl. Loi n° 2023-270 du 14.04.2023 de financement rectificative de la sécurité sociale pour 2023 (1), Art. 13.

1182 *Kaufmann*, Unterhalts- und Betreuungsleistungen für Kinder in Frankreich, S. 302; *Borgetto/Lafore*, Droit de la sécurité sociale, Rn. 882.

1183 *Kaufmann*, Unterhalts- und Betreuungsleistungen für Kinder in Frankreich, S. 302; *Borgetto/Lafore*, Droit de la sécurité sociale, Rn. 882.

erhöht werden, vgl. Art. L. 351-12 CSS, Art. R. 351-30 CSS, Art. L. 342-4 CSS und Art. R. 342-2 CSS und Art. L 351-1-2-1 CSS .[1184] Die *majoration pour enfants* ist die älteste Familienrente und wurde 1945 mit der Schaffung des *régime général* eingeführt.[1185] Diese Rentenerhöhung hatte ursprünglich ein demografisches und wirtschaftliches Ziel.[1186] So sollte sie die Geburtenrate erhöhen und kompensierte familiäre Verpflichtungen.[1187] Diese Erhöhung kommt insbesondere höheren Renten zugute, da sie proportional zum Rentenzahlbetrag ist – seit Inkrafttreten des Finanzgesetzes im Jahr 2014[1188] ist diese Rentenleistung jedoch einkommenssteuerpflichtig.[1189]

Gemäß Art. L. 351-12 CSS, Art. R. 351-30 CSS, Art. L. 342-4 CSS und Art. R. 342-2 CSS wird die Rente um 10 % im *régime général* erhöht, wenn die sozialversicherte Person bestimmte Rentenleistungen[1190] erhält und mindestens drei Kinder geboren[1191] oder erzogen[1192] hat.[1193] Diese Rentenerhöhung wird beiden sozialversicherten Elternteilen gewährt.[1194] Die Höhe des Kinderzuschlags

---

1184 *CNAV*, Circulaire n° 2022-26 du 14.10.2022, Majoration pour enfants, S. 3; *Borgetto/Lafore*, Droit de la sécurité sociale, Rn. 876; *Kaufmann*, Unterhalts- und Betreuungsleistungen für Kinder in Frankreich, S. 303; vgl. dazu auch *Vie publique*, Qu'est-ce que la majoration de pension pour enfants?, o. S.

1185 *CNAV*, Circulaire n° 2022-26 du 14.10.2022, Majoration pour enfants, S. 3; vgl. *Bonnet/Chagny/Monperrus-Veroni*, Revue de l'OFCE 2004, 343 (367).

1186 *CNAV*, Circulaire n° 2022-26 du 14.10.2022, Majoration pour enfants, S. 3; vgl. *Bonnet/Chagny/Monperrus-Veroni*, Revue de l'OFCE 2004, 343 (367).

1187 *CNAV*, Circulaire n° 2022-26 du 14.10.2022, Majoration pour enfants, S. 3; *Bonnet/Chagny/Monperrus-Veroni*, Revue de l'OFCE 2004, 343 (367).

1188 Loi n° 2013-1278 du 29.12.2013.

1189 *Borgetto/Lafore*, Droit de la sécurité sociale, Rn. 876; *Vie publique*, Qu'est-ce que la majoration de pension pour enfants?, o. S.

1190 Hierzu zählen beispielsweise: Altersrente nach Art. L. 351-12 CSS, Hinterbliebenenrente nach Art. L. 353-1 CSS und Art. L. 353-3 CSS, Altersrente für Witwen/Witwer nach Art. L. 342-4 CSS, siehe *CNAV*, Circulaire n° 2022-26 du 14.10.2022, Majoration pour enfants, S. 3 m. w. N.

1191 Kinder, die direkt vom Versicherten stammen. Vgl. *CNAV*, Circulaire n° 2022-26 du 14.10.2022, Majoration pour enfants, S. 3.

1192 Kinder ohne direkte Abstammung vom Versicherten, die von diesem aufgezogen wurden und in seiner Obhut standen. Vgl. *CNAV*, Circulaire n° 2022-26 du 14.10.2022, Majoration pour enfants, S. 3.

1193 Vgl. *CNAV*, Circulaire n° 2022-26 du 14.10.2022, Majoration pour enfants, S. 3 f.; *Bonnet/Chagny/Monperrus-Veroni*, Revue de l'OFCE 2004, 343 (367).

1194 *Borgetto/Lafore*, Droit de la sécurité sociale, Rn. 882; *Bonnet/Chagny/Monperrus-Veroni*, Revue de l'OFCE 2004, 343 (367).

von 10 % bemisst sich am Grundbetrag der Altersrente einschließlich weiterer Zuschläge oder Ergänzungen.[1195] Er wird von Amts wegen gewährt, ohne dass der Versicherte einen Antrag stellen muss.[1196] Der Zuschlag gilt für jede Rentenleistung, auf die der Versicherte Anspruch hat.[1197] So erhält ein Versicherter, der sowohl eine Altersrente als auch eine Hinterbliebenenrente bezieht, den Kinderzuschlag von 10 % auf beide Rentenleistungen.[1198]

Art. 11 I. 7 °des französischen Reformgesetzes 2023[1199] hat mit Art. L. 351-1-2-1 CSS mit dem *surcote parentale* einen weiteren Zuschlag eingeführt. Art. L. 351-1-2-1 CSS gilt für Konstellationen, in denen die Mutter aufgrund von Mutterschaft oder ein Elternteil aufgrund von Kindererziehung oder Elternzeit eine Verlängerung der Kindererziehungszeiten in Anspruch nehmen kann, vgl. Art. L. 351-4 CSS, Art. L. 351-4-1 CSS oder Art. L. 351-5 CSS.[1200] Der Zuschlag wird Versicherten gewährt, die das 63. Lebensjahr vollendet haben und denen aufgrund der in Art. L. 351-4 CSS, Art. L. 351-4-1 CSS oder Art. L. 351-5 CSS genannten Voraussetzungen eine zusätzliche Versicherungszeit von mindestens einem Monat angerechnet wird.[1201]

Der Verweis auf Art. L. 351-1-2 CSS verdeutlicht, dass der prozentuale Zuschlag der Höhe nach identisch mit der Erhöhung des Rentenzahlbetrags ist, die bei einer späteren Antragstellung nach Erreichen des gesetzlichen Rentenalters eintritt, vgl. Art. L. 351-1-2-1 al. 1 CSS.[1202] Nach Art. D. 351-1-4 al. 2 CSS erfolgt seit 1. September 2009 ein Zuschlag von 1,25 % pro Versicherungstrimester. Dieser Zuschlag wird der Mutter oder dem Vater – jedoch nicht beiden – gewährt, sofern sie eine der genannten Voraussetzungen erfüllen.[1203] Die Bezugnahme auf das Jahr vor Vollendung des 64. Lebensjahres impliziert, dass vier Versicherungstrimester (zwölf Monate) angerechnet

---

1195 *CNAV*, Circulaire n° 2022-26 du 14.10.2022, Majoration pour enfants, S. 9.
1196 *CNAV*, Circulaire n° 2022-26 du 14.10.2022, Majoration pour enfants, S. 9.
1197 *CNAV*, Circulaire n° 2022-26 du 14.10.2022, Majoration pour enfants, S. 9.
1198 *CNAV*, Circulaire n° 2022-26 du 14.10.2022, Majoration pour enfants, S. 9.
1199 Loi n° 2023-270 du 14.04.2023 de financement rectificative de la sécurité sociale pour 2023 (1).
1200 Vgl. *Husmann*, RVaktuell 2023, o. S.
1201 *Husmann*, RVaktuell 2023, o. S.
1202 *Husmann*, RVaktuell 2023, o. S.; vgl. ebenfalls *L'assurance retraite*, Être parent – la surcote parentale, o. S.
1203 Vgl. dazu auch *L'assurance retraite*, Être parent – la surcote parentale, o. S.

werden.[1204] Daraus ergibt sich eine Erhöhung des Rentenbetrags um 4 x 1,25 %, also insgesamt um 5 %.[1205]

3. Rentenleistung für Arbeiterfrauen

Gemäß Art L. 351-8 CSS haben bestimmte Versichertengruppen Anspruch auf die volle Altersrente, auch wenn ihre gesamte zurückgelegte Versicherungszeit geringer als die benötigten Trimester ist.[1206] Hiervon sind beispielsweise auch erwerbstätige Mütter mit einer Mindestversicherungsdauer im *régime général*, die eine Mindestanzahl von Kindern großgezogen haben, erfasst, vgl. Art. L. 351-8 4° CSS.

Nach Art. L. 351-8 4° CSS i. V. m. Art. R. 351-23 CSS erhalten langjährig versicherte Arbeiterfrauen, die eine Mindestversicherungszeit von 30 Jahren im allgemeinen System nachweisen können, mindestens drei Kinder aufgezogen und für eine bestimmte Zeit als Arbeitnehmerin eine handwerkliche bzw. manuelle Tätigkeit ausgeübt haben, eine gesetzliche Altersrente zum vollen Satz.[1207]

Als handwerkliche bzw. manuelle Tätigkeit gilt jede abhängige Tätigkeit, die aufgrund der Berufseinstufung im Anhang des für den Arbeitgeber der betreffenden Person geltenden Tarifvertrags in die Kategorie „Arbeiter" eingeordnet wird, vgl. Art. R. 351-23 2° CSS. Intention der Regelung aus 1945[1208] war es, die Doppelbelastung der Arbeiterfrauen aus Berufstätigkeit und Familienarbeit anzuerkennen.[1209]

4. Alterssicherung für nicht erwerbstätige Eltern

Wie bereits beschrieben, wird der Personenkreis, der in der Alterssicherung pflichtversichert ist, grundsätzlich durch Art. L. 311-1 und Art. L. 311-2 CSS

1204 *Husmann*, RVaktuell 2023, o. S.

1205 *Husmann*, RVaktuell 2023, o. S.; vgl. *L'assurance retraite*, Être parent – la surcote parentale, o. S.

1206 Vgl. *Kaufmann*, Unterhalts- und Betreuungsleistungen für Kinder in Frankreich, S. 302; siehe auch *CNAV*, Circulaire n° 2022-26 du 14.10.2022, Majoration pour enfants, S. 9.

1207 *CNAV*, Circulaire n° 2022-26 du 14.10.2022, Majoration pour enfants, S. 9; vgl. *Kaufmann*, ZIAS 2007, 135 (140); ebenso *Kaufmann*, Unterhalts- und Betreuungsleistungen für Kinder in Frankreich, S. 302.

1208 Siehe Décret n°45-0179 du 29.12.1945 - art. 70-4 (Abrogé).

1209 *Bothfeld*, Kindererziehung und Pflegezeiten: Wie anpassungsfähig sind die Sozialversicherungssysteme?, S. 40.

bestimmt.[1210] Jedoch besteht gemäß Art. L. 381-1 CSS und Art. L. 381-2 CSS für alleinerziehende Personen oder die in einer Lebensgemeinschaft lebenden nicht erwerbstätigen Lebenspartner, die bestimmte Leistungen für Kleinkinder beziehen, die Möglichkeit, verpflichtend und ohne eigene Beitragszahlung in der gesetzlichen Rentenversicherung versichert zu werden. Der Anspruch auf AVPF nach Art. L. 381-1 CSS umfasst die Auszahlung von Pauschalbeiträgen i. H. d. Mindestlohns und des Beitragssatzes zur Alterssicherung für die Monate, in denen der Alleinerziehende oder Elternteil Familienleistungen bezieht.[1211] Die im Rahmen der AVPF validierten Zeiten werden bei der Versicherungsdauer entsprechend berücksichtigt.[1212] So werden über AVPF-Unterbrechungszeiten des Versicherten in Höhe des gesetzlichen Mindestlohns SMIC abgesichert. Alleinerziehende bzw. ein Elternteil, die von der AVPF profitieren, können hierdurch ihre Rentenzeiten erheblich erhöhen, da diese mit der MDA kombiniert werden können.[1213]

Diese Leistung war zu ihrer Einführung im Jahr 1972 lediglich Frauen vorbehalten – seit 1979 sind Männer ebenfalls leistungsberechtigt.[1214] Diese Versicherung wurde 1972 unter dem Namen *assurance vieillesse des mères de famille* (AVMF) zur Absicherung arbeitsloser Frauen aus wirtschaftlich einfachen Verhältnissen geschaffen.[1215] Die Versicherungsleistung wurde im Laufe der Jahre schrittweise auf andere Leistungsberechtigte ausgeweitet: So haben seit 1975 Frauen, die sich um ein Kind oder einen behinderten Erwachsenen sorgen; seit 1977 Mütter, die den Familienzuschlag erhielten; seit 1979 Männer (die Leistung wurde dann zur *assurance vieillesse des parents au foyer* – AVPF umbenannt); seit Jahr 1985 Familien, die das Kleinkindgeld (*allocation pour jeune enfant* – APJE) und das Erziehungsgeld für Eltern (*allocation parentale*

1210 Siehe hierzu Gliederungspunkt Kapitel 4 C. IV.

1211 *Bac*, Retraite et société 2011, 167 (173); *Borgetto/Lafore*, Droit de la sécurité sociale, Rn. 882; *Husmann*, RVaktuell 2023, o. S.; *Kaufmann*, ZIAS 2007, 135 (140); *Nezosi*, La protection sociale, S. 241 f.

1212 *Bonnet/Chagny/Monperrus-Veroni*, Revue de l'OFCE 2004, 343 (366); vgl. *Borgetto/Lafore*, Droit de la sécurité sociale, Rn. 882.

1213 *Bonnet/Chagny/Monperrus-Veroni*, Revue de l'OFCE 2004, 343 (366).

1214 *Cousin*, Retraite et société 2008, 190 (191); *Kaufmann*, ZIAS 2007, 135 (140).

1215 *Bac*, Retraite et société 2011, 167 (169 und 183); *Vie publique*, Qu'est-ce que l'assurance vieillesse des parents au foyer?, o. S.; *Cousin*, Retraite et société 2008, 190 (191); siehe auch *Kaufmann*, ZIAS 2007, 135 (140); siehe ebenfalls *Nezosi*, La protection sociale, S. 242.

d'éducation – APE) erhielten und zuletzt seit 2004 Familien, die das Kinderbetreuungsgeld (PAJE) beziehen und die Grundbeihilfe (*allocation de base*) oder die Zulage zur freien Aktivitätswahl (*complément de libre choix d'activité*) erhalten, Anspruch auf Leistungen aus dem AVPF.[1216]

Die AVPF umfasst demnach Leistungen für Personen, die vorübergehend nicht erwerbstätig sind oder ihre berufliche Tätigkeit einschränken, um ihre Kinder großzuziehen oder sich um ein Kind oder einen behinderten Elternteil zu sorgen.[1217] Für diese Personen werden durch AVPF Zeiten der beruflichen Inaktivität mit Zeiten der Erwerbstätigkeit gleichgesetzt – sie erhalten somit Leistungen, ohne eigene Beiträge für die Alterssicherung zu entrichten.[1218] Die AVPF ist die einzige Leistung, die sowohl auf Versicherungszeiten als auch auf die Rentenkonten der einzelnen Personen wirkt.[1219] Die Leistungen des AVPF wirken zweifach:[1220] So ist es möglich, die rentenrechtlichen Versicherungszeiten zu vergrößern, um bei Bedarf, einerseits (überhaupt oder schneller) die für den Bezug der vollen Rente erforderliche nötige Versicherungszeit zu erreichen und andererseits die Rentenhöhe zu steigern, da die AVPF in die Berechnung der besten Jahre i. S. d. Art. R. 351-29 I. al. 1 und 2 CSS einbezogen wird.[1221] Die Familienleistungskasse (*caisse d'allocations familiales* – CAF) übernimmt die Beiträge – auf Grundlage des Mindestlohns – für diese Form der Alterssicherung, vgl. Art. L. 381-1 CSS.[1222]

Wie zuvor dargelegt, sind nach Art. L. 381-1 CSS alleinerziehende Personen sowie nicht erwerbstätige Lebenspartner, die in einer Lebensgemeinschaft leben und bestimmte familienbezogene Leistungen beziehen, ohne eigene

---

1216 *Bac*, Retraite et société 2011, 167 (168); *Vie publique*, Qu'est-ce que l'assurance vieillesse des parents au foyer?, o. S.; siehe auch *Kaufmann*, ZIAS 2007, 135 (140); siehe auch *Nezosi*, La protection sociale, S. 242.

1217 *Vie publique*, Qu'est-ce que l'assurance vieillesse des parents au foyer?, o. S.; *Nezosi*, La protection sociale, S. 241; *Husmann*, RVaktuell 2023, o. S.

1218 *Vie publique*, Qu'est-ce que l'assurance vieillesse des parents au foyer?, o. S.; *Nezosi*, La protection sociale, S. 241; *Kaufmann*, Unterhalts- und Betreuungsleistungen für Kinder in Frankreich, S. 301 f.

1219 *Bac*, Retraite et société 2011, 167 (179).

1220 *Lavigne*, regards 2023, 123 (133); *Bac*, Retraite et société 2011, 167 (179).

1221 *Lavigne*, regards 2023, 123 (133); *Bac*, Retraite et société 2011, 167 (180).

1222 *Borgetto/Lafore*, Droit de la sécurité sociale, Rn. 700; *Vie publique*, Qu'est-ce que l'assurance vieillesse des parents au foyer?, o. S.; *Bac*, Retraite et société 2011, 167 (167); *Kaufmann*, Unterhalts- und Betreuungsleistungen für Kinder in Frankreich, S. 302.

Beitragszahlung verpflichtend in der gesetzlichen Rentenversicherung versichert.[1223] Art. L. 381-1 al. 1 und 2 CSS begünstigt Alleinerziehende oder die in einer Lebensgemeinschaft lebenden nicht erwerbstätigen Lebenspartner jedoch nur dann, wenn der Anspruchsinhaber bestimmte Familienleistungen erhält. Hiernach zählen als Familienleistungen das *complément familial* (Auffüllbetrag zum Kindergeld) nach Art. L. 522-1 CSS, die *allocation de base de la prestation d'accueil du jeune enfant* (Grundbeihilfe für die Erziehungs- und Unterhaltskosten eines Kindes) nach Art. L. 531-1 al. 2 2° CSS oder das *prestation partagée d'éducation de l'enfant* – PreParE (Erziehungsgeld bzw. Elterngeld i. S. d. deutschen Rechts) nach Art. L. 531-1 al. 2 3° CSS und Art. L. 531-4 CSS.[1224] Auf die Leistung haben Familien Anspruch, die mindestens ein Kind unter drei Jahren oder mindestens zwei Kinder mit Höchstalter von 21 Jahren erziehen und über Mittel verfügen, die unterhalb einer bestimmten Obergrenze liegen, deren Höhe vom Grund der Zugehörigkeit und dem Familienstand (allein oder als Paar) abhängt, vgl. Art. L. 381-1 CSS i. V. m. Art. D. 381-1 CSS.[1225]

Nach Art. L. 381-2 al. 1 CSS sind Personen ebenfalls bezugsberechtigt, die wegen einer Erkrankung ihres Kindes einen arbeitsrechtlichen Freistellungsanspruch haben und eine *allocation journalière de présence parentale* (Tagegeld bei Erkrankung des Kindes) nach Art. L. 544-1 et. s. CSS beziehen.[1226]

Art. L. 381-2 al. 2 CSS unterstützt Personen, die erwachsene Angehörige zu Hause pflegen. Voraussetzung ist, dass sie einen arbeitsrechtlichen Freistellungsanspruch (*congé de proche aidant*) im Rahmen des Art. L. 3142-16 C. trav. haben. Es ist hingegen nicht erforderlich, dass sie während des *congé de proche aidant* auch Anspruch auf das Tagegeld für pflegende Angehörige (*l'allocation journalière du proche aidant*) gemäß Art. L. 168-8 CSS haben.[1227] Selbstständige, die nach Art. L. 611-1 1° CSS im *régime général* versichert sind, werden ebenso in der Alterssicherung für die Zeit pflichtversichert in der sie

---

[1223] *Kaufmann*, Unterhalts- und Betreuungsleistungen für Kinder in Frankreich, S. 301 f.

[1224] Vgl. *Husmann*, RVaktuell 2023, o. S.; *Borgetto/Lafore*, Droit de la sécurité sociale, Rn. 882.

[1225] Vgl. *Lavigne*, regards 2023, 123 (133); *Borgetto/Lafore*, Droit de la sécurité sociale, Rn. 882.

[1226] *Husmann*, RVaktuell 2023, o. S.

[1227] *Husmann*, RVaktuell 2023, o. S., dort auch zum folgenden Text.

Angehörige pflegen, vgl. Art. L. 381-2 al. 3 CSS.[1228] Gemäß Art. L. 381-2 al. 5 3° CSS werden auch Personen begünstigt, die nicht als Arbeitnehmer das Recht auf einen *congé de proche aidant* haben.[1229] Bedingung ist, dass sie einen erwachsenen Angehörigen zu Hause pflegen und die nach Art. L. 146-9 CASF vorgesehene *commission des droits et de l'autonomie des personnes handicapées* anerkannt hat, dass der Zustand des Angehörigen die Notwendigkeit einer Betreuung erfordert.[1230] Die zu pflegende Person muss gemäß Art. L. 3142-16 1°–9° CSS ein Ehepartner, ein Partner i. S. d. PACS, ein Verwandter in direkter auf- oder absteigender Linie, ein Seitenverwandter oder eine entsprechende Person des anderen Teils eines Paares sein.[1231]

Des Weiteren werden Alleinerziehende oder ein Elternteil gefördert, die sich um ein Kind mit Behinderung sorgen müssen, vgl. Art. L. 381-2 al. 5 CSS.[1232] So werden einerseits Alleinerziehende oder ein Elternteil eines Paares gemäß Art. L. 381-2 al. 5 1° CSS einbezogen, wenn das Kind nicht in einem Internat untergebracht ist, sie nicht berufstätig sind oder lediglich einer Teilzeitbeschäftigung nachgehen, mindestens ein Grad der Behinderung von 80 % (vgl. Art. D. 381-5 al. 1 CSS) vorliegt und das Kind nicht die Altersgrenze für die Gewährleistung einer *allocation d'éducation de l'enfant handicapé* i. S. d. Art. L. 541-1 CSS von 20 Jahren überschritten hat, vgl. Art. R. 512-2 al. 1 CSS.[1233] Andererseits werden nach Art. L. 381-2 al. 5 2° CSS Alleinerziehende oder ein Elternteil auch dann berücksichtigt, wenn sie die Voraussetzungen für den Bezug eines *complément de l'allocation d'éducation de l'enfant handicapé* (Zuschuss zur Erziehungsbeihilfe für Kinder mit Behinderungen) i. S. d. Art. L. 541-1 al. 2 CSS erfüllen.[1234] Der Zuschuss wird gewährt, wenn die Art oder der Grad der Behinderung mit besonders hohen Kosten verbunden ist oder regelmäßig die Hilfe einer dritten Person notwendig ist.[1235]

Derartige Berufsunterbrechungen oder Elternzeit führen u. a. dazu, dass insbesondere Alleinerziehende durch eigene Erwerbstätigkeit keine Beiträge

---

1228 *Husmann*, RVaktuell 2023, o. S.
1229 *Husmann*, RVaktuell 2023, o. S.
1230 *Husmann*, RVaktuell 2023, o. S.
1231 *Husmann*, RVaktuell 2023, o. S.
1232 *Husmann*, RVaktuell 2023, o. S.
1233 *Husmann*, RVaktuell 2023, o. S.
1234 *Husmann*, RVaktuell 2023, o. S.
1235 Zum Ganzen *Husmann*, RVaktuell 2023, o. S.

zur Alterssicherung leisten können. Die Leistungen der AVPF stellen die Kontinuität von Beitragszahlungen und damit Rentenansprüchen sicher und fördern Alleinerziehende im Rahmen der Vereinbarkeit von Familie und Beruf.

VII. Hinterbliebenenrenten

Hinterbliebene können aus der Versicherung des Verstorbenen Ansprüche auf folgende Leistungen erhalten (*pension survivant*): Witwen-/Witwerrente aus der Altersrentenversicherung (*pension de réversion*) gem. Art. L. 353-1 CSS, Invaliditätshinterbliebenenrente aus der Invalidenversicherung (*pension d'invalidité*)[1236] und die Witwenstandsbeihilfe (*allocation veuvage*) nach Art. L. 356-1 et s. CSS. Zudem gibt es seit dem Reformgesetz 2023 für Waisen einen Anspruch auf Hinterbliebenenrente (*pension d'orphelin*), vgl. Art. L. 358-1 et s. CSS.[1237]

1. Witwen- und Witwerrente

Der Anspruch auf Hinterbliebenenrente hängt von den erworbenen Rechten der verstorbenen versicherten Person ab und stellt somit einen abgeleiteten Anspruch dar.[1238] So hat der überlebende Ehegatte nach dem Tod seines Ehegatten Anspruch auf einen Teil der Rente, die der Verstorbene bezogen hat bzw. hätte, vgl. Art. L. 353-1 CSS. Gemäß Art. L. 353-2 CSS kann die Hinterbliebenenrente auch im Falle des Verschwindens des Ehegatten gewährt werden. Dieses abgeleitete Recht entspricht der Vorstellung, dass einer der Ehegatten – überwiegend die Frau[1239] – vom anderen wirtschaftlich abhängig ist.[1240] Bei den Voraussetzungen für den Bezug einer Hinterbliebenenleistung sind zwei verschiedene Gruppen von Bedingungen zu unterscheiden: Einerseits

---

[1236] Diese Leistung soll nur ergänzend genannt werden, da sie für Alleinerziehende keine besondere Bedeutung hat. Zu den einzelnen Regelungen: Art. L. 341-4 CSS und Art. R. 341-4 CSS bis Art. R. 341-6-1 CSS, ausführlich hierzu *Borgetto/Lafore*, Droit de la sécurité sociale, Rn. 833.

[1237] Da es sich nicht um eine Leistung für Alleinerziehende, sondern für das Kind handelt, wird in der Arbeit nicht weiter darauf einzugehen sein.

[1238] *Borgetto/Lafore*, Droit de la sécurité sociale, Rn. 884; *Jaenecke*, Gesetzliche Grundlagen der Hinterbliebenensicherung im europäischen Rechtsvergleich, S. 139.

[1239] In Frankreich ist die Lebenserwartung von Frauen 7 Jahre höher als die von Männern, so *Borgetto/Lafore*, Droit de la sécurité sociale, Rn. 884.

[1240] *Borgetto/Lafore*, Droit de la sécurité sociale, Rn. 884.

müssen bestimmte Voraussetzungen durch den Verstorbenen erfüllt sein, andererseits muss der hinterbliebene Ehegatte die erforderlichen Bedingungen für den Anspruch auf Hinterbliebenenrente erfüllen.[1241]

Anspruchsberechtigte i. S. d. *pension de réversion* sind Ehegatten, getrennte Ehegatten und geschiedene Ehegatten, vgl. Art. L. 353-1 CSS. Eine neue Eheschließung oder der Abschluss eines PACS ist für den Hinterbliebenenanspruch unschädlich.[1242] Jedoch profitieren nur (ehemals) verheiratete Paare von einer Hinterbliebenenrente und somit nicht nichtehelich zusammenlebende Paare und Paare i. S. e. PACS.[1243] Gemäß Art. D. 353-3 CSS wird die Hinterbliebenenrente unter der Voraussetzung gewährt, dass der (ehemalige) Ehepartner des verstorbenen Versicherten zum Zeitpunkt des Rentenbeginns das Alter von 55 Jahren erreicht hat.

Gemäß Art. D. 353-1 al. 1 CSS beträgt die Hinterbliebenenrente 54 % der Rente, die der Verstorbene im Zeitpunkt des Todes erhalten hat oder auf die er Anspruch gehabt hätte. Wie bereits erwähnt, erhöht sich gemäß Art. R. 342-2 phrase 1 CSS die Hinterbliebenenrente um 10 %, wenn der hinterbliebene Ehegatte mindestens drei Kinder erzogen hat.[1244] Ein Anspruch besteht ebenfalls, sofern der Rentenempfänger Kinder über einen Zeitraum von mindestens neun Jahren vor deren Vollendung des 16. Lebensjahres erzogen hat, vgl. Art. R. 342-2 phrase 2 CSS.

Jedoch darf für die Durchsetzung des Anspruchs auf Zahlung der Hinterbliebenenrente das Einkommen – eigene Einkünfte und die Einkünfte des Haushaltes, in dem der Hinterbliebene lebt – die Höhe des Jahresbeitrages des durch Verordnung fixierten gesetzlichen Mindestlohns SMIC grundsätzlich nicht überscheiten, vgl. Art. D. 353-1-1 CSS.[1245] Die Witwenrente darf jedoch auch den nach Art. D. 353-1 CSS genannten Mindestbeitrag

---

1241 *Jaenecke*, Gesetzliche Grundlagen der Hinterbliebenensicherung im europäischen Rechtsvergleich, S. 141.

1242 *Jaenecke*, Gesetzliche Grundlagen der Hinterbliebenensicherung im europäischen Rechtsvergleich, S. 141.

1243 *Borgetto/Lafore*, Droit de la sécurité sociale, Rn. 884; *Jaenecke*, Gesetzliche Grundlagen der Hinterbliebenensicherung im europäischen Rechtsvergleich, S. 141 und 203.

1244 Siehe Gliederungspunkt Kapitel 4 C. VI. 2.; vgl. auch *Kaufmann*, Unterhalts- und Betreuungsleistungen für Kinder in Frankreich, S. 291.

1245 Vgl. *Borgetto/Lafore*, Droit de la sécurité sociale, Rn. 886; *Jaenecke*, Gesetzliche Grundlagen der Hinterbliebenensicherung im europäischen Rechtsvergleich, S. 141.

nicht unterschreiten, vgl. Art. L. 342-4 CSS. Es kann insofern von einer Art Mindestsicherung für Hinterbliebene gesprochen werden.[1246]

2. Witwenstandsbeihilfe

Anspruchsberechtigt für die Witwenstandsbeihilfe bzw. Witwengeld (*allocation veuvage*) nach Art. L. 356-1 et s. CSS sind verwitwete Ehegatten und getrennte verwitwete Ehegatten. Nach Art. L. 356-1 CSS und Art. D. 356-2 CSS liegen die Voraussetzungen vor, wenn der Hinterbliebene unter 55 Jahre alt ist, seinen Wohnsitz grundsätzlich in Frankreich hat und sein Einkommen in den vorangegangen drei Kalendermonaten eine nach Art. L. 356-1 al. 2 CSS und Art. D. 356-2 3° CSS bestimmte Obergrenze nicht überschreitet.[1247]

Es wird kein Witwengeld gewährt, wenn der hinterbliebene Ehegatte entweder erneut heiratet, einen PACS schließt oder mit einer anderen Person zusammenlebt, vgl. Art. L. 356-3 CSS und Art. D. 356-2 al. 1 4° CSS. Anspruch auf das Witwengeld haben Hinterbliebene, die in den zwölf Monaten vor dem Tod des Versicherten mindestens drei Monate lang versichert waren, vgl. Art. D. 356-1 CSS. Die *allocation veuvage* endet nach 24 Monaten Leistungsbezug oder mit Vollendung des 55. Lebensjahres, wenn der Hinterbliebene zum Zeitpunkt des Todes das 50. Lebensjahr vollendet hat, vgl. Art. D. 356-5 CSS. Der monatliche Betrag des Witwengeldes beträgt seit dem 1. Januar 2025 713,17 Euro pro Monat.[1248]

VIII. Mindestalterssicherung

Sofern die Altersrentenansprüche der Versicherten nicht zu einer ausreichenden Versorgung führen, kann ihnen unter bestimmten Voraussetzungen eine Mindestabsicherung in Form einer Mindestrente (*pension minimale*) gewährt werden.[1249] Personen, deren Haushalt über weniger als den festgelegten Betrag verfügt und die sich noch vor der Regelaltersgrenze befinden, haben Anspruch auf RSA, welches ihnen ein Mindesteinkommen garantiert,

---

1246 Zum Mindestbeitrag der Hinterbliebenenrente vgl. *CNAV*, Circulaire, n°2022-19 du 18.08.2022, Revalorisation à compter du 1er juillet 2022, S. 6 f.

1247 Ausführlich *Borgetto/Lafore*, Droit de la sécurité sociale, Rn. 887; ebenso ausführlich *Badel*, RDSS 2004, 451 (451–458).

1248 Vgl. dazu grundsätzlich Art. D. 356-7 CSS. Die Zahlen aus 2025 ergeben sich aus *Service-Public*, Allocation veuvage, Quel est le montant de l'allocation veuvage? o. S.

1249 *Husmann*, RVaktuell 2023, o. S.

vgl. Art. L. 262-2 CASF. Gemäß Art. L. 262-1 CASF besteht der Zweck des RSA, den Berechtigten eine angemessene Existenzgrundlage zu sichern, Armut zu bekämpfen und die soziale und berufliche Integration zu fördern.

1. Minimum contributif und minimum contributif majoré

Das Gesetz vom 31. Mai 1983[1250] führte die französische Mindestrente ein und gewährleistete den Versicherten unter gewissen Voraussetzungen einen Mindestzahlbetrag (*montant minimum de pension*).[1251] *Montant minimum de pension* wird auch als *minimum contributif* bezeichnet, um ihn von den bis 2004 bestehenden diversen Gesetzen zum *minimum vieillesse* abzugrenzen, welche durch die beitragsunabhängige, aber einkommensabhängige Leistung *allocation de solidarité aux personnes agées* nach Art. L. 815-1 CSS ersetzt wurden.[1252]

Die Mindestrente hat das Ziel, Personen mit niedrigen Renten ein ausreichendes Einkommen zu gewährleisten.[1253] Tatsächlich kann aus dem beitragsabhängigen und -finanzierten Rentensystem ein (zu) niedriges Rentenniveau resultieren, da es vom Einkommen und der Versicherungsdauer während des Erwerbslebens abhängt.[1254] Dies gilt insbesondere für ehemalige Arbeitnehmer, die zwar über eine lange Versicherungsdauer verfügen, während dieses Zeitraums jedoch nur ein geringes monatliches Entgelt erzielt und dementsprechend lediglich geringe Beiträge in das gesetzliche Alterssicherungssystem entrichtet haben.[1255] Ist die mit der Rentenformel ermittelte Altersrente niedriger als die garantierte Mindestrente, wird sie auf die Höhe dieses Minimums angehoben.[1256] Der Gesetzgeber hat Alleinerziehende in diesem Zusammenhang nicht ausdrücklich berücksichtigt, da es sich bei

---

1250 Loi n° 83-430 du 31.05.1983 portant diverses mesures relatives aux prestations de vieillesse, JORF du 01.06.1983, S. 1639.

1251 *Husmann*, RVaktuell 2023, o. S.; *Borgetto/Lafore*, Droit de la sécurité sociale, Rn. 875.

1252 Siehe hierzu Gliederungspunkt Kapitel 4 C. VIII. 2.; siehe auch *Husmann*, RVaktuell 2023, o. S.

1253 *Borgetto/Lafore*, Droit de la sécurité sociale, Rn. 875.

1254 *Borgetto/Lafore*, Droit de la sécurité sociale, Rn. 875.

1255 *Borgetto/Lafore*, Droit de la sécurité sociale, Rn. 875.

1256 *Service public*, Minimum contributif: le plafond mensuel des retraites personnelles révisé, Publié le 08.02.2024, o. S.

diesen Leistungen um das Existenzminimum handelt, das unabhängig vom Familienstand abgedeckt werden soll.

In Art. L. 351-10 CSS wird das *minimum contributif* konkretisiert, das ausschließlich für das régime général gilt. Ausgehend von dem in Art. D. 351-2-1 CSS, für das Jahr 2008 festgesetzten Geldwert, steigerte sich dieser durch jährliche Anpassungen bis 1. Januar 2023 (ohne Zuschläge) auf jährlich 8.209,61 Euro brutto (684,13 Euro brutto im Monat).[1257] Art. L. 351-10 al. 1 phrase 2 CSS beinhaltet einen Zuschlag – auch genannt *minimum contributif majoré*.[1258] Nach Art. D. 351-2-2 al. 2 CSS beträgt die Mindestversicherungsdauer 120 Trimester (30 Jahre) – gleichgestellte Zeiten bleiben ohne Berücksichtigung.[1259] Durch jährliche Anpassungen wurde der Geldwert zum 1. Januar 2023 auf jährlich 8.970,86 Euro (747,57 Euro monatlich) erhöht.[1260] Damit erhalten Personen mit einer langen Versicherungsdauer einen Zuschlag auf ihre Mindestrente.

Im Rahmen des Reformgesetzes 2023 wurde der Geldwert des *minimum contributif* auf 8.509,61 Euro (709,13 Euro monatlich) und der des *minimum contributif majoré* auf 10.170,81 Euro (847,57 Euro monatlich) jeweils zum 1. September 2023 durch Dekret vom 1. August 2023[1261] erhöht.[1262] Gleichzeitig wurde die Beitragszeit für die Gewährung des *minimum contributif majoré* auf 24 Monate reduziert.[1263]

Das Gesetz vom 21. August 2003[1264] legte als generelles Ziel des *minimum contributif* fest, dass Versicherte, welche Vollzeitbeschäftigungen nachweisen können und eine ausreichende Versicherungszeit für den Bezug einer vollen Rente erworben haben, Anspruch auf eine Mindestrente in Höhe von 85 %

1257 *Husmann*, RVaktuell 2023, o. S.

1258 *Borgetto/Lafore*, Droit de la sécurité sociale, Rn. 875; *Husmann*, RVaktuell 2023, o. S.

1259 *Husmann*, RVaktuell 2023, o. S.; *Borgetto/Lafore*, Droit de la sécurité sociale, Rn. 875.

1260 *Husmann*, RVaktuell 2023, o. S.

1261 Décret n° 2023-754 du 10.08.2023 portant application des articles 18 et 25 de la loi du 14.04.2023 de financement rectificative de la sécurité sociale pour 2023 relatifs à la revalorisation des minima de pension, à la pension d'orphelin, à l'allocation de solidarité aux personnes âgées et à l'assurance vieillesse des aidants (Art. 2 Nr. 2 lit. a und b sowie Nr. 3 lit. a), JORF n°0185 du 11.08.2023, texte n° 30.

1262 *Husmann*, RVaktuell 2023, o. S.

1263 *Husmann*, RVaktuell 2023, o. S.

1264 Loi n° 2003-775 du 21.08.2003 portant réforme des retraites (Art. 4), JORF n° 193 du 22.08.2003, texte n° 1; *Husmann*, RVaktuell 2023, o. S.

des Mindeststundenlohns haben können.[1265] Da das angestrebte Ziel jedoch nicht erreicht wurde, gab die französische Regierung bekannt[1266], dass sich der Geldwert des *minimum contributif* zum 1. September 2023 auch am gesetzlichen Mindestlohn orientieren werde.[1267] Hierdurch beträgt der Rentenwert seitdem 85 % des monatlichen Netto-Mindestlohns.[1268] Die Ankündigung der Regierung wurde durch Art. 18 Ziffer 1 Nr. 1 lit. a des Reformgesetzes 2023 umgesetzt, der in Art. L. 114-4 II 4° CSS folgendes vorsieht: Hiernach hat das *comité de suivi des retraites* (Ausschuss zur Überwachung der Renten) zu prüfen, ob der nach Art. L. 351-10 al. 1 CSS gewährleistete Mindestrentenbetrag zu einer monatlichen Bruttorente i. H. v. mindestens 85 % des monatlichen Netto-Mindestlohns führt, wenn der Versicherte durchgehend in einer Vollzeitbeschäftigung nach dem gesetzlichen Mindestlohn entlohnt wurde und eine Versicherungszeit nachweisen kann, die ihm den Bezug einer Rente zum vollen Geldwert begründet – 172 Trimester (43 Jahre).[1269]

Gemäß Art. L. 351-10 al. 4 CSS sind jährliche Anpassungen an den jeweils zum 1. Januar eines Kalenderjahres geltenden gesetzlichen Mindestlohn zu koppeln.[1270] Durch die Mindestlohnerhöhung zum 1. November 2024 erhöhte sich der Geldwert des Mindestbeitrags auf jährlich 8.969,66 Euro (747,47 Euro monatlich) und der Höchstbetrag erhöhte sich entsprechend auf jährlich 10.720,72 Euro (893,39 Euro monatlich).[1271] Insbesondere diese Rentenregelung ermöglicht den Alleinerziehenden eine ausreichende Rente.

1265 *Husmann*, RVaktuell 2023, o. S.

1266 Vgl. *Gourvernement*, pour nos retraites: un projet de justice, d'équilibre et de progrèss, dossier de presse du 10.01.2023, S. 29 f.

1267 *Husmann*, RVaktuell 2023, o. S.; *Gourvernement*, pour nos retraites: un projet de justice, d'équilibre et de progrèss, dossier de presse du 10.01.2023, S. 29 f.

1268 *Husmann*, RVaktuell 2023, o. S.; *Gourvernement*, pour nos retraites: un projet de justice, d'équilibre et de progrèss, dossier de presse du 10.01.2023, S. 29.

1269 *Husmann*, RVaktuell 2023, o. S.; *Gourvernement*, pour nos retraites: un projet de justice, d'équilibre et de progrèss, dossier de presse du 10.01.2023, S. 29.

1270 Vgl. *CNAV*, Circulaire n° 2025-08 du 05.03.2025, Revalorisation du Smic au 1er janvier 2025 et incidences en matière de législation vieillesse, S. 5.

1271 *CNAV*, Circulaire n° 2025-08 du 05.03.2025, Revalorisation du Smic au 1er janvier 2025 et incidences en matière de législation vieillesse, S. 5.

2. Leistungen bei nicht vorhandenen oder zu niedrigen Ansprüchen im Alter

Mit dem Dekret vom 24. Juni 2004 wurden alle Leistungen, die das Mindestalter betrafen, in einer Solidaritätsbeihilfe für ältere Menschen (*allocation de solidarité aux personnes âgées* – ASPA) zusammengefasst. Die Leistung wird für in Frankreich wohnhafte Rentner mit niedrigem Einkommen gewährt. Die Regelungen finden sich in den Art. L. 815-1 et s. CSS und ASPA steht im Gegensatz zu *minimum contributif* grundsätzlich allen Rentnern zu, vgl. Art. L. 815-7 CSS.

a. Leistungsberechtigte

Gemäß Art. L. 815-1 i. V. m. Art. L. 751-1 CSS erhalten Versicherte die Leistung ASPA, die einen festen und regelmäßigen Wohnsitz auf französischem Staatsgebiet haben, Anspruch auf eine abschlagsfreie Rente haben (wenn diese mindestens 65 Jahre alt sind bzw. 60 Jahre bei Arbeitsunfähigkeit) sowie alle Renten aus der Grund- und Zusatzversicherung beantragt und erhalten haben und deren Rentenhöhe aus allen Rentenversicherungen (Grund- und Zusatzrenten im privaten und öffentlichen Sektor) 1.394,44 Euro nicht übersteigt.[1272]

Die Leistung ASPA kommt somit vor allem Personen zugute, die nach einer unvollständigen Erwerbsbiografie eine geringe Altersrente beziehen und daher nicht den *minimum contributif* erhalten können. Die Leistung wirkt sich zwar nicht unmittelbar auf Alleinerziehende aus, aber gewährleistet Alleinerziehenden aufgrund des typischerweise geringen Einkommens und der geringen Beitragszeiten eine wichtige finanzielle Sicherung. Das Zusammenleben mit Kindern ist für den Anspruch auf diese Leistung nicht von Bedeutung, da dies in dieser Altersgruppe äußerst unwahrscheinlich ist.

b. Leistungen

Bei der Solidaritätsbeihilfe handelt es sich um eine vom Einkommen und der Familiensituation abhängige Differenzleistung.[1273] Die Höhe variiert je nachdem, ob der Haushalt aus einer Einzelperson oder aus Ehegatten oder

---

[1272] *CNAV*, Circulaire n° 2025-08 du 05.03.2025, Revalorisation du Smic au 1er janvier 2025 et incidences en matière de législation vieillesse, S. 5; *Cleiss*, Das französische Sozialversicherungssystem III – Alter, A – Grundrente, o. S.

[1273] *Cleiss*, Das französische Sozialversicherungssystem III – Alter, A – Grundrente, o. S.; *Borgetto/Lafore*, Droit de la sécurité sociale, Rn. 890.

Lebenspartnern besteht, die durch ein PACS verbunden sind.[1274] ASPA wird nach Art. L. 815-9 CSS nur gewährt, wenn die Summe dieser Beihilfe und der persönlichen Einkünfte der betroffenen Person sowie des Ehepartners oder Lebenspartners im Rahmen eines PACS die durch Dekret festgelegten Höchstgrenzen nicht überschreitet. Wenn die Summe der ASPA und der persönlichen Einkünfte der betroffenen Person oder der Ehepartner, Lebenspartner im Rahmen eines PACS diese Höchstgrenzen überschreitet, wird die Beihilfe entsprechend um den die Höchstgrenze übersteigenden Teil gekürzt, vgl. Art. L. 815-9 CSS.

Die ASPA kann nach Art. L. 815-11 CSS jederzeit angepasst, ausgesetzt oder gestrichen werden, wenn eine der Voraussetzungen nicht mehr erfüllt ist (beispielsweise Umzug ins Ausland – Art. L. 815-12 CSS). Die Leistung ist unter den gleichen Bedingungen und Grenzen wie Gehälter übertragbar und pfändbar, vgl. Art. L. 815-10 al. 2 CSS. Seit Januar 2025 kann für eine Einzelperson entsprechend pro Monat bis zu einem Betrag i. H. v. 1.034,28 Euro und für einen Haushalt ein Betrag i. H. v. 1.605,73 Euro aufgestockt werden.[1275] Weitere Zuschläge auf Basis einer langen Versicherungsdauer oder anderen Faktoren können hinzukommen.[1276] Die Leistungsobergrenze beträgt damit 12.411,36 Euro pro Jahr für eine Einzelperson und für einen Haushalt 19.268,76 Euro im Jahr.[1277]

Die Abwicklung und Auszahlung erfolgt entweder durch die für die Grundversorgung im Alter zuständigen Träger oder – falls dies nicht möglich ist – durch den Solidaritätszuschussdienst[1278] für ältere Menschen, der von der *Caisse des Dépôts et Consignations* (CDC) verwaltet wird.[1279] Art. L. 815-19 CSS sieht vor, dass die *Fonds de solidarité vieillesse* (FSV) den Pensionskassen

---

1274 *Borgetto/Lafore*, Droit de la sécurité sociale, Rn. 890.

1275 Vgl. *Ministre du Travail, de la Santé, des Solidarités et des Familles*, 1er janvier 2025 changements et nouvelles mesures – Revalorisation de l'allocation de solidarité aux personnes âgées (ASPA), o. S.

1276 *Cleiss*, Das französische Sozialversicherungssystem III – Alter, A – Grundrente, o. S.

1277 *Ministre du Travail, de la Santé, des Solidarités et des Familles*, 1er janvier 2025 changements et nouvelles mesures – Revalorisation de l'allocation de solidarité aux personnes âgées (ASPA), o. S.

1278 Vgl. Art. L. 135-1 CSS.

1279 *Borgetto/Lafore*, Droit de la sécurité sociale, Rn. 890.

nach Art. L. 815-7 CSS Zuschüsse in Höhe der ASPA-Leistungen gewähren, die an die Empfänger der ASPA ausgezahlt werden.

c. *Information und Beratung der Rentenversicherungsträger*

Die Rentenversicherungsträger senden ihren Versicherten zum Zeitpunkt der Inanspruchnahme der Altersrente und im Jahr vor dem in Art. L. 815-1 CSS genannten Mindestalter, wenn sie noch nicht Empfänger der ASPA sind, alle Informationen über die Anspruchsvoraussetzungen und die Rückzahlungsverfahren, die mit dieser Beihilfe verbunden sind, vgl. Art. L. 815-6 CSS.

Insofern erlangt die potenzielle leistungsberechtigte Person Kenntnis über ihre Leistungsberechtigung. Zudem bietet der Rentenversicherungsträger eine digitale Plattform an, die einen möglichen Anspruch auf ASPA berechnet.[1280] Die Person muss zudem einen Antrag stellen, da die ASPA nicht automatisch zuerkannt wird.[1281]

D. Lohninstrumente

I. Gesetzlicher Mindestlohn

Die gesetzliche Bestimmung eines Mindestlohns hat in Frankreich Tradition.[1282] Das Gesetz vom 11. Februar 1950 führte erstmals einen gesetzlichen Mindestlohn (*salaire minimal national interprofessionnel garanti* – SMIG) ein.[1283] Das Gesetz vom 2. Januar 1970 schaffte den SMIG ab und führte die Regelungen des *salaire minimum interprofessionnel de croissance* (SMIC) ein, vgl. Art. L. 3231-1 ff. C. trav.[1284] Seit seiner Einführung wurde der gesetzliche

---

1280 *L'assurance retraite*, l'allocation de solidarité aux personnes âgées, o. S.

1281 *L'assurance retraite*, l'allocation de solidarité aux personnes âgées, o. S.

1282 *Wissenschaftliche Dienste*, WD 6 – 3000 – 141/18, Gesetzlicher Mindestlohn in Deutschland und Frankreich, S. 4; *Heukenkamp*, Gesetzlicher Mindestlohn in Deutschland und Frankreich, S. 89. Die folgenden Ausführungen zum französischen Mindestlohn basieren auf der Darstellung von *Heukenkamp*, Gesetzlicher Mindestlohn in Deutschland und Frankreich, S. 89 ff.

1283 Loi n° 50-205 relative aux conventions collectives et aux procédures de règlement des conflits collectifs de travail, JORF v. 12.02.1950, S. 1688; Rectificatif JO 22.02.1950, S. 2087; *Heukenkamp*, Gesetzlicher Mindestlohn in Deutschland und Frankreich, S. 89.

1284 Art. 1 de la loi n° 70-7 du 02.01.1970 portant réforme du salaire minimum garanti et création d'un salaire minimum de croissance, JORF v. 04.01.1970, S. 141 f.; *Heukenkamp*, Gesetzlicher Mindestlohn in Deutschland und Frankreich, S. 89.

Mindestlohn regelmäßig angehoben. Im Jahr 2015 lag er bei 9,61 Euro je Arbeitsstunde[1285] und wurde zuletzt zum 1. November 2024 auf 11,88 Euro pro Stunde per Dekret erhöht.[1286] Bei der Ermittlung des SMIC bleiben bestimmte Lohnbestandteile wie Überstundenzuschläge, Gewinnbeteiligungen, Jahressonderzahlungen sowie Leistungsprämien unberücksichtigt.[1287]

Nach Art. L. 3231-8 C. trav. darf die Erhöhung des SMIC nicht niedriger ausfallen als die Hälfte der Erhöhung der Kaufkraft der vom Ministerium festgestellten durchschnittlichen Stundenlöhne. Der Gesetzgeber hat auch im Rahmen des SMIC nicht bewusst auf Alleinerziehende geachtet. Jedoch ist der SMIC von herausragender Bedeutung für die rentenrechtlichen Leistungen, die als Referenz- und Berechnungswert den SMIC heranziehen.

1. Sinn und Zweck

Während das Gesetz vom 11. Februar 1950 die Bezeichnung *salaire minimum interprofessionnel garanti*[1288] wählte, benannte das Gesetz aus 1970 die Lohnuntergrenze als *salaire minimum interprofessionnel de croissance*.[1289] Dies ist inhaltlich der entscheidende Unterschied: Der Gesetzgeber hat sich mit dem Gesetz vom 11. Februar 1950 bei der Berechnung des gesetzlichen Mindestlohns an den Lebensbedürfnissen der Beschäftigten ausgerichtet, indem das Gesetz an den Verbraucherpreisindex, also entsprechend an die durchschnittliche Preisentwicklung aller Waren und Dienstleistungen gekoppelt wurde.[1290] Jedoch wurde die Entwicklung der Durchschnittslöhne nicht angerechnet, weswegen diese sich schneller erhöhten als der SMIG.[1291]

1285 Vgl. *Wissenschaftliche Dienste*, WD 6 – 3000 – 141/18, Gesetzlicher Mindestlohn in Deutschland und Frankreich, S. 5.

1286 Décret n° 2024-951 du 23.10.2024 portant relèvement du salaire minimum de croissance. JORF n°0253 du 24.10.2024.

1287 *Knospe*, ZESAR 2008, 323 (326).

1288 Wörtlich: garantierter berufsübergreifender Mindestlohn, vgl. dazu *Heukenkamp*, Gesetzlicher Mindestlohn in Deutschland und Frankreich, S. 89.

1289 Wörtlich: berufsübergreifender Mindestlohn des Wachstums, vgl. *Heukenkamp*, Gesetzlicher Mindestlohn in Deutschland und Frankreich, S. 89; *Wissenschaftliche Dienste*, WD 6 – 3000 – 141/18, Gesetzlicher Mindestlohn in Deutschland und Frankreich, S. 4.

1290 *Heukenkamp*, Gesetzlicher Mindestlohn in Deutschland und Frankreich, S. 89.

1291 *Heukenkamp*, Gesetzlicher Mindestlohn in Deutschland und Frankreich, S. 89.

Um diese immer größer werdende Differenz zwischen den Durchschnittslöhnen und dem gesetzlichen Mindestlohn zu reduzieren, übernahm das Gesetz vom 2. Januar 1970 den Zweck der Kaufkraftsicherung, ergänzte jedoch den Zweck der Teilhabe an der wirtschaftlichen Entwicklung des Landes, vgl. Art. L. 3231-2 C. trav.[1292]

Der gesetzliche Mindestlohn wird nach Art. R. 2272-8 al. 2 C. trav. jährlich geprüft und entsprechend angepasst. Das französische Recht sieht drei verschiedene Bemessungsmethoden zur Festsetzung des SMIC vor, welche den unterschiedlichen Zielsetzungen des Mindestlohns Rechnung tragen.[1293] Der erste Festsetzungsmechanismus zielt darauf ab, die Kaufkraft der Beschäftigten zu sichern.[1294] Gemäß Art. L. 3231-4 C. trav. erfolgt die Festsetzung des SMIC mittels Indexbindung, und zwar nach Maßgabe des Verbraucherpreisindex. Die Beteiligung der Arbeitnehmer an der wirtschaftlichen Entwicklung wird nach Art. L. 3231-6 C. trav. durch eine jährliche Festsetzung des SMIC mit Wirkung zum 1. Januar eines jeden Jahres sichergestellt.[1295]

2. Anwendungsbereich

Für Jugendliche unter 18 Jahren und junge Auszubildende bis 26 Jahre je nach Ausbildungsstand sowie Vertragsart und -dauer sind Abschläge vom gesetzlichen Mindestlohn vorgesehen.[1296] In Frankreich haben Praktikanten keinen Anspruch auf den gesetzlichen Mindestlohn.[1297]

3. Zentrale Kommission zur Festlegung des Mindestlohns

Auf Vorschlag der *Commission nationale de la négociation collective* setzt die französische Regierung den gesetzlichen Mindestlohn jeweils zum 1. Januar per Dekret um, vgl. Art. L. 3231-7 C. trav.[1298] Die Kommission besteht gemäß

1292 *Heukenkamp*, Gesetzlicher Mindestlohn in Deutschland und Frankreich, S. 89 f.

1293 *Heukenkamp*, Gesetzlicher Mindestlohn in Deutschland und Frankreich, S. 441.

1294 *Heukenkamp*, Gesetzlicher Mindestlohn in Deutschland und Frankreich, S. 441.

1295 *Heukenkamp*, Gesetzlicher Mindestlohn in Deutschland und Frankreich, S. 441.

1296 *Wissenschaftliche Dienste*, WD 6 – 3000 – 141/18, Gesetzlicher Mindestlohn in Deutschland und Frankreich, S. 5.

1297 Vgl. *Wissenschaftliche Dienste*, WD 6 – 3000 – 141/18, Gesetzlicher Mindestlohn in Deutschland und Frankreich, S. 5.

1298 *Wissenschaftliche Dienste*, WD 6 – 3000 – 141/18, Gesetzlicher Mindestlohn in Deutschland und Frankreich, S. 5; *Heukenkamp*, Gesetzlicher Mindestlohn in Deutschland und Frankreich, S. 355.

Art. L. 2272-1 C. trav. i. V. m. Art. R. 2272-1 C. trav. aus den Ministern des Arbeits-, Landwirtschafts- und Wirtschaftsministeriums, dem Präsidenten des Sozialsenats des CE sowie 18 Vertretern von Gewerkschaften und Arbeitgeberverbänden.[1299]

Die Beschlüsse der *Commission nationale de la négociation collective* sind für die Regierung nicht bindend.[1300] Die französische Regierung kann gemäß Art. L. 3231-10 C. trav. auch vor Jahresablauf eine außerordentliche Erhöhung festlegen.[1301] Der „*coup de pouce*"[1302] ermöglicht der Regierung einen weiten lohnpolitischen Ermessensspielraum, der frei von den Verfahrenszwängen der anderen Modalitäten ist.[1303] Die Zusammenstellung der Kommission aus Gewerkschaften und Arbeitgeberverbänden verleiht dem Votum jedoch eine starke faktische Bindungs- und Signalwirkung.[1304] Darüber hinaus wird die Stellungnahme grundsätzlich von der Regierung anerkannt, da die Arbeits-, Landwirtschafts- und Wirtschaftsminister gleichzeitig Mitglieder der Regierung und der *Commission nationale de la négociation collective* sind.[1305]

II. Versicherungspflicht in der Sozialversicherung

Wie bereits ausgeführt[1306], unterliegen alle abhängigen Arbeitnehmer (*travailleurs dépendants*) in Handel, Industrie und Dienstleistungsgewerbe sowie

---

1299 *Heukenkamp*, Gesetzlicher Mindestlohn in Deutschland und Frankreich, S. 355; *Wissenschaftliche Dienste*, WD 6 – 3000 – 141/18, Gesetzlicher Mindestlohn in Deutschland und Frankreich, S. 5.

1300 *Seifert*, in: Rieble/Junker/Giesen, Der salaire minimum interprofessionnel de croissance (SMIC): rechtliche Gestaltung und Erfahrungen, S. 87; *Heukenkamp*, Gesetzlicher Mindestlohn in Deutschland und Frankreich, S. 359; *Wissenschaftliche Dienste*, WD 6 – 3000 – 141/18, Gesetzlicher Mindestlohn in Deutschland und Frankreich, S. 5.

1301 *Wissenschaftliche Dienste*, WD 6 – 3000 – 141/18, Gesetzlicher Mindestlohn in Deutschland und Frankreich, S. 5; *Heukenkamp*, Gesetzlicher Mindestlohn in Deutschland und Frankreich, S. 164.

1302 Übersetzt: Anschubser.

1303 *Seifert*, in: Rieble/Junker/Giesen, Der salaire minimum interprofessionnel de croissance (SMIC): rechtliche Gestaltung und Erfahrungen, S. 87; *Heukenkamp*, Gesetzlicher Mindestlohn in Deutschland und Frankreich, S. 165.

1304 *Seifert*, in: Rieble/Junker/Giesen, Der salaire minimum interprofessionnel de croissance (SMIC): rechtliche Gestaltung und Erfahrungen, S. 87; *Heukenkamp*, Gesetzlicher Mindestlohn in Deutschland und Frankreich, S. 359.

1305 *Heukenkamp*, Gesetzlicher Mindestlohn in Deutschland und Frankreich, S. 359.

1306 Siehe Gliederungspunkt Kapitel 4 C. IV. 1.

einige bestimmte gleichgestellte Personengruppen nach Art. L. 311-2 CSS und Art. L. 311-3 CSS der Pflichtversicherung im *régime général*.[1307] Die Einführung der Versicherungspflicht in der Sozialversicherung war in Frankreich schwer durchzusetzen. Die Bevölkerung stand lange Zeit der Schaffung jeglicher gesetzlicher Verpflichtung skeptisch gegenüber, die die Autonomie des individuellen Willens einschränkte – dies erklärt die späte Einführung der Sozialversicherungspflicht.[1308] Erst im Jahr 1930 begann die Einführung der obligatorischen Sozialversicherungen zugunsten der Beschäftigten, die schließlich in der Generalisierung der *sécurité sociale* in den Jahren 1945–1946 mündete und bis heute im Wesentlichen fortbesteht.[1309]

Die Intention der Einführung der *sécurité sociale* und somit die Sozialversicherungspflicht war die Schaffung einer Garantie der Absicherung der Bevölkerung gegen die sozialen Risiken des Lebens und eine Garantie des Lebensminimums für jeden Bürger durch das Solidaritätsprinzip.[1310] Zudem wollte der Staat mit der Einführung der Versicherungspflicht eine Beschleunigung der Industrialisierung und die Realisierung großer Produktionsmengen finanziell ermöglichen.[1311] Durch die beschleunigte Industrialisierung des Landes und die Konzentration der Produktionsmittel in Industrie und Handel führte dies zur Verdrängung von Familienbetrieben auf dem Land, Schaffung großer Produktionseinheiten und großer Verkaufsflächen in der Stadt, die die Regierung dazu veranlasste, den Sozialschutz für die Mittelschichten zu ergänzen und der bis heute in seiner Form grundsätzlich weiterhin gilt.[1312]

Das französische Sozialversicherungssystem kennt jedoch eine Fülle von Einzel- und Sondersystemen, die auf bestimmte Berufsgruppen zugeschnitten

---

1307 Siehe *Knospe*, ZESAR 2008, 323 (325); siehe auch *Koppernock*, NZS 2022, 364 (367).

1308 *Saint-Jours*, Landesbericht Frankreich, S. 262; *Bourquin*, «Vie ouvrière» und Sozialpolitik, S. 294 f.

1309 *Saint-Jours*, Landesbericht Frankreich, S. 262; vgl. auch *Bourquin*, «Vie ouvrière» und Sozialpolitik, S. 299; *Lechevalier*, Die französische „Protection sociale" im 20. Jahrhundert, S. 91.

1310 *Saint-Jours*, Landesbericht Frankreich, S. 232; *Bourquin*, «Vie ouvrière» und Sozialpolitik, S. 305; *Lechevalier*, Die französische „Protection sociale" im 20. Jahrhundert, S. 91.

1311 *Saint-Jours*, Landesbericht Frankreich, S. 229; vgl. *Bourquin*, «Vie ouvrière» und Sozialpolitik, S. 313.

1312 *Saint-Jours*, Landesbericht Frankreich, S. 248; vgl. *Bourquin*, «Vie ouvrière» und Sozialpolitik, S. 306; vgl. *Lechevalier*, Die französische „Protection sociale" im 20. Jahrhundert, S. 90.

sind und entweder als partielle oder vollständige Systeme geführt werden.[1313] Gemäß Art. L. 311-2 CSS sind alle Personen, die Arbeitsentgelt erhalten oder in irgendeiner Weise für einen oder mehrere Arbeitgeber arbeiten, unabhängig von Geschlecht, Alter, Nationalität und selbst bei Bezug einer Rente, unabhängig von Betrag oder Art des Entgelts, sozialversicherungspflichtig. Eine Beitragsbemessungsgrenze für die Festsetzung der abzuführenden Beiträge existiert in der Arbeitsunfallversicherung, der Alterssicherung[1314] und im Familienleistungssystem.[1315]

Für Frankreich wird davon ausgegangen, dass ein erheblicher Anteil der in privaten Haushalten erbrachten Dienstleistungen außerhalb des regulären Beschäftigungs- und Sozialversicherungssystems erfolgt.[1316] Der Haushaltsscheck (*Chèque Emploi Service Universel*) erleichtert die Anmeldung zur Sozialversicherung für haushaltsnahe Dienstleistungen.[1317] Die Senkung der Arbeitskosten sowie die Vereinfachung der Verfahren zur Beschäftigung von Haushaltspersonal haben dazu beigetragen, die Attraktivität nicht ordnungsgemäß angemeldeter Beschäftigungsverhältnisse zu verringern und zugleich das mit entsprechenden Verstößen verbundene Sanktionsrisiko zu erhöhen.[1318] Kurzfristige Beschäftigungen sind weit verbreitet, obwohl der unbefristete Arbeitsvertrag (*contrat à durée indéterminée* – CDI) gemäß Art. L. 1221-1 C. trav. die arbeitsrechtliche Norm darstellt und Abweichungen nur in gesetzlich geregelten Ausnahmefällen, wie etwa bei Messen, erlaubt sind.[1319] Befristete Arbeitsverträge (contrat à durée déterminée – CDD) gemäß Art. L. 1242-2 C. trav. erlauben zudem die sukzessive Vereinbarung kurzfristiger Beschäftigungsverhältnisse, die jeweils auf die Dauer eines einzelnen Tages begrenzt sein können, siehe hierzu Art. L. 1242-2 al. 3 C. trav. sowie Art. D. 1242-1 C. trav.[1320] So kann in bestimmten, durch Verordnung oder Tarifvertrag festgesetzten Tätigkeiten ein befristeter Arbeitsvertrag

1313 *Knospe*, ZESAR 2008, 323 (325).

1314 Siehe hierzu Gliederungspunkt Kapitel 4 C. II.

1315 *Knospe*, ZESAR 2008, 323 (325); *Lechevalier*, Die französische „Protection sociale" im 20. Jahrhundert, S. 94.

1316 *Koppernock*, NZS 2022, 364 (367), dort auch zum folgenden Text.

1317 *Koppernock*, NZS 2022, 364 (367).

1318 *Koppernock*, NZS 2022, 364 (367).

1319 *Koppernock*, NZS 2022, 364 (367).

1320 Vgl. *Koppernock*, NZS 2022, 364 (367).

aufgrund der Art der ausgeübten Tätigkeit abgeschlossen werden (*contrat à durée déterminée d'usage* – CDDU), vgl. Art. D. 1242-1 C. trav.[1321] Dies gilt etwa für den Einsatz von Aushilfskräften im Hotel- und Gaststättengewerbe, Freizeit- und Ferienzentren, vgl. Art. D. 1242-1 4° C. trav.[1322]

Auch für Alleinerziehende ergeben sich durch die grundsätzlich geltende allgemeine Versicherungspflicht Vorteile in der Alterssicherung. Im Interesse des französischen Gesetzgebers liegt es dabei, die rasche Wiedereingliederung der Versicherten in eine sozialversicherungspflichtige Erwerbstätigkeit zu fördern, um die erforderlichen Versicherungszeiten zu erfüllen und dadurch die Rentenanwartschaften nachhaltig zu erhöhen.

E. Zusammenfassung

Frankreich ist ein Zentralstaat. Da die Französische Republik einem monistischen System verpflichtet ist, entfalten völkerrechtliche Normen grundsätzlich unmittelbare innerstaatliche Geltung und bedürfen keiner gesonderten Transformation in nationales Recht. Die Präambel von 1946 legt aufgrund ihres Verfassungsrangs die wesentlichen Ziele des französischen Staates fest. Die verschiedenen Verfassungstexte beinhalten eine Fülle von sozialen Rechten und Pflichten, welche jedoch keine explizite Normierung zum Schutz von Ehe und Familie vorsieht. Des Weiteren stellt die staatliche Wirtschafts- und Sozialplanung ein zentrales Instrument der französischen Sozialpolitik dar und übernimmt wesentliche Steuerungs- und Koordinierungsfunktionen.

Frankreich verfügt über ein historisch gewachsenes umfangreiches Leistungsspektrum, welches durch verschiedene Sicherungssysteme gewährleistet wird. Ein einheitliches Alterssicherungssystem besteht bisher nicht. Die Basissysteme mit ihren Hauptgruppen *régime* général, *régimes spéciaux*, *régimes autonomes* und die Zusatzversicherungssysteme bestehen weiterhin als zusammengesetztes System. Die Versicherten aller Systeme in der *sécurité sociale* sind durch Beitragszahlung zum jeweiligen System gegen die Versicherungsrisiken der Invalidität, des Alters und des Todes versichert. Das französische Rentenversicherungssystem ist umlagefinanziert und sieht in der Rentenberechnung im Wesentlichen die Heranziehung der 25 wirtschaftlich

---

1321 *Koppernock*, NZS 2022, 364 (367).
1322 Vgl. *Koppernock*, NZS 2022, 364 (367).

besten Versicherungsjahre vor und legt eine grundsätzliche Regelaltersgrenze von 64 Jahren fest.

Ergänzend zu den umfangreichen familienpolitischen Komponenten der Alterssicherung, die insbesondere Familien mit mehreren Kindern, Frauen sowie Alleinerziehende begünstigen, existieren Hinterbliebenenleistungen, eine Mindestalterssicherung und eine Leistungsuntergrenze für Bedürftige. Neben dem bereits lange bestehenden Mindestlohn findet in Frankreich eine Versicherungspflicht in der Sozialversicherung ab dem ersten erwirtschafteten Euro Anwendung – die Institution der geringfügigen Beschäftigung kennt das französische Recht indes nicht. Seit dem Jahr 2018 unterliegen auch selbstständig Erwerbstätige der Versicherungspflicht im *régime général*. Auch in Fällen, in denen keine Erwerbstätigkeit im klassischen Sinne vorliegt, ist eine Einbeziehung im *régime général* grundsätzlich möglich.

Vergleichende Analyse und europarechtliche Vorgaben

Das Ziel, Alleinerziehende vor Altersarmut zu schützen, kann auf verschiedene Weise erreicht werden. Deutschland und Frankreich verfolgen unterschiedliche Ansätze zur Lösung dieses Problems. Besonders deutlich sind die Unterschiede in der Ausgestaltung des Leistungsrechts im Rahmen von familienfördernden Elementen in der Alterssicherung und Mindestrenten. Neben den jeweiligen Leistungen sind aber auch organisatorische sowie lohnspezifische und sozialversicherungsrechtliche Unterschiede zu erkennen. Diese Unterscheidungen beruhen auf den damaligen Zielsetzungen der deutschen und französischen sozialen Sicherung.

A. Verfassungsrechtlicher Vergleich

In Bezug auf die Verankerung einer verfassungsrechtlichen Verantwortung für Alleinerziehende im Sinne einer staatlichen Pflicht lassen sich Unterschiede und Gemeinsamkeiten zwischen den beiden Ländern feststellen.[1323] Diese manifestieren sich bei Förder- und Schutzpflichten im Rahmen der Grundrechte einerseits und bei Fragen zur Staatsorganisation mit und ohne föderale Strukturen andererseits.[1324] Des Weiteren sind signifikante Unterschiede in Bezug auf die verfassungsgerichtliche Kontrolle des Gesetzgebers

---

[1323] Siehe für Deutschland Gliederungspunkt Kapitel 3 B. und für Frankreich Gliederungspunkt Kapitel 4 B.

[1324] So auch ähnlich *Hohnerlein*, Rechte und Förderung des Kindes im Vergleich, S. 534.

bei der Umsetzung grundrechtlicher Schutzaufträge und kompetenzrechtlicher Regelungsbefugnisse festzustellen.[1325]

Im Gegensatz zum deutschen Grundgesetz enthält die französische Verfassung keinen Katalog von Grundrechten.[1326] Lediglich vereinzelt sind verfassungsmäßige Rechte normiert oder lassen sich durch Verweise auf andere Verfassungen herleiten. Die Präambel von 1946, der Verfassungsrang zuerkannt wurde, legt die grundlegenden Zielsetzungen der Französischen Republik verbindlich fest. In beiden Rechtsordnungen – sowohl in Deutschland als auch in Frankreich – obliegt es grundsätzlich dem Gesetzgeber, Umfang und Ausgestaltung des sozialen Ausgleichs im Rahmen seiner politischen Gestaltungsfreiheit festzulegen.

Deutschland und Frankreich sind sich in der Ausprägung im Rahmen des Sozialstaatsprinzips sehr ähnlich. In Frankreich ist das Sozialstaatsprinzip in Art. 1 C. F. verankert, der die Republik als eine „soziale Republik" beschreibt. In Deutschland findet sich dieses Prinzip in Art. 20 Abs. 1 GG. Obgleich Frankreich oftmals als exemplarisches Modell eines ausgeprägten Wohlfahrtsstaates herangezogen wird, misst die Rechtsprechung des *Conseil Constitutionnel* dem Sozialstaatsprinzip nach Art. 1 al. 1 C. F. keine eigenständige Bedeutung bei. Dies ist darauf zurückzuführen, dass die Präambel der Verfassung von 1946 bereits zahlreiche ausdrückliche Bestimmungen in der sozialen Sicherheit enthält, die eine eigenständige verfassungsrechtliche Bedeutung des Sozialstaatsprinzips überflüssig machen.[1327] Das Fehlen einer ausdrücklichen Regelung des Sozialstaatsprinzips im Grundgesetz hat im Gegensatz dazu eine umfangreiche Rechtsprechung des BVerfG zu Art. 20 GG zur Folge gehabt.[1328]

Aufgrund seiner inhaltlichen Unbestimmtheit ist die konkrete Ausgestaltung des Sozialstaatsprinzips in beiden Ländern maßgeblich von politischen Mehrheitsverhältnissen und dem Prozess der politischen Willensbildung abhängig und wird weitgehend dem Gestaltungsspielraum des Gesetzgebers

---

1325 *Hohnerlein*, Rechte und Förderung des Kindes im Vergleich, S. 534.

1326 Siehe Gliederungspunkt Kapitel 4 B. II.

1327 Siehe hierzu Gliederungspunkt Kapitel 4 B. II.

1328 *Hochmann*, in: Marsch/Vilain/Wendel, Französisches und Deutsches Verfassungsrecht, § 7, S. 355.

überlassen.[1329] Seine normative Wirkkraft entfaltet das Sozialstaatsprinzip folglich primär auf der Ebene der Gesetzgebung und der Verwaltung, weniger hingegen auf der Ebene der Verfassungsnorm selbst.[1330] Ein zentrales Instrument der Umsetzung sozialstaatlicher Zielsetzungen ist dabei die staatliche Wirtschafts- und Sozialplanung, der innerhalb der französischen Sozialpolitik eine maßgebliche Steuerungsfunktion zukommt.[1331] Diese Planung dient nicht nur der Koordinierung sektorübergreifender sozialpolitischer Maßnahmen, sondern bildet zugleich die Grundlage für die Entwicklung und Umsetzung konkreter sozialer Programme.[1332] Damit trägt die Verwaltung – im Zusammenspiel mit dem Gesetzgeber – entscheidend zur inhaltlichen Ausformung des Sozialstaatsprinzips in Frankreich bei.

Im französischen Verfassungsrecht stellt die Umsetzung der „sozialen Rechte" eine Besonderheit dar, da diese im Gegensatz zu den im deutschen Grundgesetz verankerten Prinzipien traditionell mehr als bloße Staatszielvorgaben sind, aus praktischen Gründen allerdings lediglich begrenzt gewährt werden können. Diese Spannung führte zur sprachlichen und rechtlichen Unterscheidung zwischen Grundrechten und Grundsätzen (*principes généraux*).[1333] Während Grundrechte dem Bürger unmittelbar subjektive Rechte verleihen, erfordern Grundsätze erst eine Konkretisierung durch Gesetz, um in ein einklagbares individuelles Recht übersetzt zu werden. In dieser Hinsicht existiert kein Unterschied zu der im deutschen Recht anerkannten Zielvorgabe, die nach ihrer Umsetzung ebenfalls zu subjektiven Rechten des Bürgers führt.[1334]

Auch in der deutschen Gesamtrechtssystematik entfaltet das Sozialstaatsprinzip eine vergleichsweise geringe Durchschlagskraft.[1335] Das BVerfG legt die Gesetze zwar dahingehend aus, dass dem Gesetzgeber in der Umsetzung

---

1329 *Vilain*, in: Marsch/Vilain/Wendel, Französisches und Deutsches Verfassungsrecht, § 3, S. 111 f.

1330 *Vilain*, in: Marsch/Vilain/Wendel, Französisches und Deutsches Verfassungsrecht, § 3, S. 111 f.

1331 Siehe hierzu Gliederungspunkt Kapitel 4 B. III.

1332 Siehe hierzu Gliederungspunkt Kapitel 4 B. III.

1333 Siehe hierzu Gliederungspunkt Kapitel 4 B. II.

1334 *Schmidt*, Rechtsnatur und Verpflichtungsdichte der Europäischen Grundrechte, S. 39.

1335 *Vilain*, in: Marsch/Vilain/Wendel, Französisches und Deutsches Verfassungsrecht, § 3, S. 111.

der Prinzipien weitreichende Gestaltungsspielräume zustehen, beruft sich bei Fragen zu gesetzlichen Regelungsaufträgen jedoch häufig auf das Sozialstaatsprinzip. Eine Ausnahme hiervon bilden die die in Art. 6 GG verankerten Grundrechte: Ehe und Familie stehen demnach unter besonderem Schutz der staatlichen Ordnung. Daraus ergeben sich besondere Schutzpflichten des Staates gegenüber Familien und Alleinerziehenden. Das BVerfG hat diese Schutzpflichten insbesondere in seiner Rechtsprechung zu den Rentenversicherungsleistungen gestärkt.[1336]

In der französischen Verfassung hingegen existiert weder eine eigenständige mit Art. 6 GG vergleichbare Regelung, die den Schutz von Ehe und Familie festschreibt, noch eine entsprechende Rechtsprechung des *Conseil Constitutionnel*. Das Fehlen einschlägiger Rechtsprechung lässt sich durch die im Vergleich zu Deutschland dichtere gerichtliche Kontrolle erklären.[1337] Des Weiteren ist festzuhalten, dass die französische Verfassungsgerichtsbarkeit bzw. der Verfassungsrat, nach Art. 56 et. s. C. F. – keine dem deutschen Verfassungsrecht vergleichbare Stellung zukommt.[1338]

Zudem gilt aufgrund des in Frankreich angewandten monistischen Modells unmittelbar das Völkerrecht und damit die dort verankerten Schutzaufträge für Familien.[1339] In der Präambel von 1946 wird lediglich eine staatliche Verantwortung gegenüber dem Individuum und der Familie postuliert, die erforderlichen Bedingungen für deren Entfaltung zu gewährleisten.[1340] Dass in der französischen Verfassung kein expliziter Schutzauftrag für die Familie verankert ist, bedeutet indes nicht, dass es einen solchen nicht gäbe. Dieser wird vielmehr unmittelbar aus den Menschenrechten hergeleitet, eine eigenständige Regelung im französischen Verfassungsrecht ist daher nicht notwendig und hätte lediglich Symbolkraft.

Aus beiden Verfassungen lassen sich keine konkreten Ansprüche auf bestimmte staatliche Leistungen ableiten.[1341] Insbesondere bedeutet dies keine staatliche Verpflichtung, jede Belastung, die Familien betrifft, auszugleichen

---

1336 Siehe Gliederungspunkt Kapitel 3 B. II.

1337 Siehe zum Prüfungsverfahren Gliederungspunkt Kapitel 4 B. I.

1338 Siehe Gliederungspunkt Kapitel 4 B. I.

1339 Siehe hierzu Gliederungspunkt Kapitel 4 B. II.

1340 *Hohnerlein*, Rechte und Förderung des Kindes im Vergleich, S. 535.

1341 Siehe hierzu für Deutschland Gliederungspunkt Kapitel 3 B. II. und für Frankreich Siehe hierzu Gliederungspunkt Kapitel 4 B. II.

oder jede unterhaltspflichtige Person zu entlasten. Für Alleinerziehende lässt sich weder aus dem deutschen noch aus dem französischen Verfassungsrecht ein unmittelbarer Anspruch auf staatliche Leistungen herleiten.

B. Historische Entwicklung der Alterssicherung im Vergleich

Die Entwicklung der gesetzlichen Sicherungssysteme in Deutschland und Frankreich geht auf die zweite Hälfte des 19. Jahrhunderts zurück. Sowohl die französische als auch die deutsche Sozialversicherung haben ihren Ursprung im Zeitalter der Industrialisierung. Deutschland verfügt über eines der ältesten staatlichen Rentenversicherungssysteme, das mit Inkrafttreten des „Gesetzes betreffend die Invaliditäts- und Altersversicherung" im Jahr 1891 eingeführt wurde. Angesichts der damals niedrigen Lebenserwartung war der soziale Tatbestand des „Alters" von geringerer praktischer Bedeutung. Die Absicherung gegen Invalidität bildete daher den zentralen Anlass für die Gesetzgebung. Familiäre Aspekte wurden seinerzeit nicht berücksichtigt.[1342] *Bismarck* wollte sich durch die Einführung eines sozialen Sicherungssystems die wachsende politische Bedeutung der Arbeiterschaft, insbesondere der Facharbeiter, die durch Gewerkschaften und Arbeiterparteien politisch aktiv wurden, zu Eigen machen.[1343] Sein Ziel war eine engere politische und soziale Bindung dieser politisch bedeutsamen Gruppen an das Kaiserreich.[1344] Die sozialpolitischen Maßnahmen Bismarcks waren insofern nicht ausschließlich von altruistischen Motiven zur Verbesserung der sozialen Lage der Arbeiterschaft geprägt, sondern verfolgten zugleich machtpolitische Zielsetzungen im Sinne der Stabilisierung und Erweiterung staatlicher Einflussmöglichkeiten.[1345]

Nach dem Zweiten Weltkrieg orientierte sich die gesetzliche Rentenversicherung in Westdeutschland zunächst am Leitbild des männlichen

---

1342 Siehe hierzu Gliederungspunkt Kapitel 3 A.

1343 *Rolfs*, Das Versicherungsprinzip im Sozialversicherungsrecht, S. 103; vgl. *Weiß*, DRV 2025, 1 (2).

1344 *Rolfs*, Das Versicherungsprinzip im Sozialversicherungsrecht, S. 103; vgl. *Weiß*, DRV 2025, 1 (2).

1345 So auch *Bertelsmeier*, Entwicklung und Entwicklungstendenzen der Rentenversicherung, S. 129 und 131; vgl. *Weiß*, DRV 2025, 1 (2).

Alleinernährers und -versorgers. Die Mutter war traditionell für die Kindererziehung verantwortlich. Die damit verbundene Nichterwerbstätigkeit verheirateter Frauen sowie deren daraus folgender Unterhaltsbedarf wurden als sozial üblich betrachtet und nicht problematisiert.

Mit der Rentenreform von 1957 wurde der ursprüngliche Gesetzeszweck um das Ziel der Statussicherung erweitert: Die Rentenanwartschaft sollte die im Erwerbsleben erreichte Einkommensposition widerspiegeln und den Erhalt eines vergleichbaren Lebensstandards fördern. Seither dient die gesetzliche Rentenversicherung der Absicherung gegen die Risiken Langlebigkeit, Erwerbsminderung und Hinterbliebenenschaft. Mit der Reform des Hinterbliebenenrentenrechts wurde 1986 die rentenbegründende und rentensteigernde Anrechnung von Kindererziehungszeiten eingeführt. Für Versicherungsfälle vor 1986 bestand lediglich ein rentenversicherungsrechtlicher Nachteilsausgleich in Form der Berücksichtigung von Ausfallzeiten für Zeiträume vor und nach der Geburt eines Kindes. Seither ist der Leistungsumfang der erziehungsbedingten Förderinstrumente in der gesetzlichen Rentenversicherung mehrfach ausgeweitet worden.

Das französische staatlich organisierte Rentenversicherungssystem reicht dagegen auf das Jahr 1910 zurück. Das französische System ist geprägt von einer Mehrzahl nebeneinander stehender Systeme und ist dadurch unübersichtlich. Zwar wurde mit der Einführung der *sécurité sociale* im Jahr 1945 versucht, ein einheitliches soziales Sicherungssystem zu schaffen. Die Zusammenfassung aller bestehenden Einzelschutzsysteme zu einem einheitlichen Versicherungssystem wurde jedoch bislang nicht umgesetzt. Demnach bestehen weiterhin berufsgruppenspezifische Zuordnungen zu unterschiedlichen sozialversicherungsrechtlichen Sicherungssystemen fort. Der historische Ursprung der *sécurité sociale* unterscheidet sich von dem in Deutschland, in dem die Arbeiterbewegung mit ihrer Definition der zu versichernden Risiken als Arbeitsmarktrisiken im Vordergrund steht.[1346] Stattdessen bildet in Frankreich die Frage den Ausgangspunkt, inwiefern die sozialen Risiken als universelle Phänomene anzusehen sind, die eine allgemeine Absicherung erfordern.[1347] In Frankreich umfasst der Begriff der sozialen Risiken von Beginn an nicht nur die Risiken der Arbeitswelt, sondern auch das (Erwerbs)

[1346] So auch *Veil*, DRV 2002, 282 (284).

[1347] Ebenfalls *Veil*, DRV 2002, 282 (284).

Risiko Familie.[1348] So führte Frankreich von Anfang an familienfördernde Elemente in der Alterssicherung ein, um die Erhöhung der Geburtenraten zu bewirken.[1349] Insbesondere kinderreiche Familien erhalten weitere rentenfördernde Kinderzuschläge. Intention des französischen Gesetzgebers war es, günstige Auswirkungen auf die Erwerbstätigkeitsquote von Müttern und Frauen und somit auf ihre Alterssicherung zu schaffen.[1350] Insgesamt lässt sich dies auch als arbeitsmarktpolitisches Instrument einordnen, insofern hierdurch weibliche Arbeitskraft dem Arbeitsmarkt zugeführt und dadurch ein bislang ungenutztes Erwerbspotenzial erschlossen wird. Das deutsche Rentensystem ist dagegen nicht auf die Verhinderung von Armut ausgelegt – hier führen niedrige Einkommen zu niedrigen Rentenbeiträgen und geringen Renten im Alter.

Die deutschen und französischen Rechtsordnungen weisen strukturelle Parallelen auf; beide Staaten sind wohlfahrtsstaatstheoretisch dem konservativen Typus zuzuordnen und lassen sich in ihren Grundstrukturen dem Bismarck'schen System der sozialen Sicherung zuordnen.[1351] Dies bedeutet, dass die Sozialversicherungsleistungen beider Staaten im Wesentlichen beitragsfinanziert ausgestaltet sind. Der Erhalt des Lebensstandards wird demnach also dadurch finanziert, dass Beiträge auf das Erwerbseinkommen erhoben werden. Aus wohlfahrtsstaatlicher Perspektive werden Frauen in Frankreich im Vergleich zu Deutschland eher als sowohl Mütter und erwerbstätige Familienmitglieder gesehen, während die deutsche Sozial- und Gesellschaftspolitik weiterhin überwiegend einem tradierten Rollenverständnis von Frauen als vorwiegend Müttern folgt. In der Entwicklung ist jedoch erkennbar, dass sich auch Deutschland zunehmend vom klassischen männlichen Ernährermodell entfernt.

Insgesamt ist festzustellen, dass der französische Gesetzgeber bereits zu Beginn der Sozialgesetzgebung auf förderliche Rahmenbedingungen für Familien geachtet hat. So wurden die Kinderzuschläge, die Rentenleistung für Arbeiterfrauen im Jahr 1945 sowie die MDA im Jahr 1971 und die heutige

---

1348 *Veil*, DRV 2002, 282 (284); siehe auch Gliederungspunkt Kapitel 4 C. VI.

1349 Siehe hierzu Gliederungspunkt Kapitel 4 A. und insbesondere Gliederungspunkt Kapitel 4 C. VI. 2.

1350 Siehe Gliederungspunkt Kapitel 4 C. VI. 2.

1351 Siehe hierzu Gliederungspunkt Kapitel 1 C. I. 2.

AVPF im Jahr 1972 eingeführt.[1352] Der deutsche Gesetzgeber hat hingegen wesentlich später auf die rentenrechtlichen Nachteile von Familien und insbesondere auf Familien mit niedrigen Einkommen reagiert. Insbesondere die rentenrechtliche Förderung von Alleinerziehenden wurde erst im Jahr 2001 etabliert.[1353] Auch die faktische Umsetzung des gesetzlichen Anspruchs auf Kindertagesbetreuung erweist sich – im Vergleich zu Frankreich – bislang als defizitär.

C. Gesetzliche Rentenversicherung

I. Träger und Finanzierung

Die Alterssicherungssysteme beider Länder beruhen rechtlich auf einem Drei-Säulen-Modell, bestehend aus der Regelversorgung innerhalb öffentlich-rechtlicher Pflichtsysteme, der zusätzlichen betrieblichen Altersversorgung und der ergänzenden privaten Vorsorge.[1354] In beiden Ländern ist die gesetzliche Rentenversicherung als öffentlich-rechtliches System organisiert und unterliegt staatlicher Verantwortung. In Frankreich ist jedoch die Übersichtlichkeit aufgrund der Vielzahl an Rentensystemen eingeschränkt. Unter den öffentlich-rechtlichen Pflichtsystemen in Deutschland gliedert sich die Deutsche Rentenversicherung in verschiedene Träger (Bund, Regionaldirektionen und Knappschaft-Bahn-See), während in Frankreich drei große Gruppen (*régime général*, *régimes spéciaux* und *régimes autonomes*) sowie zahlreiche Zusatzsysteme das Rentensystem prägen. In beiden Ländern ist die erste Säule die für die Alterssicherung wesentliche Struktur.

Ähnlich wie in Deutschland basiert die Alterssicherung in Frankreich auf einer umlagefinanzierten Pflichtversicherung, die den Großteil der Erwerbstätigen erfasst. Entsprechend werden die Rentenleistungen aus Beiträgen und Steuern im Umlageverfahren finanziert.[1355] Die Finanzierung erfolgt grundsätzlich durch Beiträge von Arbeitgebern und Arbeitnehmern, jedoch nicht in paritätischer Aufteilung: Das Verhältnis beträgt hier 60:40 zwischen

---

[1352] Siehe Gliederungspunkt Kapitel 4 C. VII.

[1353] Siehe Gliederungspunkt Kapitel 3 C. VII. 8. b.

[1354] Siehe für Deutschland Gliederungspunkt Kapitel 3 C. I. und für Frankreich Gliederungspunkt Kapitel 4 C. I.

[1355] Siehe für Frankreich Gliederungspunkt Kapitel 4 C. II. und für Deutschland Gliederungspunkt Kapitel 3 C. II. 2.

Arbeitgeber und Arbeitnehmer. Diese Regelung gilt sowohl für die gesetzlichen Basis- als auch für die verpflichtenden Zusatzsysteme. Innerhalb der festgelegten Beitragsbemessungsgrenze trägt der französische Arbeitgeber einen höheren Anteil als der französische Beschäftigte; in einigen Fällen entfällt die Begrenzung durch einen Arbeitgeberanteil, der auf das gesamte Einkommen entrichtet wird.

II. Berechnung der Rentenleistungen

Der zentrale Unterschied in der Berechnung der gesetzlichen Rentenleistungen besteht darin, dass in Deutschland die beitragspflichtigen Einnahmen über die Umrechnung in Entgeltpunkte ins Verhältnis zum durchschnittlichen Arbeitsentgelt gesetzt werden und der gesamte Lebenserwerbsverlauf für die Rentenhöhe berücksichtigt wird, vgl. § 63 Abs. 1 SGB VI. In Frankreich hingegen wird die Rentenhöhe grundsätzlich auf Basis des durchschnittlichen Entgelts aus den 25 wirtschaftlich besten Verdienstjahren nach Art. L. 351-1 al. 2 CSS i. V. m. Art. R. 351-29 al. 1 CSS berechnet und von der individuellen Versicherungsdauer beeinflusst.[1356] Dies hat zur Folge, dass in Deutschland für Alleinerziehende jede Phase der Erwerbstätigkeit – insbesondere solche mit Teilzeit- oder geringfügiger Beschäftigung, in denen nur wenige oder keine Entgeltpunkte erworben werden – unmittelbaren Einfluss auf den endgültigen Rentenzahlbetrag nimmt. Ein vergleichbarer Effekt besteht im französischen Rentensystem in dieser Form nicht. Hinsichtlich des Äquivalenzprinzips ist in beiden Ländern eine ähnliche Entwicklung auszumachen: So entfernen sich beide Ländern immer weiter vom Äquivalenzprinzip und querfinanzieren zusätzliche versicherungsfremde Leistungen aus Steuermitteln. Dies zeigt sich auf deutscher Seite beispielsweise bei dem Rentenzuschlag nach § 76g SGB VI, welcher steuerfinanziert wird oder auf französischer Seite bei der Solidaritätsbeihilfe ASPA.

III. Renteneintrittsalter

Ein weiterer Unterschied liegt im Renteneintrittsalter. In Frankreich ist zwischen gesetzlichem Renteneintrittsalter und dem Alter für eine abschlagsfreie Rente zu unterscheiden. Während letzteres bis zum Jahrgang 1955

[1356] Siehe für Deutschland Gliederungspunkt Kapitel 3 C. III. sowie für Frankreich Gliederungspunkt Kapitel 4 C. III und insbesondere Kapitel 4 C. III. 1. a.

schrittweise auf 67 Jahre angehoben wurde, wodurch ab diesem Alter ein abschlagsfreier Rentenzugang ohne Mindestversicherungszeit möglich ist, gilt für Personen ab Jahrgang 1968 eine Regelaltersgrenze von 64 Jahren. Eine abschlagsfreie Rente kann jedoch nur dann in Anspruch genommen werden, wenn eine bestimmte Mindestversicherungsdauer erfüllt ist. Die erforderliche Versicherungsdauer beläuft sich derzeit auf 166 Trimester (41,5 Jahre) und wird perspektivisch schrittweise auf 172 Trimester (43 Jahre) angehoben.[1357]

In Deutschland hingegen beträgt das Rentenalter für ab 1964 Geborene 67 Jahre und es bedarf einer allgemeinen Mindestversicherungszeit von fünf Jahren mit Beitrags- und Ersatzzeiten.[1358] Auch wenn dies nicht in unmittelbarem Zusammenhang mit Alleinerziehenden steht, ist das Rentenalter im Hinblick auf die nach Renteneintritt verbleibende Lebenserwartung relevant, da sie oft längere Erwerbsphasen und höhere Rentenanwartschaften benötigen, um ihren Lebensstandard in der mit steigender Lebenserwartung länger werdenden Altersphase aufrechtzuerhalten.

IV. Teilrente und Hinzuverdienstgrenze

In beiden Ländern besteht für Versicherte die Möglichkeit, eine Teilrente in Anspruch zu nehmen. Auch hinsichtlich der Möglichkeiten des Hinzuverdienstes finden sich in beiden Ländern unterschiedliche gesetzliche Regelungen. In Deutschland besteht für Beschäftigte die Möglichkeit, neben der Inanspruchnahme einer vorgezogenen Altersrente weiterhin zu arbeiten und Arbeitsentgelt zu erhalten. Des Weiteren haben Rentner die Möglichkeit, eine Rente zu beziehen und gleichzeitig unbegrenzt hinzuzuverdienen.[1359]

Das französische Sozialrecht sieht hingegen komplizierte Teilrentenregelungen vor, welche Einschränkungen hinsichtlich der Arbeitszeit sowie der Höhe des Arbeitsentgelts vorsehen. In Bezug auf Frankreich ist zu berücksichtigen, dass vor Rentenbeginn die ausgeübte Tätigkeit grundsätzlich aufgegeben werden muss, um eine Altersrente zu beziehen. Allerdings besteht auch in Frankreich die Möglichkeit, neben dem Bezug einer Rente weiterhin eine Erwerbstätigkeit auszuüben. Allerdings sind hierbei eine Unter- sowie eine Obergrenze im Rahmen der Einkommen zu berücksichtigen. Rentner,

---

[1357] Siehe hierzu Gliederungspunkt Kapitel 4 C. III. und Kapitel 4 C. III. 1. b.

[1358] Siehe Gliederungspunkt Kapitel 3 C. VI. 1. a.

[1359] Siehe hierzu Gliederungspunkt Kapitel 3 C. VI. 2 und 3.

denen ein Rentensatz unter der Anwendung des *taux plein* gewährleistet wird, können unbegrenzt hinzuverdienen. Auch existiert keine Hinzuverdienstgrenze für weitere bestimmte Personenkreise.[1360]

Insgesamt lässt sich festhalten, dass die Teilrenten und Hinzuverdienstmöglichkeiten während des Bezugs einer Rente in Deutschland wesentlich unkomplizierter und großzügiger ausgestaltet sind. Viele Alleinerziehende haben aufgrund der Erziehung ihrer Kinder weniger Beitragszeiten und somit niedrigere Rentenanwartschaften. Die Möglichkeit, während des Rentenbezugs weiter zu verdienen oder eine Teilrente zu beziehen, bietet ehemaligen Alleinerziehenden die Flexibilität, ihre wirtschaftliche Situation zu verbessern und ihren Lebensstandard im Alter zu sichern, ohne vollständig auf eine Erwerbstätigkeit verzichten zu müssen.

V. Nachversicherung

Beide Rechtssysteme bieten ebenfalls die Möglichkeit, sich in der gesetzlichen Rentenversicherung bzw. *régime général* nachzuversichern. Das in Deutschland mögliche Rentensplitting nach § 8 Abs. 1 Nr. 2 SGB VI und §§ 120a ff. SGB VI, ist in Frankreich bislang nicht vorgesehen.[1361] Zwar führt das Rentensplitting zu einer Abkehr vom traditionell unterhaltsrechtlich geprägten Abhängigkeitsverhältnis innerhalb der Ehe hin zu einer rentenrechtlichen Gleichstellung beider Ehegatten. Die Durchführung des Rentensplittings setzt jedoch voraus, dass die Ehe zum Zeitpunkt des Rentenbeginns entweder noch besteht oder durch den Tod eines Ehegatten beendet wurde. Für Alleinerziehende liegt diese Voraussetzung in der Praxis regelmäßig nicht vor.

Das französische Recht sieht das Institut des Versorgungsausgleichs in der Rentenversicherung nicht vor, im Gegensatz zum deutschen Recht: Der Versorgungsausgleich nach § 8 Abs. 1 Satz 1 Nr. 2 SGB VI und § 76 SGB VI sorgt dafür, dass während der Ehezeit erworbene Rentenanwartschaften – etwa durch Kindererziehung – zwischen den Ehegatten ausgeglichen werden. Für Alleinerziehende kann dies eine spürbare Verbesserung der Altersversorgung bedeuten, insbesondere wenn sie bereits während der Ehe den Großteil der Erziehungsarbeit geleistet haben. Nach der Ehezeit bleibt der Aufbau eigener

1360 Siehe Gliederungspunkt Kapitel 4 C. V. 3 und 4.

1361 Siehe Gliederungspunkt Kapitel 3 C. V. 7. b.

Rentenanwartschaften für Alleinerziehende jedoch herausfordernd, da sich familiäre und berufliche Anforderungen oft schwer vereinbaren lassen.[1362]

VI. Allgemeine Rentenleistungen

Deutschland und Frankreich sehen in ihrem allgemeinen Versichertenkreis nicht ausdrücklich Alleinerziehende vor. In beiden Ländern steht im Rahmen der Sozialversicherungspflicht das Merkmal der abhängigen Beschäftigung im Vordergrund. Der deutsche Gesetzgeber hat insgesamt in seinen Gesetzesbegründungen im Rahmen der Alterssicherung die Alleinerziehenden wenig bis gar nicht berücksichtigt. Im Vergleich dazu sieht das französische Recht in verschiedenen rentenrechtlichen Leistungen insbesondere für Alleinerziehende vor.

Beide Vergleichsländer versichern in ihren gesetzlichen Rentenversicherungen gegen die Risiken der Invalidität, des Alters und des Todes. Zudem existieren in beiden Rechtsordnungen spezielle Vorruhestandsregelungen, die grundsätzlich ähnliche Inhalte ausweisen. So besteht in beiden Ländern für Versicherte die Möglichkeit, bei entweder einer besonders langen Versicherungszeit oder aufgrund einer Behinderung oder Invalidität, eine vorgezogene Altersrente in Anspruch zu nehmen.[1363]

VII. Familienfördernde Elemente in der Alterssicherung

In beiden Ländern bestehen familienfördernde Aspekte in der Alterssicherung, die allerdings unterschiedlich stark ausdifferenziert sind. Beide Gesetzgeber haben hierbei überwiegend Mütter berücksichtigt, die aufgrund der erziehungsbedingten kürzeren Erwerbsbiografie später eine niedrige Rente beziehen. Aber auch Väter sind in den jeweiligen rentenrechtlichen Leistungen berücksichtigt. Des Weiteren haben beide Länder in einigen Regelungen ausdrücklich oder lediglich in der Gesetzesbegründung Alleinerziehende berücksichtigt. Hierbei kommen im Grunde zwei rentenrechtliche Ansätze zum Tragen. Zum einen durch die rentenwirksame Berücksichtigung der Zeiten der Unterbrechung bzw. geringer Tätigkeit, die der Kindererziehung gewidmet wird. Zum anderen durch eine direkte Erhöhung der Rente bei

---

[1362] Siehe Gliederungspunkt Kapitel 3 C. V. 7. a.

[1363] Siehe für Frankreich Gliederungspunkt Kapitel 4 C. V. und für Deutschland Gliederungspunkt Kapitel 3 C. VI.

einem der beiden Elternteile. Aber es existieren auch Regelungen, die je nach Voraussetzungen und Einkommen des Versicherten zu Versicherungszeiten lediglich mittelbar zu Rentenerhöhungen führen.

1. Kindererziehungszeiten und Kinderzuschläge

In Frankreich ist die Anrechnung von Kindererziehungszeiten nach Art. L. 351-4 CSS seit den 1970er Jahren im Rentenrecht verankert – Deutschland dagegen hat erst in den späten 1980er Jahren die rentenwirksamen Kindererziehungszeiten eingeführt. Die Erhöhung der Versicherungszeit zielt in beiden Rechtsordnungen auf den Ausgleich der Folgen der Erziehung eines oder mehrerer Kinder für die Alterssicherung. Hierbei gewährt das französische Recht nach Art. L. 351-4 CSS grundsätzlich zwei Jahre Kindererziehungszeiten. Das erste Jahr der Kindererziehungszeit erhält hierbei ausschließlich die Mutter. Die zweite Zuteilung nach Art. L. 351-4 II. al. 1 CSS kann entweder dem Vater oder der Mutter zugerechnet werden.[1364] Die deutschen Kinderziehungszeiten nach § 56 SGB VI betragen bei Kindern (Geburt vor 1992) zweieinhalb Jahre und bei Geburten ab 1992 drei Jahre.[1365] Beide Varianten sind also entsprechend höher als die französische MDA. Die Zeiten der Kindererziehung im Rahmen der MDA werden als zusätzliche Versicherungsjahre berücksichtigt, jedoch – anders als in Deutschland – nicht als zusätzliche Entgeltpunkte für die Rentenberechnung anerkannt.

Hinsichtlich der Zuordnung kann nach französischem Recht jeder Elternteil, der das Kind erzogen hat, die zusätzliche Versicherungszeit in Anspruch nehmen. Diese Kindererziehungszeiten werden im gegenseitigen Einvernehmen der Eltern aufgeteilt. Wie im französischen Recht wird die deutsche Kindererziehungszeit lediglich einem Elternteil angerechnet, der das Kind erzogen hat, und beide Elternteile können im Einvernehmen die Aufteilung der Kindererziehungszeit festlegen.

Des Weiteren ermittelt in beiden Ländern der jeweils zuständige Rentenversicherungsträger, welcher Elternteil in welchem Zeitraum das Kind erzogen hat. Außerdem ist zu beachten, dass § 56 Abs. 2 Satz 9 Hs. 1 SGB VI die automatische Zuordnung zur Mutter vorsieht, sofern keine überwiegende Erziehung durch einen Elternteil vorliegt. Frankreich dagegen schreibt Frauen

1364 Siehe hierzu Gliederungspunkt Kapitel 4 C. VI. 1.
1365 Siehe Gliederungspunkt Kapitel 3 C. VII. 1.

per Gesetz Kindererziehungszeiten nach Art. L. 351-4 al. 1 CSS gut. Im Rahmen der zusätzlichen Erziehungszeit nach Art. L. 351-4 II. al. 2 CSS werden Müttern mindestens sechs Monate angerechnet. Frankreich folgt in diesem Fall eher dem tradierten Rollenverständnis von Frau und Mann.

Außerdem bietet das französische Sozialrecht im Vergleich zu Deutschland seit 1945 umfangreiche natalistische Kinderzuschläge.[1366] So kann nach Art. L. 351-12 CSS, Art. R. 351-30 CSS, Art. L. 342-4 CSS und Art. R. 342-2 CSS beiden sozialversicherten Elternteilen eine zehnprozentige Erhöhung des Rentenbetrags im *régime général* gewährt werden, wenn die Person mindestens drei Kinder geboren oder erzogen hat. Des Weiteren wird nach Art. L. 351-1-2-1 CSS der *surcote parentale* als weiterer Kinderzuschlag an Eltern ausbezahlt. Hierbei kann sich eine weitere Erhöhung des Rentenbetrags um bis zu 5 % des Rentenbetrags ergeben.

Im Vergleich existiert im deutschen Sozialrecht lediglich eine vergleichbare rentenerhöhende Maßnahme aufgrund der Erziehung von mehreren Kindern.[1367] So sind gem. § 70 Abs. 3a lit. b) SGB VI für Mütter oder Väter, die wegen gleichzeitiger Erziehung von mindestens zwei Kindern (unter zehn Jahren) nicht erwerbstätig sind, zusätzliche Rentenansprüche vorgesehen. Der Wert dieser Gutschrift entspricht hierbei einer Beitragsleistung in Höhe eines Drittels des Durchschnittseinkommens pro Jahr, in dem die entsprechenden Erziehungsvoraussetzungen vorliegen.

Der Vergleich zeigt, dass Frankreich besonders kinderreiche Familien stark unterstützt und diese grundsätzlich unabhängig vom Verdienst der Eltern gewährt wird. In Deutschland erfolgt hingegen bereits ab dem zweiten Kind eine rentensteigernde Berücksichtigung. Diese fällt jedoch im Vergleich zu Frankreich quantitativ eher gering aus. Daraus folgt auch für Alleinerziehende, dass sie in Deutschland vergleichsweise weniger eine begrenzte Unterstützung bei der Rentensteigerung aufgrund der Kindererziehung erhalten.

2. Kinderberücksichtigungszeiten

Im Rahmen der Kinderberücksichtigungszeiten haben beide Länder gemeinsam, dass sie Alleinerziehende mittels Anrechnung von Beitragszeiten und rentenerhöhenden Maßnahmen unterstützen. In Frankreich werden über

---

1366 Siehe hierzu Gliederungspunkt Kapitel 4 C. VI. 2.

1367 Siehe hierzu Gliederungspunkt Kapitel 3 C. VII. 8. b.

AVPF nach Art. L. 381-1 CSS Unterbrechungszeiten in Höhe des Mindestlohns abgesichert.[1368] So werden auch Alleinerziehende oder die in einer Lebensgemeinschaft lebenden nicht erwerbstätigen Partner, die bestimmte Leistungen für Kinder beziehen, verpflichtend und ohne eigene Beitragszahlung im *régime général* versichert.

Diese Maßnahme kann letztlich die Rentenhöhe steigern, da die AVPF in die Berechnung der besten Jahre i. S. d. Art. R. 351-29 I. al. 1 und 2 CSS einbezogen wird. Sie gilt für Familien, die mindestens ein Kind unter drei Jahren oder mindestens zwei Kinder mit Höchstalter von 21 Jahren erziehen und über Mittel verfügen, die unterhalb einer Obergrenze liegen, deren Höhe vom Grund der Versicherungszugehörigkeit und dem Familienstand (allein oder als Paar) abhängt, vgl. Art. L. 381-1 CSS i. V. m. Art. D. 381-1 CSS. Des Weiteren gelten Besonderheiten für die zu pflegenden Personen i. S. d. Art. L. 381-2 al. 2 CSS und es werden auch Alleinerziehende oder ein Elternteil gefördert, die sich um ein Kind mit Behinderung sorgen, vgl. Art. L. 381-2 al. 5 CSS.

Im deutschen Rentenversicherungsrecht bestehen hinsichtlich der Berücksichtigung von Kindererziehungszeiten vergleichbare Regelungsansätze, die jedoch in Umfang und Ausgestaltung teils erheblich variieren.[1369] Zunächst war die Absicht des deutschen Gesetzgebers vergleichbar mit der des französischen Gesetzgebers: Die Berücksichtigungszeiten sollen sicherstellen, dass sich Zeiten der Kindererziehung nicht nachteilig auf die spätere Rentenhöhe auswirken. Sie stellen wie AVPF eine rentenrechtliche Zeit dar. Jedoch beschränkt sich § 57 SGB VI lediglich auf die Berücksichtigung von Kindern bis zu ihrem vollendeten zehnten Lebensjahr und nennt Alleinerziehende nicht *expressis verbis* im Gesetz. Hinsichtlich der Lebensjahre der Kinder macht das im Vergleich zu französischen Regelungen elf Versicherungsjahre aus. Ab dem zehnten Lebensjahr eines Kindes nimmt der deutsche Gesetzgeber an, dass diese in der Lage sind, die Schule (selbstständig) zu besuchen, wodurch eine Teilzeitbeschäftigung möglich wäre, was wiederum einen Anreiz zur Arbeitsaufnahme schafft. Ähnlich wie AVPF normiert das deutsche Recht eine Obergrenze: So finden die Kinderberücksichtigungszeiten keine Anwendung, wenn bereits Beitragsleistungen bis zur

---

1368 Siehe Gliederungspunkt Kapitel 4 C. VI. 4.

1369 Siehe Gliederungspunkt Kapitel 3 C. VII. 8.

jeweiligen Beitragsbemessungsgrenze des betreffenden Kalenderjahres aus Beschäftigung während des aufgeführten Zeitraumes angesammelt wurden. Die Berücksichtigungszeiten sind, ähnlich wie AVPF, an Voraussetzungen anderer Leistungen geknüpft und werden auch nicht gewährt, wenn die Bedingungen für Kinderziehungszeiten nach § 56 SGB VI nicht vorliegen – für die Anrechnung und Zuordnung sind die Berücksichtigungszeiten an diejenigen der Kindererziehungszeiten gebunden.

Im Rahmen der deutschen Kinderberücksichtigungszeiten kann eine Höherbewertung geringer Beitragszeiten erfolgen, vgl. § 70 Abs. 3a SGB VI. Der deutsche Gesetzgeber hat hierbei insbesondere Alleinerziehende berücksichtigen wollen, da diese durch die Kinderbetreuung besonders von niedrigem Arbeitsentgelt bedroht sind und er wollte Anreize zur Wiederaufnahme einer Tätigkeit ab dem Kindergartenalter schaffen. Für die Anhebung oder Gutschrift von zusätzlichen Entgeltpunkten ist das Vorhandensein von 25 Jahren mit rentenrechtlichen Zeiten notwendige Voraussetzung. Die Rentenanwartschaften aus der Erwerbstätigkeit werden in diesem Fall um jeweils 50 % auf maximal 100 % des Durchschnittsverdienstes erhöht. Diese Besonderheit unterscheidet sich von AVPF. AVPF zielt weder auf die Wiederaufnahme einer Tätigkeit noch werden Versicherte mittels Gutschrifterhöhung subventioniert. AVPF zielt daher lediglich auf die Alterssicherung der Versicherten ab, auch und insbesondere bei Zeiten beruflicher Inaktivität.

Des Weiteren gewährt das französische Rentenrecht für bestimmte Versichertengruppen die Altersrente zum vollen Satz, wenn ihre gesamte zurückgelegte Versicherungszeit geringer als die nötigen Trimester ist. So erhalten versicherte Arbeiterfrauen, die eine Mindestversicherungszeit von 30 Jahren im allgemeinen System nachweisen können, mindestens drei Kinder aufgezogen sowie für eine bestimmte Zeit als Beschäftigte eine handwerkliche Arbeit ausgeübt haben, eine Altersrente zum vollen Satz, vgl. Art. L. 351-8 4° CSS i. V. m. Art. R. 351-23 CSS.[1370] In der deutschen gesetzlichen Rentenversicherung ist eine vergleichbare Regelung nicht normiert.

Zusammenfassend ist festzustellen, dass die Verknüpfung von familienfördernden Aspekten in der Alterssicherung mit dem Erwerbsstatus auf dem Arbeitsmarkt zwischen Deutschland und Frankreich unterschiedlich geregelt ist. In diesem Zusammenhang ist insbesondere die deutsche

---

1370 Siehe hierzu Gliederungspunkt Kapitel 4 C. VI. 3.

Rentenreform 1999 und 2001 von Bedeutung.[1371] Bis zu dieser Reform war der Anspruch auf die meisten familienfördernden Leistungen in der gesetzlichen Rentenversicherung an eine Unterbrechung der Erwerbstätigkeit geknüpft; diese Regelung wurde jedoch abgeschafft, sodass nun gleichzeitig ein Leistungsanspruch auf Erwerbs- und Kinderzuschlagszeiten vorliegen und durchgesetzt werden kann, sofern die Summe beider Ansprüche bestimmte Höchstgrenzen nicht überschreitet, vgl. § 70 Abs. 2 Satz 2 SGB VI. Hervorzuheben ist, dass eine Teilzeitbeschäftigung in Kombination mit Kindererziehung kompensiert wird, womit die Zielsetzung einer Förderung der Erwerbsrückkehr deutlich wird, vgl. § 70 Abs. 3a SGB VI.

Im Gegensatz dazu erfordert der Zugang zur AVPF in Frankreich eine vollständige Unterbrechung der Erwerbstätigkeit; eine Reduzierung auf Teilzeitarbeit zur Betreuung eines Kindes wird hier nicht ausgeglichen.[1372] Frankreich hat mit der Leistung AVPF ausdrücklich Regelungen für Alleinerziehende getroffen. Darüber hinaus bleibt die *majoration de durée d'assurance*, die allen Müttern und Vätern gewährt wird – unabhängig davon, ob eine Erwerbsunterbrechung vorliegt oder nicht – ohne Wirkung, wenn die erforderliche Versicherungszeit bereits erfüllt ist. Deutschland und insbesondere Frankreich setzen sich verstärkt dafür ein, die Einbindung von Müttern und Vätern in den Arbeitsmarkt zu fördern und die Vereinbarkeit von Familie und Beruf zu verbessern, indem die Anforderungen des Arbeitsmarktes an familiäre Verpflichtungen angepasst werden.[1373] Abschließend ist festzuhalten, dass das französische Rentensystem durch umfassende und familienfördernde Elemente gezielt darauf ausgerichtet ist, Familien insgesamt, insbesondere aber auch Alleinerziehende, besserzustellen.

VIII. Hinterbliebenensicherung

In Deutschland ist die Hinterbliebenenrente in der gesetzlichen Rentenversicherung und in Frankreich im *régime général* verankert. Des Weiteren ist zu konstatieren, dass in beiden Ländern die Hinterbliebenenleistungen keiner Bedarfsprüfung unterliegen. Eine Reduktion dieser Leistungen ist jedoch bei Vorliegen einer Erwerbstätigkeit und eines eigenen Einkommens

---

[1371] Siehe Gliederungspunkt Kapitel 3. C. VII. 1. a. und C. VII. 8. b.

[1372] Siehe hierzu Gliederungspunkt Kapitel 4 C. VI. 4.

[1373] So auch ähnlich *Hohnerlein*, Rechte und Förderung des Kindes im Vergleich, S. 545.

möglich.[1374] Witwen bzw. Witwer sind in beiden Ländern zunächst alle Ehegatten, die zum Zeitpunkt des Todes mit dem Versicherten rechtsgültig verheiratet waren. Im Gegensatz zum deutschen Recht, in dem der Kreis der Anspruchsberechtigten erweitert wurde und auch überlebende Partner einer eingetragenen Lebenspartnerschaft als Witwen oder Witwer im Rahmen der Hinterbliebenenversorgung anerkannt werden, besteht nach Art. L. 353-1 CSS in Frankreich für nichtehelich zusammenlebende Paare und Paare i. S. e. PACS kein Anspruch auf Hinterbliebenenleistungen – als anspruchsberechtigt gelten ausschließlich hinterbliebene Ehepartner, die als Witwen oder Witwer anerkannt werden.[1375]

So wird in Deutschland im Rahmen der Hinterbliebenenrente zwischen der Witwer-/Witwenrente und der Erziehungsrente unterschieden. Im Rahmen der Witwer- und Witwenrente erfolgt eine zusätzliche Unterteilung zwischen der kleinen und großen Witwer- und Witwenrente.[1376] Die kleine Witwen- bzw. Witwerrente gemäß § 46 Abs. 1 SGB VI stellt eine Leistung für diejenigen Witwen/Witwer dar, die nicht erneut geheiratet haben und deren Anspruch auf diese Rente sich auf einen Zeitraum von längstens 24 Kalendermonaten nach dem Monat erstreckt, in dem der Versicherte verstorben ist. Gemäß § 46 Abs. 2 SGB VI besteht für nicht wiederverheiratete Witwen/Witwer unter Hinzutreten weiterer Voraussetzungen, wie beispielsweise der Erziehung von Kindern oder der Vollendung des 47. Lebensjahres, Anspruch auf die große Witwen- bzw. Witwerrente. In Deutschland beträgt die Hinterbliebenenrente bis zu 55 % der Rente, die der verstorbene Partner bezog oder hätte beziehen können.

In Frankreich existiert der *pension de réversion* nach Art. L. 353-1 CSS eine vergleichbare Leistung, bei der der überlebende Ehegatte nach dem Tod seines Ehegatten Anspruch auf einen Teil der Rente hat, von der der Verstorbene profitiert hat bzw. profitiert hätte. In Frankreich beträgt die Hinterbliebenenrente bis zu 54 % der Rente, die der Verstorbene bezog oder hätte beziehen können.

Die große Witwenrente gemäß § 46 Abs. 2 SGB VI sieht eine zweifache Berücksichtigung der Kindererziehung vor. Einerseits berechtigt die

---

1374 So auch *Bothfeld*, Kindererziehung und Pflegezeiten: Wie anpassungsfähig sind die Sozialversicherungssysteme?, S. 20.

1375 Siehe hierzu Gliederungspunkt Kapitel 4 C. VII. 1.

1376 Siehe Gliederungspunkt Kapitel 3. C. VIII. 1.

Erziehung eines Kindes unter 18 Jahren zum Bezug der langfristigen Leistung bereits vor Vollendung des 47. Lebensjahres. Andererseits beeinflusst die Kindererziehung die Höhe der Hinterbliebenenrente gemäß § 78a SGB VI. So erhalten Alleinerziehende für das erste Kind zwei Entgeltpunkte, für jedes weitere einen zusätzlichen Entgeltpunkt.[1377] Gemäß Art. L. 342-4 al. 2 CSS i. V. m. Art. R. 342-2 phrase 1 CSS erhöht sich die französische Hinterbliebenenrente um 10 %, wenn der hinterbliebene Ehegatte mindestens drei Kinder geboren oder erzogen hat.[1378]

Des Weiteren enthält das deutsche Sozialrecht die Erziehungsrente nach § 47 SGB VI, die Alleinerziehende erhalten, die geschieden sind sowie mindestens ein Kind erziehen und der geschiedene Ehepartner stirbt.[1379] Dieser Unterhaltsersatz wird bis Erreichen der Regelaltersgrenze gewährt und ist auf das Ende der Kindererziehung befristet. Es handelt sich demnach um eine Leistung vor Eintritt in die Altersrente und somit um eine erziehungsbedingte Leistung, die nicht unmittelbar rentenrechtliche Auswirkungen hat. Bei der Erziehungsrente ist jedoch zu beachten, dass Ledige, die nicht mit dem anderen Elternteil verheiratet waren, nach dem Tod des anderen Elternteils keinen Anspruch auf Erziehungsrente haben.

Eine funktional vergleichbare Leistung existiert im französischen Recht in Form der *allocation veuvage*, welche der sozialen Absicherung von Hinterbliebenen dient.[1380] Gemäß Art. L. 356-1 CSS und Art. D. 356-2 CSS liegen die Voraussetzungen vor, wenn der hinterbliebene Ehegatte jünger als 55 Jahre ist, seinen Hauptwohnsitz in Frankreich hat und sein Einkommen in den letzten drei Kalendermonaten eine nach Art. L. 356-1 al. 2 CSS und Art. D. 356-2 3° CSS festgelegte Obergrenze nicht überschritten hat. Der Anspruch auf *allocation veuvage* erlischt ähnlich wie der der kleinen Witwenrente nach § 46 Abs. 1 SGB VI nach 24 Monaten Leistungsbezug oder mit Vollendung des 55. Lebensjahres, wenn der Hinterbliebene zum Zeitpunkt des Todes 50 Jahre alt war.

Beide Länder haben demnach gemeinsam, dass die Erziehung oder das Vorhandensein von Kindern zum Empfang zusätzlicher Hinterbliebenenleistungen

---

1377 Siehe Gliederungspunkt Kapitel 3. C. VIII. 1.

1378 Siehe hierzu Gliederungspunkt Kapitel 4 C. VII. 1.

1379 Siehe Gliederungspunkt Kapitel 3. C. VIII. 2.

1380 Siehe hierzu Gliederungspunkt Kapitel 4 C. VII. 2.

berechtigt. Diese Absicherung ist besonders für Alleinerziehende von Bedeutung, da sie nach dem Verlust des Partners mit erhöhten finanziellen Belastungen zurechtkommen müssen.

IX. Mindestalterssicherung

Die Mindestrentenregelungen sind in den Vergleichsrechtsordnungen unterschiedlich ausgestaltet. So existiert in Deutschland keine allgemeine Mindestalterssicherung im SGB VI. Es gibt lediglich einen Zuschlag an Entgeltpunkten für langjährige Versicherung (sogenannte Grundrente).[1381] Damit soll gewährleistet werden, dass Personen, die über viele Jahre hinweg – auch bei niedrigen Pflichtbeiträgen zur gesetzlichen Rentenversicherung – Kinder erzogen oder Angehörige gepflegt haben, eine Rente erhalten, die ihren Grundbedarf deckt.

Es ist zu bezweifeln, dass ein Großteil der Alleinerziehenden von dieser Leistung profitiert, da der eigentliche Adressatenkreis der Regelung auf langjährig Versicherte (mindestens 33 Jahre an Beitragszeiten) abzielt, die die meisten Personen, die von Altersarmut aufgrund lückenhafter Erwerbsbiografien und sozialversicherungsfreier Beschäftigung sowie Kleinstselbstständige – mit Ausnahme der sozialversicherungspflichtigen Beschäftigung im Niedriglohnsektor – betroffen sind, gerade nicht vorweisen können.[1382] Unabhängig von der gesetzlichen Rentenversicherung existieren vollständig steuerfinanzierte Leistungen zur Grundsicherung im Alter, welche jedoch nicht dem Versicherungsprinzip folgen, sondern die Bedürftigkeit der Leistungsempfänger voraussetzen.[1383] Die Kombination von Rentenanwartschaften mit Leistungen der Grundsicherung im Alter resultiert in einer Form der Mindestsicherung, welche auch das Existenzminimum für Alleinerziehende im Alter sichern soll.

Insofern lassen sich konzeptionelle Unterschiede zu dem System Frankreichs bzw. der dortigen Mindestrente feststellen. In Frankreich werden die Beiträge der Personen immer dann erhöht, wenn trotz Erwerbstätigkeit keine ausreichenden Rentenanwartschaften erworben wurden. Hierbei

---

1381 Siehe hierzu Gliederungspunkt Kapitel 3 C. IX. 1.

1382 Ähnlich *Bertelsmeier*, Entwicklung und Entwicklungstendenzen der Rentenversicherung, S. 402; vgl. *Rische/Thiede*, NZS 2013, 601 (602); *Papier*, DRV 2019, 1 (1); *Börsch-Supan*, Stellungnahme zur Bundestagsanhörung am 23.01.2017, S. 4.

1383 Siehe hierzu Gliederungspunkt Kapitel 3 C. IX. 2.

unterschiedet Frankreich zwischen *minimum contributif*, *minimum contributif majoré* und ASPA. *Minimum contributif* setzt als Voraussetzung fest, dass eine bestimmte Versicherungszeit oder ein bestimmtes Mindestalter vorliegt. Sollte der Versicherte eine Mindestversicherungszeit von 120 Trimester (30 Jahre) vorweisen können, wird seine Mindestrente durch einen Zuschlag erhöht (*minimum contributif majoré*).[1384]

Im Gegensatz zu *minimum contributif* wird ASPA unabhängig von der Anzahl der validierten Versicherungszeit gewährt. Versicherte erhalten ASPA, wenn u. a. ein Anspruch auf eine abschlagsfreie Rente besteht (mindestens 65 Jahre) und die Einkünfte der Person eine bestimmte Grenze nicht überschreiten. Es handelt sich um eine vom Einkommen und der Familiensituation abhängige Differenzleistung.[1385] Somit verfügt Frankreich über eine Mindestrente, die auch Alleinerziehende, die aufgrund von Erwerbsunterbrechungen und reduzierter Erwerbstätigkeit durch Kindererziehung lediglich unzureichende Rentenanwartschaften erwerben konnten, unterstützt.

Im Ergebnis ist festzustellen, dass beide Länder Mindestsicherungsregelungen aufweisen. Beide Länder haben ebenfalls gemeinsam, dass Grundsicherung im Alter und ASPA subsidiär zu etwaigen Renten- oder sonstigen Bezügen gewährt werden. Beide Leistungen werden folglich erst dann gewährt, wenn keine bzw. defizitäre Rentenanwartschaften vorliegen und die Personen ihren Lebensunterhalt nicht selbstständig aus Einkommen und Vermögen bestreiten können. Die Grundsicherung im Alter und ASPA werden jeweils auf Antrag gewährt.

Deutschland und Frankreich haben außerdem gemeinsam, dass die Rentenversicherungsträger gesetzlich verpflichtet sind, rentenberechtigte Personen über die Leistungsvoraussetzungen der Grundsicherung im Alter und ASPA zu beraten und zu informieren. Die Beratungspflicht ist auch für Alleinerziehende von großer Bedeutung, da sie aufgrund der Erziehung und Berufstätigkeit in der Vergangenheit wenig Gelegenheit haben, sich intensiv mit den möglichen Leistungen im Alter auseinanderzusetzen. Zudem erweist sich die Beratungspflicht insbesondere im französischen Kontext als sachgerecht und zielführend, da sich das System der sozialen Sicherung dort aus einer Vielzahl teils komplex strukturierter und schwer durchschaubarer

[1384] Siehe hierzu Gliederungspunkt Kapitel 4 C. VIII. 1.

[1385] Siehe hierzu Gliederungspunkt Kapitel 4 C. VIII. 2.

Teilsysteme zusammensetzt. Vor diesem Hintergrund ist ein strukturelles Informationsdefizit der Versicherten zu erwarten, welches das Risiko birgt, im Alter aufgrund mangelnder Kenntnis über notwendige Antragsverfahren und Verfahrensvoraussetzungen berechtigte Leistungsansprüche nicht geltend machen zu können.

D. Lohninstrumente

In beiden Ländern ist die eigene Erwerbstätigkeit von Alleinerziehenden die wichtigste Einkommensquelle. Die Ausgestaltung des Lohnniveaus durch Mindestlohn und der Sozialversicherungspflicht erfolgt jedoch unterschiedlich.

I. Gesetzlicher Mindestlohn

Deutschland hat im Jahr 2015 den gesetzlichen Mindestlohn eingeführt. In Frankreich besteht seit 1950 ein gesetzlicher Mindestlohn, dessen aktuelle Ausgestaltung seit 1970 Gültigkeit besitzt. Der französische Mindestlohn beträgt aktuell 11,88 Euro pro Stunde, während der deutsche Mindestlohn momentan 12,82 Euro pro Stunde sich beläuft. Der französische Mindestlohn SMIC dient der Sicherung der Kaufkraft von Arbeitnehmern im Niedriglohnbereich sowie deren Teilhabe an der wirtschaftlichen Entwicklung des Landes.[1386] Insofern lassen sich auch beim deutschen gesetzlichen Mindestlohn, der ebenfalls der Bedürfnissicherung dient, identische Zielsetzungen konstatieren.[1387] Die Gewährleistung der Teilhabe an der wirtschaftlichen Entwicklung des Landes ist jedoch nicht Primärziel. Stattdessen obliegt es der Verantwortung der Staaten, die sozialen Sicherungssysteme vor Mitnahmeeffekten zu schützen und dafür Sorge zu tragen, dass der Wettbewerb der Arbeitsmärkte nicht mehr überwiegend über die Lohnkosten erfolgt. Das Ziel der Leistungsgerechtigkeit wird von beiden Mindestlöhnen nicht verfolgt.

Das französische Recht sieht – anders als das deutsche MiLoG – drei verschiedene Modalitäten zur Festsetzung des SMIC vor, welche den unterschiedlichen Zielsetzungen des Mindestlohns Rechnung tragen. Der erste Festsetzungsmechanismus zielt darauf ab, die Kaufkraft der Beschäftigten

---

[1386] Siehe Gliederungspunkt Kapitel 4 D. I. 1.

[1387] Siehe hierzu Gliederungspunkt Kapitel 3 D. I. 1.

zu sichern. Gemäß Art. L. 3231-4 C. trav. erfolgt die Festsetzung des SMIC mittels Indexbindung, und zwar nach Maßgabe des Verbraucherpreisindex. Die Beteiligung der Arbeitnehmer an der wirtschaftlichen Entwicklung wird nach Art. L. 3231-6 C. trav. durch eine jährliche Festsetzung des SMIC mit Wirkung zum 1. Januar eines jeden Jahres sichergestellt. Die französische Regierung kann gemäß Art. L. 3231-10 C. trav. auch vor Jahresablauf eine außerordentliche Erhöhung festlegen.

Im Gegensatz zum französischen Modell existiert in Deutschland ausschließlich ein Verfahren zur Festsetzung des Mindestlohns. Die Mindestlohnkommission erarbeitet einen Vorschlag zur Höhe des Mindestlohns, welcher anschließend von der Bundesregierung für alle Arbeitnehmer verbindlich vorgegeben werden kann. Im Rahmen des französischen Rentenrechts ist der SMIC für die Mindestrentenregelung *minimum contributif* von besonderer Bedeutung und wirkt sich auch unmittelbar auf die Rentenhöhe aus. Der Rentenwert beträgt 85 % des monatlichen Netto-Mindestlohns.[1388] In Deutschland ist die Höhe der individuellen Rentenanwartschaften ausschließlich abhängig vom Verhältnis des eigenen Einkommens zur Entwicklung der beitragsrelevanten Durchschnittsverdienste. Der Mindestlohn ist lediglich für geringfügige Beschäftigungen relevant, für die er eine Dynamisierung der Geringfügigkeitsgrenze bewirkt, vgl. § 8 Abs. 1a SGB VI. Der gesetzliche Mindestlohn wirkt sich auf die Entgeltentwicklung aus und kann damit entsprechend Einfluss auf die Entwicklung der beitragspflichtigen Entgelte sowie die finanzielle Situation der gesetzlichen Rentenversicherung haben.[1389] Die Auswirkungen des deutschen Mindestlohns auf die Rentenanwartschaften sind für Alleinerziehende jedoch von untergeordneter Bedeutung.

II. Sozialversicherungspflicht

Im Gegensatz zum deutschen Rentenversicherungssystem, in dem Befreiungsmöglichkeiten von der Rentenversicherungspflicht bestehen, ist in Frankreich jeder Beschäftigte unabhängig von der Höhe des Einkommens obligatorisch innerhalb des *régime général* angeschlossen vgl. Art. L. 311-2 CSS.[1390] Im französischen Sozialversicherungsrecht existiert die Institution der geringfügigen

1388 Siehe hierzu Gliederungspunkt Kapitel 4 C. VIII. 1.
1389 Siehe Gliederungspunkt Kapitel 3 D. I. 4.
1390 Siehe für Deutschland Kapitel 3 D. II. und für Frankreich siehe Kapitel 4 D. II.

versicherungsfreien Beschäftigung nicht. Eine Beitragsbemessungsgrenze wird lediglich in der Arbeitsunfallversicherung, der Alterssicherung sowie im Familienleistungssystem angewendet, um die Höhe der abzuführenden Beiträge in Frankreich zu bestimmen. Des Weiteren sieht das französische Recht – im Gegensatz zu Deutschland – grundsätzlich auch für Selbstständige eine Pflichtversicherung im *régime général* vor, wobei diese ebenfalls Sozialversicherungsbeiträge entrichten müssen.[1391] Auch für den Fall, dass Personen keiner sozialversicherungspflichtigen Tätigkeit nachgehen, sind dem *régime général* dennoch bestimmte Personengruppen zugeordnet. So werden Alleinerziehende, die vorübergehend nicht erwerbstätig sind, um ihre Kinder zu erziehen, einer beruflichen Tätigkeit im Rahmen der Alterssicherung gleichgestellt, vgl. Art. L. 381-1 CSS. Zwar werden Alleinerziehende im Personenkreis des Art. L. 311-3 CSS nicht ausdrücklich genannt. Andererseits ist zu konstatieren, dass der Gesetzgeber mit der Regelung des Art. L. 381-1 CSS insbesondere Alleinerziehende faktisch berücksichtigt hat, um Rentenanwartschaften zu stärken.

Im Allgemeinen unterliegt jede abhängige Beschäftigung in Deutschland, die gegen Arbeitsentgelt ausgeübt wird, in der Kranken-, Pflege-, Renten-, Unfall- und Arbeitslosenversicherung der Versicherungs- und somit Beitragspflicht. Für bestimmte Personengruppen sind im Sozialgesetzbuch verschiedene Ausnahmetatbestände vorgesehen, die zur Versicherungsfreiheit oder zu reduzierten Sozialversicherungsbeiträgen führen. Dies gilt auch für geringfügige Beschäftigungen. Die geringfügige Beschäftigung und das Erwerbseinkommen im Übergangsbereich stellen eine Sonderform der Versicherungs- bzw. Beitragspflicht dar, die sich durch eine Beitragsbegünstigung auszeichnet. Sie ist eine Besonderheit des deutschen Arbeitsmarktes, wovon auch Alleinerziehende Gebrauch machen.[1392] Durch die gewählte Rentenversicherungsfreiheit in der geringfügigen Beschäftigung des Beschäftigten werden keine rentenrechtlichen Zeiten aufgebaut. Das führt u. a. dazu, dass Alleinerziehende, die sich für eine Rentenversicherungsfreiheit ihrer geringfügigen Beschäftigung entscheiden, keinen Leistungsanspruch auf kindbezogene Höherbewertungen von Pflichtbeiträgen durch zusätzliche Entgeltpunkte

1391 Siehe Gliederungspunkt Kapitel 4 C. IV. 2.

1392 Siehe Gliederungspunkt Kapitel 3 D. II. und insbesondere Gliederungspunkt Kapitel 3 D. II 2. und 3.

nach § 70 Abs. 3a SGB VI haben oder keinen Entgeltzuschlag an Entgeltpunkten für eine langjährige Versicherung nach § 76g SGB VI erhalten.

E. Analyse der Rechtslage nach den Vorgaben und Empfehlungen des Europarechts

Die divergierenden Ausgestaltungen der Vergleichsländer lassen sich primär auf historisch gewachsene Unterschiede, insbesondere im Hinblick auf familienfördernde Elemente in der gesetzlichen Rentenversicherung, zurückführen. Im Folgenden soll eruiert werden, ob sich aus den europarechtlichen Vorgaben und Empfehlungen Erkenntnisse für die Rentensituation von Alleinerziehenden ableiten lassen.

I. Kompetenzen der Europäischen Union

Aus Art. 4 Abs. 2 lit. b) AEUV lässt sich in der EU eine geteilte Zuständigkeit in der Sozialpolitik zwischen der Union und den einzelnen Mitgliedstaaten ableiten, die sich auf die im Vertrag genannten Aspekte beschränkt – die Sozialpolitik ist dabei in den Art. 151 bis 161 AEUV geregelt.[1393] Die Begrenzung auf die im AEUV „genannten Aspekte" soll gewährleisten, dass die Zuordnung der Sozialpolitik zur geteilten Zuständigkeit nicht zu einer Erweiterung der Kompetenz der Union in diesem Bereich führt.[1394]

Die geteilte Zuständigkeit findet ihren Ausdruck in Art. 153 Abs. 1 AEUV, wonach der EU eine lediglich unterstützende und ergänzende Funktion im Kontext der Verwirklichung der Tätigkeiten der Mitgliedstaaten zukommt.[1395] Aus Art. 153 Abs. 1 AEUV ergibt sich, dass die Mitgliedstaaten die Gestaltung der Grundstrukturen ihrer sozialen Sicherungssysteme grundsätzlich in eigener Zuständigkeit wahrnehmen.[1396] Ein einheitliches sowie harmonisiertes

---

1393 *Häde*, in: Pechstein/Nowak/Häde, Frankfurter Kommentar, AEUV, Art. 4, Rn. 5; *Streinz*, in: Streinz, EUV/AEUV, AEUV, Art. 4, Rn. 5; *Fuchs*, in: Fuchs/Janda, Europäisches Sozialrecht, Einführung, Rn. 34.

1394 *Calliess*, in: Calliess/Ruffert, EUV/AEUV, AEUV, Art. 4, Rn. 10.

1395 *Krebber*, in: Calliess/Ruffert, EUV/AEUV, AEUV, Art. 153, Rn. 3; *Bulla*, ZESAR 2010, 319 (320).

1396 *Langer*, in: von der Groeben/Schwarze/Hatje, Europäisches Unionsrecht, AEUV, Art. 153, Rn. 7; *Häde*, in: Pechstein/Nowak/Häde, Frankfurter Kommentar, AEUV, Art. 4, Rn. 5.

europäisches Sozialrecht existiert nicht und war nie Ziel der EU.[1397] Die Alterssicherung von Deutschland und Frankreich wird mithin durch die jeweiligen nationalen Sozialrechtsordnungen bestimmt.

Zwar normiert Art. 153 Abs. 1 lit. i) AEUV eine EU-Zuständigkeit für die Förderung von Chancengleichheit zwischen Männern und Frauen auf dem Arbeitsmarkt und die Gleichbehandlung am Arbeitsplatz.[1398] Jedoch erhält die Union hierdurch keine sogenannte „Kompetenz-Kompetenz" für den Erlass von Maßnahmen zur Verwirklichung der Gleichberechtigung von Männern und Frauen, da die Kompetenz der Union *expressis verbis* auf solche Maßnahmen beschränkt ist, die den Arbeitsmarkt und Arbeitsplatz betreffen.[1399] Davon unabhängig ist Art. 153 Abs. 1 lit. i) AEUV durch den Vertrag von Amsterdam obsolet, da mit diesem Vertrag mit Art. 157 Abs. 3 AEUV eine explizite Anspruchsgrundlage eingeführt wurde.[1400]

Art. 157 Abs. 3 AEUV sieht die Gewährleistung der Anwendung des Grundsatzes der Chancengleichheit und der Gleichbehandlung von Männern und Frauen in Arbeits- und Beschäftigungsfragen, einschließlich des Grundsatzes des gleichen Entgelts bei gleicher und gleichwertiger Arbeit, vor. Unter Entgelt werden nach Art. 157 Abs. 2 AEUV die üblichen Grund- oder Mindestlöhne und -gehälter sowie alle sonstigen Vergütungen, die der Arbeitgeber aufgrund des Dienstverhältnisses dem Arbeitnehmer mittelbar oder unmittelbar in bar oder in Sachleistungen zahlt, verstanden. So sind beispielsweise Entgeltfortzahlung im Krankheitsfall, Abfindungen und Entschädigungen bei Beendigung des Arbeitsverhältnisses und Leistungen aus betrieblichen Sozialversicherungssystemen erfasst.[1401] Der Entgeltbegriff schließt keine

---

1397 *Jaenecke*, Gesetzliche Grundlagen der Hinterbliebenensicherung im europäischen Rechtsvergleich, S. 24; *Janda*, Elements of Generational Solidarity in the German Pension System, S. 42; *Fuchs*, in: Fuchs/Janda, Europäisches Sozialrecht, Einführung, Rn. 73.

1398 *Langer*, in: von der Groeben/Schwarze/Hatje, Europäisches Unionsrecht, AEUV, Art. 153, Rn. 37.

1399 *Langer*, in: von der Groeben/Schwarze/Hatje, Europäisches Unionsrecht, AEUV, Art. 153, Rn. 37.

1400 *Langer*, in: von der Groeben/Schwarze/Hatje, Europäisches Unionsrecht, AEUV, Art. 153, Rn. 37; *Eichenhofer*, in: Streinz, EUV/AEUV, AEUV, Art. 153, Rn. 24.

1401 *Krebber*, in: Calliess/Ruffert, EUV/AEUV, AEUV, Art. 157, Rn. 23 m. w. N.; *Eichenhofer*, in: Streinz, EUV/AEUV, AEUV, Art. 157, Rn. 10.

Sozialversicherungssysteme oder -leistungen ein, die unmittelbar gesetzlich geregelt sind und keinerlei vertragliche Vereinbarungen innerhalb des Unternehmens oder der betreffenden Branche erfordern.[1402] Daher unterliegen die gesetzliche Rentenversicherung sowie das *régime général* und deren Leistungen nicht dem Begriff des Entgelts, weshalb die gesetzliche Alterssicherung von Alleinerziehenden weiterhin außerhalb der Zuständigkeit der EU zu versorgen ist und an dieser Stelle keiner weiteren Konkretisierung bedarf.[1403]

Für eine Förderung von Alleinerziehenden lässt sich bestenfalls Art. 153 Abs. 1 lit. j) AEUV heranziehen, wonach der Union die Kompetenz zur Unterstützung und Ergänzung der Politik der EU-Mitgliedstaaten im Kampf gegen soziale Ausgrenzung zugeschrieben wird. Der Begriff der „sozialen Ausgrenzung" ist komplex und lässt sich inhaltlich schwerlich trennscharf konkretisieren.[1404] Das Politikfeld beinhaltet über die Bekämpfung von Armut hinaus auch die soziale Teilhabe, die wiederum den Arbeitsmarkt, den Zugang zu Wohnraum, Gütern und Dienstleistungen sowie das Gesundheitswesen umfasst.[1405] Alleinerziehende werden in der Norm nicht ausdrücklich thematisiert. Zudem hat die Union für diesen Bereich gemeinschaftlicher Zuständigkeit lediglich die in Art. 153 Abs. 2 lit. a) AEUV eingeräumten Handlungsspielräume.[1406] Insbesondere ist es ihr nicht möglich, Richtlinien mit Mindestvorgaben zu erlassen, vgl. Art. 153 Abs. 2 lit. b) AEUV.

Die Hauptaufgabe der Union liegt vielmehr in der Koordination der sozialrechtlichen Ordnungen, vgl. Art. 48 AEUV.[1407] Sowohl der deutsche als auch der französische Gesetzgeber haben bei der Ausgestaltung ihrer

---

[1402] *Krebber*, in: Calliess/Ruffert, EUV/AEUV, AEUV, Art. 157, Rn. 27; *Eichenhofer*, in: Streinz, EUV/AEUV, AEUV, Art. 157, Rn. 12.

[1403] Siehe für Deutschland Gliederungspunkt Kapitel 3 C. I. und VI. und für Frankreich Gliederungspunkt Kapitel 4 C. I. und V.

[1404] *Krebber*, in: Calliess/Ruffert, EUV/AEUV, AEUV, Art. 153, Rn. 14; *Langer*, in: von der Groeben/Schwarze/Hatje, Europäisches Unionsrecht, AEUV, Art. 153, Rn. 39.

[1405] *Krebber*, in: Calliess/Ruffert, EUV/AEUV, AEUV, Art. 153, Rn. 14; *Langer*, in: von der Groeben/Schwarze/Hatje, Europäisches Unionsrecht, AEUV, Art. 153, Rn. 39 f.

[1406] *Langer*, in: von der Groeben/Schwarze/Hatje, Europäisches Unionsrecht, AEUV, Art. 153, Rn. 41.

[1407] *Brechmann*, in: Calliess/Ruffert, EUV/AEUV, AEUV, Art. 48, Rn. 15–18; *Eichenhofer*, in: Streinz, EUV/AEUV, AEUV, Art. 48, Rn. 18–23; *Langer*, in: von der Groeben/Schwarze/Hatje, Europäisches Unionsrecht, AEUV, Art. 48, Rn. 6; *Fuchs*, in: Fuchs/Janda, Europäisches Sozialrecht, Einführung, Rn. 31.

nationalen Rentenversicherungsregelungen die unionsrechtlichen Grundfreiheiten – insbesondere die Arbeitnehmerfreizügigkeit gemäß Art. 45 AEUV – zu beachten.[1408] Diese gewinnt insbesondere im Hinblick auf die Berücksichtigung von im EU-Ausland erworbenen Rentenanwartschaften sowie deren Anerkennung innerhalb des nationalen Sozialversicherungssystems zentrale Bedeutung.[1409] Gleiches gilt für die grenzüberschreitende Übertragung national erworbener Rentenansprüche zwischen den Versicherungssystemen der Mitgliedstaaten.[1410] Im Primärrecht selbst gibt es keine spezifischen Regelungen, die sich auf Alleinerziehende beziehen.

II. Charta der Grundrechte der Europäischen Union

Die Charta der Grundrechte der Europäischen Union (GRC) beinhaltet lediglich Impulse für eine Gewährleistung des sozialrechtlichen Schutzes von Alleinerziehenden. Die GRC ist gemäß Art. 6 Abs. 1 EUV Bestandteil des Primärrechts. Insofern kommt ihr eine übergeordnete Bedeutung in der Gesetzeshierarchie zu, die über der von Sekundärrechtsakten (Verordnungen und Richtlinien) der EU sowie dem nationalen Recht der Mitgliedstaaten angesiedelt ist.[1411] Im Falle der Nichtumsetzung der aus der GRC resultierenden Verpflichtungen kann die Europäische Kommission ein Vertragsverletzungsverfahren gemäß Art. 258 AEUV gegen den betreffenden EU-Mitgliedstaat einleiten.[1412] Obgleich Alleinerziehende nicht ausdrücklich in der GRC genannt werden, werden diese unter Art. 33 Abs. 1 GRC zu fassen sein. Nach Art. 33 Abs. 1 GRC wird der rechtliche, wirtschaftliche und soziale Schutz der Familie gewährleistet. Der Begriff der Familie ist in einem weiten Sinne

---

[1408] *Bertelsmeier*, Entwicklung und Entwicklungstendenzen der Rentenversicherung, S. 78; *Janda*, in: Dauses/Ludwigs, Handbuch des EU-Wirtschaftsrechts, D. II., Rn. 23.

[1409] *Bertelsmeier*, Entwicklung und Entwicklungstendenzen der Rentenversicherung, S. 78.

[1410] *Bertelsmeier*, Entwicklung und Entwicklungstendenzen der Rentenversicherung, S. 78.

[1411] *Janda*, Prävention verankern, S. 50; *Terhechte*, in: von der Groeben/Schwarze/Hatje, Europäisches Unionsrecht, GRC, Vorbemerkung zur Charta der Grundrechte, Rn. 11; *Jarass*, Charta der Grundrechte der EU, vor Art. 1, Rn. 10.

[1412] *Jarass*, Charta der Grundrechte der EU, vor Art. 1, Rn. 80; *Janda*, Prävention verankern, S. 50.

zu verstehen.[1413] Geschützt werden somit auch Alleinerziehende.[1414] Art. 33 Abs. 1 GRC ist als Grundsatz zu verstehen und begründet unmittelbar keine subjektiven Rechte.[1415] Die Frage, in welchem Umfang die Familie und somit die Alleinerziehenden rechtlich, wirtschaftlich und sozial geschützt sind, ist bislang ungeklärt.[1416] In Bezug auf den sozialen und wirtschaftlichen Schutz nach Art. 33 Abs. 1 GRC dürften vor allem steuer- und sozialpolitische Maßnahmen von Bedeutung sein, ebenso wie alle anderen Maßnahmen, die den wirtschaftlichen und sozialen Zusammenhalt der Familie betreffen.[1417]

Zudem ist zu beachten, dass die Charta nur die Organe, Einrichtungen und sonstigen Stellen der Union verpflichtet. Die Charta ist für die Mitgliedstaaten nur dann verbindlich, wenn und soweit sie Unionsrecht durchführen, vgl. Art. 51 Abs. 1 Satz 1 GRC. Art. 51 Abs. 1 Satz 2 GRC unterscheidet zwischen Rechten, die nach Maßgaben dieser Norm zu achten sind, und Grundsätzen, an die sich die Mitgliedstaaten halten müssen.[1418] Diese Unterscheidung ist von Bedeutung, da Rechte i. S. d. Art. 51 Abs. 1 Satz 2 GRC eine subjektiv-rechtliche Dimension aufweisen, während Grundsätze zunächst durch das sekundäre Unionsrecht konkretisiert und in nationales Recht übersetzt werden müssen, bevor sie ebenfalls subjektiv-rechtliche Dimensionen erlangen können.[1419] Des Weiteren dehnt die Charta den Geltungsbereich des Unionsrechts nicht über die Zuständigkeiten der Union hinaus aus und begründet weder neue Zuständigkeiten noch neue Aufgaben für die Union. Auch vermag sie keine Änderung in den Verträgen festgelegten Zuständigkeiten und Aufgaben zu begründen, vgl. Art. 51 Abs. 2 GRC.

1413 *Jarass*, Charta der Grundrechte der EU, Art. 33, Rn. 6; *Fortunato*, EuR 2008, 27 (31).

1414 *Jarass*, Charta der Grundrechte der EU, Art. 33, Rn. 6 m. w. N.; *Lembke*, in: von der Groeben/Schwarze/Hatje, Europäisches Unionsrecht, GRC, Art. 33, Rn. 9; *Fortunato*, EuR 2008, 27 (31).

1415 *Jarass*, Charta der Grundrechte der EU, Art. 33, Rn. 3; *Lembke*, in: von der Groeben/Schwarze/Hatje, Europäisches Unionsrecht, GRC, Art. 33, Rn. 8.

1416 *Lembke*, in: von der Groeben/Schwarze/Hatje, Europäisches Unionsrecht, GRC, Art. 33, Rn. 15; *Jarass*, Charta der Grundrechte der EU, Art. 33, Rn. 8.

1417 *Kingreen*, in: Calliess/Ruffert, EUV/AEUV, GRC, Art. 33, Rn. 3 m. w. N; *Jarass*, Charta der Grundrechte der EU, Art. 33, Rn. 6.

1418 *Terhechte*, in: von der Groeben/Schwarze/Hatje, Europäisches Unionsrecht, GRC, Art. 51, Rn. 14.

1419 *Terhechte*, in: von der Groeben/Schwarze/Hatje, Europäisches Unionsrecht, GRC, Art. 51, Rn. 14 m. w. N.

In Anbetracht der inhaltlichen Unbestimmtheit der GRC, insbesondere aufgrund des Grundsatzes Art. 33 Abs. 1 GRC, welcher keine subjektiven Rechte vermittelt, lassen sich keine konkreten Vorgaben zur Gestaltung des nationalen Rechts für Alleinerziehende ableiten.

III. Europäisches „Soft Law"

1. Europäische Säule sozialer Rechte

Im November 2017[1420] wurde die Europäische Säule sozialer Rechte (ESSR) durch die Europäische Kommission, das Europäische Parlament sowie den Rat der Europäischen Union feierlich proklamiert.[1421] Die ESSR umfasst zwanzig Vorschriften, welche in drei Kapiteln „Chancengleichheit und Arbeitsmarktzugang", „Faire Arbeitsbedingungen" sowie „Sozialschutz und soziale Inklusion" aufgeführt werden.[1422] Die ESSR zielt mit der Formulierung von ebenfalls für die Gruppe der Alleinerziehenden wichtigen Rechte ab, beispielsweise von Arbeitnehmern „auf eine gerechte Entlohnung, die ihnen angemessenen Lebensstandard ermöglicht"[1423], von Kindern „auf hochwertige, bezahlbare frühkindliche Bildung und Betreuung"[1424] oder von Menschen im Alter „auf Mittel, die ein würdevolles Leben sicherstellen".[1425]

Die ESSR ist aufgrund ihrer fehlenden Rechtsverbindlichkeit allerdings nicht als subjektives Recht einklagbar und hat daher den Charakter einer

---

1420 Im April 2017 präsentierte die Europäische Kommission einen Vorschlag zur Etablierung der ESSR, vgl. Europäische Kommission, Einführung einer Säule sozialer Rechte, KOM(2017) 250 endgültig; vgl. *Janda*, in: Dauses/Ludwigs, Handbuch des EU-Wirtschaftsrechts, D. II., Rn. 212; *Borowsky*, in: Meyer/Hölscheidt, Charta der Grundrechte der Europäischen Union, Vorbemerkungen, Rn. 13.

1421 Interinstitutionelle Proklamation zur europäischen Säule sozialer Rechte ABl. 2017 C 428/10; *Janda*, in: Dauses/Ludwigs, Handbuch des EU-Wirtschaftsrechts, D. II., Rn. 212; siehe *Kingreen*, Soziales Recht 2018, 1 (1).

1422 Interinstitutionelle Proklamation zur europäischen Säule sozialer Rechte ABl. 2017 C 428/10.

1423 Siehe Nr. 6 lit. a) ESSR.

1424 Siehe Nr. 11 lit. a) ESSR.

1425 Siehe Nr. 15 lit. b) ESSR.

Absichtserklärung.[1426] Sie kann als eine Empfehlung an die Mitgliedstaaten[1427] verstanden werden, da sie sich in Bezug auf die rechtliche Unverbindlichkeit sowie das Ziel, ihren Adressaten – in diesem Fall vorrangig die Mitgliedstaaten – zu einem bestimmten Verhalten zu veranlassen, ähnelt.[1428] Die ESSR führt zu keiner Ausweitung der in den Verträgen festgelegten Befugnisse und Aufgaben der Union und sollte innerhalb der Grenzen dieser Befugnisse umgesetzt werden, vgl. Abs. 18 der ESSR-Präambel. Die ESSR ist eingebettet in den Kontext der Bestrebungen zur Vermeidung von Armutsfolgen – ihre Grundsätze können aber erst dann tatsächlich umgesetzt werden, wenn sie in Rechtsvorschriften implementiert worden sind.[1429]

2. Offene Methode der Koordinierung

Mit der Lissabon-Strategie hat sich die EU damals das Ziel gesetzt, bis 2010 zum wettbewerbsfähigsten, dynamischsten und wissensbasierten Wirtschaftsraum der Welt zu werden, der fähig ist, ein dauerhaftes Wirtschaftswachstum mit mehr und besseren Arbeitsplätzen und einem größeren sozialen Zusammenhalt zu erzielen.[1430] Das genannte Ziel sollte durch einen Prozess der Politikkoordinierung auf der Grundlage gemeinsam vereinbarter Ziele erreicht werden.[1431] Dabei sollte die sogenannte offene Methode der Koordinierung (OMK)[1432] zum Einsatz kommen.[1433]

Ursprünglich auf die Beschäftigungspolitik fokussiert, wurde der Anwendungsbereich der OMK in der Folgezeit auf weitere Politikfelder ausgedehnt,

---

1426 *Janda*, in: Dauses/Ludwigs, Handbuch des EU-Wirtschaftsrechts, D. II., Rn. 212; *Kingreen*, Soziales Recht 2018, 1 (1); *Eichenhofer*, ZESAR 2018, 401 (406); *Lörcher*, AuR 2017, 387 (391); *Mülder*, ZESAR 2019, 212 (216).

1427 Zu den Voraussetzungen der Empfehlungen *Geissmann*, in: von der Groeben/Schwarze/Hatje, Europäisches Unionsrecht, AEUV, Art. 288, Rn. 63–68.

1428 *Mülder*, ZESAR, 2019, 212 (216); *Eichenhofer*, ZESAR 2018, 401 (406).

1429 *Janda*, Prävention verankern, S. 50; *Mülder*, ZESAR 2019, 212 (216).

1430 *Wissenschaftliche Dienste*, WD 11 – 205/06, Die Lissabon-Strategie, S. 4; *Janda*, Elements of Generational Solidarity in the German Pension System, S. 42.

1431 *Wissenschaftliche Dienste*, WD 11 – 205/06, Die Lissabon-Strategie, S. 4; *Schulte*, in: Devetzi/Platzer, Die rechtlichen Rahmenbedingungen der Offenen Methode der Koordinierung und ihr Einsatz in den unterschiedlichen Aktionsfeldern, S. 52; *Janda*, Elements of Generational Solidarity in the German Pension System, S. 42.

1432 Vgl. Art. 5, Art. 148 und Art. Art. 156 Abs. 2 AEUV.

1433 *Schulte*, in: Devetzi/Platzer, Die rechtlichen Rahmenbedingungen der Offenen Methode der Koordinierung und ihr Einsatz in den unterschiedlichen Aktionsfeldern,

darunter die Rentenpolitik.[1434] Im Jahr 2008 wurden die einzelnen Koordinierungsprozesse in der OMK Sozialschutz und soziale Eingliederung[1435] zusammengefasst (OMK Soziales).[1436] Die Kommission identifizierte u. a. drei Herausforderungen für die europäischen Altersrentensysteme: Erstens die steigende Lebenserwartung, zweitens die sinkenden Geburtenraten und drittens der bevorstehende Ruhestand der ersten Babyboomer-Generation.[1437] Die Kommission empfahl daher unter anderem, das Ruhestandsalter an die gestiegene Lebenserwartung zu koppeln und den Zugang zur Frühverrentung einzuschränken.[1438]

In Konsequenz der Finanz- und Bankenkrise wurde die OMK in das Folgeprogramm zur Lissabon-Strategie, „EU 2020", integriert, wobei sie in

---

S. 52 f.; vgl. Mitteilung der Kommission an das Europäische Parlament, den Rat, den Europäischen Wirtschafts- und Sozialausschuss und den Ausschuss der Regionen „Ein erneuertes Engagement für ein soziales Europa: Verstärkung der offenen Koordinierungsmethode für Sozialschutz und soziale Eingliederung", KOM(2008) 418 endgültig, S. 2.

1434 Mitteilung der Kommission an das Europäische Parlament, den Rat, den Europäischen Wirtschafts- und Sozialausschuss und den Ausschuss der Regionen „Ein erneuertes Engagement für ein soziales Europa: Verstärkung der offenen Koordinierungsmethode für Sozialschutz und soziale Eingliederung", KOM(2008) 418 endgültig, S. 2; *Janda*, Elements of Generational Solidarity in the German Pension System, S. 42; ebenfalls *Janda*, in: Dauses/Ludwigs, Handbuch des EU-Wirtschaftsrechts, D. II., Rn. 20.

1435 Mitteilung der Kommission an das Europäische Parlament, den Rat, den Europäischen Wirtschafts- und Sozialausschuss und den Ausschuss der Regionen „Ein erneuertes Engagement für ein soziales Europa: Verstärkung der offenen Koordinierungsmethode für Sozialschutz und soziale Eingliederung", KOM(2008) 418 endgültig.

1436 Mitteilung der Kommission an das Europäische Parlament, den Rat, den Europäischen Wirtschafts- und Sozialausschuss und den Ausschuss der Regionen „Ein erneuertes Engagement für ein soziales Europa: Verstärkung der offenen Koordinierungsmethode für Sozialschutz und soziale Eingliederung", KOM(2008) 418 endgültig, S. 2; *Janda*, Elements of Generational Solidarity in the German Pension System, S. 42.

1437 *Europäische Kommission*, Angemessene, nachhaltige und sichere europäische Pensions- und Rentensysteme, KOM(2010) 365 endgültig, S. 7 und 12; Europäische Kommission, Eine Agenda für angemessene, sichere und nachhaltige Pensionen und Renten, COM(2012) 55 final, S. 10 f.

1438 Europäische Kommission, Eine Agenda für angemessene, sichere und nachhaltige Pensionen und Renten, COM(2012) 55 final, S. 10 f.

den Kontext der Wirtschafts-, Finanz- und Beschäftigungspolitik einbezogen wurde.[1439] Im Rahmen der überarbeiteten Strategie hat sich die Europäische Kommission u. a. dazu verpflichtet, eine Bewertung der Angemessenheit und Nachhaltigkeit der Sozialschutz- und Rentensysteme vorzunehmen.[1440] Die Mitgliedstaaten der Europäischen Union sind angehalten, Maßnahmen für besonders armutsgefährdete Gruppen wie beispielsweise Alleinerziehende oder ältere Frauen zu konzipieren und in ihre nationalen Versicherungssysteme zu integrieren.[1441] Zudem müssen sie ihre Sozialversicherungs- und Rentensysteme derart ausbauen, dass eine angemessene Einkommensunterstützung gewährleistet wird.[1442]

Im Jahr 2018 legte die Kommission eine Empfehlung zu den erforderlichen Reformen in Deutschland vor.[1443] In Bezug auf die Altersarmut konstatierte die Kommission einen Anstieg des Risikos, der unter anderem auf die unzureichenden Leistungen der gesetzlichen Rentenversicherung für Geringverdiener, Personen mit atypischen Arbeitsverträgen sowie Personen mit Unterbrechungen in ihrer Erwerbsbiographie zurückzuführen ist.[1444] Des Weiteren wies die Kommission darauf hin, dass Deutschland insbesondere bei Frauen einen der höchsten Anteile von Teilzeitkräften in der EU aufweist.[1445] Dies sei unter anderem auf das Fehlen von Kinderbetreuungsangeboten und

---

1439 Europäische Kommission, Eine Strategie für intelligentes, nachhaltiges und integratives Wachstum, KOM(2010) 2020 endgültig; *Janda*, Elements of Generational Solidarity in the German Pension System, S. 43.

1440 Europäische Kommission, Eine Strategie für intelligentes, nachhaltiges und integratives Wachstum, KOM(2010) 2020 endgültig, S. 23; *Janda*, Elements of Generational Solidarity in the German Pension System, S. 43.

1441 Europäische Kommission, Eine Strategie für intelligentes, nachhaltiges und integratives Wachstum, KOM(2010) 2020 endgültig, S. 23.

1442 Europäische Kommission, Eine Strategie für intelligentes, nachhaltiges und integratives Wachstum, KOM(2010) 2020 endgültig, S. 24.

1443 Europäische Kommission, Empfehlung des Rates zum Nationalen Reformprogramm Deutschlands 2018 mit einer Stellungnahme des Rates zum Stabilitätsprogramm Deutschlands 2018, COM(2018) 405 final.

1444 Europäische Kommission, Empfehlung des Rates zum Nationalen Reformprogramm Deutschlands 2018 mit einer Stellungnahme des Rates zum Stabilitätsprogramm Deutschlands 2018, COM(2018) 405 final, S. 6.

1445 Europäische Kommission, Empfehlung des Rates zum Nationalen Reformprogramm Deutschlands 2018 mit einer Stellungnahme des Rates zum Stabilitätsprogramm Deutschlands 2018, COM(2018) 405 final, S. 5.

Ganztagsschulen zurückzuführen.[1446] Zudem erschwere die Minijob-Verdienstgrenze die Aufstockung der Arbeitszeit.[1447] Die Europäische Kommission sprach die Empfehlung aus, Maßnahmen zu ergreifen, um Fehlanreize, die einer Aufstockung der Arbeitszeit entgegenwirken, insbesondere für Geringverdiener, entgegenzuwirken.[1448] Zudem solle Deutschland Maßnahmen zur Förderung eines längeren Erwerbslebens ergreifen.[1449]

Im Jahr 2022 legte die Kommission eine Empfehlung zum nationalen Reformprogramm Frankreichs vor.[1450] Hinsichtlich des Rentensystems wies die Kommission auf die hohen öffentlichen Rentenausgaben hin, die aufgrund der steigenden Lebenserwartung, des frühen Renteneintrittsalters und der hohen Anzahl von Rentenempfängern bestehen und weiterhin steigen werden.[1451] Des Weiteren empfahl sie Frankreich eine Vereinfachung des Rentensystems durch eine Vereinheitlichung und Zusammenfassung der verschiedenen Systeme, um mehr Transparenz sowie eine effiziente Zuweisung der Arbeitskräfte und die Stärkung der finanziellen Tragfähigkeit der öffentlichen Systeme zu fördern.[1452]

3. EU-Studie „The situations of single parents in the EU"

Aufgrund der begrenzten Rechtsverbindlichkeit eines europaweiten sozialrechtlichen Schutzes für Alleinerziehende verbleibt der EU als sozialpolitische

1446 Europäische Kommission, Empfehlung des Rates zum Nationalen Reformprogramm Deutschlands 2018 mit einer Stellungnahme des Rates zum Stabilitätsprogramm Deutschlands 2018, COM(2018) 405 final, S. 5.

1447 Europäische Kommission, Empfehlung des Rates zum Nationalen Reformprogramm Deutschlands 2018 mit einer Stellungnahme des Rates zum Stabilitätsprogramm Deutschlands 2018, COM(2018) 405 final, S. 5.

1448 Europäische Kommission, Empfehlung des Rates zum Nationalen Reformprogramm Deutschlands 2018 mit einer Stellungnahme des Rates zum Stabilitätsprogramm Deutschlands 2018, COM(2018) 405 final, S. 5.

1449 Europäische Kommission, Empfehlung des Rates zum Nationalen Reformprogramm Deutschlands 2018 mit einer Stellungnahme des Rates zum Stabilitätsprogramm Deutschlands 2018, COM(2018) 405 final, S. 8.

1450 Europäische Kommission, Empfehlung des Rates zum nationalen Reformprogramm Frankreichs 2022, COM(2022) 612 final.

1451 Europäische Kommission, Empfehlung des Rates zum nationalen Reformprogramm Frankreichs 2022, COM(2022) 612 final, S. 8.

1452 Europäische Kommission, Empfehlung des Rates zum nationalen Reformprogramm Frankreichs 2022, COM(2022) 612 final, S. 8.

Handlungsform die Veröffentlichung verschiedener unverbindlichen Empfehlungen. In einer im November 2020 vom Europäischen Parlament in Auftrag gegebenen Studie wurde die Situation von Alleinerziehenden in der EU analysiert und Empfehlungen ausgearbeitet.[1453] So wurde in der Studie festgestellt, dass die Zahl der Alleinerziehenden ansteigt und diese häufiger von Armut betroffen sind als Paare.[1454]

Des Weiteren wurde festgestellt, dass die EU lediglich begrenzten Einfluss auf die Politik speziell für Alleinerziehende nehmen kann.[1455] Die Union hat verschiedene rechtspolitische Empfehlungen ausgegeben, die zur Verbesserung der Situation von Alleinerziehenden in der EU umgesetzt werden können.[1456] In diesem Kontext wies sie darauf hin, dass der geschlechtsspezifische Charakter der Alleinerziehung überarbeitet werden sollte.[1457] Obgleich nach wie vor der Großteil der alleinerziehenden Personen Mütter und damit Frauen sind, ist ebenfalls ein Anstieg der Anzahl alleinerziehender Väter zu verzeichnen, die sich zudem zunehmend an Betreuungsaufgaben beteiligen.[1458] Um dies zu fördern, müssen entsprechende Rahmenbedingungen geschaffen werden. Zudem empfahl die Studie, bessere Arbeitsplätze durch Bildung für Alleinerziehende zu schaffen, um Armut zu verringern.[1459] Zudem wurde gefordert, das Kinderbetreuungsangebot flächendeckend auszubauen, um die Erwerbsbeteiligung von Alleinerziehenden zu erhöhen.[1460] Dies eröffnet nicht nur die Möglichkeit einer Beschäftigung für Alleinerziehende überhaupt, sondern auch die Perspektive längerer Arbeitszeiten und damit die Übernahme besser entlohnter Tätigkeiten.[1461]

Eine Option zur gerechten Gestaltung der Gebühren für Kindertageseinrichtungen für Alleinerziehende besteht in der Gewährung spezieller finanzieller Erleichterungen, sodass auch kostenpflichtige (private) Kindertageseinrichtungen genutzt werden können.[1462] Die Studie stellte unter anderem

1453 Vgl. *Nieuwenhaus*, The situation of single parents in the EU, S. 76–80.
1454 *Nieuwenhaus*, The situation of single parents in the EU, S. 76.
1455 *Nieuwenhaus*, The situation of single parents in the EU, S. 77.
1456 *Nieuwenhaus*, The situation of single parents in the EU, S. 77–80.
1457 *Nieuwenhaus*, The situation of single parents in the EU, S. 78.
1458 *Nieuwenhaus*, The situation of single parents in the EU, S. 78.
1459 *Nieuwenhaus*, The situation of single parents in the EU, S. 78.
1460 *Nieuwenhaus*, The situation of single parents in the EU, S. 80.
1461 *Nieuwenhaus*, The situation of single parents in the EU, S. 80.
1462 *Nieuwenhaus*, The situation of single parents in the EU, S. 80.

fest, dass insbesondere mangelnde Verfügbarkeiten von Möglichkeiten zur Teilzeitarbeit und Kinderbetreuung während der Nicht-Standardarbeitszeiten ein erhebliches Hemmnis für Alleinerziehende auf den Arbeitsmärkten darstellt.[1463]

Für Frankreich stellte die Studie fest, dass bereits einige Maßnahmen speziell für Alleinerziehende ausgerichtet sind, von diesen jedoch auch andere Familien mit Kindern profitieren können.[1464] Alleinerziehende profitieren insbesondere von der AGEPI, die sich an Alleinerziehende mit Kindern unter zehn Jahren richtet.[1465] Es wurde außerdem festgestellt, dass die Vielfalt und Breite des Kinderbetreuungsangebots in Frankreich es alleinerziehenden Elternteilen erleichtert, wieder in den Beruf einzutreten.[1466]

IV. Schlussfolgerung

Die Zuständigkeit für die Gestaltung der Grundstrukturen der gesetzlichen Alterssicherung liegt grundsätzlich bei den EU-Mitgliedstaaten. Da es an verbindlichen EU-Vorgaben für den sozialrechtlichen Umgang mit Alleinerziehenden in der gesetzlichen Rentenversicherung mangelt, lassen sich aus den Mitteilungen und Empfehlungen der EU für Alleinerziehende lediglich Impulse für die nationale Umsetzung von Maßnahmen ableiten. So identifizierte die Kommission als Herausforderung für die Altersrentensysteme für Deutschland und Frankreich die steigende Lebenserwartung, die sinkende Geburtenrate und den bevorstehenden Ruhestand der Babyboomer-Generation. Sie empfahl daher beiden Ländern, das Renteneintrittsalter an die Lebenserwartung zu koppeln und den Zugang zur Frühverrentung zu beschränken. Des Weiteren wurde eine Ausweitung und qualitative Verbesserung der Kinderbetreuung für Alleinerziehende empfohlen, um diesen die Wahrnehmung von Tätigkeiten mit höherem Arbeitsentgelt zu ermöglichen.

Die Kommission rät insbesondere Deutschland, Maßnahmen zu ergreifen, um Fehlanreize, die einer Erhöhung der Arbeitszeit entgegenstehen – wie zum Beispiel bei Minijobs – zu verringern. Für Frankreich empfiehlt die Kommission die Vereinheitlichung der Rentensysteme, um unter anderem

---

1463 *Nieuwenhaus*, The situation of single parents in the EU, S. 58.

1464 *Nieuwenhaus*, The situation of single parents in the EU, S. 44.

1465 *Nieuwenhaus*, The situation of single parents in the EU, S. 44; siehe hierzu Gliederungspunkt Kapitel 1 C. II. 2.

1466 *Nieuwenhaus*, The situation of single parents in the EU, S. 44.

mehr Transparenz und eine Stärkung der finanziellen Tragfähigkeit der öffentlichen Systeme zu erreichen. Für die gesetzliche Rentenversicherung lässt sich aus den Impulsen der Union ableiten, dass sie ihr Renteneintrittsalter an die Lebenserwartung koppeln und die verschiedenen vorgezogenen Altersrenten beschränken soll.

Die im europäischen Kontext gesetzten Impulse zur Weiterentwicklung der Alterssicherungssysteme, insbesondere im Hinblick auf eine Harmonisierung rentenpolitischer Leitlinien und eine Anhebung des Renteneintrittsalters, finden im Entwurf des Koalitionsvertrags zwischen CDU, CSU und SPD (Stand April 2025) keine erkennbare Berücksichtigung. Die Koalitionsparteien bekräftigen vielmehr ihre Absicht, an der Möglichkeit der vorgezogenen Altersrente festzuhalten, und sprechen sich ausdrücklich gegen eine generelle Anhebung des gesetzlichen Renteneintrittsalters aus.[1467] Gleichwohl wird eine verstärkte Förderung freiwilliger Weiterarbeit über das reguläre Rentenalter hinaus angestrebt.[1468] Hierzu sollen finanzielle Anreize geschaffen werden.[1469] So sieht der Koalitionsvertrag vor, dass Personen, die das gesetzliche Rentenalter erreicht haben und freiwillig weiterhin erwerbstätig bleiben, ein monatliches Einkommen von bis zu 2.000,00 Euro steuerfrei beziehen können.[1470]

Der französische Premierminister *François Bayrou* hat ein Renten-Konklave mit den Sozialpartnern einberufen, im Rahmen dessen seit dem 27. Februar 2025 Verhandlungen über eine erneute Reform des Rentensystems geführt werden.[1471] Die Initiative erfolgt vor dem Hintergrund des Reformgesetzes 2023, welches insbesondere infolge der sukzessiven Anhebung des gesetzlichen Renteneintrittsalters zu landesweiten Protesten geführt hatte.[1472] Der französische Rechnungshof (*Cour des comptes*) hatte zuvor im Auftrag des französischen Premierministers am 20. Februar 2025 eine umfassende Analyse der finanziellen Tragfähigkeit des gesetzlichen Rentensystems durchgeführt und kam in seinem Bericht zu dem Schluss, dass eine signifikante

1467 Vgl. Koalitionsvertrag zwischen CDU, CSU und SPD v. 09.04.2025, S. 20.

1468 Vgl. Koalitionsvertrag zwischen CDU, CSU und SPD v. 09.04.2025, S. 20.

1469 Vgl. Koalitionsvertrag zwischen CDU, CSU und SPD v. 09.04.2025, S. 20.

1470 Vgl. Koalitionsvertrag zwischen CDU, CSU und SPD v. 09.04.2025, S. 20.

1471 *Deutsche Sozialversicherung Europavertretung*, Sozialpartnerdialog zur Rentenreform, o. S.; *o. V.*, ZESAR 2025, 251 (251).

1472 *Deutsche Sozialversicherung Europavertretung*, Sozialpartnerdialog zur Rentenreform, o. S.; *o. V.*, ZESAR 2025, 251 (251).

Verschlechterung der finanziellen Situation des französischen Rentensystems zu erwarten ist.[1473] Im Jahr 2023 wies das System zwar noch einen Überschuss von 8,5 Milliarden Euro auf.[1474] Für das Jahr 2025 prognostiziert der Rechnungshof jedoch ein kontinuierlich wachsendes Defizit, das bereits 6,6 Milliarden Euro erreichen soll.[1475] Laut der Analyse des Rechnungshofs wird dieses Defizit bis zum Jahr 2035 auf nahezu 15 Milliarden Euro anwachsen und bis 2045 etwa 30 Milliarden Euro betragen.[1476] Der Rechnungshof hat damit den Rahmen für das von Premierminister *Bayrou* initiierte Rentenkonklave mit den Sozialpartnern geschaffen.[1477]

Ziel dieses auf drei Monate angelegten Konsultationsprozesses ist die Ausarbeitung von Reformvorschlägen zur strukturellen Weiterentwicklung des Rentensystems unter dem Gesichtspunkt größerer Verteilungsgerechtigkeit.[1478] Das Ziel besteht darin, bis zur abschließenden Sitzung am 28. Mai 2025 eine Einigung über die Reformvorschläge zu erzielen.[1479] Die Sozialpartner schließen jedoch nicht aus, den Verhandlungsprozess, falls erforderlich, über das geplante Ende hinaus fortzusetzen und gegebenenfalls bis in den Juni 2025 hinein fortzuführen.[1480]

Im Rahmen der aktuell laufenden Verhandlungen haben sich die Sozialpartner darauf verständigt, zentrale Themenfelder der Alterssicherung in den Mittelpunkt zu stellen.[1481] Dazu zählen insbesondere: die Ausgestaltung von

---

1473 *Cour des comptes*, Situation financière et perspectives du système de retraites – 02/2025, S. 5 und 9.

1474 *Cour des comptes*, Situation financière et perspectives du système de retraites – 02/2025, S. 7.

1475 *Cour des comptes*, Situation financière et perspectives du système de retraites – 02/2025, S. 9.

1476 *Cour des comptes*, Situation financière et perspectives du système de retraites – 02/2025, S. 9.

1477 *Deutsche Sozialversicherung Europavertretung*, Sozialpartnerdialog zur Rentenreform, o. S.; *o. V.*, ZESAR 2025, 251 (251).

1478 *o. V.*, ZESAR 2025, 251 (251); *Deutsche Sozialversicherung Europavertretung*, Französischer Rechnungshof veröffentlicht zweiten Bericht zum Renten-Konklave, o. S.

1479 *Deutsche Sozialversicherung Europavertretung*, Sozialpartnerdialog zur Rentenreform, o. S.; *o. V.*, ZESAR 2025, 251 (251).

1480 *Deutsche Sozialversicherung Europavertretung*, Sozialpartnerdialog zur Rentenreform, o. S.

1481 *Deutsche Sozialversicherung Europavertretung*, Sozialpartnerdialog zur Rentenreform, o. S.; *o. V.*, ZESAR 2025, 251 (252).

Altersgrenzen und Beitragszeiten, die Berücksichtigung beruflicher Belastungen im Zusammenhang mit langen Erwerbsbiografien, die Stärkung solidarischer Elemente, die Gleichstellung der Geschlechter, rentenrechtliche Zuschläge im Zusammenhang mit familiären Verpflichtungen, die nachhaltige Finanzierung der Rentensysteme, die Einführung von Steuerungs- und Evaluationsmechanismen sowie die finanzielle Sicherung der sozialen Sicherungssysteme insgesamt.[1482]

Konkrete Reformvorschläge liegen bislang nicht vor – auch der zweite Bericht des *Cour des comptes* vom 10. April 2025 enthält hinsichtlich der benannten Themenfelder der Alterssicherung keine substanziellen Reformansätze.[1483] Im zweiten Bericht geht es im Wesentlichen um die Auswirkungen der derzeitigen Parameter des Rentensystems auf die Wettbewerbsfähigkeit der französischen Wirtschaft.[1484]

Ebenso wenig ist derzeit erkennbar, dass die auf europäischer Ebene formulierten Empfehlungen zur Vereinheitlichung und Effizienz der Alterssicherungssysteme in die französischen Reformüberlegungen Eingang gefunden haben.

1482 *Deutsche Sozialversicherung Europavertretung*, Sozialpartnerdialog zur Rentenreform, o. S.; *o. V.*, ZESAR 2025, 251 (252).

1483 Vgl. *Cour des comptes*, Impacts du système de retraites sur la compétitivité et l'emploi – 04/2025, S. 7 ff.; vgl. *Deutsche Sozialversicherung Europavertretung*, Französischer Rechnungshof veröffentlicht zweiten Bericht zum Renten-Konklave, o. S.; vgl. *o. V.*, ZESAR 2025, 251 (252).

1484 *Cour des comptes*, Impacts du système de retraites sur la compétitivité et l'emploi – 04/2025, S. 7 ff.

Aus den Ergebnissen der vergleichenden Analyse abgeleiteter Änderungsbedarf

Die vorangegangene vergleichende Analyse hat rechtliche und faktische Defizite in der Ausgestaltung des Systems der gesetzlichen Rentenversicherung in Deutschland identifiziert. Diesen kann unter anderem mit rechtspolitischen Maßnahmen begegnet werden. In diesem Zusammenhang stellt sich die Frage, welche Maßnahmen zur Verbesserung der Situation von Alleinerziehenden in Deutschland geeignet sind.

Auf interne und externe Herausforderungen[1485] muss der deutsche Gesetzgeber ganzheitlich reagieren, um ein verfassungsrechtlich gebotenes Schutzniveau aufrecht zu erhalten. Dies umfasst zum einen Anpassungen der Rahmenbedingungen, auf die sich das deutsche Sozialversicherungssystem einstellen muss, sowie zum anderen Herausforderungen und Fehlentwicklungen, die im Sozialversicherungssystem selbst angelegt sind und dessen Funktionsfähigkeit von innen beeinträchtigen.[1486]

A. Anpassung interner Gegebenheiten

Die vergleichende Analyse zeigt, dass die deutsche gesetzliche Rentenversicherung im Hinblick auf Alleinerziehende Optimierungspotenzial aufweist.

1485 Vgl. *v. Maydell*, in: Köhler/Zacher, Alter und Tod, S. 398.

1486 Auf die gesetzliche Rentenversicherung bezogen ähnlich *Bertelsmeier*, Entwicklung und Entwicklungstendenzen der Rentenversicherung, S. 414.

I. Rentenrechtlicher Änderungsbedarf

1. Änderungsbedarf § 1 Satz 1 SGB VI

Um der Problematik der Altersarmut von Alleinerziehenden effektiv zu begegnen, ist es angezeigt, dass der Gesetzgeber den Kreis der Versicherungspflichtigen erweitert.[1487] Diese Kompetenz ergibt sich aus Art. 74 Abs. 1 Nr. 12 GG.[1488] Eine Begrenzung der Sozialversicherung auf Arbeitnehmer ist gemäß Art. 74 Abs. 1 Nr. 12 GG bislang nicht vorgesehen.[1489] Auch die soziale Sicherung von Selbstständigen kann unter dem Begriff der Sozialversicherung subsumiert werden, was das BVerfG in Hinblick auf die Sozialversicherung der Künstler ausdrücklich anerkannt hat.[1490] Insofern wäre es insbesondere für selbstständige Alleinerziehende möglich, den umfassenden Schutz der gesetzlichen Rentenversicherung in Anspruch zu nehmen, wie dies in Frankreich seit 2018 im *régime général* der Fall ist.

Die Koalitionsparteien CDU, CSU und SPD haben sich im Rahmen der Regierungsbildung darauf verständigt, alle neuen Selbstständigen, die bislang keiner obligatorischen Alterssicherungspflicht unterliegen, künftig in die gesetzliche Rentenversicherung einzubeziehen.[1491] Dabei soll insbesondere Rücksicht auf die spezifischen Bedürfnisse von Existenzgründern genommen werden.[1492] Die konkrete gesetzgeberische Umsetzung dieser politischen Zielsetzung steht allerdings noch aus und bleibt abzuwarten. Die Einbeziehung aller Selbstständigen erscheint insbesondere deshalb sinnvoll, weil Selbstständige im Alter in überdurchschnittlichem Maße bedürftig[1493] sind und ihre

---

1487 Bezogen auf die Altersarmut oder ein Verlassen auf die Hinterbliebenenrente im Ergebnis ähnlich *Schlegel*, NJW 2023, 2093 (2096); kritisch zur Erweiterung des Versichertenkreises *Rolfs*, NJW-Beilage 2024, 42 (44); siehe auch Gliederungspunkt Kapitel 3 C. V.

1488 Siehe Gliederungspunkt Kapitel 3 C. V.

1489 *Papier*, DRV 2019, 1 (3 und 7); *Bertelsmeier*, Entwicklung und Entwicklungstendenzen der Rentenversicherung, S. 270.

1490 BVerfGE 75, 108 (148 f.); vgl. *Bertelsmeier*, Entwicklung und Entwicklungstendenzen der Rentenversicherung, S. 414 m. w. N.

1491 Vgl. Koalitionsvertrag zwischen CDU, CSU und SPD v. 09.04.2025, S. 20.

1492 Vgl. Koalitionsvertrag zwischen CDU, CSU und SPD v. 09.04.2025, S. 20.

1493 Der Anteil der Grundsicherungsbezieher ist unter ehemals Selbstständigen mit 4,4 % im Jahr 2023 deutlich höher als unter ehemals abhängig Beschäftigten, deren Quote bei 2,1 % liegt, vgl. *BMAS*, Alterssicherungsbericht 2024, S. 12; vgl. *Roßbach*, DRV 2024, 1 (4 m. w. N.).

unzureichende Absicherung letztlich die staatlichen Sozialhilfesysteme belastet, wodurch auch die Steuerzahler in Mitleidenschaft gezogen werden.[1494]

Von der Möglichkeit eines freiwilligen Verzichts auf die Einbindung in die gesetzliche Rentenversicherung zugunsten privater Vorsorgeformen für Selbstständige sollte jedoch abgesehen werden, da mit einer selektiven Inanspruchnahme der gesetzlichen Rentenversicherung zu rechnen wäre.[1495] Es ist anzunehmen, dass insbesondere jene Selbstständigen in der gesetzlichen Rentenversicherung verbleiben würden, die sich hiervon einen ökonomischen Vorteil versprechen – etwa aufgrund der Umverteilungsmechanismen zugunsten von Geringverdienenden, eines erhöhten Erwerbsminderungsrisikos oder eines bestehenden Interesses an der Absicherung von Hinterbliebenen.[1496] Demgegenüber bestünde die Möglichkeit, dass wirtschaftlich besser gestellte Selbstständige von einem Verzichtsrecht Gebrauch machen würden, um sich der solidarischen Finanzierungspflicht zu entziehen, sofern sie den Schutz der genannten sozialen Risiken nicht als vorteilhaft erachten.[1497] Eine derartige Risikoselektion könnte sich zusätzlich verschärfen, sofern private Vorsorgeprodukte im Rahmen eines solchen Verzichtsrechts lediglich eine verpflichtende Absicherung des Langlebigkeitsrisikos vorsehen.[1498] In der Folge wären systematische Verzerrungen bei der Beitragsbemessung und Leistungsbewertung zu erwarten.[1499] Es wird daher vorgeschlagen, § 1 Satz 1 SGB VI anzupassen und mit Nr. 5 zu ergänzen:[1500]

§ 1 Beschäftigte *und Selbstständige* (Vorschlag)

Versicherungspflichtig sind

(...)

5. Selbstständig tätige Personen, die ab dem 1. Januar 2026 erstmals eine selbstständige Tätigkeit im Inland aufnehmen und nicht bereits einem anderen obligatorischen

1494 *Schlegel*, NJW 2023, 2093 (2096); *Bertelsmeier*, Entwicklung und Entwicklungstendenzen der Rentenversicherung, S. 304 f.; ebenso *Roßbach*, DRV 2024, 1 (5).

1495 *Roßbach*, DRV 2024, 1 (5); ebenso *Bertelsmeier*, Entwicklung und Entwicklungstendenzen der Rentenversicherung, S. 305.

1496 *Roßbach*, DRV 2024, 1 (5).

1497 *Roßbach*, DRV 2024, 1 (5); ebenso *Steinmeyer*, Altersvorsorge und Demographie – Herausforderungen und Regelungsbedarf, Rn. B 57 f.

1498 *Roßbach*, DRV 2024, 1 (5).

1499 *Roßbach*, DRV 2024, 1 (5).

1500 Die geänderten bzw. durchgestrichenen Stellen sind durch *kursive* Schrift kenntlich gemacht.

Alterssicherungssystem unterliegen, sind kraft Gesetzes versicherungspflichtig in der gesetzlichen Rentenversicherung. Die Versicherungspflicht nach § 1 Satz 1 Nr. 5 SGB VI beginnt mit dem Tag der Aufnahme der selbstständigen Tätigkeit. (…)

2. Änderungsbedarf § 6 Abs. 1b SGB VI

Des Weiteren erwerben Alleinerziehende, die sich im Rahmen einer geringfügigen Beschäftigung von der Rentenversicherungspflicht befreien lassen, keine vollen Ansprüche auf Rentenleistungen. Dies hat insbesondere Auswirkungen auf die Beitragszeiten und somit auch auf die zusätzlichen Entgeltpunkte für Pflichtbeiträge neben Kindererziehung gemäß § 70 Abs. 3a SGB VI sowie auf Grundrentenbewertungszeiten gemäß § 76g Abs. 1 und 4 SGB VI. Daher ist grundsätzlich eine Rentenversicherungspflicht der geringfügig Beschäftigten ohne Befreiungsmöglichkeit erforderlich.

Die Regelung zur Pflicht zur Versicherung und Beitragszahlung stellt zunächst aus verfassungsrechtlicher Sicht einen Eingriff in das Grundrecht der allgemeinen Handlungsfreiheit gemäß Art. 2 Abs. 1 GG dar.[1501] Dieser wird durch einen doppelten Schutzzweck gerechtfertigt.[1502] Es dient sowohl dem Schutz des Individuums, insbesondere durch Vorsorge für das Alter, als auch dem Schutz der Allgemeinheit vor einer unzureichenden Eigenvorsorge des Einzelnen.[1503] Das Versicherungsverhältnis basiert auf dem Austausch zwischen Beschäftigten auf der einen und der Solidargemeinschaft der Versicherten eines bestimmten Sozialversicherungszweigs auf der anderen Seite.[1504] Es setzt voraus, dass aus der Beschäftigung ein Erwerbseinkommen erzielt wird, aus dem angemessene Beiträge zur Finanzierung des jeweiligen Systems gezahlt werden können.[1505] Eine sachliche Rechtfertigung für die Möglichkeit der Befreiung von der Rentenversicherungspflicht ist nicht erkennbar.[1506] Vielmehr führt eine Befreiung zu einer erhöhten Gefahr von Altersarmut oder Abhängigkeit vom Ehepartner, Partner oder einer zukünftigen Hinterbliebenenrente.[1507]

1501 *Schlegel*, NZS 2022, 681 (685).
1502 BSG, Urt. v. 16.08.2017, B 12 KR 14/16 R, in: juris, Rn. 30–32.
1503 BSG, Urt. v. 16.08.2017, B 12 KR 14/16 R, in: juris, Rn. 31.
1504 BSG, Urt. v. 16.08.2017, B 12 KR 14/16 R, in: juris, Rn. 31.
1505 BSG, Urt. v. 16.08.2017, B 12 KR 14/16 R, in: juris, Rn. 31.
1506 *Schlegel*, NZS 2022, 681 (685); ebenso *v. Koppenfels-Spies*, NZS 2021, 632 (634).
1507 So auch ähnlich *Schlegel*, NZS 2022, 681 (685); vgl. auch *Koppernock*, NZS 2022, 692 (697); vgl. *v. Koppenfels-Spies*, NZS 2021, 632 (634).

Durch die vorgeschlagene Verknüpfung der Versicherungspflicht mit einer Erwerbstätigkeit können Beiträge gezahlt werden, und der Einzelne ist grundsätzlich auch in der Lage, den Versicherungsschutz selbstständig zu finanzieren.[1508] Durch die Versicherung erlangt der Erwerbstätige Ansprüche gegenüber der Gemeinschaft der Versicherten und ist im Falle eines Verlusts seines Einkommens in der Lage, einen Teil seines Lebensunterhalts abzusichern.[1509] Gleichzeitig sorgt die Allgemeinheit, soweit der Sozialversicherungsschutz greift, durch den Versicherungszwang dafür, dass der Einzelne im Falle von Bedürftigkeit nicht auf steuerfinanzierte Sozialleistungen angewiesen ist, auf die er einen Rechtsanspruch hat.[1510] Ziel ist somit auch der Schutz der Allgemeinheit vor den Folgewirkungen unzureichender eigenverantwortlicher Altersvorsorge durch den Einzelnen.[1511]

Die Möglichkeit der Befreiung von der Rentenversicherungspflicht nach § 6 Abs. 1b SGB VI sollte daher nur für geringfügige Beschäftigungsverhältnisse in Privathaushalten nach § 8a SGB IV eröffnet werden, da ansonsten die Gefahr zu groß wäre, dass die ohnehin relativ wenigen angemeldeten Beschäftigungsverhältnisse wieder in die Schwarzarbeit abwandern.[1512] Durch die derzeitige Fassung des § 6 Abs. 1b SGB VI besteht auch für Alleinerziehende, die einer geringfügen Beschäftigung nach § 8 Abs. 1 Nr. 1 SGB IV nachgehen, die Möglichkeit, sich von der Versicherungspflicht befreien zu lassen. Diese Möglichkeit sollte lediglich Personen offenstehen, die einer geringfügigen Beschäftigung nach § 8a SGB IV nachgehen. Vorgeschlagen wird daher die Änderung folgender Regelung:

§ 6 Befreiung von der Versicherungspflicht (Vorschlag)

(1) …

(1a) …

(1b) Personen, die eine geringfügige Beschäftigung nach ~~*§ 8 Absatz 1 Nummer 1 oder*~~ § 8a ~~*in Verbindung mit § 8 Absatz 1 Nummer 1*~~ des Vierten Buches ausüben, werden auf Antrag von der Versicherungspflicht befreit.

1508 *Schlegel*, NZS 2022, 681 (685); *Koppernock*, NZS 2022, 692 (697); *v. Koppenfels-Spies*, NZS 2021, 632 (634).

1509 *Schlegel*, NZS 2022, 681 (685); *Koppernock*, NZS 2022, 692 (697).

1510 *Schlegel*, NZS 2022, 681 (685); *Koppernock*, NZS 2022, 692 (697).

1511 BVerfG, Beschl. v. 14.10.1970 – 1 BvR 307/68 –, in: juris, Rn. 29, 47 f.; *Schlegel*, NZS 2022, 681 (685 m. w. N.); vgl. auch *v. Koppenfels-Spies*, NZS 2021, 632 (634).

1512 Ähnlich im Ergebnis *Rolfs*, NJW-Beilage 2024, 42 (44 f.).

Der schriftliche oder elektronische Befreiungsantrag ist dem Arbeitgeber zu übergeben.
(…)

3. Änderungsbedarf § 70 Abs. 2 Satz 2 SGB VI

Die normierte Festsetzung eines Höchstwertes für die Anrechnung von Kindererziehungszeiten kann dazu führen, dass bei Überschreiten der Beitragsbemessungsgrenze eine Kürzung erfolgt, wodurch die Kindererziehungszeiten in der Rentenberechnung nur eingeschränkt berücksichtigt werden.[1513] Dies hat zur Folge, dass die generativen Leistungen im Kontext der Kindererziehung ungleich behandelt werden. Es wird gefordert, die Deckelung der Beitragsbemessungsgrenze aufzuheben. Diese Forderung ist jedoch abzulehnen, da es aus systematischer Sicht geboten erscheint, diese als ein systemimmanentes und das gesamte Recht der gesetzlichen Rentenversicherung prägend durchziehendes Strukturprinzip zu bewahren. Des Weiteren ist die Äquivalenz von Beiträgen und Leistungen zu berücksichtigen. Dies bedeutet, dass eine Begrenzung der Beiträge zwangsläufig eine Begrenzung der Leistungen zur Folge hat. Ebenso führt eine Begrenzung der Leistungen zu einer entsprechenden Reduzierung der Beiträge.[1514]

Ein möglicher Lösungsansatz bestünde jedoch darin, zunächst die aus Kindererziehungszeiten resultierenden Entgeltpunkte vollständig anzurechnen und sodann die beitragspflichtige Beschäftigung lediglich bis zur Beitragsbemessungsgrenze mit weiteren Entgeltpunkten zu berücksichtigen. Überschreiten die aus der Erwerbstätigkeit resultierenden Entgeltpunkte in Kombination mit den angerechneten Kindererziehungszeiten die Beitragsbemessungsgrenze, wären die übersteigenden Entgeltpunkte entsprechend zu kürzen. Infolgedessen würde als Beitragsbemessungsgrundlage ein entsprechend reduziertes Arbeitsentgelt – in Höhe des Differenzbetrags zur Beitragsbemessungsgrenze – herangezogen, wodurch sich zugleich eine verminderte Beitragshöhe ergäbe. Im Ergebnis verbleibt somit ein höherer Nettobetrag aus dem Bruttoarbeitsentgelt, da die Beiträge aus Erwerbstätigkeit nachrangig gegenüber der rentenrechtlichen Berücksichtigung von Kindererziehungszeiten zu entrichten sind. Zwar führt die

---

[1513] Siehe Gliederungspunkt Kapitel 3 C. VII. 7. zum folgenden Text.

[1514] Siehe zur Beitrags- und Leistungsbemessungsgrenze Gliederungspunkt Kapitel 3 C. VII. 7.

Anwendung dieses Berechnungsmodells nicht zu einer Erhöhung der späteren Altersrente, entlastet jedoch das laufende Erwerbseinkommen. Auf diese Weise wird das Äquivalenzprinzip in der gesetzlichen Rentenversicherung gewahrt und der generativen Leistung der Kindererziehung Rechnung getragen. Es wird vorgeschlagen, § 70 Abs. 2 Satz 2 SGB VI anzupassen und mit Satz 3 zu ergänzen:

> **§ 70 Entgeltpunkte für Beitragszeiten (Vorschlag)**
> (1) …
> (2) Kindererziehungszeiten erhalten für jeden Kalendermonat 0,0833 Entgeltpunkte (Entgeltpunkte für Kindererziehungszeiten). Entgeltpunkte für Kindererziehungszeiten sind auch Entgeltpunkte, die für Kindererziehungszeiten mit sonstigen Beitragszeiten ermittelt werden, indem die Entgeltpunkte für sonstige Beitragszeiten um 0,0833 erhöht werden. *Es sind zunächst die Entgeltpunkte aus der Kindererziehungszeit vollständig anzurechnen und darauffolgend bis zur Beitragsbemessungsgrenze die Entgeltpunkte aus der Beschäftigung zu erbringen.* ~~*höchstens um die Entgeltpunkte bis zum Erreichen der jeweiligen Höchstwerte nach Anlage 2b.*~~
> (…)

4. Änderungsbedarf § 70g Abs. 2 SGB VI

Die Systematik der Grundrentenregelung gemäß § 70g Abs. 2 SGB VI führt in Verbindung mit der Berücksichtigung von kinderbezogenen Regelungen zu einer signifikanten Reduzierung des Zuschlags. Dies führt dazu, dass auch Alleinerziehende, die Kinder erzogen haben, im Vergleich zu Kinderlosen einen niedrigeren Zuschlag erhalten. Im Rahmen der Berechnung des Durchschnittswertes aller Grundrentenbewertungszeiten gemäß § 76g Abs. 2 SGB VI erfolgt eine Nichtberücksichtigung der kinderbezogenen Entgeltpunkte. Folglich würden Personen mit Kindern ebenso wie Personen ohne Kinder einen vergleichbaren Zuschlag erhalten.[1515] Daher wird vorgeschlagen, dass bei der Berechnung des Durchschnittswerts aller Grundrentenbewertungszeiten die kindbezogenen Entgeltpunkte wie die Kindererziehungszeiten nach § 70 Abs. 2 SGB VI sowie die zugeordneten zusätzlichen Entgeltpunkte nach § 70 Abs. 3a SGB VI unberücksichtigt bleiben. So würden Versicherte und somit auch Alleinerziehende mit Kindern

[1515] Siehe ausführlich Gliederungspunkt Kapitel 3 IX. 1. g. und Anlage 3 und 4.

einen vergleichbaren Zuschlag erhalten. Vorgeschlagen wird die Änderung folgender Bestimmung:

§ 76g Zuschlag an Entgeltpunkten für langjährige Versicherung (Vorschlag)

(1) …

(2) …

(3) Grundrentenbewertungszeiten sind Kalendermonate mit Zeiten nach Absatz 2, wenn auf diese Zeiten Entgeltpunkte entfallen, die für den Kalendermonat mindestens 0,025 Entgeltpunkte betragen. Berücksichtigt werden für die Grundrentenbewertungszeiten auch Zuschläge an Entgeltpunkten nach den §§ 76e und 76f. *Kindererziehungszeiten nach § 70 Abs. 2 SGB VI sowie zugeordnete zusätzliche Entgeltpunkte nach § 70 Abs. 3a SGB VI bleiben unberücksichtigt.*

(…)

II. Weiterer rentenrechtlicher Änderungsbedarf

Frankreich gewährt Versicherten in besonderem Maße Unterstützung durch eine Vielzahl von Mindestrentenregelungen. Zugleich entfernt sich das französische Rentensystem stärker als das deutsche vom Äquivalenzprinzip, da ein erheblicher Teil der Leistungen auf Grundlage des Solidaritätsprinzips erbracht wird. Bestimmte Mindestrentenregelungen innerhalb der gesetzlichen Rentenversicherung sind grundsätzlich grundrechtskonform.[1516] Dies ergibt sich nicht nur aus dem verfassungsrechtlichen Verbot der Unverhältnismäßigkeit von Beitrag und Leistung, sondern auch aus dem allgemeinen Gleichheitssatz des Art. 3 Abs. 1 GG sowie dem Umstand, dass der obligatorische Charakter der Versicherung – als Eingriff in die allgemeine Handlungsfreiheit nach Art. 2 Abs. 1 GG – einer besonderen Rechtfertigung bedarf.[1517] Vor diesem Hintergrund ist es verfassungsrechtlich geboten, dass die gesetzliche Rente grundsätzlich einen bestimmten Abstand zur Grundsicherung im Alter wahrt (Abstandsgebot).[1518]

1516 *Papier*, DRV 2019, 1 (5).

1517 *Ruland*, in: Ruland/Becker/Axer, SRH, § 18, Rn. 173; *Brosius-Gersdorf*, DRV 2020, 45 (70 f.); *Bertelsmeier*, Entwicklung und Entwicklungstendenzen der Rentenversicherung, S. 299 m. w. N.

1518 *Ruland*, in: Ruland/Becker/Axer, SRH, § 18, Rn. 173; *Brosius-Gersdorf*, DRV 2020, 45 (70 f.); *Bertelsmeier*, Entwicklung und Entwicklungstendenzen der Rentenversicherung, S. 299 m. w. N.

Das BVerfG hat zudem klargestellt, dass aus dem in der gesetzlichen Rentenversicherung verankerten Versicherungszwang mit einem erheblichen Beitragssatzniveau eine verfassungsrechtliche Verpflichtung des Gesetzgebers folgt, im Versicherungsfall eine der Beitragsleistung angemessene Gegenleistung in Form adäquater Rentenansprüche sicherzustellen.[1519] Auch das BSG hat hervorgehoben, dass bereits die gesetzgeberische Intention zur Neuregelung des Rentenversicherungsrechts von 1956[1520] darauf abzielte, Altersrentner „aus der Nähe des Fürsorgeempfängers in die Nachbarschaft des Lohnempfängers" zu rücken.[1521]

Der Grundrentenzuschlag[1522] steht jedoch nicht nur im Widerspruch zum Versicherungsprinzip, sondern wirft auch erhebliche verfassungsrechtliche Bedenken auf.[1523] Im Ergebnis liegt eine gravierende Abweichung vom Äquivalenzprinzip vor, die durch den in der Gesetzesbegründung[1524] angeführten Abschlag von 12,5 %[1525] nicht in hinreichender Weise kompensiert wird.[1526] Dieser Abschlag erscheint in seiner Höhe weitgehend willkürlich und vermag daher nicht als legitime Anpassung des Versicherungsprinzips zugunsten solidarischer Elemente gerechtfertigt zu werden.[1527] Dabei wird zuvörderst nicht berücksichtigt, dass es insbesondere die Eigentumsgarantie gemäß Art. 14 GG ist, die im Einklang mit dem Versicherungsprinzip die Äquivalenz zwischen Beitrag und Versicherungsleistung sowohl berechtigt als auch verpflichtet.[1528] Zudem führen Abweichungen vom Äquivalenzprinzip

---

1519 BVerfG, Beschl. v. 03.06.2014 – 1 BvR –, in: juris, Rn. 69.

1520 Vgl. BT-Drs. 2437 v. 05.06.1956, S. 57.

1521 BSG, Urt. v. 31.07.2002 – B 4 RA 120/00 R –, in: juris, Rn. 22.

1522 Siehe hierzu Gliederungspunkt Kapitel 3 C. IX. 1.

1523 So auch *Ruland*, NZS 2019, 881 (883 ff.); *Papier*, DRV 2019, 1 (6 ff.); *Bertelsmeier*, Entwicklung und Entwicklungstendenzen der Rentenversicherung, S. 300 m. w. N.

1524 Vgl. BT-Drs. 19/18473, S. 37; BR-Drs. 85/20, S. 34 f.

1525 Siehe Gliederungspunkt Kapitel 3 C. IX. 1. d.

1526 Vgl. *Bertelsmeier*, Entwicklung und Entwicklungstendenzen der Rentenversicherung, S. 300.

1527 *Ruland*, NZS 2019, 881 (885 f.); *Bertelsmeier*, Entwicklung und Entwicklungstendenzen der Rentenversicherung, S. 300 m. w. N.

1528 *Brosius-Gersdorf*, DRV 2020, 45 (57); *Papier*, DRV 2019, 1 (2); siehe Gliederungspunkt Kapitel 3 B. II.

regelmäßig zu Ungleichbehandlungen, die nach Art. 3 Abs. 1 GG einer Rechtfertigung bedürfen.[1529]

Die Anerkennung der „Lebensarbeitsleistung"[1530] erfolgt zudem nur in einem begrenzten Umfang, dessen Begründung kaum nachvollziehbar ist und daher als willkürlich angesehen werden muss.[1531] Die Anknüpfung der Rente an eine Mindestversicherungszeit hat zur Folge, dass Personen mit weniger als 33 Jahren versicherungspflichtiger Beschäftigung von einer Anerkennung ausgeschlossen bleiben – selbst dann, wenn sie über diesen Zeitraum hinaus erhebliche Erwerbsleistungen erbracht haben, etwa im Rahmen selbstständiger Tätigkeit, geringfügiger Beschäftigung oder Kindererziehung, ohne dabei rentenrechtlich relevante Anwartschaften zu erwerben.[1532] Zudem ist zu beachten, dass die Minijobs und Midijobs, die unterhalb des Werts nach § 76g Abs. 1 und 4 SGB VI liegen, im Rahmen der Grundrentenberechnung nicht berücksichtigt werden. Dies führt dazu, dass unter anderem Alleinerziehende nicht von der Grundrente profitieren können. Die Lebensarbeitsleistung dieser Personengruppe erfährt eine geringere Wertschätzung, was insbesondere vor dem Hintergrund der weiterhin lückenhaften Einbeziehung aller Erwerbsformen in die Versicherungspflicht problematisch erscheint.[1533]

Besonders kritisch ist, dass Rentenanwartschaften und -ansprüche in dem Maße an der ihnen grundsätzlich zukommenden Eigentumsqualität i. S. d. Art. 14 GG verlieren, weil sie nicht durch eigene Beitragszahlungen erworben wurden.[1534] Dies wirft verfassungsrechtliche Fragen hinsichtlich der Schutzwürdigkeit beitragsunabhängiger Leistungen auf. Je mehr der Zusammenhang zwischen Beitrag und Leistung aufgeweicht wird, desto stärker verliert auch die Beitragspflicht ihre rechtliche und verfassungsrechtliche Rechtfertigung.[1535]

1529 *Bertelsmeier*, Entwicklung und Entwicklungstendenzen der Rentenversicherung, S. 300.

1530 Siehe Gliederungspunkt Kapitel 3 C. IX. 1. c. und g.

1531 *Ruland*, NZS 2019, 881 (883); *Bertelsmeier*, Entwicklung und Entwicklungstendenzen der Rentenversicherung, S. 301.

1532 *Cremer*, DRV 2020, 127 (140); *Bertelsmeier*, Entwicklung und Entwicklungstendenzen der Rentenversicherung, S. 301.

1533 So etwa auch *Bertelsmeier*, Entwicklung und Entwicklungstendenzen der Rentenversicherung, S. 301.

1534 *Papier*, DRV 2019, 1 (7); siehe Gliederungspunkt Kapitel 3 B. II.

1535 *Ruland*, NZS 2019, 881 (885).

Darüber hinaus wird von Kritikern zu Recht darauf hingewiesen, dass die Finanzierung durch den Steuerzahler über Bundeszuschüsse weder hinsichtlich ihres Bestehens noch ihrer konkreten Höhe verfassungsrechtlich garantiert ist.[1536] Vielmehr unterliegen sie der politischen Dispositionsfreiheit, sodass weder die dauerhafte Bereitstellung noch eine zweckgebundene Verwendung verlässlich gesichert erscheint.[1537] Insbesondere in Zeiten wirtschaftlicher Herausforderungen – wie derzeit bedingt durch Demografie, Technologie, Klima und globale Machtverhältnisse – wird dieser Kritikpunkt relevant.[1538] In Bezug auf die Mindestrente kann Frankreich entsprechend nicht als Vorbild herangezogen werden. Eine Anhebung niedriger Renten auf einen Mindestbetrag, der die Höhe der Grundsicherung im Alter übersteigen würde, wäre mit einem gleichheitswidrigen Systembruch verbunden.[1539] Es obliegt dem Gesetzgeber, im Recht der gesetzlichen Rentenversicherung systemsprengende Elemente zu meiden, deren Zuordnung zum versicherungsfremden Fürsorgeprinzip unzweifelhaft ist.[1540]

Altersarmut kann durch bedarfs- und bedürfnisorientierte Leistungen adäquat bekämpft werden.[1541] Sollte das geltende Recht der Grundsicherung im Alter als nicht länger hinreichend erachtet werden, ist eine diesbezügliche Anpassung durch den Gesetzgeber erforderlich.[1542] Es wird vorgeschlagen, sozialhilferechtliche Freibeträge für gesetzliche Renten einzuführen, wodurch die betreffende gesetzliche Rente – ähnlich wie eine betriebliche oder private Rente gemäß § 82 Abs. 4 und 5 SGB XII – bis zur Höhe des Freibetrags nicht auf die Sozialhilfe angerechnet würde.[1543] Als Vorteil wird

---

1536 *Papier*, DRV 2019, 1 (6); *Ruland*, NZS 2016, 721 (726); *Bertelsmeier*, Entwicklung und Entwicklungstendenzen der Rentenversicherung, S. 302.

1537 *Papier*, DRV 2019, 1 (6); *Ruland*, NZS 2016, 721 (726); *Bertelsmeier*, Entwicklung und Entwicklungstendenzen der Rentenversicherung, S. 302.

1538 Ähnlich *Bertelsmeier*, Entwicklung und Entwicklungstendenzen der Rentenversicherung, S. 302.

1539 Im Ergebnis auch *Papier*, DRV 2019, 1 (1); ebenfalls *Bertelsmeier*, Entwicklung und Entwicklungstendenzen der Rentenversicherung, S. 300.

1540 Ebenfalls *Papier*, DRV 2019, 1 (1 und 7); so auch *Bertelsmeier*, Entwicklung und Entwicklungstendenzen der Rentenversicherung, S. 403.

1541 Im Ergebnis ähnlich *Papier*, DRV 2019, 1 (1 und 7).

1542 So auch *Papier*, DRV 2019, 1 (1 und 7); zustimmend *Bertelsmeier*, Entwicklung und Entwicklungstendenzen der Rentenversicherung, S. 402 f.

1543 *Ruland*, DRV 2018, 1 (19 f.); *Brosius-Gersdorf*, DRV 2020, 45 (76).

dargelegt, dass eine solche Freibetragsregelung zu einer gerechteren Verteilung führen würde, weniger grundrechtliche Konflikte hervorbrächte, eine deutlich größere Zahl von Personen (insbesondere Frauen) begünstigen würde und somit eine effektivere Bekämpfung von Altersarmut ermöglicht werden könnte.[1544]

Eine systematische Anknüpfung an das französische Modell der Rentenberechnung, das auf den 25 wirtschaftlich stärksten Beitragsjahren basiert, könnte für das deutsche Rentenversicherungsrecht in Form einer gewichteten Rentenformel adaptiert werden. Diese würde niedrigere Einkommen rentenrechtlich aufwerten, ohne dabei das grundsätzliche Prinzip der Beitragsbezogenheit vollständig aufzugeben.[1545] Vielmehr würde ein solches Modell zielgerichtet jenen Versicherten zugutekommen, deren niedrige Erwerbseinkommen zu einer unzureichenden Alterssicherung führen.[1546] Die Höhe der Rentenanwartschaften würde sich weiterhin am erzielten sozialversicherungspflichtigen Einkommen orientieren, jedoch unter Berücksichtigung eines Korrekturfaktors, bis ein definierter Grenzwert an Anwartschaften überschritten ist.[1547]

Zwar wird vertreten, dass aus einem niedrigen rentenversicherungspflichtigen Jahreseinkommen nicht ohne Weiteres auf eine konkrete Gefährdung durch Altersarmut geschlossen werden kann.[1548] Es könnte sich ebenso um eine gering entlohnte Vollzeitbeschäftigung handeln, deren Einkommen beispielsweise durch eine selbstständige Tätigkeit ergänzt würde.[1549] Ebenso wäre denkbar, dass weitere Einkommensquellen – etwa in Form von Vermögen – vorhanden wären.[1550] Schließlich bestünde auch die Möglichkeit, dass Personen mit geringem Erwerbseinkommen über eine Absicherung im Rahmen einer ehelichen Bedarfsgemeinschaft verfügen würden.[1551] Es wurde darauf hingewiesen, dass der Vorschlag dem Äquivalenzprinzip deutlich

---

1544 *Ruland*, DRV 2018, 1 (19 f.).

1545 *Bertelsmeier*, Entwicklung und Entwicklungstendenzen der Rentenversicherung, S. 303; *Papier*, DRV 2019, 1 (5); kritisch *Roßbach*, DRV 2024, 1 (10).

1546 *Steinmeyer*, Altersvorsorge und Demographie – Herausforderungen und Regelungsbedarf, Rn. B 76 f.; vgl. auch *Papier*, DRV 2019, 1 (5).

1547 *Papier*, DRV 2019, 1 (5).

1548 So *Roßbach*, DRV 2024, 1 (10).

1549 *Roßbach*, DRV 2024, 1 (10).

1550 *Roßbach*, DRV 2024, 1 (10).

1551 *Roßbach*, DRV 2024, 1 (10).

widersprechen würde, da er eine systematische Umverteilung von Beziehern höherer Renten zu solchen mit niedrigeren Renten impliziere.[1552]

Ein solches Modell erscheint jedoch verfassungsrechtlich unbedenklich, insbesondere im Hinblick auf Art. 3 Abs. 1 GG, da es Differenzierungen auf Grundlage sachgerechter Kriterien vornimmt und strukturell benachteiligte Gruppen gezielt fördert.[1553] Dieser Vorschlag stellt keine vollständige Abkehr vom Strukturprinzip der Lohn- und Beitragsäquivalenz dar, sondern vielmehr eine verfassungsrechtlich zulässige Relativierung zugunsten eines verstärkten Solidarausgleichs innerhalb der gesetzlichen Rentenversicherung.[1554] Eine gewichtete Rentenformel dieser Art würde im Übrigen grundsätzlich allen Versicherten zugutekommen – unabhängig von der Anzahl ihrer Versicherungsjahre – und käme insbesondere auch Alleinerziehenden entgegen, die häufig Erwerbsunterbrechungen und damit Lücken in ihren Versicherungsverläufen aufweisen.[1555]

Mit der (jetzigen) Höhe des Mindestlohns können Alleinerziehende keine ausreichenden Rentenanwartschaften erwerben, da die gesetzliche Rentenversicherung größernteils vom Versicherungsprinzip getragen wird.[1556] Folglich ist eine Erhöhung der Arbeitszeit sowie eine Ausweitung auf höherwertige Tätigkeiten erforderlich, um die Beitragszahlungen zur Rentenversicherung zu erhöhen und dadurch letztlich die Rentenanwartschaften zu verbessern. Somit würde sich auch das Einkommen aus Minijob und Midijob erhöhen. Dies würde dann grundsätzlich dazu führen, dass dieses Einkommen im Rahmen der Grundrentenberechnung berücksichtigt wird. Die höheren Beiträge in die Rentenversicherung dienen nicht nur der individuellen Absicherung der Alleinerziehenden gegen das Risiko der Altersarmut, sondern auch der Allgemeinheit. Denn bei fehlender Eigenvorsorge muss die Grundsicherung im Alter die wirtschaftliche Existenz sichern und zu geringe Rentenansprüche aufstocken.[1557]

1552 So zumindest *Roßbach*, DRV 2024, 1 (10).
1553 *Papier*, DRV 2019, 1 (5).
1554 *Papier*, DRV 2019, 1 (5); kritisch *Roßbach*, DRV 2024, 1 (10).
1555 Ähnlich im Ergebnis *Papier*, DRV 2019, 1 (5).
1556 Siehe hierzu Gliederungspunkt Kapitel 3 D. I. 4.
1557 Ähnlich im Ergebnis *Koppernock*, NZS 2022, 692 (697).

B. Anpassung externer Gegebenheiten

Um Altersarmut bei Alleinerziehenden wirksam vorzubeugen, sind also nicht nur ergänzende Maßnahmen zur Sozialversicherung (insbesondere zur gesetzlichen Rentenversicherung) und des Lohnniveaus (Erhöhung der Arbeitszeit sowie eine Ausweitung des Aufgabenbereichs auf höherwertige Tätigkeiten) notwendig. Neben den rentenrechtlichen Leistungen ist eine Unterstützung während der Erwerbsphase entscheidend, um die Vereinbarkeit von Beruf und Familie zu fördern. Hierzu bedarf es insbesondere eines weiteren Ausbaus der ganztägigen Kinderbetreuung bzw. Ganztagsschulen, wie sie in Frankreich schon länger etabliert ist, um insbesondere Alleinerziehenden eine Erwerbstätigkeit zu ermöglichen.

Die schrittweise Einführung eines Rechtsanspruchs auf ganztägige Betreuung für Kinder in Horten oder Ganztagsgrundschulen ab 2026 für Familien ist ein erster Schritt, um Beruf und Arbeit besser zu vereinbaren. Die finanzielle Unterstützung von Alleinerziehenden für die Inanspruchnahme von Ganztagsbetreuung für Schulkinder, wie sie von der Europäischen Union empfohlen und in Frankreich umgesetzt wird, erweist sich für Deutschlands Alleinerziehende als sinnvoll. Hierzu ist es jedoch wichtig, dass auch ausreichend Betreuungsplätze verfügbar sind.

Denkbar wäre es, Alleinerziehenden bei der Platzvergabe einen Vorrang einzuräumen, indem der Status als Alleinerziehender als eigenständiges Vergabekriterium Berücksichtigung findet.[1558] Dieses Kriterium könnte ergänzend zu weiteren Gesichtspunkten wie der Erwerbstätigkeit der Sorgeberechtigten sowie dem Alter des Kindes in die Entscheidungsfindung der einzelnen Kinderbetreuungseinrichtungen oder Träger einbezogen werden.[1559] Die Gesamtverantwortung für die Kinderbetreuung hierfür läge nach § 79 SGB VIII bei den Trägern der öffentlichen Jugendhilfe.[1560] Die Entscheidung über die Zuteilung konkreter Plätze obliegt dabei, unter Beachtung der geltenden gesetzlichen Vorgaben, den Kommunen sowie den Einrichtungen in freier und privat-gewerblicher Trägerschaft.[1561] Die Festlegung der

---

1558 So auch BT-Drs. 20/14510, S. 232.

1559 BT-Drs. 20/14510, S. 232.

1560 BT-Drs. 20/14510, S. 232; siehe zur Gesamtverantwortung *Winkler*, in: BeckOK SozR, SGB VIII, § 79, Rn. 1 ff.

1561 Landtag von Baden-Württemberg, Angebot an Kita-Plätzen und Kriterien zur Vergabe der Plätze v. 07.09.2020, Drucksache 16/8755, S. 3; vgl. BT-Drs. 20/14510, S. 232.

Aufnahmekriterien (alleinerziehend) für Kinder in eine Kindertageseinrichtung obliegt hierbei den jeweiligen Trägern, die diese in Ausübung ihrer Trägerhoheit innerhalb ihres eigenen Zuständigkeits- und Verantwortungsbereichs bestimmen.[1562] Es ist jedoch zu berücksichtigen, dass der Vorrang von Alleinerziehenden nur dann sinnvoll ist, wenn gleichzeitig ausreichend Fachpersonal für die Kinderbetreuung zur Verfügung steht und hierdurch die Problematik unzureichender Betreuungskapazitäten nicht lediglich auf (Ehe)Paare mit Kindern verlagert wird.

Um die Vereinbarkeit von Berufs- und Familienleben von Alleinerziehenden während der Zeiten, in denen sie ihren Fürsorgepflichten nachkommen, zu fördern, ist die Arbeitskultur durch Rechte auf eine flexiblere Arbeitsorganisation in Bezug auf Zeit und Ort zu verbessern.[1563] Außerdem sollte der Ausbau der Kindertagesbetreuung hinsichtlich längerer Öffnungszeiten und Betreuungsangebote in Randzeiten für Vorschulkinder und Grundschulkinder weiterhin gefördert werden.[1564] Im Rahmen des Koalitionsvertrags hat sich die beabsichtigte künftige Bundesregierung aus CDU, CSU und SPD darauf verständigt, den Ausbau ganztägiger Bildungs- und Betreuungsangebote weiter voranzutreiben und zusätzliche Investitionen in den Bereich der frühkindlichen Bildung – insbesondere in Krippen und Kindertageseinrichtungen – vorzunehmen.[1565]

Zudem sollte als gebotene Rechtsänderung die Erwerbsfähigkeit durch zeitflexible Weiterbildungsmöglichkeiten gefördert werden, um die Arbeitsmarktintegration von Alleinerziehenden zu erleichtern.[1566] Ein verstärktes Bewusstsein in der öffentlichen Verwaltung und in der Privatwirtschaft für den Einsatz älterer Arbeitnehmer ist ebenfalls erforderlich, um auf die flexiblen Hinzuverdienstmöglichkeiten zu reagieren.[1567] Diese Umsetzungen würden zu einer Entlastung der Sozialversicherungsträger führen und positive Effekte auf den Arbeitsmarkt haben.[1568]

1562 BT-Drs. 20/14510, S. 232; Landtag von Baden-Württemberg, Angebot an Kita-Plätzen und Kriterien zur Vergabe der Plätze v. 07.09.2020, Drucksache 16/8755, S. 3.

1563 So auch BT-Drs. 20/14510, S. 253.

1564 Ähnlich BT-Drs. 20/14510, S. 253.

1565 Koalitionsvertrag zwischen CDU, CSU und SPD v. 09.04.2025, S. 98.

1566 BT-Drs. 20/14510, S. 282.

1567 So auch im Ergebnis ähnlich *Luci*, Frauen auf dem Arbeitsmarkt in Deutschland und Frankreich, S. 26.

1568 BT-Drs. 20/14510, S. 282.

C. Schlussbetrachtung

Frankreich kann insgesamt als Vorbild herangezogen werden, da das französische Sozialversicherungssystem durch seine familienfördernden Elemente in der Alterssicherung eine deutlich großzügigere Ausgestaltung aufweist als das deutsche. Diese Großzügigkeit ist jedoch – wie bereits erörtert – mit erheblichen finanziellen Implikationen verbunden.[1569] Angesichts der angespannten Wirtschaftslage und der sich zukünftig weiter verschärfenden demografischen Entwicklung[1570] sind die Möglichkeiten für umfassende Leistungsverbesserungen für Alleinerziehende in der gesetzlichen Rentenversicherung in Deutschland weiter begrenzt, da die Finanzierung nicht beitragsgedeckter Leistungen durch Steuerzuschüsse aus öffentlichen Mitteln zunehmend schwer zu rechtfertigen ist. Auch die angestrebte nächste Bundesregierung aus CDU, CSU und SPD vertritt im Rahmen des Koalitionsvertrags die Auffassung, dass die dauerhafte Finanzierung der Mehrausgaben durch Steuermittel untrennbar mit einer wachstumsorientierten Wirtschaftspolitik, einer hohen Erwerbsbeteiligung sowie einer angemessenen Lohnentwicklung verbunden ist.[1571] Es erscheint daher notwendig, sowohl die Rentenleistungen als auch die Zugangsbedingungen der Rentenversicherung an die veränderten wirtschaftlichen und gesellschaftlichen Rahmenbedingungen anzugleichen.[1572] Abschließend bleibt festzuhalten, dass ein zukunftsfähiges Sozialrecht ökonomische Leistungsgrenzen wahren und zugleich den besonderen Bedürfnissen strukturell benachteiligter Gruppen wie Alleinerziehenden Rechnung tragen muss.

1569 Siehe zur finanziellen Tragfähigkeit des gesetzlichen Rentensystems Gliederungspunkt Kapitel 5. F. IV.

1570 BT-Drs. 20/14510, S. 282.

1571 Koalitionsvertrag zwischen CDU, CSU und SPD v. 09.04.2025, S. 19.

1572 Ähnlich im Ergebnis *Bothfeld*, Kindererziehung und Pflegezeiten: Wie anpassungsfähig sind die Sozialversicherungssysteme?, S. 51.

Literaturverzeichnis

Achatz, Juliane: Alleinerziehende, in: NZFam 2016, S. 213–215. Zitiert als: *Achatz*, NZFam 2016, 213 (…).

Acs, Marie/Lhommeau, Bertrand/Raynaud, Émilie: Les familles monoparentales depuis 1990. Quel contexte familial? Quelle activité professionnelle?, in: Dossiers solidarité et santé 2015, N° 67, S. 1–34, abzurufen unter: *https://drees.solidarites-sante.gouv.fr/publications/dossiers-solidarite-et-sante-1998-2016/les-familles-monoparentales-depuis-1990* (letzter Abruf: 25.04.2025). Zitiert als: *Acs/Lhommeau/Raynaud*, Les familles monoparentales depuis 1990, S. (…).

Algava, Élisabeth/*Buisson, Guillemette/Toulemon, Lauren*: Les « familles monoparentales »: une catégorie statistique bien établie, assortie de nombreuses limites, in: *Le Pape, Marie-Clémence/Helfter, Clémence* (Hrsg.), Les familles monoparentales, Conditions de vie, vécu et action publique, Un état des saviors, Paris 2023, S. 27–58. Zitiert als: *Algava/Buisson/Toulemon*, Les « familles monoparentales »: une catégorie statistique bien établie, assortie de nombreuses limites, S. (…).

Ardant, Philippe/Mathieu, Bertrand: Droit constitutionnel et institutions politiques, 36. Auflage, Paris 2024. Zitiert als: *Ardant/Mathieu*, Droit constitutionnel et institutions politiques, Rn. (…).

Bäcker, Gerhard/Kistler, Ernst: Altersarmut, in: bpb, abzurufen unter: *https://www.bpb.de/themen/soziale-lage/rentenpolitik/288842/altersarmut/* (letzter Abruf: 25.04.2025). Zitiert als: *Bäcker/Kistler*, in: bpb, Altersarmut, o. S.

Bäcker, Gerhard: Alterssicherung in Deutschland, in: APuZ 2022, S. 4–10, abzurufen unter: *https://www.bpb.de/system/files/dokument_pdf/APuZ_2022-20_online.pdf* (letzter Abruf: 25.04.2025). Zitiert als: *Bäcker*, APuZ 2022, 4 (…).

Badel, Maryse: Suppression de l'assurance veuvage et réforme de la pension de réversion: quelle équivalence?, in: RDSS 2004, N° 2, S. 451–466. Zitiert als: *Badel*, RDSS 2004, 451 (…).

Barbier, Jean-Claude/Zemmour, Michaël/Théret, Bruno: Le système français de protection sociale, 3. Auflage, Paris 2021. Zitiert als: *Barbier/Zemmour/Théret*, Le système français de protection sociale, S. (…).

Bayreuther, Frank: Der gesetzliche Mindestlohn, in: NZA 2014, S. 865–873. Zitiert als: *Bayreuther*, NZA 2014, 865 (…).

Becker, Ulrich: Rechtsdogmatik und Rechtsvergleich im Sozialrecht, in: *ders.* (Hrsg.): Rechtsdogmatik und Rechtsvergleich im Sozialrecht I,

1. Auflage, Baden-Baden 2010, S. 11–59. Zitiert als: *Becker*, in: ders., Rechtsdogmatik und Rechtsvergleich im Sozialrecht, S. (…).

Becker, Ulrich: Staat und autonome Träger im Sozialleistungsrecht. Rechtsvergleichende Untersuchung der Risikoabsicherungssysteme in Deutschland, Frankreich, Italien und Großbritannien, Baden-Baden 1996. Zitiert als: *Becker*, Staat und autonome Träger im Sozialleistungsrecht, S. (…).

Bertelsmeier, Katharina: Entwicklung und Entwicklungstendenzen der Rentenversicherung. Eine rechtsvergleichende Untersuchung zwischen Deutschland und den BRICS-Staaten Brasilien und China, 1. Auflage, Baden-Baden 2023. Zitiert als: *Bertelsmeier*, Entwicklung und Entwicklungstendenzen der Rentenversicherung, S. (…).

Bichot, Jacques: Retraite et famille: des injustices á la pelle, in: Droit Sociale 1999, n° 1, S. 33–41. Zitiert als: *Bichot*, Droit Sociale 1999, 33 (…).

Bickel, *Karin*: Familienbezogene Elemente im System der gesetzlichen Rentenversicherung. Unter besonderer Berücksichtigung von Ein-Eltern-Familien, Frankfurt am Main 1999. Zitiert als: *Bickel*, Familienbezogene Elemente im System der gesetzlichen Rentenversicherung, S. (…).

Bieback, *Karl-Jürgen*: Alleinerziehende im Sozialrecht anderer europäischer Länder, in: ArchSozArb 2011, S. 56–67. Zitiert als: *Bieback*, ArchSozArb 2011, 56 (…).

Bienert, *Claus-Peter*: Zuordnung von Kindererziehungszeiten und weiteren Berücksichtigungszeiten wegen Kindererziehung in der gesetzlichen Rentenversicherung, in: NZS 2024, S. 740–749. Zitiert als: *Bienert*, NZS 2024, 740 (…).

BMAS: Alterssicherungsbericht 2024. Ergänzender Bericht der Bundesregierung zum Rentenversicherungsbericht 2024 gemäß § 154 Abs. 2 SGB VI, abzurufen unter: *https://www.bmas.de/SharedDocs/Downloads/DE/Rente/alterssicherungsbericht-2024.pdf?__blob=publicationFile&v=3* (letzter Abruf: 25.04.2025). Zitiert als: *BMAS*, Alterssicherungsbericht 2024, S. (…).

BMAS: Alterssicherungsbericht 2020: Ergänzender Bericht der Bundesregierung zum Rentenversicherungsbericht 2020 gemäß § 154 Abs. 2 SGB VI (Alterssicherungsbericht 2020), abzurufen unter: *https://www.bmas.de/SharedDocs/Downloads/DE/Rente/alterssicherungsbericht-2020.pdf?__blob=publicationFile&v=2* (letzter Abruf: 25.04.2025). Zitiert als: *BMAS*, Alterssicherungsbericht 2020, S. (…).

BMFSFJ: Allein- oder getrennterziehen – Lebenssituation, Übergänge und Herausforderungen. Monitor Familienforschung. Beiträge aus Forschung, Statistik und Familienpolitik, Ausgabe 43, 1. Auflage, Berlin 2021. Zitiert als: *BMFSFJ*, Allein- oder getrennterziehen – Lebenssituation, Übergänge und Herausforderungen, S. (…).
BMFSFJ: Familienbilder in Deutschland und Frankreich, Monitor Familienforschung. Beiträge aus Forschung, Statistik und Familienpolitik, Ausgabe 34, 2015, abzurufen unter: *https://www.bmfsfj.de/resource/blob/76252/0c016a5969e447087f8a6b6883a06d80/monitor-familienforschung-ausgabe-34-data.pdf* (letzter Abruf: 25.04.2025). Zitiert als: *BMFSFJ*, Familienbilder in Deutschland und Frankreich, S. (…).
Boecken, *Winfried*: Der verfassungsrechtliche Schutz von Altersrentenansprüchen und -anwartschaften in Italien und in der Bundesrepublik Deutschland sowie deren Schutz im Rahmen der Europäischen Menschenrechtskonvention. Eine rechtsvergleichende Untersuchung im Hinblick auf die Rechtsposition der Versicherten in den gesetzlichen Rentenversicherungen der Arbeiter und Angestellten, Berlin 1987. Zitiert als: *Boecken*, Der verfassungsrechtliche Schutz von Altersrentenansprüchen und -anwartschaften in Italien und in der Bundesrepublik Deutschland sowie deren Schutz im Rahmen der Europäischen Menschenrechtskonvention, S. (…).
Bonnet, *Carole*/*Chambaz*, *Christine*: Les avantages familiaux dans le calcul des retraites, in: Dossiers solidarité et santé 2000, n° 3, S. 47–63. Zitiert als: *Bonnet/Chambaz*, Dossiers solidarité et santé 2000, 47 (…).
Bonnet, *Carole*/*Chagny*, *Odile*/*Monperrus-Veroni*, *Paola*: Les systèmes de retraite et les femmes. En France, en Allemagne et en Italie, in: Revue de l'OFCE 2004, n° 90, S. 343–378. Zitiert als: *Bonnet/Chagny/Monperrus-Veroni*, Revue de l'OFCE 2004, 343 (…).
Borchert, *Ernst-Jürgen*: Die Berücksichtigung familiärer Kindererziehung im Recht der gesetzlichen Rentenversicherung. Ein Beitrag zur Rentenreform, Berlin 1981. Zitiert als: *Borchert*, Die Berücksichtigung familiärer Kindererziehung im Recht der gesetzlichen Rentenversicherung, S. (…).
Borgetto, *Michel*/*Lafore*, *Robert*: Droit de la sécurité sociale, 20. Auflage, Paris 2023. Zitiert als: *Borgetto/Lafore*, Droit de la sécurité sociale, Rn. (…).
Börsch-Supan, *Axel*: Stellungnahme zur Bundestagsanhörung am 23.01.2017 (Thema: Rentenpolitik), S. 1–17, abzurufen unter: *https://www.mpisoc.mpg.de/fileadmin/user_upload/data/MEA/*

max-planck-institut-mea-Stellungnahme-zur-Bundestagsanhoerung-rentenpolitik.pdf (letzter Abruf: 25.04.2025). Zitiert als: *Börsch-Supan*, Stellungnahme zur Bundestagsanhörung am 23.01.2017, S. (...).

Bothfeld, Silke: Kindererziehung und Pflegezeiten: Wie anpassungsfähig sind die Sozialversicherungssysteme? Deutschland im internationalen Vergleich, ZeS-Arbeitspapier Nr. 3/2012, Bremen 2012. Zitiert als: *Bothfeld*, Kindererziehung und Pflegezeiten: Wie anpassungsfähig sind die Sozialversicherungssysteme?, S. (...).

Bourquin, Irène: «Vie ouvrière» und Sozialpolitik: Die Einführung der «Retraites ouvrières» in Frankreich um 1910. Ein Beitrag zur Geschichte der Sozialversicherung, Bern 1977. Zitiert als: *Bourquin*, «Vie ouvrière» und Sozialpolitik, S. (...).

Brose, Wiebke: Armut trotz Arbeit: Das Zusammenspiel von Sozialrecht und prekärer Beschäftigung, in: DRV 2018, S. 341–352. Zitiert als: *Brose*, DRV 2018, 341 (...).

Brosius-Gersdorf, Frauke (Hrsg.): Dreier, Grundgesetz-Kommentar, 4. Auflage, Tübingen 2023. Zitiert als: *Bearbeiter*, in: Dreier, GG, Art. (...), Rn. (...).

Brosius-Gersdorf, Frauke: Verfassungsrechtlicher Spielraum für Reformen der gesetzlichen Rentenversicherung zur Bewältigung des demografischen Wandels, in: DRV 2020, S. 45–76. Zitiert als: *Brosius-Gersdorf*, DRV 2020, 45 (...).

Bulla, Eckart: Der gemeinschaftsrechtliche Grundsatz der Solidarität auf dem Gebiet der sozialen Sicherheit, in: ZESAR 2010, S. 319–327. Zitiert als: *Bulla*, ZESAR 2010, 319 (...).

Bundesagentur für Arbeit: Zweites Buch Sozialgesetzbuch – SGB II, Fachliche Weisungen, § 21 SGB II, Mehrbedarfe, Stand: 01.01.2024, abzurufen unter: *https://www.arbeitsagentur.de/datei/dok_ba034415.pdf* (letzter Abruf: 25.04.2025). Zitiert als: *Bundesagentur für Arbeit*, Fachliche Weisungen § 21 SGB II, Rn. (...).

Bundesministerium für Gesundheit und Soziale Sicherung (Hrsg.): Bericht der Kommission, Nachhaltigkeit in der Finanzierung der sozialen Sicherungssysteme, August 2003, abzurufen unter: *https://www.sozialpolitik-aktuell.de/files/sozialpolitik-aktuell/_Politikfelder/Sozialstaat/Dokumente/ruerup_kommission.pdf* (letzter Abruf: 25.04.2025). Zitiert als: *Bundesministerium für Gesundheit und Soziale Sicherung*, Bericht der Kommission, Nachhaltigkeit in der Finanzierung der sozialen Sicherungssysteme, S. (...).

Bünning, Mareike: Die Familie aus Sicht der Menschen, die in Deutschland leben, in: NZFam 2018, S. 304–307. Zitiert als: *Bünning*, NZFam 2018, 304 (…).

Buslei, Hermann/Geyer, Johannes/Haan, Peter: Förderung von Rentenbeiträgen im Übergangsbereich wenig zielgenau, in: Soziale Sicherheit 2023, S. 146–148. Zitiert als: *Buslei/Geyer/Haan*, Soziale Sicherheit 2023, 146 (…).

Buslei, Hermann/Geyer, Johannes/Haan, Peter: Midijob-Reform: Mehr Umverteilung in der Rente – spürbare Kosten entlasten nicht zielgenau, in: DIW Wochenbericht 2023, S. 75–82. Zitiert als: *Buslei/Geyer/Haan*, DIW Wochenbericht 2023, 75 (…).

Buslei, Hermann/Geyer, Johannes/Haan, Peter/Harnisch, Michelle: Starke Nichtinanspruchnahme von Grundsicherung deutet auf hohe verdeckte Altersarmut, in: DIW Wochenbericht 2019, S. 909–917, abzurufen unter: *https://www.diw.de/documents/publikationen/73/diw_01.c.699932.de/19-49.pdf* (letzter Abruf: 25.04.2025). Zitiert als: *Buslei/Geyer/Haan/Harnisch*, DIW Wochenbericht 2019, 909 (…).

Butterwegge, Christoph: Krise und Zukunft des Sozialstaates, 5. Auflage, Wiesbaden 2014. Zitiert als: *Butterwegge*, Krise und Zukunft des Sozialstaates, S. (…).

Calliess, Christian/Ruffert, Matthias (Hrsg.): EUV/AEUV. Das Verfassungsrecht der Europäischen Union mit Europäischer Grundrechtecharta, Kommentar, 6. Auflage, München 2022. Zitiert als: *Bearbeiter*, in: Calliess/Ruffert, EUV/AEUV, (…), Art. (…), Rn. (…).

CESE, ESEC overview, abzurufen unter: *https://www.lecese.fr/en/esec-overview* (letzter Abruf: 25.04.2025). Zitiert als: *CESE*, ESEC overview, o. S.

Chareyron, Sylvain/Le Gall, Rémi/L'Horty, Yannick: Droits et devoirs du RSA: l'impact des contrôles sur la participation des bénéficiaires, in: Revue économique 2022, n° 5, S. 735–759. Zitiert als: *Chareyron/Le Gall/L'Horty*, Revue économique 2022, 735 (…).

Chaslot-Robinet, Sylvie: La majoration de durée d'assurance, in: Retraite et société 2012, n° 62, S. 183–199. Zitiert als: *Chaslot-Robinet*, Retraite et société 2012, 183 (…).

Cheloudko, Pierre/Marino, Anthony: Les retraités et les retraites – Édition 2024, abzurufen unter: *https://drees.solidarites-sante.gouv.fr/publications-communique-de-presse-documents-de-reference/panoramas-de-la-drees/241030_Retraites_2024#:~:text=Cette%20nouvelle%20%C3%A9dition%20du%20Panorama,%2C%20et%20de%20*

l'invalidit%C3%A9. (letzter Abruf: 25.04.2025). Zitiert als: *Cheloudko/ Marino*, Les retraités et les retraites 2024, o. S.
Chenillet, Philippe: Les perspectives d'évolution de l'assurance vieillesse à la lumière des rapports et études récents, in: RDSS 1988, S. 149–158. Zitiert als: *Chenillet*, RDSS 1988, 149 (…).
Christl, Gerhard: Zugang zu Kita & Co. Mit Stolpersteinen für Alleinerziehende, in: NJ 2018, S. 237–240. Zitiert als: *Christl*, NJ 2018, 237 (…).
Cleiss: Das französische Sozialversicherungssystem III – Alter, A – Grundrente, o. S., abzurufen unter: *https://www.cleiss.fr/docs/regimes/regime_france/al_3.html#:~:text=Die%20Solidarit%C3%A4tsleistung%20f%C3%BCr%20%C3%A4ltere%20Personen,und%20der%20Familiensituation%20abh%C3%A4ngige%20Differenzleistung* (letzter Abruf: 25.04.2025). Zitiert als: *Cleiss*, Das französische Sozialversicherungssystem III – Alter, A – Grundrente, o. S.
Collombet, Catherine/Math, Antoine: La politique familiale en direction des parents isolés en France dans une perspective de comparaison européenne, in: *Le Pape, Marie-Clémence/Helfter, Clémence* (Hrsg.), Les familles monoparentales, Conditions de vie, vécu et action publique, Un état des saviors, Paris 2023, S. 159–184. Zitiert als: *Collombet/Math*, La politique familiale en direction des parents isolés en France dans une perspective de comparaison européenne, S. (…).
Conseil d'orientation des retraites: présentation – missions, o. S., abzurufen unter: *https://www.cor-retraites.fr/index.php/presentation* (letzter Abruf: 25.04.2025). Zitiert als: *Conseil d'orientation des retraites*, présentation – missions, o. S.
Conseil d'orientation des retraites: rapport annuel, Évolutions et perspectives des retraites en France 2023, abzurufen unter: *https://www.cor-retraites.fr/sites/default/files/2023-06/RA_2023.pdf* (letzter Abruf: 25.04.2025). Zitiert als: *Conseil d'orientation des retraites*, rapport annuel, Évolutions et perspectives des retraites en France 2023, (…).
Cour des comptes: Impacts du système de retraites sur la compétitivité et l'emploi, Communication au Premier ministre – Avril 2025, abzurufen unter: *https://www.ccomptes.fr/sites/default/files/2025-04/20250410-Impacts-du-systeme-de-retraites-sur-la-competitivite-et-lemploi_0.pdf* (letzter Abruf: 25.04.2025). Zitiert als: *Cour des comptes*, Impacts du système de retraites sur la compétitivité et l'emploi – 04/2025, S. (…).
Cour des comptes: Situation financière et perspectives du système de retraites. Communication au Premier ministre – Février 2025,

abzurufen unter: https://www.ccomptes.fr/sites/default/files/2025-02/20250220-Situation-financiere-et-perspectives-du-systeme-de%20 retraites_0.pdf (letzter Abruf: 20.04.2025). Zitiert als: *Cour des comptes*, Situation financière et perspectives du système de retraites – 02/2025, S. (…).

Cousin, Bertrand: Avantages familiaux: un apport essentiel à la pension des femmes, in: Retraite et société 2008, n° 53, S. 190–211. Zitiert als: *Cousin*, Retraite et société 2008, 190 (…).

Cremer, Georg: Armut im Alter: zum Verantwortungsbereich von Rentenversicherung und Sozialhilfe, in: DRV 2020, S. 127–144. Zitiert als: *Cremer*, DRV 2020, 127 (…).

Dabag, Tigran: Beitragsäquivalenz in der gesetzlichen Rentenversicherung? Eine Untersuchung zum verfassungsrechtlichen Schutz von Renten und Rentenanwartschaften durch Art. 14 GG, 1. Auflage, Baden-Baden 2009. Zitiert als: *Dabag*, Beitragsäquivalenz in der gesetzlichen Rentenversicherung?, S. (…).

Dallinger, Ursula: Sozialpolitik im internationalen Vergleich, 1. Auflage, Konstanz/München 2016. Zitiert als: *Dallinger*, Sozialpolitik im internationalen Vergleich, S. (…).

DARES: Les cessations anticipées d'activité au fil du temps, o. S., abzurufen unter: *https://dares.travail-emploi.gouv.fr/sites/default/files/pdf/les_cessations_anticipees_d_activite_au_fil_du_temps.pdf* (letzter Abruf: 25.04.2025). Zitiert als: *DARES*, Les cessations anticipées d'activité* au fil du temps, o. S.

Dauses, Manfred (Begr.)/*Ludwigs, Markus* (Hrsg.): Handbuch des EU-Wirtschaftsrechts, Band 1, 61. Ergänzungslieferung, München 2024. Zitiert als: *Bearbeiter*, in: Dauses/Ludwigs, Handbuch des EU-Wirtschaftsrechts, (…), Rn. (…).

De Schlichting, Alain/Volmerange, Xavier: Einführung in die französische Rechtssprache, Introduction au français juridique, 4. Auflage, München 2018. Zitiert als: *De Schlichting/Volmerange*, Einführung in die französische Rechtssprache, S. (…).

Debelius, Stefan: Einheitliche Altersversorgung von Angestellten, Beamten und Freiberuflern. Rechtsgeschichtliche Darstellung und verfassungsrechtliche Analyse, Hamburg 2022. Zitiert als: *Debelius*, Einheitliche Altersversorgung von Angestellten, Beamten und Freiberuflern, S. (…).

Denneberg, Dieter: Zum Äquivalenzprinzip in der gesetzlichen Rentenversicherung, in: DRV 1978, S. 133–138. Zitiert als: *Denneberg*, DRV 1978, 133 (…).

Destatis: Bevölkerung und Erwerbstätigkeit, Haushalte und Familien – Ergebnisse des Mikrozensus, abzurufen unter: *https://www.destatis.de/DE/Themen/Gesellschaft-Umwelt/Bevoelkerung/Haushalte-Familien/Publikationen/Downloads-Haushalte/haushalte-familien-2010300217004.pdf?__blob=publicationFile* (letzter Abruf: 25.04.2025). Zitiert als: *Destatis*, Bevölkerung und Erwerbstätigkeit, Haushalte und Familien, S. (…).

Destatis: Pressemitteilung Nr. 050 vom 08.02.2024, 1,1 Millionen weniger Niedriglohnjobs im April 2023 gegenüber April 2012, abzurufen unter: *https://www.destatis.de/DE/Presse/Pressemitteilungen/2024/02/PD24_050_62.html* (letzter Abruf: 25.04.2025). Zitiert als: *Destatis*, Pressemitteilung Nr. 50 v. 08.02.2024, o. S.

Destatis: Pressemitteilung, Zahl der Woche Nr. 20 v. 16.05.2023, o. S., abzurufen unter: *https://www.destatis.de/DE/Presse/Pressemitteilungen/Zahl-der-Woche/2023/PD23_20_p002.html* (letzter Abruf: 25.04.2025). Zitiert als: *Destatis*, Pressemitteilung, Zahl der Woche Nr. 20 v. 16.05.2023, o. S.

Destatis: Statistischer Bericht – Mikrozensus – Haushalte und Familien – Erstergebnisse 2023, 4/2024, abzurufen unter: *https://www.destatis.de/DE/Themen/Gesellschaft-Umwelt/Bevoelkerung/Haushalte-Familien/Publikationen/Downloads-Haushalte/statistischer-bericht-mikrozensus-haushalte-familien-2010300237005-erstergebnisse.html* (letzter Abruf: 25.04.2025). Zitiert als: *Destatis*, Haushalte und Familien, Erstergebnisse 2023, o. S.

Deutsche Rentenversicherung: Anrechnung von Kindererziehungszeiten, abzurufen unter: *https://www.deutsche-rentenversicherung.de/Rheinland/DE/Presse/Pressemitteilungen/2023/230831-kindererziehung.html#:~:text=F%C3%BCr%20Kinder%2C%20die%201992%20oder,derzeit%20um%20rund%20110%20Euro* (letzter Abruf: 25.04.2025). Zitiert als: *Deutsche Rentenversicherung*, Anrechnung von Kindererziehungszeiten, o. S.

Deutsche Rentenversicherung: Der Grundrentenzuschlag, abzurufen unter: *https://www.deutsche-rentenversicherung.de/DRV/DE/Rente/Grundrente/grundrente.html* (letzter Abruf: 25.04.2025). Zitiert als: *Deutsche Rentenversicherung*, Der Grundrentenzuschlag, o. S.

Deutsche Rentenversicherung: Gemeinsame Rechtliche Anweisungen (GRA), Leistungen der Rentenversicherung Frankreich, Stand: 26.08.2022, abzurufen unter: *https://rvrecht.deutsche-rentenversicherung.de/SharedDocs/rvRecht/02_GRA_EU_SVA/04_Laender/Frankreich/gra_frankreich_10_lerv.html#doc1578036bodyText4* (letzter Abruf: 25.04.2025). Zitiert als: *Deutsche Rentenversicherung*, GRA Frankreich, Leistungen der Rentenversicherung, (…).

Deutsche Rentenversicherung: Kindererziehung, abzurufen unter: *https://www.deutsche-rentenversicherung.de/DRV/DE/Rente/Familie-und-Kinder/Kindererziehung/kindererziehung_node.html#:~:text=Ein%20Jahr%20Kindererziehung%20bringt%20fast%20einen%20Entgeltpunkt&text=Umgerechnet%20bringt%20Ihnen%20ein%20Jahr,erziehen%20Kinder%2C%20arbeiten%20aber%20nebenbei%3F* (letzter Abruf: 25.04.2025). Zitiert als: *Deutsche Rentenversicherung*, Kindererziehung, o. S.

Deutsche Rentenversicherung: SGB VI, Text und Erläuterungen, 26. Auflage, Berlin 2024. Zitiert als: *Deutsche Rentenversicherung*, § (…), Anm. (…).

Deutsche Sozialversicherung Europavertretung: Französischer Rechnungshof veröffentlicht zweiten Bericht zum Renten-Konklave, 04/2025, abzurufen unter: https://dsv-europa.de/de/news/2025/04/renten-konklave-frankreich.html (letzter Abruf: 25.04.2025). Zitiert als: *Deutsche Sozialversicherung Europavertretung*, Französischer Rechnungshof veröffentlicht zweiten Bericht zum Renten-Konklave, o. S.

Deutsche Sozialversicherung Europavertretung: Sozialpartnerdialog zur Rentenreform, 03/2025, abzurufen unter: https://dsv-europa.de/de/news/2025/03/renten-konklave.html (letzter Abruf: 25.04.2025). Zitiert als: *Deutsche Sozialversicherung Europavertretung*, Sozialpartnerdialog zur Rentenreform, o. S.

Deutscher Paritätischer Wohlfahrtsverband Gesamtverband e. V.: Wer die Armen sind. Der Paritätische Armutsbericht 2018, abzurufen unter: *https://www.der-paritaetische.de/fileadmin/user_upload/Schwerpunkte/Armutsbericht/doc/2018_armutsbericht.pdf* (letzter Abruf: 25.04.2025). Zitiert als: *Deutscher Paritätischer Wohlfahrtsverband Gesamtverband e. V.*, Wer die Armen sind, S. (…).

Döring, Diether: Grundlinien der langfristigen Systementwicklung der gesetzlichen Rentenversicherung – Personenkreis, Rentenformel, Finanzierung –, in: *Fisch, Stefan/Haerendel, Ulrike* (Hrsg.), Geschichte und Gegenwart der Rentenversicherung in Deutschland. Beiträge zur Entstehung, Entwicklung und vergleichenden Einordnung der Alterssicherung im Sozialstaat, Berlin 2000, S. 169–187. Zitiert als: Döring, Grundlinien der langfristigen Systementwicklung der gesetzlichen Rentenversicherung, S. (…).

Dünn, *Sylvia/Bilgen*, *Claudia/Heckenberger*, *Sophie-Charlotte*: Das Grundrentengesetz, in: DRV 2020, S. 325–346. Zitiert als: *Dünn/Bilgen/ Heckenberger*, DRV 2020, 325 (…).

Dupuy, *Pierre-Marie/Kerbrat*, *Yann*: Droit international public, 16. Auflage, Paris 2022. Zitiert als: *Dupuy/Kerbrat*, Droit international public, Rn. (…).

Ehmann, *Sandra*: Familienpolitik in Frankreich und Deutschland – ein Vergleich, Frankfurt am Main 1999. Zitiert als: *Ehmann*, Familienpolitik in Frankreich und Deutschland, S. (…).

Ehrentraut, *Oliver/Kreuzer*, *Philipp/Moog*, *Stefan/Weinelt*, *Heidrun*: Auswirkungen des gesetzlichen Mindestlohns auf die Rentenentwicklung. Studie im Auftrag der Mindestlohnkommission, Freiburg/München/Berlin 2019. Zitiert als: *Ehrentraut* et. al., Auswirkungen des gesetzlichen Mindestlohns auf die Rentenentwicklung, S. (…).

Eichenhofer, *Eberhard*: Einführung in die Sozialrechtsvergleichung, in: NZS 1997, S. 97–102. Zitiert als: *Eichenhofer*, NZS 1997, 97 (…).

Eichenhofer, *Eberhard*: Europäische Säule sozialer Rechte, in: ZESAR 2018, S. 401–406. Zitiert als: *Eichenhofer*, ZESAR 2018, 401 (…).

Eichenhofer, *Eberhard*: Sozialrecht, 12. Auflage, Tübingen 2021. Zitiert als: *Eichenhofer*, Sozialrecht, Rn. (…).

Eichenhofer, *Eberhard*: Sozialreformen zwischen Vision und Wirklichkeit, in: NZS 2007, S. 57–63. Zitiert als: *Eichenhofer*, NZS 2007, 57 (…).

Epping, *Volker/Hillgruber*, *Christian* (Hrsg.): Beck'scher Online-Kommentar, Grundgesetz, 60. Edition, München 2024. Zitiert als: *Bearbeiter*, in: BeckOK Grundgesetz, GG, Art. (…), Rn. (…).

Esping-Andersen, *Gosta*: The three worlds of welfare capitalism, Cambridge 1990. Zitiert als: *Esping-Andersen*, The three worlds of welfare capitalism, S. (…).

Eydoux, *Anne*: Support to lone parents in France, The EU Mutual Learning Programme in Gender Equality, Discussion Paper – France, 10/2015, abzurufen unter: *https://commission.europa.eu/document/ download/0e71cf83-6361-431f-ab34-95717054819b_en?filename=fr_* *discussion_paper_fr_2015_en.pdf* (letzter Abruf: 25.04.2025). Zitiert als: *Eydoux*, Support to lone parents in France, S. (…).

Fasselt, Ursula/Schellhorn, Helmut/Homann, Carsten/Schwengers, Clarita (Hrsg.): HSRB, Handbuch Sozialrechtsberatung, 7. Auflage, Baden-Baden 2024. Zitiert als: *Bearbeiter*, in: Fasselt et al., HSRB, § (…), Rn. (…).

Favoreu, Louis/Gaïa, Patrick/Ghevontian, Richard/Mestre, Jean-Louis/Pfersmann, Otto/Roux, André/Scoffoni, Guy: Droit constitutionnel, 23. Auflage, Paris 2020. Zitiert als: *Favoreu* et al., Droit constitutionnel, Rn. (…).

Felix, Dagmar: Das Sozialrecht – Ein „Game-Changer" im Kampf gegen Rollenstereotype?, in: SGb 2024, S. 1–8. Zitiert als: *Felix*, SGb 2024, 1 (…).

Flint, Thomas (Hrsg.): SGB XII, Sozialhilfe mit Eingliederungshilfe (SGB IX Teil 2) und Asylbewerberleistungsgesetz, Kommentar, 8. Auflage, München 2024. Zitiert als: *Bearbeiter*, in: Grube/Wahrendorf/Flint, SGB XII, § (…), Rn. (…).

Fortunato, Sérgio Fernandes: Internationaler Schutz der Familie am Beispiel der Europäischen Sozialcharta, in: EuR 2008, S. 27–45. Zitiert als: *Fortunato*, EuR 2008, 27 (…).

Frankfurter Allgemeine: Die meisten Putzhilfen arbeiten schwarz, abzurufen unter: *https://www.faz.net/aktuell/wirtschaft/wirtschaftspolitik/minijobs-die-meisten-putzhilfen-arbeiten-schwarz-13718759.html* (letzter Abruf: 25.04.2025). Zitiert als: *Frankfurter Allgemeine*, Die meisten Putzhilfen arbeiten schwarz, o. S.

Fuchs, Maximilian/Janda, Constanze (Hrsg.): Europäisches Sozialrecht, 8. Auflage, Baden-Baden 2022. Zitiert als: *Bearbeiter*, in: Fuchs/Janda, Europäisches Sozialrecht, (…), Rn. (…).

Fuchs, Maximilian/Preis, Ulrich/Brose, Wiebke (Hrsg.): Sozialversicherungsrecht und SGB II, 3. Auflage, Berlin/Boston 2021. Zitiert als: *Bearbeiter*: in: Fuchs/Preis/Brose, Sozialversicherungsrecht und SGB II, § (…), Rn. (…).

GKV-Spitzenverband: Richtlinien für die versicherungsrechtliche Beurteilung von geringfügigen Beschäftigungen (Geringfügigkeits-Richtlinien) v. 14.12.2023, abzurufen unter: *https://www.minijob-zentrale.de/DE/service/geringfuegigkeits-richtlinien/geringfuegigkeits-richtlinien_node.html* (letzter Abruf: 25.04.2025). Zitiert als: *GKV-Spitzenverband*, Richtlinien für die versicherungsrechtliche Beurteilung von geringfügigen Beschäftigungen (Geringfügigkeits-Richtlinien) v. 14.12.2023, S. (…).

Glombik, Manfred: Die Grundrente, in: DVP 2022, S. 72–75. Zitiert als: *Glombik*, DVP 2022, 72 (…).

Gourvernement: pour nos retraites: un projet de justice, d'équilibre et de progrèss, dossier de presse du 10.01.2023, abzurufen unter: *https://www.gouvernement.fr/upload/media/content/0001/05/3d4eb5d3d729e9aec2c5003b3f268c153a6022fa.pdf* (letzter Abruf: 25.04.2025). Zitiert als: *Gourvernement*, pour nos retraites: un projet de justice, d'équilibre et de progrèss, dossier de presse du 10.01.2023, S. (…).

Grabka, Markus/Göbler, Konstantin: Der Niedriglohnsektor in Deutschland, Falle oder Sprungbrett für Beschäftigte?, Gütersloh 2020, abzurufen unter: *https://www.bertelsmann-stiftung.de/fileadmin/files/BSt/Publikationen/GrauePublikationen/200624_Studie_Niedriglohnsektor_DIW_final.pdf* (letzter Abruf: 25.04.2025). Zitiert als: *Grabka/Göbler*, Der Niedriglohnsektor in Deutschland, S. (…).

Groeben, Hans von der/Schwarze, Jürgen/Hatje, Armin (Hrsg.): Europäisches Unionsrecht, 7. Auflage, Baden-Baden 2015. Zitiert als: *Bearbeiter*: in: von der Groeben/Schwarze/Hatje, Europäisches Unionsrecht, (…), Art. (…), Rn. (…).

Haerendel, Ulrike: Regierungen, Reichstag und Rentenversicherung. Der Gesetzgebungsprozeß zwischen 1887 und 1889, in: *Fisch, Stefan/Haerendel, Ulrike* (Hrsg.), Geschichte und Gegenwart der Rentenversicherung in Deutschland. Beiträge zur Entstehung, Entwicklung und vergleichenden Einordnung der Alterssicherung im Sozialstaat, Berlin 2000, S. 49–69. Zitiert als: *Haerendel*, Regierungen, Reichstag und Rentenversicherung, S. (…).

Hahn, Jan-Moritz Malte: Flexibilisierungsmaßnahmen in der Gesetzlichen Rentenversicherung. Eine Untersuchung zu Teilhabeansprüchen auf Flexibilisierung, 1. Auflage, Baden-Baden 2025. Zitiert als: *Hahn*, Flexibilisierungsmaßnahmen in der Gesetzlichen Rentenversicherung, S. (…).

Hancioglu, Mine: Alleinerziehende und Gesundheit – Die Lebensphase „alleinerziehend" und ihr Einfluss auf die Gesundheit, Bochum 2015. Zitiert als: *Hancioglu*, Alleinerziehende und Gesundheit, S. (…).

Handelsblatt: Fast jeder Vierte in Deutschland mit Niedriglohn unter 14 Euro, abzurufen unter: *https://www.handelsblatt.com/politik/deutschland/statistisches-bundesamt-fast-jeder-vierte-in-deutschland-mit-niedriglohn-*

unter-14-euro/29279018.html (letzter Abruf: 25.04.2025). Zitiert als: *Handelsblatt*, Fast jeder Vierte in Deutschland mit Niedriglohn unter 14 Euro, o. S.

Hase, Friedrich: Sozialversicherung und Familie zwischen sozialem Ausgleich und staatlicher Verantwortung. Eine Untersuchung zu Möglichkeiten und Grenzen der Familienbegünstigung im Rahmen des Rentenversicherungsrechts, November 2003, abzurufen unter: *https://www.fna-rv.de/DE/Inhalt/04_Projekte/04-02_Abgeschlossene_Projekte/Projekte/FNA-P-2002-05.html* (letzter Abruf: 25.04.2025). Zitiert als: *Hase*, Sozialversicherung und Familie zwischen sozialem Ausgleich und staatlicher Verantwortung, S. (…).

Hau, Wolfgang/Poseck, Roman (Hrsg.): Beck'scher Online-Kommentar, 69. Edition, München 2024. Zitiert als: *Bearbeiter*, in: BeckOK BGB, § (…), Rn. (…).

Hauck, Karl/Noftz, Wolfgang (Begr.): Sozialgesetzbuch SGB VI. Gesetzliche Rentenversicherung, Kommentar, 1. Ergänzungslieferung, Berlin 2025. Zitiert als: *Bearbeiter*, in: Hauck/Noftz, SGB VI, § (…), Rn. (…).

HCFEA: Les missions du HCFEA, abzurufen unter *https://www.hcfea.fr/spip.php?article10* (letzter Abruf: 25.04.2025). Zitiert als: *HCFEA*, Les missions du HCFEA.

HCFEA: Note du Conseil de l'âge « Revenus, dépenses contraintes et patrimoine des seniors – État des lieux », adoptée le 14.04.2022, abzurufen unter: *https://www.hcfea.fr/IMG/pdf/2022_05_-chronique_revenus.pdf* (letzter Abruf: 25.04.2025). Zitiert als: *HCFEA*, Note du Conseil de l'âge « Revenus, dépenses contraintes et patrimoine des seniors – État des lieux », adoptée le 14.04.2022.

He, Linxin: France, in: *Schneider, Simone/Petrova, Teodora/Becker, Ulrich* (Hrsg.), Pension Maps: Visualizing the Structure of Old Age Security in Europe and Beyond, 2. Auflage, München 2021, S. 155–182. Zitiert als: *He*, in: Schneider/Petrova/Becker, Pension Maps: Visualizing the Institutional Structure of Old Age Security in Europe and Beyond – France, S. (…).

Heidel, Susanne/Loose, Brigitte: Das „soziale" in der gesetzlichen Rentenversicherung, in: DAngVers 2004, S. 221–226. Zitiert als: *Heidel/Loose*, DAngVers 2004, 221 (…).

Henzel, Karin: Soziale Sicherung von Frauen im internationalen Vergleich, in: *Verband Deutscher Rentenversicherungsträger* (Hrsg.): Soziale Sicherung der Frau, DRV-Schriften Band 23, Frankfurt am Main

2000, S. 55–64. Zitiert als: *Henzel*, Soziale Sicherung von Frauen im internationalen Vergleich, S. (...).

Hermann, Christopher: Gleichstellung der Frau und Rentenrecht. Zur bevorstehenden Reform der Alterssicherung, Berlin 1984. Zitiert als: *Hermann*, Gleichstellung der Frau und Rentenrecht, S. (...).

Heukenkamp, Elisabeth: Gesetzlicher Mindestlohn in Deutschland und Frankreich, 1. Auflage, Baden-Baden 2017. Zitiert als: *Heukenkamp*, Gesetzlicher Mindestlohn in Deutschland und Frankreich, S. (...).

Höfer, Frank: Die soziale Sicherung der nichtberufstätigen Hausfrau in Frankreich, Belgien und Italien, Stuttgart 1972. Zitiert als: *Höfer*, Die soziale Sicherung der nichtberufstätigen Hausfrau in Frankreich, Belgien und Italien, S. (...).

Hohnerlein, Eva Maria: Rechte und Förderung des Kindes im Vergleich: Materielle Existenzsicherung, Betreuung und Erziehung in Deutschland, Frankreich, Italien und Schweden, in: Becke, Ulrich/ Hohnerlein, Eva Maria/ Kaufmann, Otto/Weber, Sebastian (Hrsg.): Die „dritte Generation“. Rechte und Förderung von Kindern in Deutschland, Frankreich, Italien und Schweden, 1. Auflage, Baden-Baden 2014, S. 531–573. Zitiert als: *Hohnerlein*, Rechte und Förderung des Kindes im Vergleich, S. (...).

Hohnerlein, Eva-Maria: Schutz der Einelternfamilie im Sozialstaat Deutschland, in: ZIAS 2003, S. 177–232. Zitiert als: *Hohnerlein*, ZIAS 2003, 177 (...).

Hohnerlein, Eva Maria: Unterhalts- und Betreuungsleistungen für Kinder in Deutschland, in: Be*cker, Ulrich*/*Hohnerlein*, *Eva Maria*/*Kaufmann*, *Otto*/ *Weber*, *Sebastian*, Die „dritte Generation, Rechte und Förderung von Kindern in Deutschland, Frankreich, Italien und Schweden, 1. Auflage, Baden-Baden 2014, S. 71–221. Zitiert als: *Hohnerlein*, Unterhalts- und Betreuungsleistungen für Kinder in Deutschland, S. (...).

Hübgen, *Sabine*: Armutsrisiko alleinerziehend. Die Bedeutung von sozialer Komposition und institutionellem Kontext in Deutschland, Opladen/ Berlin/Toronto 2020. Zitiert als: Hübgen, Armutsrisiko alleinerziehend, S. (...).

Husmann, *Manfred*: Rentenreform 2023 in Frankreich, in: RVaktuell 2023, abzurufen unter: *https://rvaktuell.de/03-2023/rentenreform-2023-in-frankreich/* (letzter Abruf: 25.04.2025). Zitiert als: *Husmann*, RVaktuell 2023, o. S.

Igl, Gerhard: Einführung in das Recht der sozialen Sicherheit von Frankreich, in: *Igl, Gerhard/Schulte, Bernd/Simons, Thomas* (Hrsg.), Einführung in das Recht der sozialen Sicherheit von Frankreich, Großbritannien und Italien, Berlin 1977, S. 1–148. Zitiert als: *Igl*, in: Igl/Schulte/Simons, Einführung in das Recht der sozialen Sicherheit von Frankreich, S. (…).

Igl, Gerhard/Kaufmann, Otto: Die Landesberichte – Frankreich, in: *Zacher, Hans Friedrich* (Hrsg.): Alterssicherung im Rechtsvergleich, 1. Auflage, Baden-Baden 1991, S. 226–272. Zitiert als: *Igl/Kaufmann*, in: Zacher, Die Landesberichte – Frankreich, S. (…).

Igl, Gerhard: Grundsatzfragen der Alterssicherung – Sinn und Ausprägung der Rentenversicherung, in: *Becker, Ulrich/Kaufmann, Franz-Xaver/Maydell, Bernd Baron von Maydell/Schmähl, Winfried/Zacher, Hans Friedrich* (Hrsg.), Alterssicherung in Deutschland, Festschrift für Franz Ruland zum 65. Geburtstag, 1. Auflage, Baden-Baden 2007, S. 43–55. Zitiert als: *Igl*, in: Becker et. al., Grundsatzfragen der Alterssicherung – Sinn und Ausprägung der Rentenversicherung, S. (…).

Institut national de la statistique et des études économiques, Définition: Famille monoparentale, abzurufen unter: *https://www.insee.fr/fr/metadonnees/definition/c1936* (letzter Abruf: 25.04.2025). Zitiert als: *Institut national de la statistique et des études économiques*, Définition: Famille monoparentale.

Irion, Andreas: Grundrente demütigt Rentenbeiträge aus Minijobs!, in: rv 2020, S. 173–178. Zitiert als: *Irion*, rv 2020, 173 (…).

Jaehrling, Karen/Erlinghagen, Marcel/Kalina, Thorsten/Mümken, Sarah/Mesaros, Leila/Schwarzkopf, Manuela: Arbeitsmarktintegration und sozioökonomische Situation von Alleinerziehenden. Ein empirischer Vergleich: Deutschland, Frankreich, Schweden, Vereinigtes Königreich, in: Bundesministerium für Arbeit und Soziales: Forschungsbericht, Arbeitsmarkt – 420, Berlin 2011. Zitiert als: *Jaehrling* et al., Arbeitsmarktintegration und sozioökonomische Situation von Alleinerziehenden, S. (…).

Jaenecke, Philippa: Gesetzliche Grundlagen der Hinterbliebenensicherung im europäischen Rechtsvergleich, 1. Auflage, Baden-Baden 2011. Zitiert als: *Jaenecke*, Gesetzliche Grundlagen der Hinterbliebenensicherung im europäischen Rechtsvergleich, S. (…).

Jagob, Jochen Gunnar: Das Äquivalenzprinzip in der Alterssicherung, Berlin 2004. Zitiert als: *Jagob*, Das Äquivalenzprinzip in der Alterssicherung, S. (…).

Janda, Constanze: Elements of Generational Solidarity in the German Pension System, in: *Kasagi, Eri* (Hrsg.), Solidarity Across Generations. Comparative Law Perspectives, Vol. 49, Cham 2020, S. 37–57. Zitiert als: *Janda*, Elements of Generational Solidarity in the German Pension System, S. (…).

Janda, Constanze/Fachinger, Uwe/Künemund, Harald: Reformen in der gesetzlichen Rentenversicherung und in der Beamtenversorgung in Deutschland seit 1990, Berlin 2016. Zitiert als: *Janda/Fachinger/Künemund*, Reformen in der gesetzlichen Rentenversicherung und in der Beamtenversorgung in Deutschland seit 1990, S. (…).

Janda, Constanze: Prävention verankern. Verfassungsrechtliche Konsequenzen aus dem Verbot der Benachteiligung aufgrund sozialer Herkunft, 1. Auflage, Gütersloh 2021, abzurufen unter: *https://www.bertelsmann-stiftung.de/de/publikationen/publikation/did/praevention-verankern-all* (letzter Abruf: 25.04.2025). Zitiert als: *Janda*, Prävention verankern, S. (…).

Janda, Constanze: Armutsbekämpfung im Recht: Welche systematische Verankerung gibt es und welche Änderungsvorschläge bieten sich an?, in: DRV 2018, S. 386–398. Zitiert als: *Janda*, DRV 2018, 386 (…).

Jarass, Hans: Charta der Grundrechte der Europäischen Union unter Einbeziehung der sonstigen Grundrechtsregelungen des Primärrechts und der EMRK, Kommentar, 4. Auflage, München 2021. Zitiert als: *Jarass*, Charta der Grundrechte der EU, Art. (…), Rn. (…).

Jarass, Hans/Pieroth, Bodo (Hrsg.): Grundgesetz für die Bundesrepublik Deutschland. Kommentar, 18. Auflage, München 2024. Zitiert als: *Bearbeiter*, in: Jarass/Pieroth, GG, Art. (…), Rn. (…).

Jouanjan, Olivier: Die Rechtslage in Frankreich, in: *Hofmann, Rainer/Holländer, Pavel/Merli, Franz/Wiederin, Ewald* (Hrsg.): Armut und Verfassung. Sozialstaatlichkeit im europäischen Vergleich, Wien 1998, S. 141–160. Zitiert als: *Jouanjan*, die Rechtslage in Frankreich, S. (…).

Jung, Eberhard: Das Verhältnis des Elterngeldes zu anderen Sozialleistungen mit Familienbezug, on: SGb 2007, S. 449–454. Zitiert als: *Jung*, SGb 2007, 449 (…).

Kainz, Willi Johannes: Grundstrukturen der geringfügigen Beschäftigung nach § 8 SGB IV, in: NZA 2022, S. 653–657. Zitiert als: *Kainz*, NZS 2022, 653 (…).

Kainz, Willi Johannes (Hrsg.): Praxiskommentar Beschäftigung und selbstständige Tätigkeit. Kommentar zu §§ 7–13 SGB IV, 1. Auflage, München 2022. Zitiert als: *Bearbeiter*, in: *Kainz*, Praxiskommentar Beschäftigung und selbstständige Tätigkeit, SGB IV, § (…), Rn. (…).

Karger-Kroll, Anna: Gleichheit, Ungleichheit und Gerechtigkeit im System der Alterssicherung – eine sozialethische Sondierung, in: *Karger-Kroll, Anna/Schäfers, Lars* (Hrsg.): Gerechte Rente. Sozialethische Perspektiven einer interdisziplinären Sondierung der Alterssicherung, 1. Auflage, Baden-Baden 2024. *S.* 77–91. Zitiert als: *Karger-Kroll*, in: Karger-Kroll/Schäfers, Ungleichheit und Gerechtigkeit im System der Alterssicherung – eine sozialethische Sondierung, S. (…).

Karger-Kroll, Anna: Lebensrealität und Rente, Die Verteilungsprinzipien der gesetzlichen Rentenversicherung angesichts der Pluralisierung der Erwerbs- und Lebensformen, Eine sozialethische Untersuchung, 1. Auflage, Baden-Baden 2021. Zitiert als: *Karger-Kroll*, Lebensrealität und Rente, S. (…).

Kaufmann, Otto: 50 Jahre Alterssicherung durch die sécurité sociale, in: DAngVers 1995, S. 72–83. Zitiert als: *Kaufmann*, DAngVers 1995, 72 (…).

Kaufmann, Otto: Alterssicherung in den französischen Sondersystemen, in: DAngVers 1997, S. 430–442. Zitiert als: *Kaufmann*, DAngVers 1997, 430 (…).

Kaufmann, Otto/Köhler, Peter: Die neue Alterssicherung. Reform der gesetzlichen Rentenversicherung und Einführung einer staatlich geförderten privaten Altersvorsorge, 1. Auflage, Baden-Baden 2002. Zitiert als: *Kaufmann/Köhler*, Die neue Alterssicherung, Rn. (…).

Kaufmann, Otto: Die Reform der Alterssicherung in Frankreich. Höhere Altersgrenzen für die Rente und neuer Vorruhestand nach „beschwerlichen Tätigkeiten“, in: Soziale Sicherheit 2011, S. 179–185. Zitiert als: *Kaufmann*, Soziale Sicherheit 2011, 179 (…).

Kaufmann, Otto: Die Reform der Alterssicherung in Frankreich: eine unendliche Geschichte, in: DAngVers 2002, S. 329–341. Zitiert als: *Kaufmann*, DAngVers 2002, 329 (…).

Kaufmann, Otto: Die Rentenreform 2010 in Frankreich, in: RVaktuell 2011, S. 47–53. Zitiert als: *Kaufmann*, RVaktuell 2011, 47 (…).

Kaufmann, Otto: Frankreich: Altersgrenzen und Nachteilsausgleich in der Altersversicherung, in: ZIAS 2007, S. 135–143. Zitiert als: *Kaufmann*, ZIAS 2007, 135 (…).

Kaufmann, Otto: Reform der Alterssicherung in Frankreich. Länger arbeiten, weniger Rente, in: Soziale Sicherheit 1999, S. 285–289. Zitiert als: *Kaufmann*, Soziale Sicherheit 1999, 285 (…).

Kaufmann, Otto: Soziale Sicherheit in Frankreich. Das allgemeine System, in: Soziale Sicherheit 1998, S. 241–248. Zitiert als: *Kaufmann*, Soziale Sicherheit 1998, 241 (…).

Kaufmann, Otto: Soziale Sicherheit in Frankreich. Teil 2: Sondersysteme und autonome Systeme, in: Soziale Sicherheit 1998, S. 299–305. Zitiert als: *Kaufmann*, Soziale Sicherheit 1998, 299 (…).

Kaufmann, Otto: Unterhalts- und Betreuungsleistungen für Kinder in Frankreich, in: *Becker, Ulrich/Hohnerlein, Eva Maria/Kaufmann, Otto/Weber, Sebastian*, Die „dritte Generation“: Rechte und Förderung von Kindern in Deutschland, Frankreich, Italien und Schweden, 1. Auflage, Baden-Baden 2014, S. 223–323. Zitiert als: *Kaufmann*, Unterhalts- und Betreuungsleistungen für Kinder in Frankreich, S. (…).

Keller, Karlheinz: Die Rentenversicherung in Frankreich. Zu Gast bei der gesetzlichen Altersrentenversicherung in Paris, Mitteilungen der LVA Württemberg 1995, S. 362–366. Zitiert als: *Keller*, Mitteilungen der LVA Württemberg 1995, 362 (…).

Kessler, Francis: Rentenreform und Verfassungsrecht 2023 in Frankreich, in: ZESAR 2024, S. 274–277. Zitiert als: *Kessler*, ZESAR 2024, 274 (…).

Kingreen, Thorsten: Ein Sockel für die Europäische Säule sozialer Rechte: Zur Zuständigkeit der EU für einen verbindlichen Rechtsrahmen für soziale Grundsicherungssysteme in den Mitgliedstaaten, in: Soziales Recht 2018, S. 1–15. Zitiert als: *Kingreen*, Soziales Recht 2018, 1 (…).

Kischel, Uwe: Rechtsvergleichung, 1. Auflage, München 2015. Zitiert als: *Kischel*, Rechtsvergleichung, S. (…).

Knickrehm, Sabine/Deinert, Olaf (Hrsg.): Beck’scher Online-Großkommentar, Gagel, SGB II, München 2024. Zitiert als: *Bearbeiter*, in: BeckOGK, SGB II, § (…), Rn. (…).

Knickrehm, Sabine/Roßbach, Gundula/Waltermann, Raimund (Hrsg.): Kommentar zum Sozialrecht, VO (EG) Nr. 883/2004, SGB I bis SGB XII, SGG, BEEG, Kindergeldrecht (EStG), UnterhaltsvorschussG, 8. Auflage, München 2023. Zitiert als: *Bearbeiter*, in: Knickrehm/Roßbach/Waltermann, Kommentar zum Sozialrecht, SGB (…), § (…), Rn. (…).

Knospe, Armin: Europäische Dimensionen der geringfügigen Beschäftigung – Die geringfügige Beschäftigung im europäischen

Vergleich und in der Rechtsprechung des Europäischen Gerichtshofs, in: ZESAR 2008, S. 323–333. Zitiert als: *Knospe*, ZESAR 2008, 323 (…).

Köhler-Rama, Tim: Das schwierige Verhältnis von Bedarfs- und Leistungsgerechtigkeit in der gesetzlichen Rentenversicherung, in: SGb 2019, S. 80–84. Zitiert als: *Köhler-Rama*, SGb 2019, 80 (…).

Köhler-Rama, Tim: Grundprinzipien der gesetzlichen Rentenversicherung aus versicherungsökonomischer Sicht, in: DAngVers 2003, S. 413–419. Zitiert als: *Köhler-Rama*, DAngVers 2003, 413 (…).

Körner, Anne/Krasney, Martin/Mutschler, Bernd/Rolfs, Christian (Hrsg.): beck-online. GROSSKOMMENTAR zum SGB (Kasseler Kommentar), München 2025. Zitiert als: *Bearbeiter*, in: BeckOGK, SGB (…), § (…), Rn. (…).

Körner, Lisa: Die magische 40-Prozent-Grenze – ein Grundsatzurteil zum Unterhaltsvorschussrecht, in: jM 2024, S. 197–199. Zitiert als: *Körner*, jM 2024, 197 (…).

Koalitionsvertrag zwischen CDU, CSU und SPD: Verantwortung für Deutschland, 21. Legislaturperiode, 09.04.2025, abzurufen unter: *https://www.spd.de/fileadmin/Dokumente/Koalitionsvertrag2025_bf.pdf* (letzter Abruf: 25.04.2025). Zitiert als: Koalitionsvertrag zwischen CDU, CSU und SPD v. 09.04.2025, S. (…).

Koch, Angelika/Bäcker, Gerhard: Mit Mini- und Midi-Jobs aus der Arbeitslosigkeit? Die Neuregelungen zur Beschäftigungsförderung im unteren Einkommensbereich, in: Sozialer Fortschritt 2003, S. 94–102. Zitiert als: *Koch/Bäcker*, Sozialer Fortschritt 2003, 94 (…).

Konietzka, Dirk/Kreyenfeld, Michaela: Wandel der Familienformen, in: NZFam 2015, S. 1100–1103. Zitiert als: *Konietzka/Kreyenfeld*, NZFam 2015, 1100 (…).

Koppenfels-Spies, Katharina von: Aspekte der Systemgerechtigkeit in der gesetzlichen Rentenversicherung, in: NZS 2021, S. 632–641. Zitiert als: *v. Koppenfels-Spies*, NZS 2021, 632 (…).

Koppernock, Martin: Im Wesen nichts Neues – die Änderungen bei Mini- und Midijobs im Zuge der Mindestlohnerhöhung, in: NZS 2022, S. 692–697. Zitiert als: *Koppernock*, NZS 2022, 692 (…).

Koppernock, Martin: „Minijobs" – ein deutscher Sonderweg auf dem Arbeitsmarkt, in: NZS 2022, S. 364–371. Zitiert als: *Koppernock*, NZS 2022, 364 (…).

Kreikebohm. Ralf/Dünn, Sylvia (Hrsg.): SGB IV, Kommentar, 4. Auflage, München 2022. Zitiert als: *Bearbeiter*, in: Kreikebohm/Dünn, SGB IV, § (…), Rn. (…).

Kreikebohm, Ralf/Roßbach, Gundula (Hrsg.): Sozialgesetzbuch. Gesetzliche Rentenversicherung – SGB VI – Kommentar, 6. Auflage, München 2021. Zitiert als: *Bearbeiter*, in: Kreikebohm/Roßbach, SGB (…), § (…), Rn. (…).

Kuchenbecker, Tanja: Niedrigste Geburtenrate seit dem Krieg, in: Handelsblatt (Hrsg.), abzurufen unter: *https://www.handelsblatt.com/politik/international/frankreich-niedrigste-geburtenrate-seit-dem-krieg/100007824.html* (letzter Abruf: 25.04.2025). Zitiert als: *Kuchenbecker*, in: Handelsblatt, Niedrigste Geburtenrate seit dem Krieg, o. S.

L'assurance retraite: Coefficients de revalorisation des salaires, revenus et cotisations à compter du 01/01/2024, abzurufen unter: *https://legislation.lassuranceretraite.fr/#/bareme?file_leaf_ref=revalorisation_coefficient_revalorisation_salaire_cotisation_bar.aspx* (letzter Abruf: 25.04.2025). Zitiert als: *L'assurance retraite*, Coefficients de revalorisation des salaires, revenus et cotisations à compter du 01.01.2024, o. S.

L'assurance retraite: Être parent – la surcote parentale, abzurufen unter: *https://www.lassuranceretraite.fr/portail-info/home/actif/vie-personnelle-retraite/parentalite-droits-retraite.html* (letzter Abruf: 25.04.2025). Zitiert als: *L'assurance retraite*, Être parent – la surcote parentale, o. S.

Lakies, Thomas: Auswirkungen des Mindestlohngesetzes auf geringfügig Beschäftigte, in: ArbRAktuell 2014, S. 527–529. Zitiert als: *Lakies*, ArbRAktuell 2014, 527 (…).

Laroque, Michel: Systèmes familiaux et politiques de la famille en France, RFAS 1981, S. 123–138. Zitiert als: *Laroque*, RFAS 1981, 123 (…).

Laure Camaji: La Solidarité Entre Générations Au Sein Du Système De Retraite Français, in: *Kasagi, Eri* (Hrsg.), Solidarity Across Generations. Comparative Law Perspectives, Vol. 49, Cham 2020, S. 97–114. Zitiert als: *Camaji*, La Solidarité Entre Générations Au Sein Du Système De Retraite Français, S. (…).

Lavigne, Anne: Les droits familiaux dans les systèmes de retraite: une comparaison européenne, in: regards 2023, N° 62, S. 123–139. Zitiert als: *Lavigne*, regards 2023, 123 (…).

Le Sénat: session ordinaire de 2022-2023, Avis n° 373 de Sylvie Vermeillet, fait au nom de la commission des finances, déposé le 28.02.2023, abzurufen unter: *https://www.senat.fr/rap/a22-373/a22-3731.pdf* (letzter Abruf: 25.04.2025). Zitiert als: *Le Sénat*, session ordinaire de 2022-2023, Avis n° 373 de Sylvie Vermeillet, fait au nom de la commission des finances, déposé le 28.02.2023, S. (…).

Lechevalier, Arnaud: Die französische „Protection sociale“ im 20. Jahrhundert, in: *Kraus, Karin/Geisen, Thomas* (Hrsg.), Sozialstaat in Europa, 1. Auflage, Wiesbaden 2001, S. 89–116. Zitiert als: *Lechevalier*, Die französische „Protection sociale“ im 20. Jahrhundert, S. (…).

Légifrance: Code de la sécurité sociale, o. S., abzurufen unter: *https://www.legifrance.gouv.fr/codes/texte_lc/LEGITEXT000006073189/2024-01-14/* (letzter Abruf: 25.04.2025). Zitiert als: *Légifrance*, Code de la sécurité sociale, o. S.

Legrand, Marie-Anne: Die Entwicklung der sozialen Leistungen in Frankreich, in: Soziale Sicherheit 2007, S. 142–154. Zitiert als: *Legrand*, Soziale Sicherheit 2007, 142 (…).

Lenz, Gerhard/Bergmann, Yvonne: Soziale und wirtschaftliche Situation allein Erziehender, in: *Landesamt für Datenverarbeitung und Statistik Nordrhein-Westfalen* (Hrsg.), Band 9, Düsseldorf 2003. Zitiert als: *Lenz/Bergmann*, Soziale und wirtschaftliche Situation allein Erziehender, S. (…).

Lenze, Anne: Alleinerziehende im Vereinigten Königreich und Deutschland im Vergleich. Gemeinsamkeiten und Unterschiede, Gütersloh 2016, abzurufen unter: *https://www.bertelsmann-stiftung.de/fileadmin/files/Projekte/Familie_und_Bildung/Studie_WB_Alleinerziehende_Vergleich-D-UK_2016.pdf* (letzter Abruf: 25.04.2025). Zitiert als: *Lenze*, Alleinerziehende im Vereinigten Königreich und Deutschland im Vergleich, S. (…).

Lenze, Anne/Funcke, Antje: Alleinerziehende unter Druck. Rechtliche Rahmenbedingungen, finanzielle Lage und Reformbedarf, Gütersloh 2016. Zitiert als: *Lenze/Funcke*, Alleinerziehende unter Druck, S. (…).

Lenze, Anne: Alleinerziehende weiter unter Druck. Bedarfe, rechtliche Regelungen und Reformansätze, Gütersloh 2021. Zitiert als: *Lenze*, Alleinerziehende weiter unter Druck, S. (…).

Lepiorz, Hubert: Die neue Grundrente (Teil I), in: rv 2020, S. 136–139. Zitiert als: *Lepiorz*, rv 2020, 136 (…).

Lepiorz, Hubert: Die neue Grundrente (Teil II), in: rv 2020, S. 179–181. Zitiert als: *Lepiorz*, rv 2020, 179 (…).

Lessenich, Stephan: „Aktivierender“ Sozialstaat: eine politisch-soziologische Zwischenbilanz, in: *Bispinck, Reinhard/Bosch, Gerhard/Hofemann, Klaus/Naegele, Gerhard* (Hrsg.): Sozialpolitik und Sozialstaat, Festschrift für Gerhard Bäcker, Wiesbaden 2012, S. 41–53. Zitiert als: *Lessenich*, „Aktivierender“ Sozialstaat: eine politisch-soziologische Zwischenbilanz, S. (…).

Letablier, Marie-Thérèse: Kinderbetreuungspolitik in Frankreich und ihre Rechtfertigung, in: WSI Mitteilungen 2002, S. 169–175. Zitiert als: *Letablier*, WSI Mitteilungen 2002, 169 (…).

Lewerenz, Mario: Frankreich, in: *Verband Deutscher Rentenversicherungsträger* (Hrsg.), Rentenversicherung im internationalen Vergleich, DRV-Schriften; Bd. 45, Sonderausgabe DRV, Berlin 2003, S. 79–111. Zitiert als: *Lewerenz*, in: Verband Deutscher Rentenversicherungsträger, Frankreich, S. (…).

Lindner, Christian: Rentenrechtliche Diskriminierung berufstätiger Mütter und die Rolle des BVerfG, in: NZS 2018, S. 565–569. Zitiert als: *Lindner*, NZS 2018, 565 (…).

Lohkamp-Himmighofen: Deutschland, in: *Neubauer, Erika* (Hrsg.): Zwölf Wege der Familienpolitik in der Europäischen Gemeinschaft. Eigenständige Systeme und vergleichbare Qualitäten – Länderberichte –, Studie im Auftrag des Bundesministeriums für Familie und Senioren, Stuttgart 1993, S. 81–148. Zitiert als: *Lohkamp-Himmighofen*, in: Neubauer, Deutschland, S. (…).

Lörcher, Klaus: Die Europäische Säule Sozialer Rechte – Rechtsfortschritt oder Alibi?, in: AuR 2017, S. 387–393. Zitiert als: *Lörcher*, AuR 2017, 387 (…).

Luci, Angela: Frauen auf dem Arbeitsmarkt in Deutschland und Frankreich. Warum es Französinnen besser gelingt, Familie und Beruf zu vereinbaren, Berlin 2011, abzurufen unter: *https://library.fes.de/pdf-files/id/ipa/07901.pdf* (letzter Abruf: 25.04.2025). Zitiert als: *Luci*, Frauen auf dem Arbeitsmarkt in Deutschland und Frankreich, S. (…).

Marsch, Nikolaus/Vilain, Yoan/Wendel, Mattias (Hrsg.): Französisches und Deutsches Verfassungsrecht. Ein Rechtsvergleich, Heidelberg 2015. Zitiert als: *Bearbeiter*, in: Marsch/Vilain/Wendel, Französisches und Deutsches Verfassungsrecht, § (…), S. (…).

Matlok, Dana/Schröder, Christina Maria: Grundrentengesetz – Was ändert sich für die Rentenversicherung? In: RVaktuell 2020, S. 164–169. Zitiert als: *Matlok/Schröder*, RVaktuell 2020, 164 (…).

Maydell, Bernd Baron von: Alter und Tod, in: *Köhler, Peter/Zacher, Hans Fredrich* (Hrsg.): Beiträge zu Geschichte und aktueller Situation der Sozialversicherung. Colloquium des Max-Planck-Instituts für ausländisches und internationales Sozialrecht über „Ein Jahrhundert Sozialversicherung – Bismarcks Sozialgesetzgebung im internationalen Vergleich“, Berlin 1983, S. 369–404. Zitiert als: *v. Maydell*, in: Köhler/Zacher, Alter und Tod, S. (…).

Mayert, Andreas: Alterssicherung und Erziehungsentscheidungen, Berlin 2008. Zitiert als: *Mayert*, Alterssicherung und Erziehungsentscheidungen, S. (…).

Meding, Ruth: Über ‚Rabenmütter', Angelina Jolie und Menschlichkeit, in: djbZ 2021, S. 178–179. Zitiert als: *Meding*, djbZ 2021, 178 (…).

Meickmann, Till: Zuordnung von Kinderziehungszeiten in der gesetzlichen Rentenversicherung insbesondere in der Zeit des Mutterschutzes, in: NZS 2016, S. 88–93. Zitiert als: *Meickmann*, NZS 2016, 88 (…).

Meindl, Thomas: La notion de droit fondamental dans les jurisprudences et doctrines constitutionnelles françaises et allemandes, Paris 2003. Zitiert als: *Meindl*, La notion de droit fondamental dans les jurisprudences et doctrines constitutionnelles françaises et allemandes, S. (…).

Menne, Sarah/Funcke, Antje: Alleinerziehende in Deutschland, Factsheet, Bertelsmann Stiftung, Gütersloh 2024, abzurufen unter: *https://www.bertelsmann-stiftung.de/fileadmin/files/user_upload/Factsheet_Alleinerziehende_2024.pdf* (letzter Abruf: 25.04.2025). Zitiert als: *Menne/Funcke*, Alleinerziehende in Deutschland, S. (…).

Meyer, Jürgen/*Hölscheidt, Sven* (Hrsg.): Charta der Grundrechte der Europäischen Union, 6. Auflage, Baden-Baden 2024. Zitiert als: *Bearbeiter*, in: Meyer/Hölscheidt, Charta der Grundrechte der Europäischen Union, (…), Rn. (…).

Meyer, Wolfgang: Die Armutsfestigkeit der Gesetzlichen Rentenversicherung aus verfassungsrechtlicher Sicht, in: Bundestagung des Deutschen Sozialrechtsverbandes e. V. 12./13. Oktober 2006 in Lübeck, Armutsfestigkeit sozialer Sicherung, Berlin 2007, S. 71–131. Zitiert als: *Meyer*, Die Armutsfestigkeit der Gesetzlichen Rentenversicherung aus verfassungsrechtlicher Sicht, S. (…).

Ministre du Travail, de la Santé, des Solidarités et des Familles: 1er janvier 2025 changements et nouvelles mesures – Revalorisation de l'allocation de solidarité aux personnes âgées (ASPA), abzurufen unter: *https://solidarites.gouv.fr/1er-janvier-2025-changements-et-nouvelles-mesures* (letzter Abruf: 25.04.2025). Zitiert als: *Ministre du Travail, de la Santé, des Solidarités et des Familles*, 1er janvier 2025 changements et nouvelles mesures – Revalorisation de l'allocation de solidarité aux personnes âgées (ASPA), o. S.

Mindestlohnkommission: Vierter Bericht zu den Auswirkungen des gesetzlichen Mindestlohns. Bericht der Mindestlohnkommission an die Bundesregierung nach § 9 Abs. 4 Mindestlohngesetz, Berlin

2023. Zitiert als: *Mindestlohnkommission*, Vierter Bericht zu den Auswirkungen des gesetzlichen Mindestlohns, Rn. (...).
Morvan, Patrick: Droit de la protection sociale, 11. Auflage, Paris 2023. Zitiert als: *Morvan*, Droit de la protection sociale, S. (...).
Mrozynski, Peter (Hrsg.): SGB I. Allgemeiner Teil, Kommentar, 7. Auflage, München 2024. Zitiert als: *Mrozynski*, SGB I, § (...), Rn. (...).
Mülder, Marje: Die Europäische Säule sozialer Rechte als Auslegungshilfe zur Bestimmung wesentlicher Grundsätze des Sozialrechts der Union, in: ZESAR 2018, S. 212–217. Zitiert als: *Mülder*, ZESAR 2019, 212 (...).
Müller-Glöge, Rudi/Preis, Ulrich/Gallner, Inken/Schmidt, Ingrid (Hrsg.): Erfurter Kommentar zum Arbeitsrecht, 25. Auflage, München 2025. Zitiert als: *Bearbeiter*, in: ErfK, (...), § (...), Rn. (...).
Nezosi, Gilles: La protection sociale, 2. Auflage, Paris 2021. Zitiert als: *Nezosi*, La protection sociale, S. (...).
Niesten-Dietrich, Julia: Das finanzielle Sicherungssystem für Alleinerziehende und ihre Kinder, Gewährleistet die deutsche Rechtsordnung die Absicherung des verfassungsrechtlich vorgegebenen Existenzminimums?, Hamburg 2010. Zitiert als: *Niesten-Dietrich*, Das finanzielle Sicherungssystem für Alleinerziehende und ihre Kinder, S. (...).
Nieuwenhuis, Rense: The situation of single parents in the EU, 11/2020, abzurufen unter: *https://www.europarl.europa.eu/RegData/etudes/STUD/2020/659870/IPOL_STU(2020)659870_EN.pdf* (letzter Abruf: 25.04.2025). Zitiert als: *Nieuwenhaus*, The situation of single parents in the EU, S. (...).
o. V.: Französische Regierung richtet Renten-Konklave ein, in: ZESAR 2025, S. 251–252. Zitiert als: *o. V.*, ZESAR 2025, 251 (...).
Palach, Jean-Marie: Die Altersversorgungssysteme in Frankreich, in: DRV 1996, S. 304–314. Zitiert als: *Palach*, DRV 1996, 304 (...).
Papier, Hans-Jürgen: Mindestsicherungselemente im System der Alterssicherung: Spielräume und Grenzen aus verfassungsrechtlicher Sicht, in: DRV 2019, S. 1–7. Zitiert als: *Papier*, DRV 2019, 1 (...).
Paris, Hélène: Quelques éléments de réflexion sur les bonifications de pension pour enfants, in: Politiques sociales et familiales 2009, n° 95, S. 76–82. Zitiert als: *Paris*, Politiques sociales et familiales 2009, 76 (...).
Pechstein, Matthias/Nowak, Carsten/Häde, Ulrich (Hrsg.): Frankfurter Kommentar zu EUV, GRC und AEUV, 2. Auflage, Tübingen 2023. Zitiert als: *Bearbeiter*, in: Pechstein/Nowak/Häde, Frankfurter Kommentar, (...), Art. (...), Rn. (...).

Pfeifenbring, Sandra: Die Verfassungsmäßigkeit der Erziehungsrente nach § 47 SGB VI, 1. Auflage, Baden-Baden 2018. Zitiert als: *Pfeifenbring*, Die Verfassungsmäßigkeit der Erziehungsrente nach § 47 SGB VI, S. (…).

Rancke, Friedbert/Pepping, Georg (Hrsg.): Mutterschutz – Elterngeld – Elternzeit, Handkommentar, 6. Auflage, Baden-Baden 2021. Zitiert als *Bearbeiter*, in: Rancke/Pepping, SGB (…), § (…), Rn. (…).

Remy, Patrick: Die Vereinbarkeit von Familie und Beruf als Herausforderung für das französische Arbeitsrecht, in: NZA-Beilage 2014, S. 64–75. Zitiert als: *Remy*, NZA-Beilage 2014, 64 (…).

Rieck, Jürgen (Begr.)/*Lettmaier, Saskia* (Hrsg.): Ausländisches Familienrecht. Eine Auswahl von Länderdarstellungen, 22. Ergänzung, München 2022. Zitiert als: *Bearbeiter*, in: Rieck/Lettmaier, Ausländisches Familienrecht, Frankreich, Rn. (…).

Rische, Herbert/Thiede, Reinhold: Die Zukunft der gesetzlichen Rentenversicherung, in: NZS 2013, S. 601–605. Zitiert als: *Rische/Thiede*, NZS 2013, 601 (…).

Rittweger, Stephan/Zieglmeier, Christian: Das neue „Doppelverdiener-Modell" – Rentnerbeschäftigung und Teilrente 99,99 %, in: NZA 2023, S. 1560–1563. Zitiert als: *Rittweger/Zieglmeier*, NZA 2023, 1560 (…).

Rolfs, Christian/Giesen, Richard/Meßling, Miriam/Udsching, Peter (Hrsg.): Beck'scher Online-Kommentar Arbeitsrecht, 74. Edition, München 2024. Zitiert als: *Bearbeiter*, in: BeckOK ArbR, (…), § (…), Rn. (…).

Rolfs, Christian/Giesen, Richard/Meßling, Miriam/Udsching, Peter (Hrsg.): Beck'scher Online-Kommentar Sozialrecht, 75. Edition, München 2024. Zitiert als: *Bearbeiter*, in: BeckOK SozR, SGB (…), § (…), Rn (…).

Rolfs, Christian: Das Versicherungsprinzip im Sozialversicherungsrecht, München 2000. Zitiert als: *Rolfs*, Das Versicherungsprinzip im Sozialversicherungsrecht, S. (…).

Rolfs, Christian: Wen schützt das Arbeits- und Sozialversicherungsrecht – empfiehlt sich eine Neuausrichtung seines Anwendungsbereichs?, in: NJW-Beilage 2024, S. 42–46. Zitiert als: *Rolfs*, NJW-Beilage 2024, 42 (…).

Roßbach, Gundula: Rentenreformen im Spannungsfeld angemessener Alterssicherung und nachhaltiger Finanzierbarkeit, in: DRV 2024, S. 1–13. Zitiert als: *Roßbach*, DRV 2024, 1 (…).

Ruckdeschel, Kerstin: Rabenmutter contra mère Poule: Kinderwunsch und Mutterbild im deutsch-französischen Vergleich, in: Zeitschrift für

Bevölkerungswissenschaft 2009, S. 105–134. Zitiert als: *Ruckdeschel*, Zeitschrift für Bevölkerungswissenschaft 2009, 105 (…).

Ruf, Thomas: Das versicherungstechnische Äquivalenzprinzip und die gesetzliche Rentenversicherung, in: DAngVers 1979, S. 335–338. Zitiert als: *Ruf*, DAngVers 1979, 336 (…).

Ruland, Franz: Das Grundgesetz und die Entwicklung des Rentenversicherungsrechts, in: NZS 2010, S. 121–129. Zitiert als: *Ruland*, NZS 2010, 121 (…).

Ruland, Franz: Der Kompromiss der Koalition zur Grundrente – der Vorschlag bleibt verfassungswidrig, ineffizient und ungerecht, in: NZS 2019, S. 881–887. Zitiert als: *Ruland*, NZS 2019, 881 (…).

Ruland, Franz: Die Bedeutung des Äquivalenzprinzips in der gesetzlichen Rentenversicherung, in: DRV 2013, S. 101–111. Zitiert als: *Ruland*, DRV 2013, 101 (…).

Ruland, Franz: Die Grundrente – Voraussetzungen, Berechnung, Verfahren und Versorgungsausgleich, in: NZS 2021, S. 241–250. Zitiert als: *Ruland*, NZS 2021, 241 (…).

Ruland, Franz/Dünn, Sylvia: Die Organisationsreform in der gesetzlichen Rentenversicherung, in: NZS 2005, S. 113–121. Zitiert als: *Ruland/Dünn*, NZS 2005, 113 (…).

Ruland, Franz: Die Rentenpolitik vor schwierigen Entscheidungen – der Koalitionsvertrag und die rentenpolitischen Notwendigkeiten, in: DRV 2018, S. 1–21. Zitiert als: *Ruland*, DRV 2018, 1 (…).

Ruland, Franz/Dünn, Sylvia (Hrsg.): Gemeinschaftskommentar zum Sozialgesetzbuch - Gesetzliche Rentenversicherung (GK-SGB VI), Lfg. 270, München 2022. Zitiert als: *Bearbeiter*, in: GK-SGB VI, § (…), Rn. (…).

Ruland, Franz: Grundprinzipien der gesetzlichen Rentenversicherung, in: *Karger-Kroll, Anna/Schäfers, Lars* (Hrsg.): Gerechte Rente. Sozialethische Perspektiven einer interdisziplinären Sondierung der Alterssicherung, 1. Auflage, Baden-Baden 2024, S. 59–76. Zitiert als: *Ruland*, in: Karger-Kroll/Schäfers, Grundprinzipien der gesetzlichen Rentenversicherung, S. (…).

Ruland, Franz: Grundprinzipien des Rentenversicherungsrechts, in: DRV 2020, S. 20–32. Zitiert als: *Ruland*, DRV 2020, 20 (…).

Ruland, Franz: Plädoyer für eine nachhaltige Rentenpolitik auch über 2030 hinaus, in: NZS 2016, S. 721–729. Zitiert als: *Ruland*, NZS 2016, 721 (…).

Ruland, Franz/Becker, Ulrich/Axer, Peter (Hrsg.): Sozialrechtshandbuch (SRH), 7. Auflage, Baden-Baden 2022. Zitiert als: *Bearbeiter*, in: Ruland/Becker/Axer, SRH, § (…), Rn. (…).

Ruland, Franz: Witwenrente abschaffen?, in: NZS 2025, S. 281–292. Zitiert als: *Ruland*, NZS 2025, 281 (…).

Sachs, Michael (Hrsg.): Grundgesetz, Kommentar, 8. Auflage, München 2018. Zitiert als: *Bearbeiter*, in: Sachs, GG, Art. (…), Rn. (…).

Saint-Jours, Yves: Landesbericht Frankreich, in: *Köhler, Peter/Zacher, Hans Fredrich* (Hrsg.): Ein Jahrhundert Sozialversicherung in der Bundesrepublik Deutschland, Frankreich, Großbritannien, Österreich und der Schweiz, Berlin 1981, S. 181–268. Zitiert als: *Saint-Jours*, Landesbericht Frankreich, S. (…).

Sartorius, Ulrich: Basiswissen: Gesetzliche Rentenversicherung (Teil 1) – Anspruch auf Altersrenten nach dem SGB VI, in: ZAP 2021, S. 977–984. Zitiert als: *Sartorius*, ZAP 2021, 977 (…).

Saunier, Emmanuelle: Verfassungsgerichtsbarkeit in Frankreich. Der Verfassungsrat zwischen Justiz und Politik?, in: VR 2004, S. 270–277. Zitiert als: *Saunier*, VR 2004, 270 (…).

Sayn, Isabelle: De l'indifférence du droit civil à l'égard des familles monoparentales au caractère incontournable des parents isolés pour le droit non civil, in: *Le Pape, Marie-Clémence/Helfter, Clémence* (Hrsg.), Les familles monoparentales, Conditions de vie, vécu et action publique, Un état des saviors, Paris 2023, S. 203–218. Zitiert als: *Sayn*, De l'indifférence du droit civil à l'égard des familles monoparentales au caractère incontournable des parents isolés pour le droit non civil, S. (…).

Schimmang, Maren: Der Ausbau der gesetzlichen Rentenversicherung zu einer Erwerbstätigenversicherung und ihre Stellung in Europa, 1. Auflage, Baden-Baden 2022. Zitiert als: *Schimmang*, Der Ausbau der gesetzlichen Rentenversicherung zu einer Erwerbstätigenversicherung und ihre Stellung in Europa, S. (…).

Schlegel, Rainer/Voelzke, Thomas (Hrsg.): juris PraxisKommentar SGB VI, Sozialgesetzbuch Sechstes Buch (SGB VI) Gesetzliche Rentenversicherung, 3. Auflage, Saarbrücken 2023. Zitiert als: *Bearbeiter*, in: Schlegel/Voelzke, jurisPK-SGB VI, § (…), Rn. (…).

Schlegel, Rainer: Sozialversicherung für alle?, in: NZS 2022, S. 681–687. Zitiert als: *Schlegel*, NZS 2022, 681 (…).

Schlegel, Rainer: Wen soll das Sozialrecht schützen? – Zur Zukunft des Arbeitnehmer- und Beschäftigtenbegriffs im Sozialrecht, in: NZS 2000, S. 421–429. Zitiert als: *Schlegel*, NZS 2000, 421 (…).

Schlegel, Rainer: Zeitenwende auch im Sozialstaat?, in: NJW 2023, S. 2093–2100. Zitiert als: *Schlegel*, NJW 2023, 2093 (…).

Schmähl, Winfried: Alterssicherungspolitik in Deutschland. Vorgeschichte und Entwicklung von 1945 bis 1998, Tübingen 2018. Zitiert als: *Schmähl*, Alterssicherungspolitik in Deutschland, S. (…).

Schmid, Felix: Sozialrecht und Recht der sozialen Sicherheit. Die Begriffsbildung in Deutschland, Frankreich und Schweiz, Berlin 1981. Zitiert als: *Schmid*, Sozialrecht und Recht der sozialen Sicherheit, S. (…).

Schmid, Josef: Wohlfahrtsstaaten im Vergleich, Soziale Sicherung in Europa: Organisation, Finanzierung, Leistungen und Probleme, 3. Auflage, Wiesbaden 2010. Zitiert als: *Schmid*, Wohlfahrtsstaaten im Vergleich, S. (…).

Schmidt, Bettina: Das Gesetz zur Förderung der Selbständigkeit und seine Folgen für die Praxis, in: NZS 2000, S. 57–67. Zitiert als: *Schmidt*, NZS 2000, 57 (…).

Schmidt, Christine: Rechtsnatur und Verpflichtungsdichte der Europäischen Grundrechte, München 2012. Zitiert als: *Schmidt*, Rechtsnatur und Verpflichtungsdichte der Europäischen Grundrechte, S. (…).

Schmidt, Christopher: Wer ist alleinerziehend – und wer nicht?, in: NJW 2024, S. 1387–1390. Zitiert als: *Schmidt*, NJW 2024, 1387 (…).

Schmidt, Manfred: Der Deutsche Sozialstaat. Geschichte und Gegenwart, München 2012. Zitiert als: *Schmidt*, der deutsche Sozialstaat, S. (…).

Schmidt, Sylvia: Die neue Grundrente. Zuschlag an Entgeltpunkten für langjährige Versicherung, München 2021. Zitiert als: *Schmidt*, Die neue Grundrente, Kap. (…), Rn. (…).

Schulin, Bertram/Karuth, Georg: Lückenschließungskonzept oder Honorierungsmodell – Subsidiäre oder additive Anrechnung von Kindererziehungszeiten?, in: NZS 1996, S. 273–282. Zitiert als: *Schulin/Karuth*, NZS 1996, 273 (…).

Schulte, Bernd: Die rechtlichen Rahmenbedingungen der Offenen Methode der Koordinierung und ihr Einsatz in den unterschiedlichen Aktionsfeldern, in: *Devetzi, Stamatia/Platzer, Hans Wolfgang* (Hrsg.): Offene Methode der Koordinierung und Europäisches Sozialmodell. Interdisziplinäre Perspektiven, Stuttgart 2009, S. 51–82. Zitiert als: *Schulte*, in: Devetzi/Platzer, Die rechtlichen Rahmenbedingungen der Offenen Methode der Koordinierung und ihr Einsatz in den unterschiedlichen Aktionsfeldern, S. (…).

Schuster, Solveig: Alleinerziehende Frauen in Deutschland – Ursachen des überproportionalen Armutsrisikos bis ins Alter, Hamburg 2014. Zitiert als: *Schuster*, Alleinerziehende Frauen in Deutschland, S. (…).

Seifert, Achim: Der salaire minimum interprofessionnel de croissance (SMIC): rechtliche Gestaltung und Erfahrungen, in: *Rieble, Volker/Junker, Abbo/Giesen, Richard*, Mindestlohn als politische und rechtliche Herausforderung, ZAAR Schriftenreihe, Band 23, München 2011, S. 75–102, abzurufen unter: *https://www.zaar.uni-muenchen.de/verlag/download/zsr_23.pdf* (letzter Abruf: 25.04.2025). Zitiert als: *Seifert*, in: Rieble/Junker/Giesen, Der salaire minimum interprofessionnel de croissance (SMIC): rechtliche Gestaltung und Erfahrungen, S. (…).

Service-Public: Allocation veuvage, Quel est le montant de l'allocation veuvage?, abzurufen unter: *https://www.service-public.fr/particuliers/vosdroits/F744* (letzter Abruf: 25.04.2025). Zitiert als: *Service-Public*, Allocation veuvage, Quel est le montant de l'allocation veuvage? o. S.

Service public: Montant de la retraite du salarié du secteur privé, abzurufen unter: *https://www.service-public.fr/particuliers/vosdroits/F21552* (letzter Abruf: 25.04.2025). Zitiert als: *Service public*, Montant de la retraite du salarié du secteur privé, o. S.

Siegel, Nico: Welten des Wohlfahrtskapitalismus und Typen wohlfahrtsstaatlicher Politik, in: *Schmidt, Manfred/Ostheim, Tobias/Siegel, Nico/Zohlnhöfer, Reimut* (Hrsg.): Der Wohlfahrtsstaat. Eine Einführung in den historischen und internationalen Vergleich, 1. Auflage, Wiesbaden 2007, S. 260–276. Zitiert als: *Siegel*, Welten des Wohlfahrtskapitalismus und Typen wohlfahrtsstaatlicher Politik, S. (…).

Sommermann, Karl-Peter: Die Bedeutung der Rechtsvergleichung für die Fortentwicklung des Staats- und Verwaltungsrechts in Europa, in: DÖV 1999, S. 1017–1029. Zitiert als: *Sommermann*, DÖV 1999, 1017 (…).

Sondierungspapier von CDU, CSU und SPD: Ergebnisse der Sondierungen von CDU, CSU und SPD v. 08.03.2025, abzurufen unter: *https://www.spd.de/fileadmin/Dokumente/Sonstiges/20250308_Sondierungspapier_CDU_CSU_SPD.pdf (letzter Abruf: 25.04.2025). Zitiert als:* Sondierungspapier v. 08.03.2025, Ergebnisse der Sondierungen von CDU, CSU und SPD, Rn. (…).

Sonnenberger, Hans Jürgen/Classen, Claus Dieter (Hrsg.): Einführung in das französische Recht, 4. Auflage, Frankfurt am Main 2012. Zitiert als:

Bearbeiter, in: Sonnenberger/Classen, Einführung in das französische Recht, S. (…).
Spitzlei, Thomas: Wirtschaftliche Kosten der Kindererziehung als ausgleichsbedürftiger Nachteil im Beitragsrecht der sozialen Pflegeversicherung und anderer Sozialversicherungszweige?, in: NZS 2022, S. 570–577. Zitiert als: *Spitzlei*, NZS 2022, 570 (…).
Starck, Christian: Rechtsvergleichung im öffentlichen Recht, in: JZ 1997, S. 1021–1076. Zitiert als: *Starck*, JZ 1997, 1021 (…).
Statistisches Bundesamt: Alleinerziehende in Deutschland 2017, Wiesbaden 2018. Zitiert als: *Statistisches Bundesamt*, Alleinerziehende in Deutschland, S. (…).
Steffen, Johannes: Niedriglohn und Rente, Instrumente zur Absicherung von Beschäftigungszeiten im Niedriglohn in der gesetzlichen Rentenversicherung, Arbeitnehmerkammer Bremen 2011, abzurufen unter: *http://www.portal-sozialpolitik.de/uploads/sopo/pdf/2011/2011-07-01_Niedriglohn_und_Rente.pdf* (letzter Abruf: 25.04.2025). Zitiert als: *Steffen*, Niedriglohn und Rente, S. (…).
Steinmeyer, Heinz-Dietrich: Altersvorsorge und Demographie – Herausforderungen und Regelungsbedarf, in: *Ständige Deputation des Deutschen Juristentages* (Hrsg.), Verhandlungen des 73. Deutschen Juristentages, Hamburg 2020/Bonn 2022, Band I, München 2020, Rn. B 1–B 112. Zitiert als: *Steinmeyer*, Altersvorsorge und Demographie – Herausforderungen und Regelungsbedarf, Rn. (…).
Steinmeyer, Heinz-Dietrich: Verfassungsrechtliche Rahmenbedingungen und Grenzen für Reformen der Sozialsysteme im Zeitalter der Globalisierung, in: NZS 2012, S. 721–727. Zitiert als: *Steinmeyer*, NZS 2012, 721 (…).
Steinmüller, Florian: Arbeitsmarkt- und Rentenpolitik in Deutschland und Frankreich im Kontext der Akteurskonstellationen zwischen Exekutive, Parteien und Gewerkschaften, in: *Schroeder, Wolfgang/ Schulze, Michaela* (Hrsg.), Wohlfahrtsstaat und Interessenorganisation im Wandel. Theoretische Einordnungen und empirische Befunde, 1. Auflage, Baden-Baden 2019, S. 195–217. Zitiert als: *Steinmüller*, Arbeitsmarkt- und Rentenpolitik in Deutschland und Frankreich im Kontext der Akteurskonstellationen zwischen Exekutive, Parteien und Gewerkschaften, S. (…).
Steinmüller, Florian: Vorbild Deutschland oder Vorbild für Deutschland? Die französische Rentenversicherung auf dem Weg zu einem neuen Politikmodell, Berlin 2016, abzurufen unter: *https://library.fes.de/pdf-files/*

id/12831.pdf (letzter Abruf: 25.04.2025). Zitiert als: *Steinmüller*, Vorbild Deutschland oder Vorbild für Deutschland?, S. (…).

Streinz, Rudolf (Hrsg.): EUV/AEUV. Vertrag über die Europäische Union, Vertrag über die Arbeitsweise der Europäischen Union, Charta der Grundrechte der Europäischen Union, 3. Auflage, München 2018. Zitiert als: *Bearbeiter*, in: Streinz, EUV/AEUV, (…), Art. (…), Rn. (…).

Troeger, Heinrich (Hrsg.): Diskussionsbeiträge des Arbeitsausschusses für die Grosse Steuerreform. Ein Bericht an den Finanzausschuß des Bundesrats, Stuttgart 1951. Zitiert als: *Troeger*, Diskussionsbeiträge des Arbeitsausschusses für die Grosse Steuerreform, S. (…).

Tünnemann, Margit: Der verfassungsrechtliche Schutz der Familie und die Förderung der Kindererziehung im Rahmen des staatlichen Kinderleistungsausgleichs, Berlin 2002. Zitiert als: Tünnemann, Der verfassungsrechtliche Schutz der Familie und die Förderung der Kindererziehung im Rahmen des staatlichen Kinderleistungsausgleichs, S. (…).

VAMV Bundesverband e. V.: Eckpunktepapier zum Mindestlohn, abzurufen unter: *https://vamvbund6206-live-fba4c9d0ad78466689ef4-04c8878.divio-media.com/filer_public/aa/61/aa6125fe-df2d-49f4-9963-5fa307875f0b/eckpunktepapier_mindestlohn_070108.pdf* (letzter Abruf: 25.04.2025). Zitiert als: *VAMV*, Eckpunktepapier zum Mindestlohn, o. S.

VAMV: Informationen für Einelternfamilien, Juni 2022, abzurufen unter: *https://www.vamv-bayern.de/wp-content/uploads/2022/06/1_2022_VAMVBayern.pdf* (letzter Abruf: 25.04.2025). Zitiert als: *VAMV*, Informationen für Einelternfamilien, S. (…).

Veil, Mechthild: Alterssicherung von Frauen in Deutschland und Frankreich. Reformperspektiven und Reformblockaden, Berlin 2002. Zitiert als: *Veil*, Alterssicherung von Frauen in Deutschland und Frankreich, S. (…).

Veil, Mechthild: Die Alterssicherung in Schweden, Frankreich und in den Niederlanden: Drei Beispiele für die Fähigkeit zu sozialen Reformen, in: *Krause, Barbara/Krockauer, Rainer* (Hrsg.): Soziales und gerechtes Europa. Von der Wirtschafts- zur Sozialunion?, Freiburg im Breisgau 2001, S. 92–119. Zitiert als: *Veil*, Die Alterssicherung in Schweden, Frankreich und in den Niederlanden: Drei Beispiele für die Fähigkeit zu sozialen Reformen, S. (…).

Veil, Mechthild: Familienfreundliche Rentenpolitik in Frankreich – Frauenfreundliche Rentenpolitik in Deutschland? Ein deutsch-französischer Vergleich zur Berücksichtigung der Kindererziehung in der Rentenversicherung, in: DRV 2002, S. 282–297. Zitiert als: *Veil*, DRV 2002, 282 (…).

Veil, Mechthild: Réformes des pensions et égalité entre hommes et femmes en France et en Allemagne, in: Retraite et société 2004, S. 99–135. Zitiert als: *Veil*, Retraite et société 2004, 99 (…).

Veil, Mechthild: Zukunft der Alterssicherung: Rentenpolitik und Rentenreformen in Frankreich und Deutschland, in: *Neumann, Wolfgang* (Hrsg.): Welche Zukunft für den Sozialstaat? Reformpolitik in Frankreich und Deutschland, 1. Auflage, Wiesbaden 2004, S. 47–86. Zitiert als: *Veil*, Zukunft der Alterssicherung: Rentenpolitik und Rentenreformen in Frankreich und Deutschland, S. (…).

Verband alleinerziehender Mütter und Väter Bundesverband e. V.: Positionspapier: Für ein gutes Auskommen im Alter! Forderungen zur Existenzsicherung von Alleinerziehenden, Beschluss der Bundesdelegiertenversammlung v. 16.06.2019, abzurufen unter: *https://vamv-bw.de/wp-content/uploads/2020/08/PositionspapierAlter.pdf* (letzter Abruf: 25.04.2025). Zitiert als: *VAMV*, Positionspapier: Für ein gutes Auskommen im Alter!, S. (…).

Vie publique: Comment le système de retraite est-il structuré?, o. S., abzurufen unter: *https://www.vie-publique.fr/fiches/37938-comment-le-systeme-de-retraite-est-il-structure* (letzter Abruf: 25.04.2025). Zitiert als: *Vie publique*, Comment le système de retraite est-il structuré?, o. S.

Vie publique: Qu'est-ce que l'assurance vieillesse des parents au foyer?, o. S., abzurufen unter: *https://www.vie-publique.fr/fiches/37972-assurance-vieillesse-des-parents-au-foyer-avpf* (letzter Abruf: 25.04.2025). Zitiert als: *Vie publique*, Qu'est-ce que l'assurance vieillesse des parents au foyer?, o. S.

Vie publique: Qu'est-ce que la majoration de durée d'assurance?, abzurufen unter *https://www.vie-publique.fr/fiches/37973-la-majoration-de-duree-dassurance-mda* (letzter Abruf: 25.04.2025). Zitiert als: *Vie publique*, Qu'est-ce que la majoration de durée d'assurance?, o. S.

Vie publique: Qu'est-ce que la majoration de pension pour enfants?, o. S., abzurufen unter: *https://www.vie-publique.fr/fiches/37971-majoration-de-pension-pour-enfants* (letzter Abruf: 25.04.2025). Zitiert als: *Vie publique*, Qu'est-ce que la majoration de pension pour enfants?, o. S.

Vie publique: Que sont les droits familiaux pour retraite?, o. S., abzurufen unter: *https://www.vie-publique.fr/*

fiches/37970-les-droits-familiaux-pour-retraite (letzter Abruf: 25.04.2025). Zitiert als: *Vie publique*, Que sont les droits familiaux pour retraite?, o. S.

Vie publique: Qu'est-ce qu'une circulaire?, abzurufen unter: *https://www.vie-publique.fr/fiches/20265-quest-ce-quune-circulaire* (letzter Abruf: 25.04.2025). Zitiert als: *Vie publique*, Qu'est-ce qu'une circulaire?, o. S.

Vie publique: Systèmes bismarckien et beveridgien d'État providence: quelles charactéristiques?, o. S., abzurufen unter: *https://www.vie-publique.fr/fiches/24113-systemes-bismarckien-et-beveridgien-detat-providence* (letzter Abruf: 25.04.2025). Zitiert als; *Vie publique*, Systèmes bismarckien et beveridgien d'État providence: quelles charactéristiques?, o. S.

Waltermann, *Raimund*: Niedriglohnsektor und Mindestlohn – Nachhaltigkeit im Arbeitsrecht und Sozialrecht, in: NZS 2017, S. 247–252. Zitiert als: *Waltermann*, NZS 2017, 247 (…).

Weiß, *Peter*: Für eine Soziale Selbstverwaltung mit verfassungsrechtlicher Garantie, in: DRV 2025, S. 1–8. Zitiert als: *Weiß*, DRV 2025, 1 (…).

Wick, *Hartmut*: Grundrente und Versorgungsausgleich, in: FuR 2021, S. 78–80. Zitiert als: *Wick*, FuR 2021, 78 (…).

Will, *Judith*: Familienförderung im Sozialrecht. Eine Darstellung familienfördernder Leistungen, ihrer Defizite und Reformmöglichkeiten, Hamburg 2009. Zitiert als: *Will*, Familienförderung im Sozialrecht, S. (…).

Wingerter, *Christian*: Arbeitsmarkt und Verdienste, in: Statistisches Bundesamt, Auszug aus dem Datenreport 2021, S. 149–201, abzurufen unter: *https://www.destatis.de/DE/Service/Statistik-Campus/Datenreport/Downloads/datenreport-2021-kap-5.pdf?__blob=publicationFile* (letzter Abruf: 25.04.2025). Zitiert als *Wingerter*, in: Statistisches Bundesamt, Arbeitsmarkt und Verdienste, S. (…).

Wissenschaftliche Dienste: WD 3 – 3000 – 242/13, Familien und Lebensgemeinschaften in Deutschland und Frankreich, abzurufen unter: *https://www.bundestag.de/resource/blob/421456/f998eb8b26d32f0489e570e54bba548d/WD-3-242-13-pdf-data.pdf* (letzter Abruf: 25.04.2025). Zitiert als: *Wissenschaftliche Dienste*, WD 3 – 3000 – 242/13, Familien und Lebensgemeinschaften in Deutschland und Frankreich, S. (…).

Wissenschaftliche Dienste, WD 6 – 3000 – 001/23, Grenzen der Zulässigkeit eines degressiven Rentenmodells, abzurufen unter: *https://www.bundestag.de/resource/blob/935702/1c10fd472198b977f128c3eebfd35ac5/WD-6-001-23-pdf.pdf* (letzter Abruf: 25.04.2025). Zitiert als: *Wissenschaftliche*

Dienste, WD 6 – 3000 – 001/23, Grenzen der Zulässigkeit eines degressiven Rentenmodells, S. (…).

Wissenschaftliche Dienste: WD 6 – 3000 – 010/18, Vorschriften für Alleinerziehende im Rechtskreis des SGB II, abzurufen unter: *https://www.bundestag.de/resource/blob/549298/4c6e56c6801dae961fb9d9d3168a31e1/WD-6-010-18-pdf.pdf* (letzter Abruf: 25.04.2025). Zitiert als: *Wissenschaftliche Dienste*, WD 6 – 3000 – 010/18, Vorschriften für Alleinerziehende im Rechtskreis des SGB II, S. (…).

Wissenschaftliche Dienste: WD 6 – 3000 – 018/16, Einführende Informationen zum Thema Altersarmut, abzurufen unter: *https://www.bundestag.de/resource/blob/414300/1141bf8e5b0140886fc1267e8ef660c4/WD-6-018-16-pdf-data.pdf* (letzter Abruf: 25.04.2025). Zitiert als: *Wissenschaftliche Dienste*, WD 6 – 3000 – 018/16, Einführende Informationen zum Thema Altersarmut, S. (…).

Wissenschaftliche Dienste: WD 6 – 3000 – 025/21, Berücksichtigung der Kindererziehung in der gesetzlichen Rentenversicherung, abzurufen unter: *https://www.bundestag.de/resource/blob/840394/13e459d54e424c937a506b1524efa2a8/WD-6-025-21-pdf.pdf* (letzter Abruf: 25.04.2025). Zitiert als *Wissenschaftliche Dienste*, WD 6 – 3000 – 025/21, Berücksichtigung der Kindererziehung in der gesetzlichen Rentenversicherung, S. (…).

Wissenschaftliche Dienste: WD 6 – 3000 – 064/14, Ausgewählte soziale Grundrechte in Deutschland, Frankreich, Spanien, Finnland und der Slowakei. Einklagbarkeit der Rechte auf soziale Sicherung, Bildung und Wohnung, abzurufen unter: *https://www.bundestag.de/resource/blob/408500/1c4136b37ae98bb79d9ab1524422f7c2/WD-6-064-14-pdf-data.pdf* (letzter Abruf: 25.04.2025). Zitiert als: *Wissenschaftliche Dienste*, WD 6 – 3000 – 064/14, Ausgewählte soziale Grundrechte in Deutschland, Frankreich, Spanien, Finnland und der Slowakei, S. (…).

Wissenschaftliche Dienste: WD 6 – 3000 – 133/19, Rente nach Mindesteinkommen und Mindestentgeltpunkte bei geringem Arbeitsentgelt, abzurufen unter: *https://www.bundestag.de/resource/blob/677512/e3c4327ea9997b2b46fcb691d8194630/WD-6-133-19-pdf.pdf* (letzter Abruf: 25.04.2025). Zitiert als: *Wissenschaftliche Dienste*, WD 6 – 3000 – 133/19, Rente nach Mindesteinkommen und Mindestentgeltpunkte bei geringem Arbeitsentgelt, S. (…).

Wissenschaftliche Dienste: WD 6 – 3000 – 140/18, Grundlagen der Alterssicherung in Frankreich und Deutschland, abzurufen unter: *https://www.bundestag.de/resource/blob/658930/e9f712531c4e8e2363db1f5a0f54a05f/WD-6-140-18-pdf-data.pdf* (letzter Abruf: 25.04.2025). Zitiert als: *Wissenschaftliche Dienste*, WD 6 – 3000 – 140/18, Grundlagen der Alterssicherung in Frankreich und Deutschland, S. (…).

Wissenschaftliche Dienste: WD 6 – 3000 – 141/18, Gesetzlicher Mindestlohn in Deutschland und Frankreich, Regelung und Wirkung, abzurufen unter: *https://www.bundestag.de/resource/blob/658932/4a23b794eb8633d8cc2506ff97c43871/WD-6-141-18-pdf-data.pdf* (letzter Abruf: 25.04.2025). Zitiert als: *Wissenschaftliche Dienste*, WD 6 – 3000 – 141/18, Gesetzlicher Mindestlohn in Deutschland und Frankreich, S. (…).

Wissenschaftliche Dienste: WD 7 – 3000 – 055/199, Der Zivile Solidaritätspakt (PACS) im französischen Recht, abzurufen unter: *https://www.bundestag.de/resource/blob/645642/1555642dbaa59ca8633da5bbb78b941b/WD-7-055-19-pdf-data.pdf* (letzter Abruf: 25.04.2025). Zitiert als: *Wissenschaftliche Dienste*, WD 7 – 3000 – 055/199, Der Zivile Solidaritätspakt (PACS) im französischen Recht, S. (…).

Wissenschaftliche Dienste: WD 9 – 3000 082/22, Zur Situation Alleinerziehender, Statistische Angaben und Unterstützungsmaßnahmen des Bundes, abzurufen unter: *https://www.bundestag.de/resource/blob/928890/24c87a4aa20f9efbf98c507ab99f96ce/WD-9-082-22-pdf.pdf* (letzter Abruf: 25.04.2025). Zitiert als: *Wissenschaftliche Dienste*, WD 9 – 3000 082/22, Zur Situation Alleinerziehender, S. (…).

Wissenschaftliche Dienste: WD 9 – 3000 – 113/21, Ganztagsförderung für Kinder im Grundschulalter, abzurufen unter: *https://www.bundestag.de/resource/blob/889224/8efa4365e619817cfa1d48fbf4b243d0/WD-9-113-21-pdf.pdf* (letzter Abruf: 25.04.2025). Zitiert als: *Wissenschaftliche Dienste*, WD 9 – 3000 – 113/21, Ganztagsförderung für Kinder im Grundschulalter, S. (…).

Wissenschaftliche Dienste: WD 11 – 205/06, Die Lissabon-Strategie, abzurufen unter: *https://www.bundestag.de/resource/blob/412428/f594813fcab0430692ffc80ca9f82df9/wd-11-205-06-pdf-data.pdf* (letzter Abruf: 25.04.2025). Zitiert als: *Wissenschaftliche Dienste*, WD 11 – 205/06, Die Lissabon-Strategie, S. (…).

Worzalla, Michael: Arbeitsrechtliche Aspekte des Übergangs in die Teilrente, in: NZA 1993, S. 588–591. Zitiert als: *Worzalla*, NZA 1993, 588 (…).

Zacher, Hans Friedrich: Horizontaler und vertikaler Sozialrechtsvergleich, in: *ders.* (Hrsg.): Sozialrechtsvergleich im Bezugsrahmen internationalen und supranationalen Rechts. Colloquium der Projektgruppe für Internationales und Vergleichendes Sozialrecht der Max-Planck-Gesellschaft Tutzing 1977, Berlin 1978, S. 9–72. Zitiert als: *Zacher*, in: ders., Horizontaler und vertikaler Sozialrechtsvergleich, S. (…).

Zacher, Hans Friedrich: Soziale Indikatoren als politisches und rechtliches Phänomen, in: VSSR 1974, S. 15–51. Zitiert als: *Zacher*, VSSR 1974, 15 (…).

Zacher, Hans Friedrich: Vorfragen zu den Methoden der Sozialrechtsvergleichung, in: *ders.* (Hrsg.): Methodische Probleme des Sozialrechtsvergleichs. Colloquium der Projektgruppe für Internationales und Vergleichendes Sozialrecht der Max-Planck-Gesellschaft, Berlin 1977, S. 21–74. Zitiert als: *Zacher*, in: ders., Vorfragen zu den Methoden der Sozialrechtsvergleichung, S. (…).

Zagel, Hannah: Alleinerziehen im Lebensverlauf. Familiendynamiken und Ungleichheit im Wohlfahrtsstaat, Wiesbaden 2018. Zitiert als: *Zagel*, Alleinerziehen im Lebensverlauf, S. (…).

Zweigert, Konrad/Kötz, Hein: Einführung in die Rechtsvergleichung auf dem Gebiete des Privatrechts, 3. Auflage, Tübingen 1996. Zitiert als: *Zweigert/Kötz*, Einführung in die Rechtsvergleichung, S. (…).

Anlagen

Anlage 1: Anzahl der Einelternfamilien nach Alter der Kinder[1573]

In Tausenden	0-17 Jahre	0-24 Jahre	Jedes Alter
Familien	1.907	2.405	3.032
Kinder	3.015	3.904	4.696

Anlage 2: Lebensstandard und Kinderarmut nach Elternaktivität im Jahr 2018[1574]

	Alle Kinder unter 18 Jahren		Kinder unter 6 Jahren	
Situation der Eltern im Hinblick auf den Arbeitsmarkt	Durchschnittlicher Lebensstandard (in Euro pro Jahr)	Armutsquote bei 60 % des mittleren Lebens-standards	Durchschnittlicher Lebensstandard (in Euro pro Jahr)	Armutsquote bei 60 % des mittleren Lebens-standards
Paareltern	23.900	15,6	23.200	17,0
Zwei berufstä-tige Eltern	27.200	4,7	27.500	3,8
Nur ein Elternteil berufstätig	18.400	30,0	17.600	30,4
Zwei arbeitslose Eltern	12.000	71,2	11.300	73,9
Alleinerziehende	15.800	40,5	14.800	47,0
Beschäftigt	17.800	22,7	17.900	19,0
Arbeitslos	11.400	77,4	11.500	77,5

1573 So gibt es beispielsweise 1,9 Millionen Alleinerziehende mit mindestens einem Kind unter 18 Jahren; in diesem Familien leben 3 Millionen Kinder unter 18 Jahren. Ausführlich dazu *Algava/Buisson/Toulemon*, Les « familles monoparentales »: une catégorie statistique bien établie, assortie de nombreuses limites, S. 30.

1574 *Algava/Buisson/Toulemon*, Les « familles monoparentales »: une catégorie statistique bien établie, assortie de nombreuses limites, S. 38. Geltungsbereich: Frankreich, Kinder unter 18 Jahren, die in einem Haushalt leben, dessen dem Finanzamt gemeldetes Einkommen positiv oder null ist und dessen Bezugsperson kein Student ist. Der Lebensstandard wird auf volle Hundert Euro gerundet. So haben beispielsweise minderjährige Kinder, die bei einem Elternpaar leben, bei dem beide Partner erwerbstätig sind, einen durchschnittlichen Lebensstandard von 27.200 €; 4,7 % von Ihnen sind hierbei arm.

Anlage 3: Beispielrechnung Grundrente ohne Kinderkomponente[1575]

Die Versicherte B hat 39 Jahre (468 Kalendermonate) eine versicherte Beschäftigung ausgeübt und jeweils 60 % des Durchschnittsverdienstes (pro Jahr 0,6 Entgeltpunkte) als Entgelt erhalten. Es wurden 468 Kalendermonate an Grundrentenzeiten zurückgelegt – hiervon sind 468 Kalendermonate auch Grundrentenbewertungszeiten.

Die Summe der Entgeltpunkte aus allen Grundrentenbewertungszeiten beträgt 23,4000 Entgeltpunkte.

23,4000 Entgeltpunkte dividiert durch 468 Kalendermonate = 0,500 Entgeltpunkte (Durchschnittswert aller Grundrentenbewertungszeiten)

Durchschnittswert aller Grundrentenbewertungszeiten x 2 = Zweifaches des Durchschnittswerts aller Grundrentenbewertungszeiten

0,0500 Entgeltpunkte x 2 = 0,1000 Entgeltpunkte

Weil mindestens 35 Jahre (420 Kalendermonate) mit Grundrentenzeiten vorhanden sind, beträgt der Höchstwert 0,0667 Entgeltpunkte (§ 76 Abs. 4 Satz 5 SGB VI).

Weil das Zweifache des Durchschnittswerts den Höchstwert überschreitet, erfolgt die Berechnung des Zuschlags an Entgeltpunkten auf der Basis der Differenz zwischen dem Höchstwert (0,0667 Entgeltpunkte) und dem Durchschnittswert (0,0500 Entgeltpunkte).

Differenzwert x 0,875 = 0,0146 Entgeltpunkte

Reduzierter Differenzwert (gemäß § 121 Abs. 2 SGB VI gerundet)

0,0167 Entgeltpunkte x 0,875 = 0,0146 Entgeltpunkte

Reduzierter Differenzwert x Kalendermonate mit Grundrentenbewertungszeiten (begrenzt auf 420 Kalendermonate) =Zuschlag an Entgeltpunkten

0,0146 Entgeltpunkte x 420 Kalendermonate (begrenzt) = 6.1320 Entgeltpunkte

---

[1575] Beispielrechnung entnommen aus *Lepiorz*, rv 2020, 179 (180).

Anlage 4: Beispielrechnung Grundrente mit Kinderkomponente[1576]

Die Versicherte C hat ebenso 39 Jahre (468 Kalendermonate) lang eine versicherte Beschäftigung ausgeübt und ebenso jeweils 60 % des Durchschnittsverdienstes (pro Jahr 0,6 Entgeltpunkte) als Entgelt erhalten. Es wurden 468 Kalendermonate an Grundrentenzeiten zurückgelegt – hiervon sind 468 Kalendermonate auch Grundrentenbewertungszeiten.

Im Gegensatz zur Versicherten B aus der Beispielrechnung (Anlage 3) hat die Versicherte C in der Zeit ab dem 01. Januar 1992 zwei Kinder im Abstand von drei Jahren geboren und erzogen und die Beschäftigung ohne wesentliche Unterbrechung ausgeübt.

Die Summe der Entgeltpunkte aus allen Grundrentenbewertungszeiten beträgt einschließlich der Entgeltpunkte für Kindererziehungszeiten und den nach § 70 Abs. 3a SGB VI zusätzlich ermittelten Entgeltpunkte entsprechend 31,3332 Entgeltpunkte (24,4000 Entgeltpunkte + 5,9976 Entgeltpunkte + 1,9356 Entgeltpunkte).

31,3332 Entgeltpunkte dividiert durch 468 Kalendermonate = 0,0670 Entgeltpunkte (Durchschnittswert aller Grundrentenbewertungszeiten)

Durchschnittswert aller Grundrentenbewertungszeiten x 2 = Zweifaches des Durchschnittswerts aller Grundrentenbewertungszeiten

0,0670 Entgeltpunkte x 2 = 0,1340 Entgeltpunkte

Weil mindestens 35 Jahre (420 Kalendermonate) mit Grundrentenzeiten vorhanden sind, beträgt der Höchstwert 0,0667 Entgeltpunkte (vgl. § 76 Abs. 4 Satz 5 SGB VI).

Weil das Zweifache des Durchschnittswerts den Höchstwert überschreitet, geschieht die Berechnung des Zuschlags an Entgeltpunkten auf der Basis der Differenz zwischen dem Höchstwert (0,0667 Entgeltpunkte) und dem Durchschnittswert (0,0670 Entgeltpunkte). Ein Zuschlag an Entgeltpunkten ist nicht zu gewähren, da der Höchstwert überschritten wurde.

[1576] Beispielrechnung entnommen aus *Lepiorz*, rv 2020, 179 (180).

www.ingramcontent.com/pod-product-compliance
Ingram Content Group UK Ltd.
Pitfield, Milton Keynes, MK11 3LW, UK
UKHW021822290926
8980IPUK00004B/207

9 783631 946114